Lenerz
Effiziente Nachschubsteuerung in mehrstufigen D

GABLER EDITION WISSENSCHAFT

Integrierte Logistik und Unternehmensführung

Herausgegeben von Professor Dr. Werner Delfmann

Peter Lenerz

Effiziente Nachschubsteuerung in mehrstufigen Distributionskanälen

Bestandsmanagement auf Basis integrierter Informationssysteme

Mit einem Geleitwort von Prof. Dr. Werner Delfmann

Springer Fachmedien Wiesbaden GmbH

ISBN 978-3-8244-6758-7　　ISBN 978-3-663-08439-6 (eBook)
DOI 10.1007/978-3-663-08439-6

Ursprünglich erschienen bei Betriebswirtschaftlicher Verlag Dr. Th. Gabler GmbH, Wiesbaden, 1998

http://www.gabler-online.de

Höchste inhaltliche und technische Qualität unserer Produkte ist unser Ziel. Bei der Produktion und Auslieferung unserer Bücher wollen wir die Umwelt schonen: Dieses Buch ist auf säurefreiem und chlorfrei gebleichtem Papier gedruckt.

Lektorat: Claudia Splittgerber / Annegret Heckmann

Geleitwort

Das Bestandsmanagement in mehrstufigen Lagersystemen ist seit jeher Gegenstand betriebswirtschaftlicher Optimierungsüberlegungen gewesen. Doch weder die Vielzahl theoretischer Ansätze noch die in der Unternehmenspraxis verbreiteten Bestandsmanagementsysteme waren bisher unter praxisnahen Bedingungen überzeugend zu handhaben. Deshalb lassen sich in vielen Praxisfällen überhohe Bestandsmengen und überlange Bestandsreichweiten nachweisen. Dabei belegt gerade die aktuelle Diskussion im Rahmen des Efficient Consumer Response-Ansatzes (ECR) die nachhaltige Bedeutung einer effizienten Nachschubsteuerung besonders in unternehmensübergreifenden, mehrstufigen Lagersystemen mehr als deutlich.

Mit der vorliegenden Arbeit weist der Autor überzeugend nach, dass ein wesentlicher Ansatzpunkt für eine Erhöhung der Nachschubeffizienz in mehrstufigen Distributionssystemen in der Nutzung der systemweiten Datenbestände liegt. Damit findet der Denkansatz des ECR-Konzepts für diesen Teilaspekt nachhaltige Bestätigung. Die Simulationsstudien der vorliegenden Untersuchung belegen eindeutig die Potentiale einer systemübergreifenden Informationsweitergabe für die ganzheitliche Optimierung von Distributionssystemen.

Damit erweist sich das von Herrn Lenerz entwickelte Optimierungskonzept als theoretisch fundiertes und unmittelbar praxistaugliches Rationalisierungsinstrument. Ich wünsche der Arbeit deshalb ein lebhaftes Echo und vor allem eine erfolgreiche Bewährung in der Praxis.

Werner Delfmann

Vorwort

Dem Bestandsmanagement in mehrstufigen Distributionskanälen wird im Zusammenhang mit aktuellen kundenorientierten Konzepten wie dem Efficient Consumer Response (ECR) besondere Aufmerksamkeit geschenkt. Die bislang in der Literatur diskutierten Ansätze zur Unterstützung des Bestandsmanagements werden dem hohen Komplexitätsgrad realer Distributionsprobleme jedoch selten gerecht und bieten kaum Möglichkeiten, innovative distributionslogistische Maßnahmen im Rahmen der Dispositionsplanung zu berücksichtigen. Vor diesem Hintergrund wird in dieser Arbeit mit der Distributionsprogrammplanung ein kundenorientierter Dispositionsansatz vorgestellt, mit dessen Hilfe sich eine effiziente Nachschubsteuerung in mehrstufigen Distributionskanälen realisieren lässt. Wie Simulationsuntersuchungen belegen, liefert dieser Ansatz ein Instrumentarium, das nicht nur einen Beitrag zur Erschließung bislang noch ungenutzter Rationalisierungspotentiale im Distributionsbereich leistet, sondern durch den effizienten Einsatz neuer distributionslogistischer Konzepte eine dienstleistungsorientierte Heterogenisierung der Distributionsleistungen erlaubt.

Die vorliegende Arbeit wurde im Februar 1998 von der Wirtschafts- und Sozialwissenschaftlichen Fakultät der Universität zu Köln als Dissertation angenommen. Eine solche Arbeit ist nie das Werk eines einzelnen allein, zahlreiche Personen haben einen Anteil an ihrer Entstehung.

An erster Stelle gebührt meinem akademischen Lehrer, Herrn Prof. Dr. Delfmann, der die Anregung für das Thema gab und die Entstehung dieser Arbeit erst ermöglichte, Dank für die mir gewährte wissenschaftliche Betreuung und Unterstützung. Ebenso danke ich Herrn Prof. Dr. Dr. Derigs für die Übernahme des Korreferats.

Besonders danke ich auch den Mitarbeitern am Seminar für Allgemeine Betriebswirtschaftslehre, Betriebswirtschaftliche Planung und Logistik der Universität zu Köln sowie meinen Eltern, meiner Partnerin und allen Freunden und Bekannten, die mich stets verständnisvoll unterstützt haben.

Peter Lenerz

Inhaltsverzeichnis

Verzeichnis der Darstellungen

Verzeichnis der Abkürzungen

A	direkte Anlieferungen
ANSI	American National Standards Institute
Asl	Lagerauslastung
BVL	Bundesvereinigung Logistik
CB	Periodenbedarfskumulation nach dem Cost-Balance Verfahren
CCG	Centrale für Coorganisation
CCRRGE	Coca-Cola Retailing Research Group-Europe
DRP	Distribution Requirements Planning
DSS	Decision-Support-System
EDI	Electronic Data Interchange
EDIFACT	Electronic Data Interchange for Administration, Commerce and Transport.
EDRP	Enhanced Distribution Requirements Planning
EDV	Elektronische Daten Verarbeitung
ECR	Efficient Consumer Response
EOQ	Economic Order Quantity
EUS	Entscheidungsunterstützende Systeme
fn	function
FTO	Fixkostentransportoption
Fx	systemweiter Sicherheitsbestandsanteil (x=prozentualer Anteil)
GVB	Gesellschaft für Verkehrsbetriebswirtschaft und Logistik
JIT	Just-in-Time
Kpb	Kapitalbindung
Kst	Gesamtkosten
Kum	retrograde Aggregation von Kumulationswerten
Lb	Lieferbereitschaftsgrad
LfL	Lot-for-Lot-Politik
M.I.T.	Massachusetts Institute of Technology
M	Mengenrabatt
max	Maximum
min	Minimum
MRP	Materials Requirements Planning

MTP	Marketing zwischen Theorie und Praxis e.V.
pbl	public
Q	Querlieferungen
Sart	Distributionsprogrammplanung
SELOS	Standardregelungen einheitlicher Logistiksysteme
SM	Periodenbedarfskumulation nach der Silver-Meal-Heuristik
Sx	dynamischer Sicherheitsbestandsanteil (x=prozentualer Anteil)
Um	Lagerumschlag
Üv	anteiliges Volumen der Überbestände
V	Verbundrabatt
Vm	Vormerkungen
VTO	Transportoption zu variablen Kosten
XPS	Expertensystem
Z	direkte Zustellungen

Verzeichnis der Symbole

Bk	Bestellkosten
Bk_f	bestellfixe Kosten
Bm	Bestellmenge
D	Bedarf
EbL	Endbedarfslager
Ew	Ersparniswert
f	Transportvariante mit Fixkostenanteil
Gk	Gesamtkosten
i	Zähler i
IB	Input-Bedarf
j	Zähler j
L	Lager
L(Li)	Vorgängerlager von Lager i
Lb	Lagerbestand
lk	Lagerhaltungskostensatz
Lk	Lagerhaltungskosten
Lz	Lieferzeit
m	Zähler m
max	Maximum
min	Minimum
n	Zähler n
OB	Output-Bedarf
Om	Ordermenge
p	Produkt
PB	systemweiter Periodenbedarf
Pf	Prognosefehler
Pn	prognostizierte Nachfrage
P(r)	Menge der Lager auf dem hierarchisch untergliederten Weg von einem Wareneingangslager zu dem Endbedarfslager r

q	Bestellmenge
r	Lager r
s	Meldemenge
S	Sollbestand
Sa	Sicherheitsbestandsanteil
Sb	Sicherheitsbestand
t	Periode
t	Bestellintervall
t1	letzte Orderperiode
T	Planungshorizont
tl	laufende Periode
tr	relevante Bedarfsperiode
tw	Bestandsreichweite
Tz	Transportzeit
v	Transportvariante zu lediglich variablen Kosten
v	Lagerabgangsgeschwindigkeit
Vm	Vormerkungen
WeL	Wareneingangslager

1 Einleitung

Das Bestandsmanagement befasst sich mit der Planung und Kontrolle von Beständen sowie unternehmenspolitischen Problemen, die einen Einfluss auf diese Bestände haben. Unter Beständen versteht man im Allgemeinen die innerhalb des Verfügungsbereiches eines Unternehmens vorhandenen Roh-, Hilfs- und Betriebsstoffe sowie unfertige oder fertige Erzeugnisse. Dazu gehören sowohl Lager- als auch Transport- und Bearbeitungsbestände.[1] Beschäftigt man sich schwerpunktmäßig mit der unternehmerischen Distributionsfunktion, stehen folglich die Transport- und Lagerbestände an fertigen Erzeugnissen im Mittelpunkt der Betrachtungen. Dabei stellt sich dem Bestandsmanagement ein grundsätzliches Dilemma: Zum einen besteht auf Grund der Risiken aus Versorgungsengpässen und unerwarteten Nachfragesteigerungen ein Anreiz für den Aufbau von Lagerbeständen. Auf der anderen Seite verursachen eben diese Bestände Kapitalbindungs- sowie Lagerhaltungskosten und unterliegen der Gefahr des Überalterns oder des Untergangs. Vor diesem Hintergrund hat eine effiziente Nachschubsteuerung das Ziel zu verfolgen, die Bestände eines Unternehmens möglichst gering zu halten, wobei jedoch stets eine ausreichende Verfügbarkeit sicherzustellen ist.

Die überwiegende Zahl realer Distributionskanäle weist mehrstufige Strukturen auf, in denen für gewöhnlich viele Produkte gleichzeitig vertrieben werden. Eine realitätsnahe Betrachtung der resultierenden Dispositionsaufgaben verlangt sowohl die Berücksichtigung der Transportmöglichkeiten innerhalb des Distributionsnetzes als auch der Interdependenzen zwischen den verschiedenen Produkten, so dass sich das Bestandsmanagement in mehrstufigen Distributionskanälen schnell zu einer komplexen Problematik entwickelt. Die in der Praxis weit verbreiteten Versuche, dieses mehrstufige Mehrprodukt-Lagerhaltungsproblem durch die Koppelung einzelner autonom agierender Lagerhaltungspolitiken zu lösen, führen zu unbefriedigenden Ergebnissen.[2] Andererseits bieten aber auch viele der in der Theorie entwickelten Verfahren zur Lagerhaltung in mehrstufigen Systemen

---

[1]) Vgl. Pfohl, Hans-Christian; Stölzle, Wolfgang; Schneider, Henning: /Bestandsmanagement/ 529.

[2]) Hausman und Erkip weisen in ihrem Beitrag nach, dass eine spezielle Dispositionspolitik für mehrstufige Systeme stets der Koppelung von Politiken für den einstufigen Fall überlegen ist. Vgl. Hausman, Warren H.; Erkip, Nesim K.: /Inventory Control Policies/.

nicht die Voraussetzungen für eine problemadäquate Dispositionsunterstützung in der Praxis. Dies gilt insbesondere für innovative distributionslogistische Maßnahmen, die auf Grund einer zunehmenden Kundenorientierung neue Anforderungen an das Bestandsmanagement stellen. So werden von den in der Literatur diskutierten Verfahren zur Lagerhaltung in mehrstufigen Systemen[1] zum Beispiel mögliche Querlieferungen, Vormerkungen oder Nachlieferungen häufig vernachlässigt. Andere berücksichtigen weder Liefer- noch Transportzeiten oder lassen Kapazitätsengpässe und Fehlbestände außer Acht. Häufig unterstellen sie auch bestimmte vorgegebene Kostenverläufe oder konstante Nachfrageverteilungen ohne dynamischen Aspekten Rechnung zu tragen. Zudem wird den Potentialen integrierter Informationssysteme zu wenig Beachtung geschenkt. Mit ihrer Hilfe ist es zum einen möglich, alle für das Bestandsmanagement relevanten Informationen (von Lieferdaten bis zu einzelnen Abverkaufsdaten) auf einer zentralen Basis zugänglich zu machen und zum anderen erlauben sie es, Abweichungen (auf Grund von Prognoseunsicherheiten oder Schwund) frühzeitig zu erfassen und umgehend in aktuelle Entscheidungskalküle einzubeziehen.

Die in der Literatur vorgestellten Ansätze zur Dispositionsplanung bieten noch erheblichen Raum für Verbesserungen.[2] In der vorliegenden Untersuchung soll daher mit dem als Distributionsprogrammplanung bezeichneten Dispositionsverfahren ein kundenorientierter Ansatz zum Bestandsmanagement in mehrstufigen Distributionskanälen erarbeitet werden, der den besonderen Potentialen integrierter Informationssysteme Rechnung trägt und zugleich die Defizite und Limitierungen bestehender Ansätze überwindet. Die Resultate des vorgestellten Ansatzes zur Distributionsprogrammplanung werden schließlich in einer umfangreichen Simulationsstudie unter realitätsnahen, unsicherheitsbehafteten Rahmenbedingungen untersucht und mit den unter Verwendung alternativer Dispositionsverfahren erzielbaren Ergebnissen verglichen.

---

[1]) Vgl. Abschnitt 3.2.

[2]) Vgl. Abschnitt 3.3.

1.1 Ausgangspunkt der Untersuchung

Auf den Konsumgütermärkten mit preislich und qualitativ weitgehend homogenen und damit in den Augen der Nachfrager substituierbaren Produkten ist zu erwarten, dass durch die Gewährleistung einer räumlichen und zeitlichen Verfügbarkeit der von den Abnehmern gewünschten Produkte erhebliche akquisitorische Wirkungen und somit nicht unerhebliche positive Effekte auf zukünftige Umsätze zu erzielen sind, falls dabei die physische Distributionsleistung konkurrierender Unternehmen übertroffen werden kann.[1] Während übliche marketingpolitische Maßnahmen, wie zum Beispiel Werbekampagnen oder Preissenkungen lediglich kurzfristiger Natur sind - da die Konkurrenten hierbei sehr rasch reagieren können - ist die Abwicklung der physischen Distribution ein Instrument, durch das sich ein nachhaltiger Wettbewerbsvorteil schaffen lässt. Dennoch werden die Potentiale der Distributionslogistik als eigenständiges und aktives Element des Marketings noch wenig genutzt.[2]

Hinzu kommt, dass die im Distributionsbereich anfallenden Kosten einen beachtlichen Teil im Kostenblock eines Unternehmens darstellen. Statistische Erhebungen haben gezeigt, dass allein die Lagerbestände im Mittel einen Anteil von 15% bis 25% am Gesamtvermögen eines Unternehmens ausmachen.[3] Außerdem haben die Logistikkosten durch eine geographische Ausdehnung der Absatzmärkte vielfach eine beträchtliche Zunahme erfahren.[4] Um drohenden Gewinnschmälerungen entgegenzuwirken, sind die einzelnen Unternehmen daher in Zukunft gezwungen, die im Distributionsbereich häufig noch nicht ausgeschöpften Rationalisierungspotentiale in Anspruch zu nehmen.[5] Hierzu ist eine straffere Organisation des Warennachschubs nötig, durch die der Lieferservice aber

---

[1]) Vgl. Tempelmeier, Horst: /Quantitative Marketing-Logistik/ 5.

[2]) Vgl. Delfmann, Werner: /Integration/ 156.

[3]) Vgl. Stock, James R.; Lambert, Douglas M.: /Strategic Logistics Management/ 360.

[4]) Der Anteil der Logistik-Kosten am Umsatz schwankt vor allem in Abhängigkeit von der Branche im Allgemeinen zwischen 10% und 25%. Vgl. Delfmann, Werner; Darr, Willi; Simon, Ralf-P.: /Marketing Logistik/ 20.

[5]) In einer empirischen Untersuchung kommen Pfohl, Stötzel und Schneider zu dem Ergebnis, dass in den 80er Jahren insbesondere im Handel keine Bestandssenkung stattgefunden hat. Vgl. Pfohl, Hans-Christian; Stölzle, Wolfgang; Schneider, Henning: /Bestandsmanagement/ 548.

nicht beeinträchtigt werden darf. Die Rationalisierungspotentiale im Distributionsbereich können also nur dann sinnvoll erschlossen werden, wenn es im Rahmen des Bestandsmanagements gelingt, durch Anwendung eines geeigneten Dispositionsverfahrens mit niedrigeren Lagerbeständen und effizienter koordinierten Warentransferprozessen einen ausreichend hohen Lieferbereitschaftsgrad aufrecht zu halten.[1]

Einen vielversprechenden Ansatzpunkt bilden hierzu die in vielen Unternehmen angesichts des weiterhin wachsenden Wettbewerbsdrucks zunehmend ausgebauten Informationssysteme zur Warenverfolgung und Lagerüberwachung im Distributionsbereich. Sie bieten die technischen und informatorischen Voraussetzungen für ein rationelles Bestandsmanagement innerhalb der im Verfügungsbereich eines Unternehmens liegenden Distributionskanäle. Trotzdem wurden in der Praxis überwiegend nur die althergebrachten einfacheren Ansätze zur Lagerdisposition in eine verbesserte Informationsinfrastruktur eingebunden.[2] Dieses mag seine Begründung darin finden, dass umfassendere Dispositionsansätze bislang schlicht als zu aufwendig und kompliziert für den Praxiseinsatz angesehen wurden[3] oder dass sie auf Grund ihrer einschneidenden Abstraktionen häufig dem hohen Komplexitätsgrad realer Lagerhaltungsprobleme nicht gerecht werden.[4] Dabei wird aber übersehen, dass mit zentral verfügbaren Informationen ein wesentlich effizienteres Management der Bestände möglich wäre. Integrierte Informationssysteme können nicht nur die benötigten Abverkaufs- und Lieferdaten zur Verfügung stellen, sondern sind bei Einbindung einer adäquaten Informationsbasis auch in der Lage, die zukünftigen Bestandsentwicklungen für alle Lager des gesamten Distributionssystems unter Berücksichtigung der unvermeidbaren Nachfrageunsicherheiten zu berechnen. Mit einer entsprechenden Rechnerunterstützung ließen sich somit nicht nur die Dispositionsentscheidungen eines

---

[1]) Insbesondere für Handelsbetriebe ist die eingesetzte Dispositionspolitik von großer Bedeutung. Die Lagerbestände binden hier den größten Teil des Betriebskapitals und verursachen dadurch die höchsten Kosten. Vgl. Eicke, Wulff: /Lagerhaltung/ 26.

[2]) Nur wenige Unternehmen nutzen im Bestandsmanagement Dispositionsverfahren, die für ihre modernen Bestandsverfolgungssysteme maßgeschneidert sind. Vgl. Nahmias, Steven; Smith, Stephen A.: /Models of Retailer Inventory Systems/ 249.
Ein weiterer Beleg für den überwiegenden Einsatz einfacher Dispositionsansätze in Warenwirtschaftssytemen findet sich bei Schulte, Karl; Steckenborn, Ilona; Blasberg, Lutz: /Warenwirtschaft/ 130-132.

[3]) Vgl. Meyer, Manfred; Hansen, Klaus: /Planungsverfahren/ 74.

[4]) Vgl. Diruf, Günther: /Lagerbestandsplanung und -kontrolle/ 14.

Lagers in Abhängigkeit von seinem durch Unsicherheiten geprägten Bedarfsaufkommen festlegen, sondern es würden zugleich auch die Auswirkungen auf die Bestandssituation der anderen Lager innerhalb eines Distributionssystems erfasst. Diese bestandswirksamen Effekte könnten bei den weiteren Dispositionsentscheidungen der anderen Lager somit unmittelbar berücksichtigt werden, so dass auf Basis eines integrierten Informationssystems letztlich ein umfassendes und effizientes Bestandsmanagement in mehrstufigen Distributionssystemen durchführbar ist.

1.2 Problemstellung und Zielsetzung

Beschäftigt man sich mit der Entwicklung eines Dispositionsverfahrens zur effizienten Unterstützung des Bestandsmanagements in mehrstufigen Distributionskanälen, ist zunächst eine Darstellung der problemrelevanten Merkmale solcher Distributionssysteme angezeigt. Dabei ist zu berücksichtigen, dass sich die Strukturen der untersuchten Distributionssysteme auf den Konsumgütermärkten durch ihre Mehrstufigkeit auszeichnen, sofern es sich nicht um Vertriebsnetze handelt, welche die Kunden auf direktem Wege beliefern.[1] Hierbei unterscheiden sich die Distributionsnetze neben der Anzahl der zu durchlaufenden Distributionsstufen auch durch die Verbindungen zwischen den einzelnen Ebenen. In Abhängigkeit von der Beziehung zwischen den Vorgänger- und Nachfolgerstufen lassen sich im Rahmen der Distribution unterschiedliche Strukturen differenzieren. Damit die Betrachtungen nicht nur auf bestimmte Strukturen beschränkt werden, sollen in der vorliegenden Untersuchung beliebig strukturierte Distributionssysteme zugrunde gelegt werden.[2]

---

[1]) Da die räumliche Struktur der Distributionssysteme kurzfristig nicht veränderbar ist, kann sie im Rahmen des vorliegenden Problems der operativen Dispositionsplanung als gegeben betrachtet werden.

[2]) Die Zugrundelegung beliebig strukturierter Distributionsstrukturen ist deshalb nötig, damit auch unternehmensübergreifende Distributionsketten erfasst werden können. Dies erlangt insbesondere vor dem Hintergrund ganzheitlicher integrierter Steuerungs- und Rationalisierungskonzepte der Waren- und Informationsprozesse zwischen Zulieferer und Vertriebsorganisation wie zum Beispiel dem Efficient Consumer Response Konzept (ECR) an Bedeutung.
Zum Konzept des Efficient Consumer Response vgl. auch: CCRRGE (Hrsg.): /Kooperation/ ; Tietz, Bruno: /ECR/ .

Neben der Mehrstufigkeit ist auch der Tatsache Beachtung zu schenken, dass in solchen Distributionssystemen viele Produkte gleichzeitig vertrieben werden. Zwar könnte man jedes Produkt separat betrachten und folglich für jedes von ihnen eine unabhängige Lagerpolitik verfolgen. Dies würde aber entscheidende Interdependenzen zwischen den einzelnen Produkten vernachlässigen. In der vorliegenden Untersuchung wird der Mehrproduktproblematik daher durch die Berücksichtigung von Verbundeffekten bei Beschaffung, Lagerung und Transport sowie durch gemeinsam geltende Kapazitätsrestriktionen Rechnung getragen. Bezüglich der Lagerrestriktionen werden für die verschiedenen Produkte in den Verkaufslagern (Endbedarfsläger) jeweils eigene Kapazitätsgrenzen vorgegeben, da dort für die Produkte eines Sortiments meist ein in der Regel zwar veränderbarer aber begrenzter Stauraum vorgesehen ist. Auf den höheren Lagerstufen macht dies wenig Sinn, weil die Möglichkeit der chaotischen Einlagerung besteht, so dass nur für die Gesamtheit der gelagerten Produkte eine Lagerkapazitätsrestriktion vorgegeben werden kann. Ebenso verhält es sich bei den Transportrestriktionen, die häufig ebenfalls nur für alle Produkte eines Transportes gemeinsam gelten.

Denkbare reale Einsatzgebiete solcher mehrstufiger Vertriebsstrukturen in denen mehrere Produkte nebeneinander distribuiert werden, finden sich sowohl im Handel als auch bei der Ersatzteilversorgung sowie ganz allgemein im Vertriebsbereich von Waren und Dienstleistungen. Als exemplarische Basis für die weitergehenden Untersuchungen eignen sich besonders die Distributionssysteme von Handelsfilialisten. Zum einen hat bei ihnen die Logistik einen weitaus höheren Anteil an der Wertschöpfung als beispielsweise in der herstellenden Industrie.[1] Zum anderen gestatten sie es, die Bestandsproblematik in mehrstufigen Distributionssystemen unabhängig von der Produktionsplanung zu betrachten, weil der Handel überwiegend bewegliche Sachgüter beschafft, um sie weiter zu veräußern, ohne diese im technischen Sinne zu bearbeiten.[2] Zudem müssten die vorhandenen Warenwirtschaftssysteme[3] nur um wenige Module ergänzt werden, damit sie - soweit es die

[1]) Vgl. Delfmann, Werner: /Logistik/ 190.

[2]) Vgl. Müller-Hagedorn, Lothar: /Handelsmarketing/ 17.

[3]) Einen Überblick über die Leistungsmerkmale einiger am Markt befindlichen Warenwirtschaftssysteme geben Bullinger, Hans J.; Georgiadis, Georg; Huber, Heinrich; Niemeier, Joachim: /Warenwirtschaftssysteme/ .

Belange des Handels betrifft - ein integriertes Informationssystem einschließen, das der informatorischen Unterstützung eines effizienten Bestandsmanagements innerhalb eines mehrstufigen Distributionssystems dient.

Für das Bestandsmanagement im Handel stellen die Prognosen über die zu erwartenden Nachfragemengen ein besonderes Problem dar. Selbst wenn man davon ausgeht, dass ausgereifte Prognosesysteme den Verlauf der Nachfrage für die nächsten Perioden relativ gut bestimmen können, werden diese stets mit erheblichen Unsicherheiten belastet sein. Denn zu viele Faktoren können den Verlauf der Nachfrage spontan beeinflussen. So kann die Konkurrenz zum Beispiel mit Sonderaktionen oder Veränderung der Preisrelationen plötzlich und unerwartet einen großen Teil der Nachfrage an sich reißen, ohne dass man dies mit einem Prognosesystem hätte antizipieren können.[1] Das Bestandsmanagement sollte deshalb in der Lage sein, die unwillkürlich entstehenden Überbestände abzubauen, ebenso wie es bei drohenden Fehlbeständen umgehend zusätzliche Ordervorgänge zu veranlassen hat. Das bedeutet, dass sich die Lagerbestandsplanung für die nächsten Perioden zunächst an den Nachfrageprognosen orientiert, im weiteren Verlauf aber an Hand des tatsächlichen Abverkaufs abschätzt, wie lange die Vorräte noch ausreichen werden. Auf Basis einer rollierenden Planung können dann stets Entscheidungen getroffen werden, welche die aktuellen Bestandsdaten und neuesten Nachfrageprognosen berücksichtigen. Da hierdurch das Auftreten von Fehlbeständen jedoch nicht ausgeschlossen werden kann, sollte das Bestandsmanagement diesbezüglich immer dann für Abhilfe sorgen, wenn es ökonomisch sinnvoll scheint.[2] Das kann durch Querlieferungen bzw. Eilbestellungen geschehen oder indem versucht wird, die Nachfrage nachträglich zu befriedigen. Zur Vermeidung von Fehlbeständen sind aber vor allem rechtzeitige Bestellungen auf Grundlage der Prognosen zu tätigen und die nötigen Warentransferprozesse innerhalb des Distributionssystems früh genug zu veranlassen.

---

[1]) Eigene, die Nachfrage beeinflussende Maßnahmen oder andere externe Faktoren muss man durch manuelle Korrekturen der Prognosedaten berücksichtigen

[2]) Objektiv kann kein Entscheidungskalkül bestimmt werden, wann eine kundenorientierte Maßnahme zur Fehlbestandsvermeidung noch ökonomisch sinnvoll ist. Es ist letztlich eine Grundsatzentscheidung der Unternehmensführung, inwieweit Fehlbestände in Kauf genommen werden und unter welchen Umständen Maßnahmen gegenüber Fehlbeständen ergriffen werden.

Der resultierende Warenfluss vollzieht sich in mehrstufigen Distributionssystemen für gewöhnlich über die Lager der obersten Stufe bis hin zur untersten Lagerstufe.[1] Aus kundenorientierter Perspektive ist dabei eine möglichst hohe Produktverfügbarkeit in den Verkaufslagern anzustreben. Deshalb sollte das Bestandsmanagement im Fall von Bestandsengpässen, wie oben bereits erwähnt, sowohl Querlieferungen zwischen den Lagern einer Ebene als auch beliebige Transporte zwischen den Lagern unterschiedlicher Lagerstufen erlauben. So können die Lager der untersten Stufe notfalls aus unterschiedlichen übergeordneten Lagern versorgt werden, wobei der Bedarf eines Lagers beispielsweise auch aufgesplittet von verschiedenen Vorgängerlagern befriedigt werden könnte.[2] Auf diese Weise ist eine Steigerung der Belieferungsflexibilität erreichbar und die Gefahr von Versorgungsengpässen lässt sich verringern. Die physische Abwicklung dieser Transportverbindungen kann dabei mittels eigener Transportlogistik oder durch Logistik-Dienstleister erbracht werden. Darüber hinaus sind direkte Anlieferungsmöglichkeiten der Zulieferer auf der untersten Stufe bei den Endbedarfslagern vorzusehen, um im Fall von Bestandsengpässen Eillieferungen zu gestatten. In Abhängigkeit von der betrachteten Produktart kann dies auch dann von Vorteil sein, wenn Transportkosten gespart werden können oder wenn die Lager-, Kommissionier- sowie Handlingkapazitäten der übergeordneten Lagerstufen nicht beansprucht werden müssen. Weiterhin ist zu überlegen, in welchen Fällen es sinnvoll wäre, die Kunden auch per direkter Zustellung an ihren Bedarfsort mit Waren zu versorgen, was wiederum durch Logistik-Dienstleister geschehen könnte. Für das Bestandsmanagement bedeutet dies, dass vor dem Hintergrund von Serviceaspekten im Ausnahmefall durch jedes Lager sämtliche Waren in das Distributionssystem eintreten bzw. es verlassen können.

Bevor im Rahmen des Bestandsmanagements die einzelnen Warentransaktionen durch ein Dispositionsverfahren letztlich bestimmt werden können, muss man untersuchen, wie sich alternative Transferaktivitäten kostenmäßig auswirken. Die einzelnen Kostenkomponenten können dabei einen fixen Anteil besitzen, linear oder progressiv bzw. degressiv verlaufen und Sprünge aufweisen. Setzt man sich das Ziel, die gesamten Kosten

---

[1]) Bei der Rückführung von Mehrwegverpackungen können die physichen Warenflüsse auch einen anderen Verlauf nehmen. Diese Problematik ist ausführlich behandelt bei Mevissen, Karlheinz: /Mehrwegsysteme/ .

[2]) Vgl. Ho, Chrwan-jyh: /Distribution requirements planning/ 3.

über den Planungshorizont möglichst gering zu halten,[1] so muss man nicht nur für jedes Produkt die entscheidungsrelevanten Lagerhaltungskosten beurteilen, sondern auch die Transportkosten berücksichtigen, die beim physischen Warentransfer innerhalb des Distributionssystems anfallen. Bei der Auslösung einer Bestellung sind zudem die Bestellkosten ebenso zu beachten wie Rabattstaffelungen und eventuelle Verbundrabatte, falls vom Hersteller gleich mehrere Produkte gemeinsam bezogen werden. Durch Variation von Bestellzeitpunkt, Bestellmenge oder Zusammensetzung der Bestellung und durch Festlegung von Lagerzeit und -ort sowie der daraus resultierenden Transportleistungen innerhalb des Distributionssystems lassen sich schließlich die erforderlichen Dispositionsentscheidungen vor dem Hintergrund der sich insgesamt ergebenden Kosten fällen.

Die dazu benötigten Informationen müssen durch ein integriertes Informationssystem bereitgestellt werden, das in diesem Kontext als Teil eines Warenwirtschaftssystems eingestuft werden kann. Es muss sich deshalb um ein integriertes System handeln, weil es als informatorische Basis den gesamten logistischen Prozess vom Zulieferer bis zum Absatzmarkt überspannen und zugleich die Bestandsdaten auf zentraler Basis verwalten soll. Das heißt, dass es auf der Beschaffungsseite sowohl Lieferdaten einholen als auch selbstständig Bestellvorgänge abwickeln kann und dann den gesamten Warenfluss bis zum Abverkauf informatorisch begleitet. So ist es möglich, die Bestandsentwicklung für jedes Produkt in jedem Lager stets aktuell zu verfolgen.[2] Erst ein solches Informationssystem schafft zusammen mit einem leistungsfähigen Nachfrageprognosesystem die Voraussetzungen für ein effizientes Bestandsmanagement in mehrstufigen Distributionssystemen, wie sie oben beschrieben wurden.

Zusammenfassend stellt sich das zu bearbeitende Problem wie folgt dar:

- Zu betrachten ist im zeitdynamischen Kontext ein mehrstufiges Distributionssystem, in dem mehrere Produkte gleichzeitig vertrieben werden.

---

[1]) Alternativ sind auch andere Zielsetzungen vorstellbar, wie beispielsweise die Maximierung des Gewinns oder des Servicegrades sowie die Minimierung der Kapitalbindung.

[2]) Unerwartete Fehlbestände (zum Beispiel auf Grund von Diebstahl oder Untergang), die durch eine automatische Bestandsüberwachung nicht vorhersehbar waren, können nach Aufdeckung als Korrektur im System berücksichtigt werden.

- Der Warenfluss soll sich im Normalfall entsprechend einer hierarchischen Untergliederung der Distributionsstruktur vollziehen. Grundsätzlich sind aber sowohl die direkte Anlieferung durch die Zulieferer als auch die Zustellung zum Endabnehmer in jedem Lager realisierbar und Transporte zwischen allen Lagern möglich.

- Für die betrachteten Perioden wird von extern vorgegebenen Nachfrageprognosen für jedes Produkt in jedem Endbedarfslager ausgegangen, die aber von den tatsächlichen Abverkaufsmengen abweichen. Hierdurch wird den in Distributionssystemen unvermeidbar vorhandenen Unsicherheitsfaktoren Rechnung getragen.

- Durch die Schnittstelle zu den Lieferanten erhält man stets aktuelle Informationen über die zu berücksichtigenden Lieferzeiten. Diese können deshalb ebenso wie die Transportzeiten innerhalb des Distributionssystems als gegeben vorausgesetzt werden. Dennoch auftretende Abweichungen müssen aber durch das System registriert werden, damit sie im aktuellen Entscheidungskalkül Berücksichtigung finden.

- Lagerrestriktionen existieren in den Endbedarfslagern[1] für jedes Produkt getrennt, auf den höheren Lagerstufen nur für alle Produkte gemeinsam. Abgesehen von produktspezifischen Transporteigenschaften gelten auch beim Transport lediglich Restriktionen für alle transportierten Produkte gemeinsam.

- Die relevanten Kostengrößen werden als gegeben angenommen und dürfen einen beliebigen Verlauf aufweisen.

- Die Bereitstellung der benötigten Informationen erfolgt durch ein integriertes Informationssystem.

- Es ist festzulegen, wann welche Produkte in welchen Mengen bestellt werden sollen, wo sie anzuliefern sind und wie sie im Distributionssystem weiter fließen sollen.

- Die zur Sicherstellung der Produktverfügbarkeit in den Endbedarfslagern anfallenden entscheidungsrelevanten Kosten sind möglichst gering zu halten.

---

[1]) Endbedarfslager liegen auf der untersten Stufe eines Distributionssystems und sind für die direkte Marktversorgung zuständig. Sie stellen also Verkaufslager dar. Vgl hierzu auch Abschnitt 2.3.1.

Werden diese Aspekte alle im Rahmen des Bestandsmanagements berücksichtigt, kann die resultierende Dispositionsproblematik auf Grund der komplexen funktionalen Beziehungszusammenhänge analytisch nicht mehr gelöst werden. Um eine ganzheitliche Betrachtung der vielfältigen Interdependenzen zwischen den relevanten Einflussgrößen zu gewährleisten, bietet sich stattdessen ein informationssystemgestütztes Dispositionsverfahren als vielversprechender Ansatzpunkt an. Ein wesentliches Ziel der Arbeit liegt daher im Entwurf eines geeigneten Dispositionsverfahrens, das unter Verwendung einer heuristischen[1] Vorgehensweise und mit Unterstützung einer ebenfalls zu konzipierenden Informationsbasis eine rollierende Distributionsprogrammplanung[2] unter Berücksichtigung der Nachfrageunsicherheiten erlaubt. Mit Blick auf die gesamten entscheidungsrelevanten Kosten kann das Bestandsmanagement auf diese Weise zwar keine optimale, aber eine dennoch zufriedenstellende Lösung des kurzfristigen Dispositionsentscheidungsproblems zur Koordination der Warentransferprozesse in einem mehrstufigen Distributionssystem generieren. Die Güte der erzielten Resultate bemisst sich dabei sowohl am erreichbaren Lieferbereitschaftsgrad als auch an den dafür entstandenen Kosten sowie der erforderlichen Kapitalbindung und einigen für die Lagerhaltung spezifischen Kennzahlen.[3] Damit ein Vergleich zu bereits existierenden Lösungsansätzen möglich ist, müssen zudem die bedeutenden und in der Praxis eingesetzten Dispositionsverfahren im Rahmen einer Simulationsstudie implementiert werden, um schließlich eine Gegenüberstellung mit der in dieser Arbeit entwickelten Distributionsprogrammplanung vornehmen zu können.

Nachdem hiermit die zu bearbeitende Problemstellung sowie die Zielsetzung kurz umrissen wurden, soll im nächsten Abschnitt die Vorgehensweise bei der Bearbeitung des Problemfeldes vorgestellt werden.

---

[1]) Heuristische Programme kommen vor allem in lösungsdefekten Problemen zum Einsatz. Sie grenzen mit Hilfe exakter Regeln den Lösungsraum ein und ermitteln eine Lösung aus dieser Untermenge denkbarer Lösungen. Auf diese Weise werden zulässige und in der Regel auch gute Lösungen gefunden, deren Optimalität aber nicht garantiert werden kann. Vgl. Berens, Wolfgang; Delfmann, Werner: /Quantitative Planung/ 47 und 126.

[2]) Ein Distributionsprogramm repräsentiert sämtliche Warentransferprozesse, die innerhalb einer Periode zu veranlassen sind.

[3]) Vgl. Abschnitt 5.2.3.2.

1.3 Vorgehensweise

Dem einleitenden Kapitel schließen sich grundlegende Betrachtungen zum Bestandsmanagement in mehrstufigen Distributionssystemen an. Dabei werden nach einigen definitorischen Vorüberlegungen und Erläuterungen zu den Funktionen des Bestandsmanagements zunächst die Potentiale integrierter Informationssysteme zur Unterstützung des Bestandsmanagements veranschaulicht, bevor schließlich speziell auf die Problematik des Bestandsmanagements in mehrstufigen Distributionskanälen eingegangen wird. Hierzu werden vorab die verschiedenen Ausprägungsvarianten möglicher mehrstufiger Distributionssystemstrukturen aufgearbeitet und die relevanten Kostenkategorien erläutert. Darauf aufbauend wird dann die resultierende Dispositionsproblematik aufgezeigt, um anschließend, vor dem Hintergrund einer zentralen Informationsverfügbarkeit, die besonderen Potentiale integrierter Informationssysteme für das Bestandsmanagement in mehrstufigen Distributionssystemen zu diskutieren.

Nach Erläuterung der thematischen Grundlagen wird in Kapitel 3 ein Überblick über bedeutende Literaturbeiträge zur behandelten Problematik gegeben. Zunächst werden die grundlegenden Ansätze für den Fall der einstufigen Lagerhaltungsproblematik vorgestellt, da sie in der Praxis häufig auch bei Dispositionsproblemen mehrstufiger Lagerhaltungssysteme Verwendung finden und in verschiedenen Literaturbeiträgen an die Mehrstufigkeit angepasst wurden. Detaillierter wird dann auf die relevanten Beiträge zum mehrstufigen Fall eingegangen. Aus der Fülle der zur Lagerhaltungsproblematik existierenden Literaturbeiträge werden jedoch nur solche Ansätze vorgestellt, die sich speziell für die Lösung der dynamischen Dispositionsproblematik in mehrstufigen Distributionssystemen eignen. Bevor sich das Hauptaugenmerk auf diese dynamischen Ansätze richtet, wird jedoch zunächst das statische Konzept des Base-Stock-Controls[1] erläutert, weil es sowohl die besondere Problematik der Disposition in mehrstufigen Distributionssystemen aufgreift als auch die Bedeutung einer zentralen Informationsverfügbarkeit herausstellt. Bei der Betrachtung der dynamischen Ansätze erfolgt dann eine Unterscheidung zwischen solchen Dispositionsansätzen, die ledigich den Einprodukt-Fall

---

[1]) Das Konzept des Base-Stock-Control ist unter anderem dargestellt bei: Silver, Edward A.; Peterson, Rein: /Decision Systems/ 452.

berücksichtigen und solchen, die auch die Mehrprodukt-Problematik einbeziehen. Für den Einprodukt-Fall werden die Erweiterungen des Ansatzes von Wagner-Whitin durch *Veinott*[1] sowie durch *Kalymon*[2] aufgezeigt und die Ansätze der Fair Shares[3] sowie des Distribution Requirements Plannings[4] aufgearbeitet. Unter den Ansätzen, die auch Mehrprodukt-Interdependenzen berücksichtigen, werden einige für den Spezialfall von stationären,[5] d.h. über die betrachteten Perioden hinweg konstanten Rahmenbedingungen vorgestellt. Diesen Ansätzen von *Roundy*,[6] von *Federgrün* und *Zheng*[7] sowie von *Iyogun* und *Atkins*[8] ist gemeinsam, dass sie unter der Voraussetzung stationärer Daten Empfehlungen für die Gestaltung und Abstimmung von Bestellpolitiken verschiedener Produkte innerhalb eines mehrstufigen Distributionssystems geben. Für instationäre Rahmenbedingungen ist hingegen der zuletzt dargestellte Ansatz des Enhanced Distribution Requirements Plannings[9] geeignet. Er baut auf dem Distribution Requirements Planning auf und erweitert es hinsichtlich der expliziten Berücksichtigung unterschiedlicher Transportvarianten. Allen Ansätzen ist gemeinsam, dass sie vor dem Hintergrund neuerer Informationstechnologien noch erheblichen Raum für Verbesserungen offen lassen. Im Anschluss an die Darstellung der relevanten Beiträge werden daher die verbleibenden Defizite sowie die sich daraus ergebenden Verbesserungspotentiale aufgezeigt. Schwerpunkte bilden dabei die Auslagerung von Logistik-Funktionen, Möglichkeiten zur Ausweitung der Kundenorientierung, die Ausnutzung von Konsolidierungspotentialen, die höhere Informationsverfügbarkeit, eine verbesserte Handhabung von Prognoseunsicherheiten sowie die Möglichkeit einer informationssystembasierten Evaluation alternativer Dispositionsentscheidungen.

---

1) Vgl. Veinott, Arthur F.: /Concave-Cost Solution/ .

2) Vgl. Kalymon, Basil A.: /Decomposition Algorithm/ .

3) Vgl. Brown, Robert G.: /Service Parts Inventory Control/ 372-405.

4) Vgl. Martin, André J.: /DRP/ .

5) Zum Begriff stationärer und instationärer Daten vgl. Abschnitt 3.

6) Vgl. Roundy, Robin O.: /Computing/ .

7) Vgl. Federgrün, Awi; Zheng, Yu-Sheng: /Power-of-Two replenishment Strategies/ .

8) Vgl. Iyogun, Paul; Atkins, Derek: /Distribution Systems/ .

9) Vgl. Bregman, Robert L.: /Enhanced Distribution requirements planning/ ; Bregman, Robert L.; Ritzman, Larry P.; Krajewski, Lee J.: /Control of Inventory/ .

Auf Basis der erarbeiteten Verbesserungspotentiale wird dann in Kapitel 4 der Ansatz zur Distributionsprogrammplanung erarbeitet. Dazu wird vorab die Festlegung der Zielgrößen sowie die Dimensionierung des Planungshorizonts diskutiert, bevor dann die eigentliche Arbeitsweise der entwickelten Dispositionsheuristik dargestellt wird. Dazu erfolgt zunächst eine Untersuchung alternativer Ansätze zur Sekundärbedarfsbestimmung vor dem Hintergrund unsicherer Nachfragedaten und eine Erläuterung der Vorgehensweise zur Feststellung der Bestandsreichweiten, bevor schließlich auf die periodische Ermittlung eines Basis-Distributionsprogramms eingegangen wird. Die aus dem Basis-Distributionsprogramm resultierenden Dispositionsentscheidungen können als einfachste Variante des Dispositionsverfahrens interpretiert werden. Hierauf aufbauend werden dann zusätzliche distributionslogistische Maßnahmen erläutert. Dabei wird aufgezeigt, unter welchen Umständen sinnvollerweise Konsolidierungen bei Bestellung und Transport vorgenommen und wie Fehldispositionen durch eine frühzeitige Berücksichtigung der Abweichungen zwischen prognostizierter und tatsächlicher Nachfrage vermieden werden können. Als vorbeugende Instrumente gegen Fehlbestände kann man entweder Sicherheitsbestände einführen und Querlieferungen innerhalb des Distributionssystems oder direkte Anlieferungen in jedes Lager zulassen. Zur Handhabung bereits eingetretener Fehlbestände werden zudem die Möglichkeiten direkter Zustellungen zum Abnehmer sowie der Vormerkung nicht mehr vorrätiger Produkte erörtert. Abschließend erfolgt eine zusammenfassende Darstellung der Funktionsweise der Distributionsprogrammplanung in einem rollierenden Kontext.

In Kapitel 5 wird dann eine Simulationsstudie durchgeführt, die an Hand verschiedener Distributionsszenarien in teilweise realistischen Größenordnungen untersucht, welche Resultate die Distributionsprogrammplanung in seiner einfachsten Variante erreicht und wie sich ihre Ergebnisse durch Einbeziehung der optionalen distributionslogistischen Maßnahmen noch weiter verbessern lassen. Konkret bedeutet dies, dass das Dispositionsverfahren im Umfeld eines Simulationssystems implementiert und dabei in einem rollierendem Kontext bei unterschiedlichen Unsicherheitsgraden ausgetestet wird. Zum Vergleich erfolgt außerdem eine Untersuchung einiger in der Praxis angewandter Dispositionsverfahren. Der Aufbau der Simulationsstudie gliedert sich dabei wie folgt: Zunächst werden die getroffenen Annahmen und Voraussetzungen erläutert bevor näher auf die Konzeption der Simulationsumgebung eingegangen wird. Hierbei wird in exogene und endogene Parameter sowie in die resultierenden Ergebnisgrößen unterteilt. Alle Einflussgrößen, die nicht unmittelbare Handlungsalternativen der Dispositionsverfahren darstellen, fallen unter die exogenen Parameter. Neben allgemeinen Rahmendaten sind dies im Wesentlichen die einzelnen Kostengrößen für Beschaffung, Lagerung und Transport, die relevanten Produktdaten, Angaben über Distributionsstruktur und Ausgestaltung der Lager sowie die prognostizierte und, davon abweichend, die tatsächlich eintretende Nachfrage auf der untersten Lagerebene. Die endogenen Parameter stellen die einzelnen Handlungsparameter der Distributionsprogrammplanung dar. Neben den üblichen Aktionen, wie Bestellungen und Transporte werden aus Gründen der Kundenorientierung auch direkte Belieferungen der Lager und die direkte Zustellung von Waren zum Endabnehmer sowie die Möglichkeit von Vormerkungen berücksichtigt. Aus der Anwendung der unter den endogenen Parametern geschilderten Aktionsparameter resultieren als Ergebnis der Dispositionsentscheidungen schließlich die Bestandsgrößen in den einzelnen Lagern sowie die insgesamt angefallenen Kosten und einige Kennzahlen. Im Anschluss an die Konzeption des Simulationssystems werden einige Überlegungen über die Dimensionierung des Simulationshorizonts angestellt und die simulierten Distributionsszenarien im Einzelnen vorgestellt. Im Rahmen der Simulationsstudie wird die Distributionsprogrammplanung zunächst in ihrer einfachsten Form getestet bevor dann zusätzlich die Ausschöpfung von Konsolidierungspotentialen und Maßnahmen zur Vorbeugung oder Handhabung von Fehlbeständen begutachtet werden. Dabei werden die Auswirkungen bei Einführung von Sicherheitsbeständen beleuchtet und es wird überprüft, inwieweit auf diese verzichtet werden kann, wenn Querlieferungen zwischen den einzelnen Lagern des Distributionssystems oder direkte Anlieferungen einbezogen werden. Ebenso wird das Verhalten bei Berücksichtigung von direkten Zustellungen und Vormerkungen untersucht. Darüber hinaus soll festgestellt werden, welche Ergebnisse das Dispositionsverfahren in unterschiedlichen Distributionsstrukturen liefert und welche Einflüsse von verschieden hohen Prognosefehlern ausgehen. Schließlich wird die Distributionsprogrammplanung einem Vergleich mit diversen in der Praxis benutzten Dispositionsverfahren wie der Lot-for-Lot Orderpolitik, einer (s,S) Politik sowie dem Enhanced Distribution Requirements Planning unterzogen bevor dann am Ende eine zusammenfassende Bewertung der einzelnen Resultate stattfindet und in Kapitel 6 einige abschließende Betrachtungen vorgenommen werden.

2 Grundlegende Betrachtungen zum Bestandsmanagement in mehrstufigen Distributionskanälen

Lagerbestände haben für Industrie und Handel gleichermaßen grundlegende Bedeutung. Sie können bis zu 30% der Aktiva von Produktionsunternehmen und bis zu 50% von Handelsunternehmen ausmachen. Die Lagerkosten betragen nicht selten 15 - 20% des Warenwertes pro Jahr. Deshalb scheint es einleuchtend, dass in allen sachgüterproduzierenden oder -verteilenden Unternehmen dem Bestandsmanagement besondere Bedeutung beizumessen ist.[1] Die zunehmende Auseinandersetzung mit der Logistikkonzeption trägt außerdem dazu bei, dass das Bestandsmanagement immer mehr als Ansatzpunkt für Rationalisierungsbemühungen betrachtet wird.[2] Dabei wird durch die Synchronisation aufeinander folgender Leistungsprozesse, wie es das Just-in-Time-Prinzip[3] anvisiert, das Ziel verfolgt, Bestände in der logistischen Kette möglichst weitgehend, idealerweise vollständig abzubauen.[4] Dass Verbesserungspotentiale auf diesem Gebiet bestehen, soll ein Beispiel aus dem Textilbereich im amerikanischen Markt verdeutlichen:[5] Für bestimmte Produktgruppen ergibt sich folgende Warenpipeline von der Herstellung der Faser bis zur Lagerung der fertigen Produkte im Distributionsbereich der Händler:

- 23 Wochen für die Herstellung
- 24 Wochen für die Konfektionierung
- 19 Wochen für den Handel

Von diesen insgesamt 66 Wochen entfallen nur 11 Wochen auf die eigentlichen Produktions- und Warentransferprozesse. Die restlichen 55 Wochen sind Lagerungszeiten, von denen der größte Anteil auf den Distributionsbereich des Handels fällt, und das, obwohl die Lagerbestände im Handel einen besonders hohen Teil von deren Gesamtaktiva ausmachen. Es darf jedoch nicht übersehen werden, dass der Aufbau von Lagerbeständen

---

[1]) Vgl. Delfmann, Werner: /Segmentierung/ 175.

[2]) Vgl. Pfohl, Hans-Christian; Stölzle, Wolfgang; Schneider, Henning: /Bestandsmanagement/ 529.

[3]) Das Just-in-Time-Prinzip wird häufig auch mit JIT abgekürzt. Zum Just-in-Time-Prinzip vgl. stellvertretend für viele Schmidt, Klaus J. (Hrsg.): /Logistik und Produktionsmanagement/ .

[4]) Vgl. Delfmann, Werner: /Segmentierung/ 175.

[5]) Entnommen aus Hensche, Hans H.: /Zeitwettbewerb/ .

nicht per se unwirtschaftlich und damit unerwünscht sein muss. Vielmehr kann sich insbesondere im Distributionsbereich ein begrenzter Aufbau von Lagerbeständen als wirtschaftlich vorteilhaft, kundenorientiert und risikomindernd erweisen.[1] Somit gewinnt das Bestandsmanagement im Distributionssektor auf Grund der dort vorhandenen Einsparungspotentiale und den parallel vorhandenen positiven Einflussmöglichkeiten auf den Lieferservice einen immer höheren Stellenwert.[2] Da die Distributionskanäle aber in der Regel mehrstufige Strukturen aufweisen und meistens viele Produkte gemeinsam vertrieben werden, gestaltet sich das Bestandsmanagement unter realen Bedingungen schnell zu einer komplexen Problematik, deren Handhabung erst unter Zuhilfenahme eines integrierten Informationssystems Erfolg verspricht.

Bevor in den folgenden Abschnitten auf die Bedeutung integrierter Informationssysteme für ein effizientes Bestandsmanagement näher eingegangen wird, werden zunächst einige konzeptionelle Grundlagen zum Bestandsmanagement im Distributionsbereich gelegt. Im weiteren Verlauf des Kapitels wird dann die besondere Problematik des Bestandsmanagements in mehrstufigen Distributionskanälen ausführlicher beleuchtet.

2.1 Funktionen des Bestandsmanagements im Distributionsbereich

Der physische Distributionsprozess beginnt für produzierende Unternehmen mit der Einlagerung der fertigen Produkte in dem der Produktionsstätte angeschlossenen Fertigwarenlager und für Handelsunternehmen mit dem Eintreffen der georderten Ware in einem für den Wareneingang zuständigen Lager. Im Distributionsbereich ist das Bestandsmanagement daher für die Koordination aller logistischer Aktivitäten zuständig, denen sich die Waren vom Zeitpunkt ihrer Fertigstellung oder Anlieferung bis zu ihrer Abnahme durch den Endabnehmer unterziehen müssen. Da der durch die Abnehmer subjektiv empfundene Nutzen eines Produkts nicht nur von dessen stofflich-materieller Form

---

[1]) Vgl. Delfmann, Werner: /Segmentierung/ 175.

[2]) Vgl. Schmidt, Klaus-Jürgen: /Logistik/ 202.

sowie den vorhandenen Informationen über seine Verwendungsmöglichkeiten abhängt, sondern auch wesentlich durch seine zeitliche und räumliche Verfügbarkeit in der gewünschten Menge beeinflusst wird,[1] hat sich das Bestandsmanagement mit der Planung und Kontrolle der Bestände zu befassen.[2] Im Distributionssektor sind dem Bestandsmanagement somit sämtliche Dispositionsaufgaben zuzuordnen,[3] wie zum Beispiel die Festlegung von Bestellmengen und -terminen oder ganz generell die Bestimmung einer adäquaten Lagerhaltungspolitik für den Distributionsbereich. Dabei ist unter einer Lagerhaltungspolitik[4] die Gesamtheit von Regeln und Verhaltensweisen zu verstehen, die ausgehend von einem bestimmten Bedarf sämtliche Aktivitäten im Lagerbereich nach Art, Menge und Zeitpunkt determinieren. Sie beziehen sich sowohl auf die organisatorische als auch auf die informatorische Abwicklung der Lagerhaltung im zeitlichen Ablauf, wobei zumeist die Summe aus Lagerhaltungs- und Beschaffungskosten minimiert werden soll.[5]

Im Distributionsbereich liegt der Schwerpunkt des Bestandsmanagements daher vor allem in der Sicherstellung des Nachschubs sowie in der physischen Verteilung der Waren innerhalb der von einem Unternehmen kontrollierten Absatzwege. Dabei entstehen in einem Distributionssystem unvermeidlich Lagerbestände, sobald die Eingangsströme der Waren nicht synchron mit deren Ausgangsströme verlaufen. Die Ursachen hierfür liegen in einer unterschiedlichen zeitlichen und/oder quantitativen Struktur beider Ströme.[6] Dem Bestandsmanagement kommt in diesem Zusammenhang die Aufgabe der Koordination beider Warenströme zu.

Für den Aufbau von Lagerbeständen lassen sich dabei folgende Motive identifizieren:[7]

---

[1]) Vgl. Tempelmeier, Horst: /Quantitative Marketing-Logistik/ 1.

[2]) Vgl. Pfohl, Hans-Christian; Stölzle, Wolfgang; Schneider, Henning: /Bestandsmanagement/ 529.

[3]) Vgl. Pfohl, Hans-Christian; Zöllner, Werner: /Effizienzmessung/ 329.

[4]) Vgl. Delfmann, Werner; Darr, Willi; Simon, Ralf-P.: /Marketing Logistik/ 60.

[5]) Auf alternative Zielsetzungen des Bestandsmanagements wird noch ausführlicher in Abschnitt 4.1 eingegangen.

[6]) Vgl. Assfalg, Helmut: /Lagerhaltungsmodelle/ 12.

[7]) Zu den folgenden Ausführungen siehe auch Assfalg, Helmut: /Lagerhaltungsmodelle/ 12; Bartmann, Dieter; Beckmann, Martin J.: /Lagerhaltung/ 1; Eicke, Wulff: /Lagerhaltung/ 27-32.

1. Das Ausgleichsmotiv

Soweit die Ausgangsströme nicht mit den Eingangsströmen übereinstimmen, muss ein Lager die zeitlichen und mengenmäßigen Diskrepanzen überbrücken. Die Abweichungen können darin begründet sein, dass es entweder technisch unmöglich oder aber wirtschaftlich untragbar ist, den Zufluss pro Zeiteinheit dem Abfluss pro Zeiteinheit genau anzupassen. Üblicherweise gehen die Waren in größeren Zeitabständen und größeren Mengen ein als aus. Das bedeutet, dass der Zustrom zeitlich und mengenmäßig aufgesplittet wird, bevor er ein Lager wieder verlässt. Zudem zeichnen sich die Lager durch eine Pufferwirkung aus, da die Abnehmer oft nicht bereit sind, längere Beschaffungszeiten hinzunehmen.[1]

2. Das Vorsichtsmotiv

Veranlasst das Bestandsmanagement einen physischen Transferprozess, so ist ein Reservebestand beim Empfänger vorzuhalten, um einen nicht prognostizierten Bedarf, der eventuell während der Liefer- oder Transportzeit auftreten kann, noch zu befriedigen. Ein weiterer Grund für den Aufbau von Lagerbeständen resultiert aus den in der Praxis unvermeidlich bestehenden Unsicherheiten bezüglich zukünftiger Wareneingangs- und -ausgangsströme.[2] Das Vorsichtsmotiv wird allerdings auch häufig als Rechtfertigung für überhöhte Bestände missbraucht.[3] Dabei wird übersehen, dass unnötig hohe Bestände Unzulänglichkeiten im Lagersystem verdecken, wie störanfällige Prozesse, unabgestimmte Kapazitäten, mangelnde Flexibilität, lückenhafte Bestandsüberwachung, mangelnde Liefertreue oder schlechte Bedarfsprognosen.[4]

---

[1]) Vgl. Schneeweiß, Christoph: /Lagerhaltungssysteme/ 4.

[2]) Diese Unsicherheiten können zum Beispiel aus Lieferverzögerungen, Transportausfällen oder unerwartet hohen Nachfrageaufkommen resultieren.

[3]) Vgl. Pfohl, Hans-Christian; Stölzle, Wolfgang; Schneider, Henning: /Bestandsmanagement/ 533.

[4]) Vgl. Avonda, Timothy: /Bestandsmanagement/ I-25.

3. Das Spekulationsmotiv

Erwartet man einen Preisanstieg der zu lagernden Waren, ist es lohnend, auf Vorrat einzulagern. Ebenso verhält es sich, wenn man mit einem trendmäßigen oder saisonalen Anstieg der Nachfrage bei den zu lagernden Waren rechnet. Auch in diesem Fall wird man den Lagerbestand entsprechend anheben.

In der Praxis kommen die einzelnen Motive meist gleichzeitig nebeneinander zum Tragen und ziehen entsprechende Bestände nach sich.[1] Zusammenfassend kann die Lagerhaltung somit folgende Funktionen erfüllen:[2]

- Zeitliche Überbrückungsfunktion
- Vereinzelungsfunktion
- Lieferzeitverkürzungsfunktion
- Reduktionsfunktion von Unsicherheiten
- Flexibilitätssicherungsfunktion
- Spekulationsfunktion
- Größendegressionsfunktion
- Konsolidierungsfunktion

Da die Haltung von Lagerbeständen nicht nur bestimmte Funktionen erfüllt, sondern auch Kosten verursacht, steht das Bestandsmanagement, wie aus Darstellung 1 ersichtlich, im Konfliktfeld zwischen der kostenbedingten Forderung nach möglichst geringen Beständen einerseits und dem Wunsch nach Versorgungssicherheit sowie eines akzeptablen Lieferservices andererseits. Das Bestandsmanagement hat daher auch für einen Ausgleich zwischen den konkurrierenden Anforderungen zu sorgen, wobei zugleich die jeweils bestehenden Trade-offs[3] zwischen Bestell-, Lagerhaltungs- und Transportkosten zu berücksichtigen sind.

Die Aufgaben des Bestandsmanagements reichen jedoch über die einfache Lagerdisposition hinaus und erstrecken sich auch auf die Koordination der materialwirt-

---

[1]) Vgl. Eicke, Wulff: /Lagerhaltung/ 32.

[2]) Vgl. Delfmann, Werner; Darr, Willi; Simon, Ralf-P.: /Marketing Logistik/ 53.

[3]) Ein Trade-off bezeichnet die gegenläufige Entwicklung einzelner Zielgrößen hinsichtlich einer bestimmten Bezugsgröße. Vgl. Delfmann, Werner; Darr, Willi; Simon, Ralf-P.: /Marketing Logistik/ 3.

schaftlichen Lagerhaltungs- und Informationsaufgaben. Zu den Lagerhaltungsaufgaben zählen dabei insbesondere:[1]

- Wareneingang und -prüfung
- Warenlagerung
- Warenkommissionierung
- Warentransport
- Warenausgabe

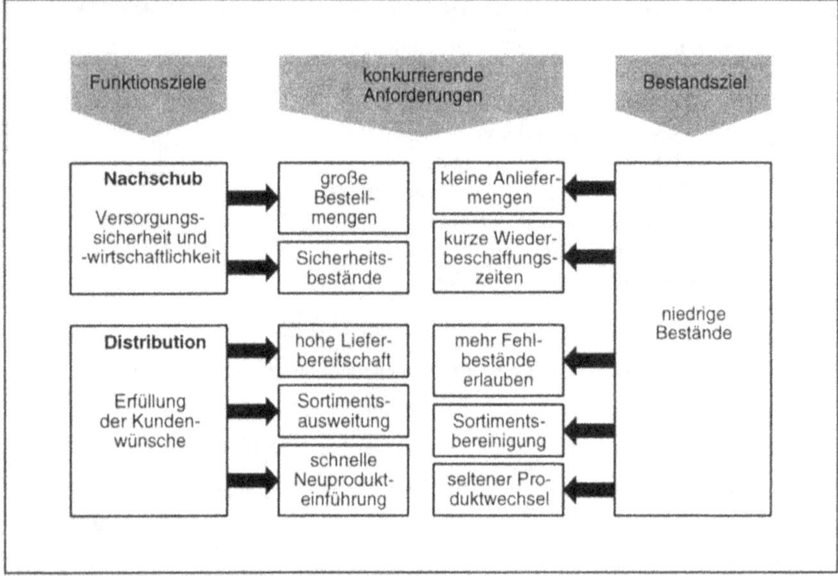

Darst. 1 Konfliktfelder im Bestandsmanagement

Parallel hierzu sind die für die Warenwirtschaft relevanten Informationen zu erfassen. Dabei sind folgende Informationsaufgaben zu erfüllen:[2]

- Lagerbestände aktualisieren
- Abweichungen erfassen
- Bestellungen auslösen und überwachen

[1]) Vgl. Bichler, Klaus: /Beschaffungs- und Lagerwirtschaft/ 163-165; Zacharias, Claus-Otto: /EDV-Einsatz/ 31-32.

[2]) Vgl. Zacharias, Claus-Otto: /EDV-Einsatz/ 31-32.

- Wareneingangskontrolle und Warenprüfung
- Rechnungsprüfung und Zahlungsfreigabe
- Warenkennzeichnung und Warenauszeichnung veranlassen
- Warenverteilung koordinieren
- Wareneinlagerung überwachen
- Warenausgabe veranlassen und erfassen[1]

Damit das Bestandsmanagement stets auf die relevanten Informationen zugreifen kann, ist es auf eine informatorische Unterstützung durch ein entsprechendes Informationssystem angewiesen. Insbesondere in Distributionssystemen realistischer Größenordnung sind die Funktionen des Bestandsmanagements nur dann effizient zu erfüllen, wenn die benötigten Informationen an allen Lagerorten zu jeder Zeit zur Verfügung stehen. Der folgende Abschnitt beschäftigt sich daher eingehender mit der Bedeutung von Informationssystemen für das Bestandsmanagement.

2.2 Bestandsmanagement auf Basis integrierter Informationssysteme

Integrierte Informationssysteme bilden die Grundlage für ein effizientes Bestandsmanagement im Distributionsbereich. Um die Relevanz der Informationssysteme aufzuzeigen, ist es zunächst erforderlich, die Bedeutung der benötigten Informationen zu erläutern. Dazu muss vorab der Informationsbegriff präzisiert werden. Zur Klärung des Informationsbegriffs lassen sich drei miteinander in Verbindung stehende Ebenen abstufen.[2] Die unterste Ebene ist die syntaktische Dimension. Hier werden lediglich Signale, Zeichen oder Symbole betrachtet, ohne dass man deren Bedeutung berücksichtigt. Es ist eine rein materielle Ebene, auf der Signale nur die physikalisch wahrnehmbare Funktion der Übermittlung und Speicherung von Nachrichten haben. Die zweite Ebene ist die semantische Dimension. Sie befasst sich mit den Beziehungen zwischen den Zeichen und ihrer Bedeutung. Jedes Signal bezeichnet reale Gegenstände oder Beziehungen zwischen diesen

---

[1]) Weitere Betrachtungen im Hinblick auf die relevanten Informationen finden sich in den Abschnitten 2.2, 2.3.4 und 3.4.4.

[2]) Vgl. Meffert, Heribert: /Informationssysteme/ 11-13.

Gegenständen. Der Bedeutungsinhalt der Signale lässt sie auf dieser Stufe zu Nachrichten in der Kommunikation werden, die aber noch von Sendern oder Empfängern abstrahiert betrachtet werden.[1] Die pragmatische Dimension knüpft aus betriebswirtschaftlicher Sicht an die Zwecksetzung und Handlungsorientierung der Informationen bei dem Empfänger an. Zusammen mit dem Sender wird auf dieser Ebene durch die Übertragung von Nachrichten Kommunikation realisiert.[2] Zweckorientierung und damit Information liegt immer dann vor, wenn eine Nachricht für einen entscheidungstragenden Empfänger in der Unternehmung mit großer Wahrscheinlichkeit seine Entscheidung beeinflusst, wenn also der Informationsgehalt und die Relevanz für die konkrete Entscheidungssituation im Vordergrund steht.[3] Folglich ist Information als zweckorientiertes Wissen zu verstehen, wobei der Zweck in der Vorbereitung des Handelns liegt. Information reduziert dabei die Ungewissheit hinsichtlich des Eintritts eines Sachverhalts oder vermittelt Gewissheit bezüglich des Eintritts eines Sachverhalts. Vollkommene Informationen geben dabei lückenlos und sicher über alle an einem Entscheidungsproblem beteiligten Größen Aufschluss. Bei unvollkommenen Informationen herrscht noch Unsicherheit bezüglich des Eintretens eines Ereignisses oder es sind die Informationen unvollständig bzw. unpräzise und haben somit einen zu großen semantischen oder syntaktischen Spielraum.[4]

---

[1]) Die semantische Ebene unterscheidet Daten von den auf der pragmatischen Ebene angesiedelten Informationen. Im Gegensatz zu Informationen sind sie unabhängig von möglichen Reaktionen des Empfängers und losgelöst von der Zweckorientierung des Bedeutungsinhaltes. Daten bezeichnen Werte, die mit Zuordnungskriterien versehen sind. Diese Zuordnungskriterien erlauben eine Verarbeitung der Daten. Also werden Daten stets zu Verarbeitungszwecken dargestellt und sind damit notwendigerweise an einen Datenträger gebunden. Vgl. Drechsler, Wolfgang: /Markteffekte/ 32; Meffert, Heribert: /Informationssysteme/ 12.

[2]) Information und Kommunikation bedingen sich gegenseitig, indem das zweckorientierte Wissen, das die jeweiligen Unternehmen umgibt bzw. das in ihnen entsteht, einer systematischen Kommunikation bedarf, während andererseits die Kommunikation erst durch in Nachrichten übermittelte Informationen zu einem zweck- und zielorientierten Gefüge wird. Somit bezeichnet Kommunikation die Übermittlung von Nachrichten, wobei nicht nur die technische Übertragung von Signalen, sondern, entsprechend der pragmatischen Dimension von Informationen als Objekte der Kommunikation, auch die Reaktion des Empfängers berücksichtigt wird. Dabei ist Kommunikation einseitig, wenn es nur einen Sender und keinen reagierenden Empfänger gibt, oder zweiseitig mit einem auf die Nachrichten reagierendem Empfänger denkbar. Vgl. Gast, Ottmar: /Analyse und Grobprojektierung/ 8-9; Kapoun, Josef: /Logistiksystem/ 123.

[3]) Vgl. Darr, Willi: /Marketing-Logistik/ 79.

[4]) Vgl. Grochla, Erwin: /Organisation/ 897.

Unterscheiden kann man weiterhin interne und externe Informationen. Die Flüsse[1] interner Informationen verlaufen innerhalb des Verfügungsbereichs des Unternehmens. Dabei können hierarchische, funktionsinterne und funktionsübergreifende Informationsflüsse differenziert werden.[2] Externe Informationen betreffen dagegen die entscheidungsrelevante Umwelt eines Unternehmens.[3] Mithin dokumentieren externe Informationsflüsse die Schnittstelle zwischen einem Unternehmen und seiner Außenwelt. Sie können mit dem Warenstrom fließen oder entgegengesetzt.[4] In Flussrichtung können die Informationen wiederum in vorauseilende, warenbegleitende oder nacheilende Informationen unterteilt werden.[5]

Ein Informationssystem muss so konzipiert sein, dass es den verschiedenen Entscheidungsinstanzen alle relevanten Informationen zur Verfügung stellt und sie vor irrelevanten Daten verschont.[6] Die Relevanz ist dabei durch den Zweckbezug zur jeweiligen Zielsetzung und durch die konkrete Problemstellung bedingt. Informationssysteme sollen also die relevanten Informationen beschaffen, transformieren und übermitteln. Durch eine gezielte Bereitstellung der Informationen kann die Durchführung von Planungs- und Entscheidungsprozessen unterstützt werden. Informationssysteme steuern den Ablauf von Kommunikationsprozessen durch räumliche, zeitliche und inhaltliche Transformationen sowie durch Verbreitung und Weiterleitung von Nachrichten, damit ein bestimmter Kreis von Empfängern informiert wird.[7] Dabei treten einerseits Mensch-Maschine-Beziehungen

---

[1]) Auf Informationsflüsse vor dem Hintergrund des Bestandsmanagements wird konkret noch im weiteren Verlauf dieses Abschnittes eingegangen.

[2]) Vgl. Darr, Willi: /Marketing-Logistik/ 185; Delfmann, Werner; Darr, Willi; Simon, Ralf-P.: /Marketing Logistik/ 32.

[3]) Vgl. Specht, Günter: /Distributionsmanagement/ 225.

[4]) Vgl. Eckstein, Werner E.: /Effizienz/ 67-68.

[5]) Vgl. Grandjot, Hans H.: /Informationsfluß/ 2.

[6]) Alle Entscheidungsträger mit den für sie relevanten Informationen zu versorgen, ist Aufgabe der Informationslogistik. Sie befasst sich mit der Planung, Steuerung und Kontrolle von Strukturen und Prozessen für die Übertragung und Verarbeitung aller Informationen eines Unternehmens. Die in der Informationslogistik geschaffenen Strukturen und Prozesse können als Informationssystem interpretiert werden, die ein geordnetes Beziehungsgefüge zwischen Menschen, informationsverarbeitenden Maschinen und organisatorischen Regelungen bilden. Die Informationslogistik kann somit als konstituierend für integrierte Informationssysteme angesehen werden. Vgl. Delfmann, Werner; Darr, Willi; Simon, Ralf-P.: /Marketing Logistik/ 32.

[7]) Vgl. Gast, Ottmar: /Analyse und Grobprojektierung/ 10-12.

und andererseits auch Maschine-Maschine-Beziehungen für den Fall auf, dass verschiedene Informationssysteme miteinander verknüpft werden.[1] Ein computergestütztes Informationssystem[2] kann somit als EDV-gestützte formale Kommunikationsstruktur zwischen[3] Informationssendern und -empfängern betrachtet werden, das der Gewinnung, Verarbeitung, Verwaltung und Bereitstellung von Informationen dient, die für die Zielerreichung des Unternehmens von Nutzen sind.[4]

In Verfolgung dieses Zwecks nehmen Informationssysteme vielfach eine Abbildungs- und Kontrollfunktion in oder zwischen Unternehmen wahr. Dabei orientiert sich ein Informationssystem in seiner Strukturierung an der Gliederung der abgebildeten Systeme. Durch die Abbildung der zugehörigen Strukturen und Prozesse wird es möglich, deren Zusammenhänge unabhängig von Zeit und Raum einer Betrachtung zu unterziehen. Ist-Zustände lassen sich zeitpunktbezogen oder als Entwicklungen dokumentieren, zu Analysezwecken nachvollziehen, komprimiert darstellen und beliebig wiederholen. Zukünftige Entwicklungen können bei entsprechender Gestaltung der Abbildungsmodelle

---

[1]) Das soziotechnische Beziehungsgefüge von Unternehmen lässt sich auf folgende Beziehungstypen zurückführen:
Mensch-Mensch-Beziehungen, die in sozialen Systemen auf Entscheidungsproblemen basieren, welche ausschließlich durch das Zusammenwirken von Menschen gelöst werden.
Mensch-Maschine-Beziehungen in sozio-technischen Systemen auf Grund der Integration von Menschen und Sachmitteln.
Maschine-Maschine-Beziehungen in technischen Systemen, bei denen besondere Probleme der Automation zu analysieren sind.
Vgl. Meffert, Heribert: /Systemtheorie/ 179.

[2]) Neben computergestützten Informationssystemen kann man auch manuelle und teilautomatisierte Informationssysteme unterscheiden. Diese sollen jedoch nicht Gegenstand der weiteren Betrachtungen sein, da sie als veraltet angesehen werden können, denn in solchen Informationssystemen werden die Transformationsprozesse noch vom Menschen durchgeführt. Vgl. Meffert, Heribert: /Informationssysteme/ 37.

[3]) Das Informationssystem baut demnach auf einem Kommunikationssystem auf. Dabei bezeichnet das Kommunikationssystem die in einem Unternehmen bestehenden kommunikativen Beziehungen, die der physikalischen Übertragung von Nachrichten dienen. Sender und Empfänger in der Eigenschaft als sich gegenseitig verständigende Partner sowie die Kommunikationswege als Bindeglied zwischen den korrespondierenden Aufgabenträgern stellen die Systemelemente des Kommunikationssystems dar. Die auf den Kommunikationswegen fließenden Nachrichten beinhalten Informationen, welche als Objekte des Kommunikationssystems fungieren. Vgl. Elm, Winfried A.: /Informationssystem/ 9.

[4]) Vgl. Haselbauer, Hubert: /Informationssystem als Erfolgsfaktor/ 5.

simulativ vorweg genommen und, insbesondere durch Variation von Parametern, analysiert werden.[1]

Informationssysteme bedienen sich dazu einer Dialog- und einer Verarbeitungskomponente.[2] Die Dialogkomponente setzt sich aus Eingabe- und Ausgabeeinheiten zusammen und die Verarbeitungskomponente verfügt über eine Daten-, Methoden-[3] sowie Modellbasis zur Auswertung der Daten. In einer zentralisierten Datenbasis, zu der alle Subsysteme Zugang haben,[4] werden alle Daten gespeichert. Der Verarbeitungsteil eines Informationssystems besitzt eine Planungskomponente, die unter Umständen mit Hilfe von Decision-Support-Systemen[5] oder Expertensystemen[6] der Unterstützung von Management-

---

[1]) Vgl. auch Abschnitt 4.

[2]) Hierin unterscheiden sich Informationssysteme von reinen Datenverarbeitungssystemen. Ein Datenverarbeitungssystem ist ein System, welches die Daten eines abgegrenzten Bereichs nach Maßgabe vorliegender Ordnungskriterien sammelt, umordnet, verdichtet und für Auswertungsprozesse verfügbar macht. Das Informationssystem ist demgegenüber ein Mensch-Maschine-System, welches den Empfänger mit einschließt. Vgl. Meffert, Heribert: /Informationssysteme/ 13.

[3]) Methodenbanken stellen zum Beispiel Programme zur statistischen Auswertung dieser Daten zur Verfügung und mathematische Modelle können diese zur direkten Entscheidungsunterstützung des Managements aufbereiten. Vgl. Meffert, Heribert: /Informationssysteme,/ 32-36.

[4]) Vgl. Skjoett-Larson, Tage: /Integrated Information Systems/ 53.

[5]) Decision-Support-Systeme werden im Folgenden auch mit DSS abgekürzt. Neben der Bezeichnung DSS ist auch die Abkürzung EUS für entscheidungsunterstützende Systeme gebräuchlich.
DSS sollen vorwiegend die Lösung von schlecht oder unstrukturierten Problemen in konkret gegebenen Entscheidungssituationen unterstützen. Es handelt sich dabei nicht um einen automatisierten Entscheidungsprozess, denn die DSS werden unmittelbar durch die Entscheidungsträger benutzt, und es werden Entscheidungen auf einer interaktiven Basis unter Zuhilfenahme von Modellen und Methodenbanken entwickelt. Um die Effektivität der Entscheidungen zu erhöhen, bedarf es der Erfahrung und Urteilskraft der Entscheidungsträger. Der Unterschied zu Informationssystemen liegt darin, dass DSS insbesondere für weniger strukturierte Aufgaben geeignet und nur auf konkrete Entscheidungssituationen oder eine Klasse von Entscheidungen zugeschnitten sind. Vgl. LeMay, S. A.; Wood, W. R.: /Logistics Decision Support Systems/ 5; Stock, James R.; Lambert, Douglas M.: /Strategic Logistics Management/ 536.

[6]) Expertensysteme werden im Folgenden auch mit XPS abgekürzt.
Expertensysteme beschränken sich ebenso wie DSS auf einen abgegrenzten Problembereich. Über diesen Problembereich besitzen XPS ein detailliertes Fachwissen. Als quasi intelligente Systeme haben sie in ihrer Wissensbasis das Wissen vieler Experten in einer Regelform erfasst. Eine Problemlösungskomponente erarbeitet aus dieser Wissensbasis Lösungen oder Entscheidungen, die dem Benutzer durch eine Dialogkomponente mitgeteilt werden. Auf Verlangen kann das System seine Lösungsvorschläge auch erklären und begründen. Somit speichern XPS das Wissen vieler Spezialisten und machen es auch für Nicht-Spezialisten verfügbar. Da XPS Spezialwissen repräsentieren, wird ihr Einsatz mehr und mehr zum bedeutungsvollen Faktor für die Führung von Unternehmen. Vgl. Allen, Mary K.; Helferich, Omar K.: /Expert Systems/ 6-7; Brinkmann, Werner: /Wissen/ 8-10 und Nilsson, Ragnar: /Wissensverarbeitung/ 137.

aufgaben dient oder Optimierungen, Simulationen und Prognosen vornehmen kann.[1] Dabei sind einzelne Komponenten eines Informationssystems keineswegs unbedingt isoliert zu betrachten. Sie können zwar losgelöst von anderen Systemen implementiert sein, doch sind auch Verbindungen zwischen ihnen möglich und sinnvoll. So können mehrere Informationssysteme auf gleiche Datenbasen zugreifen oder ihre Ergebnisse anderen Systemen zur weiteren Verarbeitung zur Verfügung stellen.[2] Diese und andere Formen der Integration können mit Hilfe eines Informationsverbundes auch erst einen gemeinsamen Datenbestand konstituieren, der dann zur Beschleunigung der gesamten Informationsflüsse beiträgt.[3] Hierdurch müssen die Daten nur noch einmalig erfasst werden und relevante Informationen können den Waren vorauseilen, so dass Dispositionsentscheidungen frühzeitig getroffen und unterbrechungsfreie Warenflüsse bei schneller und zeitgenauer ablaufenden Logistikprozessen gewährleistet werden können.[4] Die einzelnen Informationsflüsse lassen sich dabei in vier Kategorien unterteilen:[5]

- funktionsinterne Informationsflüsse
- funktionsübergreifende Informationsflüsse
- hierarchische Informationsflüsse
- unternehmensübergreifende Informationsflüsse

Funktionsinterne Informationsflüsse fließen nur innerhalb eines betrieblichen Funktionsbereiches. Funktionsübergreifende Informationsflüsse kommen innerhalb eines Unternehmens für gewöhnlich innerhalb einer Hierarchiestufe zum Tragen. Im Rahmen hierarchischer Informationssysteme sind unterschiedliche Informationsbedarfe für die

---

1) Vgl. Coyle, John J.; Bardi, Edward J.; Langley, C. John Jr.: /Business Logistics/ 491-519.

2) Informationssysteme, die auf der Integration anderer Systeme aufbauen, existieren in unterschiedlichen Ausbaustufen. Über den höchsten Integrationsgrad verfügen dabei rechnergestützte betriebliche Informationssysteme, die auf einem unternehmensweiten Datenmodell basieren. Solche Unternehmensdatenmodelle bilden jedes Element und jeden Prozess in einem Unternehmen bis hin zu den Beziehungen zu den Marktpartnern in einer Datenbasis ab. Jeder Vorgang im Unternehmen kann durch ein derartiges System gesteuert, kontrolliert und dokumentiert werden und alle Vorfälle sind bis ins Detail nachvollziehbar. Ein so gestaltetes Informationssystem integriert somit alle realisierbaren computergestützten Systeme eines Unternehmens. Vgl. Scheer, August-Wilhelm: /EDV-orientierte Betriebswirtschaftslehre/ 46-54.

3) Vgl. Pfohl, Hans-Chr.: /Logistiksysteme/ 90.

4) Vgl. Drechsler, Wolfgang: /Markteffekte/ 69.

5) Vgl. Delfmann, Werner; Darr, Willi; Simon, Ralf-P.: /Marketing Logistik/ 32.

verschiedenen Hierarchiestufen der Unternehmen zu befriedigen. Eine Anwendung unternehmensübergreifender Informationsflüsse ist die Übertragung von Daten und Informationen zwischen Zulieferern und Handel bzw. Abnehmern. Sie basieren auf einer kurzfristigen artikelgenauen Erfassung sowohl der Wareneingangs- als auch der Warenausgangsdaten und weisen die vier Module Wareneingang, Warenausgang, Disposition und Bestellwesen sowie Marketing-Managementinformationen auf.[1]

Probleme bei der Integration einzelner Informationssysteme ergeben sich vornehmlich an den Schnittstellen. Die Schnittstellen können sowohl im physischen Warenfluss als auch im Informationsfluss vorhanden sein. Bezüglich des Informationsaustauschs liegen sie an den Grenzen der Funktionsbereiche, zwischen den Hierarchiestufen des Managements oder zwischen kooperierenden Unternehmen.[2] Ein schnittstellenübergreifender Datenverbund ist deshalb anzustreben, weil viele logistische Subsysteme oft dieselben Informationen benötigen. Schwierigkeiten ergeben sich bei den informatorischen Verknüpfungen vor allem deswegen immer wieder, weil zum Teil sehr unterschiedliche ausgeprägte EDV-Systeme mit meist historisch voneinander unabhängig gewachsenen Insellösungen miteinander zu verbinden sind. Je mehr Systeme sich an einem solchen Datenverbund beteiligen,[3] desto dringlicher bedarf es der Standardisierung der ausgetauschten Daten, wie dies beispielsweise mit EDIFACT[4] beabsichtigt wird. Speziell für den Bereich der Logistik wurde der SELOS[5]-Standard von der Centrale für Coorganisation[6]

---

[1]) Das Rationalisierungspotential integrierter unternehmensübergreifender Informationskonzepte wird auf bis zu 2% des Bruttosozialproduktes geschätzt. Die Berechnung schließt in der Regel Personal-, Übermittlungs-, Erfassungs- und Verarbeitungskosten ein. Schwer zu quantifizieren sind die Nutzenpotentiale, die sich in Wettbewerbsvorteilen niederschlagen können und die unternehmensinternen Prozesse verbessern. Zu den Vorteilen zählen insbesondere die durch die gesteigerte Informationsverfügbarkeit ermöglichten Konsolidierungs- und Differenzierungspotentiale in allen Bereichen des Unternehmens. Vgl. Delfmann, Werner; Darr, Willi; Simon, Ralf-P.: /Marketing Logistik/ 33.

[2]) Vgl. Pfohl, Hans-Chr.: /Information/ 14.

[3]) Zu der Anzahl der beteiligten Systeme in Abhängigkeit von unterschiedlichen Marktformen siehe: Krähenmann, Noah: /Elektronische Integration/ 46.

[4]) EDIFACT ist die Abkürzung für Electronic Data Interchange for Administration, Commerce and Transport.

[5]) SELOS ist die Abkürzung für Standardregelungen einheitlicher Logistiksysteme.

[6]) Die Centrale für Coorganisation verwendet auch die Abkürzung CCG.

entwickelt.[1] Die Grenzen der Standardisierungsbemühungen liegen allerdings dort, wo unterschiedliche Informationsbedürfnisse zu befriedigen sind. Neben den auf die Vereinheitlichung der Datensätze abzielenden Standardisierungsbemühungen existieren zudem auch technische Standards zur Datenfernübertragung, die in diesem Zusammenhang jedoch nicht weiter von Interesse sind.

Für das Bestandsmanagement lässt sich ein integriertes Informationssystem als die Summe aller unternehmensinternen und -externen Informationsverbindungen charakterisieren, wobei auch deren technische und organisatorische Einrichtungen zur Informationsgewinnung, -verarbeitung und -bereitstellung einzubeziehen sind. Ziel ist eine rechtzeitige und wirtschaftliche Versorgung der Disposition mit allen relevanten Informationen sowie die Entlastung des Bestandsmanagements von Routinetätigkeiten. Ein Informationssystem kann dabei periodisch durchzuführende Tätigkeiten unterstützen oder übernehmen, wie zum Beispiel:[2]

- Artikeldaten aktualisieren
- Prognosedaten der Nachfrage je Artikel und Lager beschaffen
- Lieferdaten aktualisieren
- Festlegung der Dispositionsentscheidungen je Artikel und Lager
- Warentransferprozesse veranlassen und kontrollieren
- Bestandsdaten aktualisieren

Eine ganzheitliche Betrachtung der mit dem Bestandsmanagement verknüpften Prozesse erfordert eine informationsmäßig vollständige Integration aller Glieder einer logistischen Kette.[3] Hierdurch stehen die anfallenden Daten allen beteiligten Instanzen jederzeit zur Verfügung, so dass einerseits die Marktpartner stets mit den für sie relevanten Informationen versorgt werden und andererseits unternehmensinterne Stellen auch externe Informationen erhalten.[4] Es bedarf hierzu eines durchgängigen Datentransfers, der es jedem Glied der Informationskette schon frühzeitig erlaubt, weitere Aktionen zu veranlassen. Für

[1]) Vgl. Spitzlay, Heinz: /Informationssystem/ .

[2]) Zu weiteren Einsatzfeldern vgl. Ackerman, Kenneth B.: /Warehousing/ 549-568.

[3]) Vgl. Pladerer, Hans; Kuster, H.: /Logistik-Informations-Systeme/ 6-7; Rossig, W. E.: /Logistik im Handel/ 42.

[4]) Vgl. Filz, Bernd: /Materialfluß/ 422-423.

die betrachteten Bereiche des Bestandsmanagements bedeutet dies, dass dem Bestandsmanagement außer den Daten über das jeweilige Lagersystem auch Informationen zur Verfügung stehen, die sowohl den Nachschub der Waren als auch das Marktgeschehen auf der Absatzseite erfassen.[1] Auf der Seite des Nachschubs kann ein integriertes Informationssystem je nach Unternehmensform Verbindungen zur Produktion oder zu den Zulieferern und, je nach Integrationsreichweite, auch zu deren Vorlieferanten sowie den zugehörigen Transportpartnern herstellen. Neben Informationen zum Lieferstatus können so zum Beispiel auch Bestelldaten automatisch übermittelt oder zukünftige Bedarfsschätzungen vorgenommen werden. Durch eine derartige Vernetzung im Nachschub, welche erst durch den konsequenten Einsatz von EDI[2] ermöglicht wird, erreicht man eine Reduktion der Routinetätigkeiten im Beschaffungsbereich und die Verkürzung der Informationsdurchlaufzeiten, wobei gleichzeitig Übermittlungsfehler vermieden werden. Außerdem wird die Transparenz der Beschaffungsabläufe ganz wesentlich erhöht, weil jedes Glied die für die anderen Glieder relevanten Informationen stets aktuell bereitstellt und auf diese Art schon frühzeitige Reaktionen auf sich ändernde Konstellationen ermöglicht werden.

Bei der Warenanlieferung dient ein Informationssystem dem Bestandsmanagement zur Erfassung eingehender Waren sowie zur Überprüfung auf Übereinstimmung von Bestellung und Lieferung hinsichtlich Korrektheit der Ware, der gelieferten Menge und des vereinbarten Liefertermins. Zu viel gelieferte oder nicht bestellte Waren können somit ebenso erkannt werden wie unvollständige Lieferungen. Im Rahmen der Qualitätsüberwachung kann auch die Abwicklung von Mängelrügen, die Rückgabe von Waren, Transportbehältnissen[3] und Verpackungsabfall oder die Nachbeschaffung von Fehlmengen unterstützt werden. Neben der Verbuchung des Wareneingangs im Lagerbestand ist es darüber hinaus möglich, Kennzeichnungen für die weitere Verwendung zu erzeugen.[4] Außerdem kann die Versorgungssicherheit dadurch erhöht werden, dass über Verbindungen auf Seiten des Nachschubs schon frühzeitig Informationen fließen, die über

---

[1]) Vgl. Stabenau, Hanspeter: /Informationssysteme/ .

[2]) EDI ist die Abkürzung für Electronic Data Interchange.

[3]) Vgl. Mevissen, Karlheinz: /Mehrwegsysteme/ .

[4]) Vgl. Schulte, Christof: /Logistik/ 168.

eventuelle Störungen im Nachschub aufmerksam machen.[1] Neben der Überwachung der Lieferzeiten und -termine dienen Informationssysteme im Bestandsmanagement überdies der Koordination der Warenströme. Die Waren werden in Abhängigkeit vom jeweiligen Bedarfsaufkommen in Zentral-, Niederlassungs- oder Fremdläger gelenkt. Zudem können eventuell Vorschläge über das Make-or-Buy von Logistikdienstleistungen oder zur Wahl der Transportmittel und -wege generiert werden. Außerdem kann je nach Produktart auf besondere Anforderungen an die Transportbehältnisse, auf spezifisch vorzunehmende Kennzeichnungen oder andere besondere Erfordernisse hingewiesen werden. Für die einzelnen Lager können Bestandsanalysen aufgestellt werden, die Fehlmengen genauso zutage bringen wie Überbestände. Darüber hinaus lassen sich mit Unterstützung eines integrierten Informationssystems beispielsweise die Kapitalbindung bestimmen, die Reichweite der Lagerbestände abschätzen, die Lagerausnutzung bei verschiedenen Dispositionsverfahren oder die insgesamt anfallenden Lagerkosten berechnen.[2] Auf der Absatzseite kann ein integriertes Informationssystem Umweltinformationen über das Kundenverhalten erfassen und Verhaltensänderungen aufzeigen. Außerdem sollten auch Auswirkungen von logistischen Maßnahmen auf das Käuferverhalten sowie die Konkurrenzsituation auf den Absatzmärkten erfasst werden. Die Sammlung der relevanten Informationen kann dabei durch Anbindung eines Prognosesystems sowie durch Verfolgung der Warenabgänge am Point-of-Sale geschehen. So ist man in der Lage, schneller auf Veränderungen im Verbraucherverhalten zu reagieren. Darüber hinaus sind extern bezogene Marktforschungsdaten von Interesse, die neben dem Konsumentenverhalten und soziodemografischen Daten auch Informationen über neue potentielle Abnehmer enthalten können sowie deren Bedarf nach besonderen logistischen Leistungen.[3] Diese Informationen erhöhen die Markttransparenz und helfen die logistischen Leistungen einerseits auf die Markterfordernisse auszurichten und sie andererseits auch mit den marketingpolitischen Maßnahmen eines Unternehmens abzustimmen.[4]

---

[1]) Die Versorgungssicherheit ist auch durch Ausgrenzung derjenigen Lieferanten zu erhöhen, die oft unvollständige Lieferungen aufweisen oder durch häufigen Lieferausfall oder -verzug auffallen. Vgl. Skjoett-Larson, Tage: /Integrated Information Systems/ 51.

[2]) Vgl. Helfrich, Christian: /PPS-Praxis/ 250.

[3]) Vgl. Scheer, August-Wilhelm: /EDV-orientierte Betriebswirtschaftslehre/ 253.

[4]) Vgl. Watson, Richard; Pitt, Leyland: /Remarrying/ .

2.3 Bestandsmanagement in mehrstufigen Distributionskanälen

Die Distributionskanäle eines Unternehmens dienen der physischen Verteilung der Waren bis hin zu den Abnehmern. Sie umfassen die zur Warenverteilung notwendigen Instrumente. Im Wesentlichen sind dies die Einrichtungen für Lagerung, Kommissionierung und Verpackung sowie zum Transport der Waren. In der betrieblichen Praxis vollziehen sich die Distributionsprozesse für gewöhnlich über mehrere Lagerebenen. Der Warenfluss nimmt seinen Ausgang im Allgemeinen in einem Zentral- oder Fertigwarenlager und fließt dann über Regionallager bis zu den Verkaufslagern. In solchen mehrstufigen Distributionssystemen hat das Bestandsmanagement die Aufgabe einer mengenmäßig, zeitlich und örtlich korrekten Disposition zu erfüllen und damit in den einzelnen Lagern für wirtschaftlich sinnvolle Bestandshöhen zu sorgen.[1] Durch rechtzeitige Beschaffungsmaßnahmen und Überbrückung der Raum- und Zeitdifferenzen ist eine stetige Verfügbarkeit aller Produkte in den Verkaufslagern sicherzustellen.[2] Nachfrageverläufe, Kostengrößen, Kapazitätsrestriktionen sowie Distributionsstruktur und -wege bilden dabei die Determinanten des Bestandsmanagements. Realistische Lagerhaltungsprobleme zeichnen sich außerdem dadurch aus, dass gleich mehrere Produkte - meist Tausende - gemeinschaftlich gelagert und vertrieben werden.[3] Dies erfordert vom Bestandsmanagement neben der expliziten Berücksichtigung der Mehrstufigkeit auch die zusätzliche Einbeziehung von Konsolidierungspotentialen bei Beschaffung und Transport. Die folgenden Abschnitte widmen sich der resultierenden Dispositionsproblematik für das Bestandsmanagement. Bevor jedoch auf die Dispositionsaufgaben in mehrstufigen Distributionskanälen näher eingegangen wird, werden zunächst die möglichen Strukturen alternativer Distributionssysteme sowie die für die Disposition in mehrstufigen Distributionskanälen relevanten Kostenkategorien erläutert. Abschließend erfolgt eine Untersuchung der Nutzenpotentiale, die integrierte Informationssysteme für das Bestandsmanagement in mehrstufigen Distributionskanälen in sich bergen.

---

[1]) Vgl. Eicke, Wulff: /Lagerhaltung/ 22.

[2]) Vgl. Tempelmeier, Horst: /Quantitative Marketing-Logistik/ 1.

[3]) Vgl. Schneeweiß, Christoph; Alscher, Jürgen: /Disposition/ 483.

2.3.1 Mehrstufige Strukturen von Distributionskanälen

Zentrale Determinante des Managements physischer Distributionsprozesse ist die räumliche Struktur des betrachteten Distributionssystems.[1] Im Allgemeinen beschreiben Strukturen den gegliederten Aufbau wechselseitig voneinander abhängender Elemente eines Systems. Die Abhängigkeiten, welche die einzelnen Elemente miteinander verknüpfen, werden dabei durch Relationen gebildet. Im Hinblick auf Distributionssysteme spiegeln die Strukturen der Distributionskanäle eine bestimmte geographische Anordnung einzelner Lager inklusive der verknüpfenden Warentransferrelationen wider. Die Gestaltung dieser räumlichen Struktur ist ein strategisches Problem der physischen Distributionsplanung,[2] denn das umfassende Entscheidungsproblem der Auswahl von Lagerstandorten sowie die Festlegung der Warentransferrelationen verlangt strategische Entscheidungen, die kurz- und mittelfristig nicht mehr revidierbar sind.[3] Somit stellt die Distributionsstruktur für die Planung von operativen physischen Distributionsprozessen ein Datum dar, das auf Grund des hohen Investitionsvolumens eine langfristige Geltungsdauer aufweist.[4]

Im Rahmen des Bestandsmanagements kann daher jeweils von einer fest vorgegebenen Struktur der Distributionskanäle ausgegangen werden. Grundsätzlich sind jedoch unterschiedliche Distributionsstrukturen denkbar, innerhalb derer das Bestands-

---

[1]) Distributionssysteme werden auch als Warenverteilssysteme bezeichnet. Vgl. Erdmann, Mechthild: /Warenverteilsystem/ 1257.

[2]) Vgl. Tempelmeier, Horst: /Quantitative Marketing-Logistik/ 3.

[3]) Zur Standortplanung vgl. unter anderem Berens, Wolfgang; Delfmann, Werner: /Modellbildung und quantitative Methoden/ 33-46; Bienert, Kurt: /Planung logistischer Systeme/ ; Brandeau, Margaret L.; Chiu, Samuel S.: /location research/; Domschke, Wolfgang; Drexel, Andreas: /Location and layout planning/ ; Domschke, Wolfgang; Drexl, Andreas: /Logistik/ Band 3; Domschke, Wolfgang: /Modelle und Verfahren/ ; Hummeltenberg, Wilhelm: /Standortwahl/ ; Magee, J. F.; Copacino, W. C.; Rosenfield, D. B.: /Logistics Management/ 307.
Die spezielle Problematik der Standortplanung innerhalb von Distributionssystemen ist unter anderem aufgegriffen bei Bowersox, Donald J.; u.a.: /Simulation/ ; Bowersox, Donald J.: /Planning Physical Distribution Operations/ ; Connors, Michael M.; Coray, Claude; Cuccaro, Carol J.; Green, William K.; Low, David W.; Markowitz, Harry M.: /Distribution System Simulator/ ; Delfmann, Werner: /Distributionsstrukturen/ ; Dirickx, Yvo M.I.; Jennergren, Lars P.: /System Analysis/ 172; Fandel, Günter: /Operations research/ ; Friedman, Moshe F.: /lot-size model/; Paraschis, Ioannis, N.: /Mehrprodukt-Distributionssysteme/ ; Toporowski, Waldemar: /Logistik/ 47-104; Van Roy, Tony J.; Gelders, Ludo F.: /Distribution Problem/; Waller, Alan G.: /Computer systems/.

[4]) Vgl. Delfmann, Werner; Darr, Willi; Simon, Ralf-P.: /Marketing Logistik/ 2.

management seine Aufgaben zu erfüllen hat. Bezüglich der Struktureigenschaften soll zwischen vertikalen und horizontalen Merkmalen unterschieden werden.

Unter der vertikalen Lagerstruktur ist die Anzahl der verschiedenen Lagerstufen eines Distributionssystems zu verstehen. Hierbei lassen sich verschiedene Lagerarten in Abhängigkeit von der jeweiligen Lagerebene unterscheiden. Auf oberster Ebene eines Distributionssystems finden sich je nach Unternehmensform Fertigwaren- oder Wareneingangslager in denen die Waren gesammelt werden, bevor sie in den physischen Distributionsprozess gelangen. Diese Lager dienen vor allem der Zusammenfassung von Produkten mehrerer Produktionsstätten oder verschiedener Lieferanten zu Warenbündeln, die dann an nachfolgende Lager weitergegeben werden. Weist ein Distributionssystem mehr als nur zwei Ebenen auf, sind eine oder mehrere Zwischenlagerstufen in den Distributionsprozess eingeschaltet. Die Zwischenlager werden im Folgenden auch als Regionallager bezeichnet. Zusätzliche Lagerstufen auf Regionallagerebene können einerseits aus Gründen der verfügbaren Lagerkapazität erforderlich sein und andererseits positive Auswirkungen auf das Transportaufkommen zwischen den höheren Lagerebenen sowie auf die Bestände der untersten Lagerstufe mit sich bringen. So ergeben sich hinsichtlich der Transporte zum Beispiel vermehrt Konsolidierungspotentiale, wenn die Warenflüsse bis zu einem Regionallager gebündelt fließen können. Das Bestandsniveau kann hingegen gesenkt werden, wenn Sicherheitsbestände von niedrigeren Stufen auf Regionallager umverteilt werden und sich dabei insgesamt reduzieren lassen, weil sich die Bedarfsschwankungen der nachfolgenden Lager in gewissem Umfang gegenseitig kompensieren. Weiterhin können im Rahmen einer selektiven Lagerhaltung absatzschwächere Artikel in geringeren Stückzahlen vornehmlich auf höheren Lagerstufen bevorratet werden. Dem stehen jedoch höhere Aufwendungen für zusätzlich erforderliche Handhabungsvorgänge sowie größere Transportaufkommen zwischen den Regionallagern und den Lagern der untersten Stufe gegenüber, wo sich die Verkaufs- oder Endbedarfslager befinden. Diese Lager stellen die letzte Stufe eines durch ein Unternehmen kontrollierten Distributionssystems dar.[1] Die Endbedarfslager dienen der unmittelbaren Nachfragebefriedigung der Abnehmer. Um das Nachfrageaufkommen zu befriedigen, besteht darüber hinaus auch die Möglichkeit, den Abnehmern die Waren direkt

[1]) Vgl. Tempelmeier, Horst: /Quantitative Marketing-Logistik/ 12.

zuzustellen. Damit würde die eigentliche Lagerstruktur des Distributionssystems zumindest teilweise umgangen und um Distributionskanäle ergänzt, die ihren Ursprung in jedem beliebigen Lager nähmen und direkt bis zu den Abnehmern verliefen.

Die horizontale Lagerstruktur bezeichnet die Anzahl der Lager auf einer Lagerstufe. Sie beschreibt unter anderem wie viele Wareneingangslager auf der obersten Ebene vorhanden sind. Existiert in einem Distributionssystem nur ein Wareneingangslager, wird dieses Lager im Folgenden als Zentrale und das Distributionssystem als baumstrukturiert bezeichnet. Außer der Anzahl der Wareneingangslager quantifiziert die horizontale Lagerstruktur auch die Menge der Regionallager auf den eventuell vorhandenen Zwischenlagerstufen und gibt an, wie viele Endbedarfslager auf der untersten Lagerebene existieren. Ist ein Distributionssystem so gestaltet, dass jedes Lager einer Ebene ebenso viele Vorgänger und Nachfolger besitzt wie jedes andere Lager dieser Stufe, so wird die Lagerstruktur als symmetrisch und anderenfalls als asymmetrisch bezeichnet.

Neben der vertikalen und horizontalen Lagerstruktur definiert sich die gesamte Struktur von mehrstufigen Distributionskanälen schließlich auch durch die mit Hilfe der Warentransferrelationen geschaffene hierarchische Untergliederung der Distributionssysteme. In der Literatur hat sich daher eine Klassifikation mehrstufiger Lagersysteme an Hand der Anzahl direkter Vorgänger- und Nachfolgelager durchgesetzt. Üblicherweise unterscheidet man folgende Fälle:[1]

Hat jedes Lager maximal einen Vorgänger und einen Nachfolger, so handelt es sich um eine serielle Struktur (Vgl. Darstellung 2). Eine solche Lagerstruktur ist im Distributionsbereich sehr unwahrscheinlich und würde nur Sinn machen, wenn sich die gesamte Nachfrage auf ein Endbedarfslager konzentriert und in den Lagern einerseits nur sehr geringe Lagerkapazitäten zur Verfügung stehen und andererseits lange Transportzeiten zwischen den einzelnen Lagern anfallen.

---

[1]) Vgl. stellvertretend für viele: Graves, Stephen C.: /Multi-Stage Lot-Sizing/ 96; Heinrich, Claus E.: /Losgrößenplanung/ 54; Inderfurth, Karl: /DP-Algorithmen/ 1.

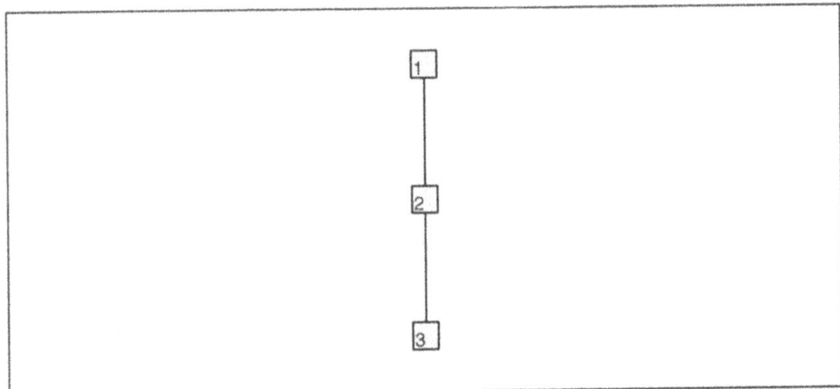

Darst. 2 Serielle Lagerstruktur

Darf jedes Lager beliebig viele Vorgänger, aber höchstens einen Nachfolger besitzen, spricht man von einer konvergierenden Struktur (Vgl. Darstellung 3). Diese Lagerstruktur ist eher in einem Montageprozess im Produktionsbereich anzutreffen und daher ebenfalls für den Distributionssektor wenig relevant.

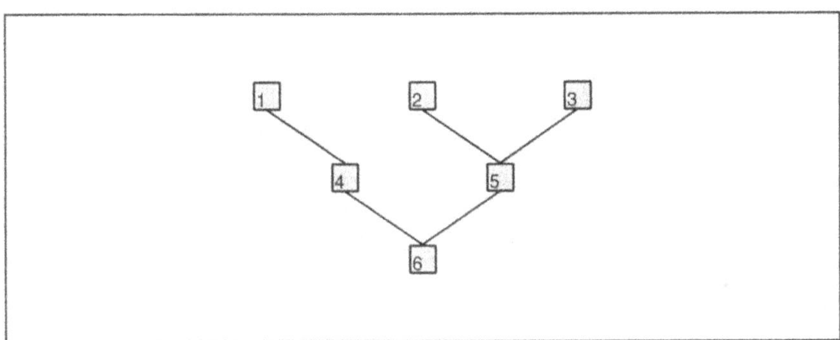

Darst. 3 Konvergierende Lagerstruktur

Hat jedes Lager maximal einen Vorgänger, aber beliebig viele Nachfolger, so handelt es sich um eine divergierende Struktur (Vgl. Darstellung 4).

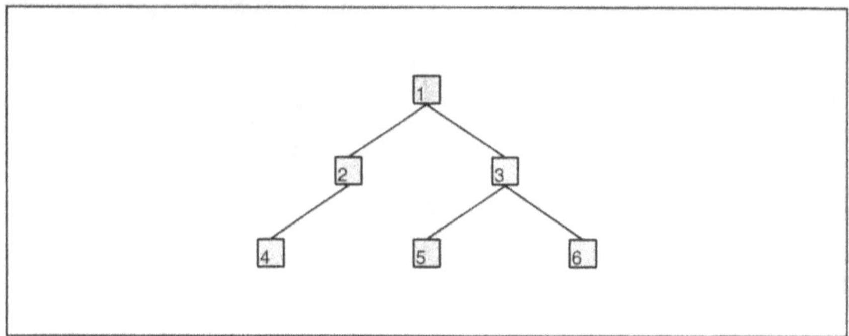

Darst. 4 Divergierende Lagerstruktur

Diese Struktur ist der Standardfall im Distributionsbereich. Auf der obersten Ebene liegen die Wareneingangslager, in der Zwischenstufe die Regionallager und auf der untersten Ebene finden sich die Endbedarfslager, welche schließlich der unmittelbaren Nachfragebefriedigung dienen.

Dürfen zwischen allen Lagern beliebige Relationen bestehen, so handelt es sich um eine Rasterstruktur (Vgl. Darstellung 5).

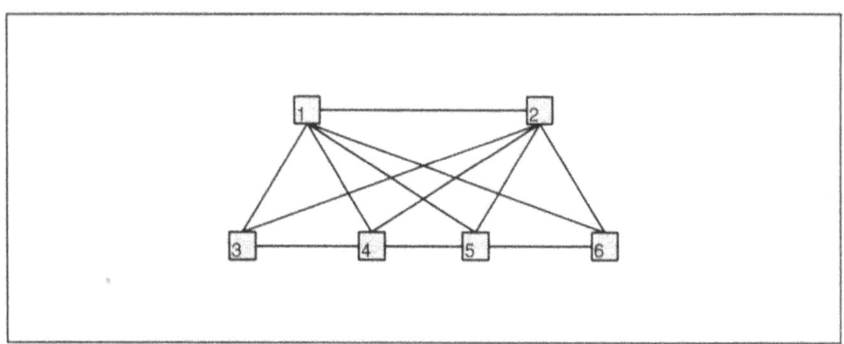

Darst. 5 Rasterstruktur

Diese Struktur lässt sich dann auf den Distributionsbereich übertragen, wenn man den Warenfluss flexibilisieren möchte und beliebige Transportverbindungen zwischen den Lagern zulässt. Die Frage, ob beliebige Transportrelationen vorgesehen werden, ist Gegenstand der Transportnetzplanung. Sie legt die Streckenrelationen fest, die von Transportmitteln regelmäßig oder fallweise befahren werden sollen. Diese Aufgabe stellt sich sowohl bei Unternehmen mit eigenem Fuhrpark als auch bei Einschaltung von Logistik-Dienstleistern. Insbesondere in komplexen Distributionssystemen gilt es zwischen Rastersystemen und Nabe-Speiche Systemen zu unterscheiden. In Rastersystemen ist jedes Lager des Distributionssystems durch Transportrelationen mit jedem anderen Lager verbunden und die Sendungen werden auf direktem Weg in das Zielgebiet befördert. Dies führt wegen des im Allgemeinen geringen Auslastungsgrades zu höheren Transportkosten und bedingt eine Rasterstruktur. Beim Nabe-Speiche System werden dagegen alle Transporte über einige oder wenige Umschlagspunkte abgewickelt. Daher bieten Nabe-Speiche Systeme mehr Möglichkeiten der Transportkonsolidierung durch Zusammenfassung von Sendungen. Allerdings ist hier ein zusätzlicher Umschlag- und Kommissioniervorgang erforderlich.[1]

Während bislang komplexere Distributionskanäle, die mehr als drei Stufen haben und Rasterstrukturen aufweisen eher als Ausnahme betrachtet wurden,[2] darf man sie vor dem Hintergrund von Globalisierungs- und Konzentrationstendenzen nicht außer Acht lassen. Denn bei der Erschließung neuer Märkte können vorhandende Distribuionssysteme sowohl in ihrer vertikalen als auch in ihrer horizontalen Lagerstruktur erweitert werden. Die Entstehung eines regional weit verzweigten Mehrlagersystems kann auch daraus resultieren, dass zum Beispiel zugekaufte Unternehmen zu integrieren sind oder neue Vertriebsbereiche geschaffen werden, welche die vorhandenen Distributionskanäle erweitern. Dabei sind divergierende Mehrlagerstrukturen ebenso denkbar wie rasterstrukturierte Distributionssysteme, bei denen eine Filiale zwar immer an einer bestimmten Stelle ihre Ware bestellt, die Auslieferung aber je nach Lieferbereitschaft, Anfahrtsweg und Auslastungsgrad des Fuhrparks oder ähnlicher Kriterien von einem beliebigen anderen Lager oder auch mehreren Lagern erfolgt.[3] Des Weiteren werden sich die Distributionsstrukturen auf Grund der Europäisierungstendenzen hiesiger Märkte verändern. Sowohl die Stufigkeit, Anzahl der Standorte als auch die Zuordnung von Absatzgebieten zu Lagerstandorten haben sich in der Vergangenheit innerhalb bestehender nationaler Grenzen herausgebildet. Mit dem Wegfall der Grenzen sind die Strukturen dieser als Insellösungen konzipierten Warenverteilsysteme nicht nur zu integrieren, sondern gleichzeitig ganzheitlich neu zu

---

[1]) Vgl. Delfmann, Werner; Darr, Willi; Simon, Ralf-P.: /Marketing Logistik/ 75.

[2]) Vgl. Tempelmeier, Horst: /Quantitative Marketing-Logistik/ 14.

[3]) Vgl. Hertel, Joachim: /Warenwirtschaftssysteme/ 12-14.

strukturieren.[1] Die dabei entstehenden Distributionssysteme werden sowohl in vertikaler als auch in horizontaler Ausdehnung neue Dimensionen annehmen und auf Grund der Markterfordernisse in den meisten Fällen eine Rasterstruktur aufweisen. Außerdem verlangen Kooperationsbestrebungen innerhalb der Distributionskette zwischen Produzenten und Händlern[2] eine ganzheitliche Betrachtung unternehmensübergreifender Distributionsprozesse. Hierbei sind die Warenbewegungen in ursprünglich voneinander unabhängigen Lagersystemen einer gemeinsamen Koordination zu unterwerfen, wobei letztlich komplexere Distributionsstrukturen entstehen, die von einem unternehmensübergreifenden Bestandsmanagement zu bewältigen sind. Aus diesem Grund wird der Fokus der weiteren Betrachtungen insbesondere auf solche rasterstrukturierten Distributionssysteme ausgedehnt, die mehrere Wareneingangslager besitzen bzw. eine tiefere vertikale Struktur aufweisen.

2.3.2 Relevante Kostenkategorien

Für die Disposition in mehrstufigen Distributionssystemen sind drei Kostenkategorien zu berücksichtigen, und zwar die Kosten für Warenbestellungen von externen Lieferanten, Kosten der distributionssysteminternen Warentransferprozesse und die Kosten für die Lagerhaltung. Da die jeweiligen Kostengrößen im Rahmen der traditionellen Kostenrechnungssysteme nicht in ihrer Abhängigkeit von den Dispositionsentscheidungen betrachtet werden, bereitet die Ermittlung dieser Kostenkomponenten in der Praxis häufig erhebliche Schwierigkeiten.[3] Die Bestimmung der Kostenparameter ist deshalb kein triviales Problem. Ihre Ermittlung ist keineswegs nur ein empirisches Erhebungsproblem. Die genauere Betrachtung der Literatur zeigt, dass weitgehende Unklarheit und Uneinigkeit darüber herrscht, welche Kosten von der Disposition beeinflusst werden, bzw. diese beeinflussen.[4] So sind zum Beispiel Umfang und Dauer der Lagerleistungen in hohem Maße

---

[1]) Vgl. Delfmann, Werner; Darr, Willi; Simon, Ralf-P.: /Marketing Logistik/ 37-38.

[2]) Kooperationsbestrebungen innerhalb der Distributionskette liegen zum Beispiel dem Konzept des Efficient Consumer Response zugrunde.

[3]) Vgl. Schneeweiß, Christoph: /Kosten in Lagerhaltungsmodellen/ 3-5.

[4]) Vgl. Schneeweiß, Christoph: /Lagerhaltungssysteme/ 67.

dispositionsbedingt. Sie hängen etwa von der festgelegten Ordermenge oder knappen Kapazitäten ab und können ganz erheblich schwanken. Ihre Antizipation ist allenfalls dann hinreichend exakt möglich, wenn man versucht, sie für die kommenden Perioden simulativ zu ermitteln. Setzt man Erfahrungs- oder Standardwerte an, kann dies im Einzelfall zu erheblichen Abweichungen führen. Auch für die Warentransferprozesse ist die Kostenermittlung problematisch. Fehlende Marktpreise logistischer Leistungen und nicht direkt zurechenbare Gemeinkosten sowie die Kostenträgerfrage kennzeichnen die Problematik.[1]

Je nachdem, welche Kosten man betrachtet, können sie in der Realität einen fixen Anteil besitzen, linear oder progressiv bzw. degressiv verlaufen und Sprünge aufweisen. Setzt man sich das Ziel, die Gesamtkosten über den Planungshorizont möglichst gering zu halten, so müssen für alle Produkte die relevanten Lagerhaltungskosten beurteilt, die für die jeweils transportierten Produkte gemeinsam anfallenden Transportkosten ermittelt und die bei einer Bestellung entstehenden Bestellkosten sowie Rabattstaffelungen quantifiziert werden. Dabei sind im Rahmen der Dispositionsplanung ausschließlich die entscheidungsrelevanten Kostenkomponenten zu berücksichtigen. Es sind also nur solche Kostenarten und -größen zu betrachten, die durch die Dispositionsentscheidung direkt beeinflusst werden können. Im Folgenden werden in Anlehnung an den physischen Warenfluss zunächst die Bestellkosten aufgearbeitet, bevor dann auf die Kosten der Lagerhaltung eingegangen wird und schließlich die Transportkosten erläutert werden.

2.3.2.1 Bestellkosten

Als Bestellkosten werden diejenigen Kosten bezeichnet, die im Zusammenhang mit der externen Beschaffung eines Produktes anfallen. Der Bestellvorgang besteht aus sämtlichen Aktivitäten von der Auslösung einer Bestellung (Lagerbestandsfeststellung, Lieferantenauswahl, Ausfertigung von Bestellaufträgen, Bestellüberwachung usw.) bis zur Einlagerung (Warenkontrolle, Handlingaktivitäten) und Rechnungsbegleichung.[2] Bei

[1]) Vgl. Delfmann, Werner; Darr, Willi; Simon, Ralf-P.: /Marketing Logistik/ 26-27.

[2]) Vgl. Schneeweiß, Christoph: /Kosten in Lagerhaltungsmodellen/ 3.

Bestimmung der Bestellkosten sind alle Kostenarten zu berücksichtigen,[1] die bei Durchführung einer Bestellung auftreten. Für die Disposition sind aber nur die Kostenanteile relevant, die einen Einfluss auf die Dispositionsentscheidungen ausüben. Die mengenunabhängigen Beschaffungspreise[2] sind deshalb nicht zu den Bestellkosten zu rechnen. Die relevanten Bestellkostenbestandteile können in zwei Kategorien eingeteilt werden.[3] Erstens in variable Kosten bzw. Einsparungen, die nur von der Bestellmenge abhängen (zum Beispiel Rabattstaffelungen) und zweitens in fixe Kosten, die nur vom Bestellvorgang abhängen. Es wird nicht immer leicht sein, beide Kostenarten zu trennen.

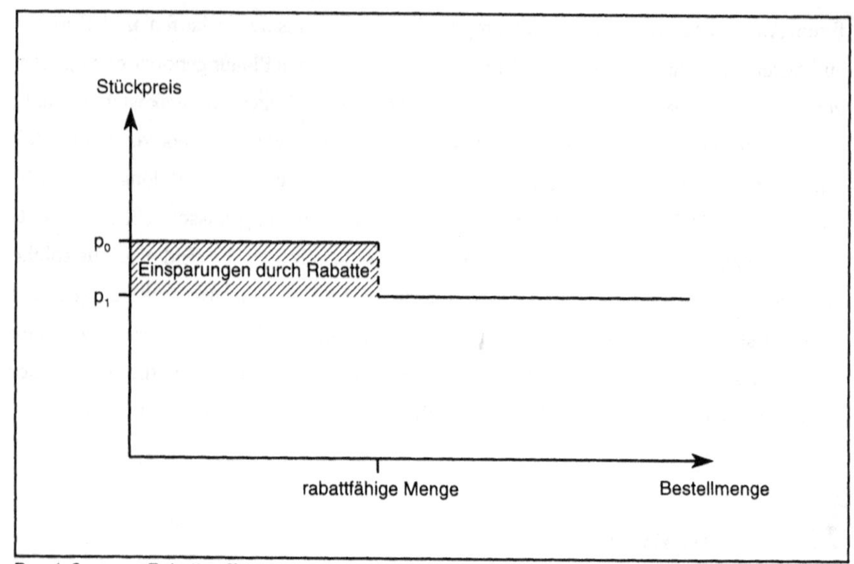

Darst. 6 Rabattstaffelung

---

[1]) Die Determinanten der Bestellkosten sind unter anderem dargestellt bei Hertel, Joachim: /Warenwirtschaftssysteme/ 174.

[2]) Unter Beschaffungspreis ist in diesem Zusammenhang der Einstandspreis der einzelnen Produkte zu verstehen. Wenn der Beschaffungspreis nicht bei der Dispositionsentscheidung berücksichtigt wird, unterstellt dies, dass die Beschaffungspreise über den Betrachtungszeitraum konstant bleiben.

[3]) Vgl. Schneeweiß, Christoph: /Kosten in Lagerhaltungsmodellen/ 3.

Zudem sind mit der Wiederauffüllung des Lagerbestandes eine Vielzahl von Tätigkeiten verbunden, die gemeinschaftlich für mehrere Produkte durchgeführt werden und deren Kosten daher nicht verursachungsgerecht einzelnen Bestellpositionen zurechenbar sind. Eine Aufschlüsselung dieser Gemeinkosten[1] und die Vorgabe von produktspezifischen Bestellkosten ist dann bis zu einem gewissen Grad willkürlich.[2] Unter der Kostenkategorie der fixen Bestellkosten können alle Kostenarten subsumiert werden, die unabhängig von der effektiven Bestellmenge bei jedem Beschaffungsvorgang anfallen. Ihnen sind alle Personal- und Sachkosten zuzurechnen, die im Zusammenhang mit der Bestellauslösung, Ermittlung der Bestellmenge, Warenannahme und -prüfung anfallen, sofern die genannten Kostengrößen mit der Bestellhäufigkeit bzw. der Anzahl der Bestellpositionen variieren. In der Praxis sind die mengenunabhängigen Bestellkosten deshalb häufig so gering, dass sie nicht ins Gewicht fallen.[3] Der variable Anteil der Bestellkosten beschreibt die Kostenbestandteile, die unmittelbar von der Beschaffungsmenge abhängen. Weil nur die entscheidungsrelevanten Kostengrößen von Interesse sind, fallen hierunter lediglich die in Darstellung 6 veranschaulichten Einsparungen, welche sich auf Grund der möglicherweise erzielbaren Rabatte ergeben.

2.3.2.2 Lagerhaltungskosten

Nach der Übernahme der beschafften Produkte in den Lagerbereich entstehen durch das in den Lagerbeständen gebundene Kapital, durch die Beanspruchung von Lagerressourcen und durch die im Rahmen der Lagerhaltung notwendigen Tätigkeiten Kosten, welche durch die Dispositionsplanung zu berücksichtigen sind, sofern sie von der Bestellmengenentscheidung beeinflusst werden. Im Einzelnen ergeben sich im Lagerbereich beispielsweise Zinskosten für das gebundene Kapital,[4] mengen- und zeitabhängige

---

[1]) Die Gemeinkostenproblematik ist ausführlicher behandelt bei Schneeweiß, Christoph: /Kosten in Lagerhaltungsmodellen/ .

[2]) Vgl. Tempelmeier, Horst: /Quantitative Marketing-Logistik/ 202.

[3]) Vgl. Klingst Anna: /Lagerhaltung/ 27.

[4]) Vgl. Tempelmeier, Horst: /Quantitative Marketing-Logistik/ 118.

Handhabungskosten für Erhalt und Pflege der Bestände, Miete oder Opportunitätskosten für den beanspruchten Lagerraum und Kosten für Versicherungen, Schwund, Verschlechterung oder Veralterung.[1] Man kann die Lagerhaltungskosten in Lagereinzel- und -gemeinkosten einteilen.[2] Lagereinzelkosten sind im Wesentlichen mengen- und zeitabhängige Versicherungsbeiträge, Kosten, die durch Beschädigung, Alterung und Verlust verursacht werden sowie Zinskosten für das gebundene Kapital, wobei die Festlegung des Zinssatzes häufig nicht ohne eine gewisse Willkür erfolgt. Für Handelsunternehmen ist es plausibel, die Höhe des gebundenen Kapitals mit der Lagermenge zu verknüpfen. Denn im Gegensatz zum Produktionsbereich, wo sehr viel Kapital in Zwischenprodukten gebunden ist und der Lagerabgang dieser Produkte keine direkte Kapitalfreisetzung nach sich zieht,[3] führt der Abverkauf aus den Lagern von Handelsunternehmen unmittelbar oder zeitversetzt zu Erlöseingängen. Im Gegensatz zu den Lagereinzelkosten ergeben sich die Lagergemeinkosten aus den Kosten für Lagerpersonal, den Unterhaltskosten des Lagers (Heizung, Licht, Lüftung usw.), Mieten, Abschreibungen, Steuern und Versicherungen.

In Bezug auf die eingelagerte Menge setzen sich die vorgenannten Lagerhaltungskosten aus fixen und variablen Komponenten zusammen. Unter variablen Lagerhaltungskosten versteht man den Teil der Lagerkosten, der in einer funktionalen Abhängigkeit zur Höhe des Lagerbestandes und dessen zeitlicher Streuung steht. Dagegen fallen die fixen Lagerkosten unabhängig von der Höhe des Lagerbestandes an.[4] Somit sind die Lagereinzelkosten tendenziell den variablen Lagerhaltungskosten zuzurechnen, während die Lagergemeinkosten eher einen Fixkostencharakter besitzen. Eine Trennung zwischen variablen und fixen Kostenbestandteilen ist in der Praxis nicht unproblematisch. An dieser Stelle sei lediglich darauf hingewiesen, dass die fixen Kostenkomponenten im untersuchten Zusammenhang vernachlässigt werden können, weil sie kurzfristig nicht disponibel sind und somit für die Dispositionsplanung nicht entscheidungsrelevant sind. In die Lagerkosten dürfen daher nur die in Bezug auf die Dispositionsentscheidung variablen Kostenbestand-

---

[1]) Vgl. unter anderem Bartmann, Dieter; Beckmann, Martin J.: /Lagerhaltung/ 3; Pack, Ludwig: /Bestellmenge/ 20-32; Stock, James R.; Lambert, Douglas M.: /Strategic Logistics Management/ 362.

[2]) Vgl. Schneeweiß, Christoph: /Lagerhaltungssysteme/ 69.

[3]) Vgl. Glaser, Horst: /Bestellmengen/ 40.

[4]) Vgl. Hochstädter, Dieter: /Lagerhaltungsmodelle/ 10-12.

teile einfließen. Der zur Dispositionsplanung verwendete Lagerkostensatz sollte dabei die Grenzkosten repräsentieren, die bei der Erhöhung der durchschnittlichen Lagermenge des betrachteten Produkts um eine Einheit zusätzlich entstehen. Dieser Grenzkostensatz wird in der Literatur und in der Praxis häufig in Form von Durchschnittskosten quantifiziert. So wird etwa davon ausgegangen, dass die Einleitung einer Wiederauffüllung des Lagers Kosten in Höhe eines festgesetzten Betrages verursacht. Entsprechend werden als Lagerkostensatz häufig die direkt zurechenbaren Zinskosten auf das in einer Produkteinheit gebundene Kapital genommen, die eventuell um einen bestimmten Betrag erhöht werden, der die durchschnittlichen Kosten der Aufrechterhaltung des Lagerbetriebes erfassen soll. Solche Durchschnittskostensätze sind aber nicht in der Lage, die tatsächliche Veränderung der Gesamtkosten bei Variation der relevanten Kosteneinflussgrößen eines Modells zur Lagerhaltungsplanung (zum Beispiel durchschnittlicher Lagerbestand, Anzahl der Bestellungen) zu erfassen, wenn die Gesamtheit der gelagerten Produkte bestimmten Beschränkungen, etwa bezüglich der Höhe des im Lager investierten Kapitals, unterliegt. Da wegen der gemeinsamen Inanspruchnahme knapper Ressourcen Interdependenzen zwischen den einzelnen Produkten bestehen, kann die tatsächlich eintretende Veränderung der Lagerhaltungskosten bei Variation der Ordermenge eines Produkts nicht mehr durch eine isolierte Betrachtung des durchschnittlichen Lagerkostensatzes für dieses Produkt erfasst werden. Vielmehr sind zusätzlich Opportunitätskosten zu berücksichtigen, die es gestatten, die durch das Produkt in Anspruch genommenen knappen Ressourcen im Lichte der anderen Produkte zu bewerten.[1] Die tatsächliche Höhe der Grenzkostensätze der Produkte, in die auch die Opportunitätskostensätze der knappen Ressourcen einfließen, ist aber erst nach Bestimmung der Dispositionspolitik für alle Produkte bekannt. Denn bei Variation zum Beispiel der Ordermenge eines Produkts um eine Einheit verändern sich nicht nur die Bestellkosten um den entsprechenden Bestellkostenanteil - vielmehr ist bei knappen Ressourcen auch eine Anpassung der Ordermengen der anderen Produkte erforderlich. Das hat einerseits zur Folge, dass sich die Werte der verfügbaren knappen Ressourcen ändern können und andererseits führt es aber auch dazu, dass sich das durchschnittlich im Lagerbestand gebundene Kapital verändert, woraus sich wiederum Konsequenzen für die Höhe der Lagerkostensätze ergeben können, falls auch die Höhe des im Gesamtlagerbestand

---

[1]) Vgl. Schneeweiß, Christoph: /Kosten in Lagerhaltungsmodellen/.

gebundenen Kapitals durch eine Entscheidung des Managements beschränkt ist.[1] Diese Zusammenhänge erschweren die Quantifizierung eines adäquaten Lagerkostensatzes enorm.

Hinzu kommt, dass in einem mehrstufigen Distributionssystem die Lagerhaltungskosten dann für die Dispositionsplanung entscheidungsirrelevant werden, wenn davon auszugehen ist, dass die variablen Kostenbestandteile zum größten Teil lediglich aus Kapitalbindungskosten bestehen und diese innerhalb des Distributionssystems (d.h. nach der Entscheidung über eine externe Warenbeschaffung) unabhängig von allen weiteren Dispositionsentscheidungen ohnehin anfallen werden, weil das in den betroffenen Produkten gebundene Kapital erst dann wieder freigesetzt wird, wenn die Produkte abverkauft werden. Unter diesen Umständen wären die Lagerhaltungskosten außer in den Wareneingangslagern für alle anderen Lager eines Distributionssystems hinsichtlich der Dispositionsentscheidungen irrelevant. Somit kann nicht pauschal beantwortet werden, welche Kostenbestandteile den für die Dispositionsentscheidungen relevanten Lagerhaltungskosten zuzurechnen sind. In der Realität wird es also letztlich vom Einzelfall abhängen, welche Kostenbestandteile in die Lagerhaltungskosten einzelner Lager einfließen und wie sie in den jeweiligen Dispositionsentscheidungen zu berücksichtigen sind.

2.3.2.3 Transportkosten

Die Aufgabe des Transports[2] ist der Ausgleich räumlicher Disparitäten. Je nachdem, in welchem lokalen Bereich die Transporte durchgeführt werden, unterscheidet man zwischen innerbetrieblichen und außerbetrieblichen Transporten. Innerbetriebliche Transporte fallen in einem Distributionssystem vor allem innerhalb der Lager an. Die dafür entstehenden Kosten sind aber den Lagerhaltungskosten zuzurechnen. Daher werden im Folgenden nur außerbetriebliche Transporte betrachtet. Die Transportkosten bezeichnen demnach diejenigen Kosten, welche in einem Distributionssystem durch den Transport der Waren außerhalb des Lagers entstehen. Da sich die Warenflüsse in der Regel entlang der

---

[1]) Vgl. Tempelmeier, Horst: /Quantitative Marketing-Logistik/ 193.

[2]) Da hier nur die Kostenseite von Interesse ist, findet sich eine ausführlichere Darstellung der Transporte in Abschnitt 5.2.2.3.

hierarchischen Struktur eines mehrstufigen Distributionssystems vollziehen, fällt der Transportbedarf vor allem zwischen zwei in der Distributionsstruktur aufeinander folgenden Lagern an. In Ausnahmefällen kann sich aber zum Beispiel auf Grund von kurzfristigen Bestandsengpässen auch ein Transportbedarf zwischen beliebigen Lagern eines Distributionssystems ergeben. Derartige Transporte sollen im vorliegenden Kontext als Querlieferung bezeichnet werden.

Die Höhe und Struktur der Transportkosten ist zunächst von der Wahl des Verkehrsweges und des Verkehrsmittels abhängig. Traditionell unterscheidet man die Verkehrswege Luft, Wasser, Schiene und Straße.[1] Mit der Auswahl eines bestimmten Verkehrsweges wird auch die Art des Verkehrsmittels, also Flugzeug, Schiff, Bahn oder Kraftwagen vorbestimmt. Die Entscheidung bezüglich des einzusetzenden Transportmittels vollzieht sich demgemäß innerhalb der prädeterminierten Art. Bezüglich der Durchführung der Transportaufgabe bestehen im Wesentlichen zwei Möglichkeiten. Entweder das Unternehmen liefert seine Produkte mittels eigenem Fuhrpark selbst aus (Eigentransport) oder die Transportaufgabe wird als Fremdleistung von Spediteuren bezogen (Fremdtransport) bzw. an Logistik-Dienstleister vergeben. Hinsichtlich der Kostenstruktur beider Alternativen bestehen gravierende Unterschiede. Bei Eigentransport mittels Kraftfahrzeugen umfassen die Transportkosten im Distributionsbereich hauptsächlich folgende Kostenelemente: Löhne und Gehälter, Instandhaltungskosten, Abschreibungen bzw. Leasingraten, Treibstoff- und Schmiermittelkosten, Raumkosten (Garage, Werkstatt, etc.), Kosten für Reparaturaufwendungen, Kommissionier-[2] und Handlingkosten sowie Steuern und Versicherungen. Inwieweit es sich bei den einzelnen Kostenelementen bezüglich der Dispositionsentscheidung um fixe oder variable Transportkosten handelt, hängt in gewissen Grenzen vom Einzelfall ab. In der Regel fallen im Transportbereich fixe Kosten an, die vom Einsatz der Transportmittel gänzlich unabhängig für den gesamten Planungszeitabschnitt festgelegt und somit nicht entscheidungsrelevant sind. Darüber hinaus können aber auch fixe Kosten anfallen, die durch die Tatsache des Einsatzes eines Transportmittels bedingt sind, deren Höhe jedoch nicht von der erbrachten Transportleistung abhängt. Die Auslastung

---

1) Vgl. Ihde, Gösta B.: /Transport - Verkehr - Logistik/ 43.

2) Unter Kommissionierkosten werden alle Aufwendungen subsumiert, die für die Zusammenstellung der verschiedenen Positionen eines Transports zu einer versandfertigen Einheit anfallen.

des Transportmittels ist für die Höhe dieser entscheidungsrelevanten Fixkostenkomponente unerheblich.[1] Für die variablen Transportkosten ist bestimmend, welche Mengen welcher Produkte mit welcher Transportvariante über welche Distanz transportiert werden.

Das Verhältnis fixer und variabler Kostenanteile hängt aber auch von dem Anteil selbsterstellter gegenüber fremdbezogener Transportleistungen ab. Je mehr von einem eigenen und selbst betriebenen Fuhrpark zu einem Fremdbezug logistischer Dienstleistungen übergegangen wird, desto mehr werden fixe Kostenbestandteile zu variablen Kosten transformiert. Zudem ist die Berechnung der Kosten für eigene Transporte im Gegensatz zu Fremdtransporten generell schwierig und häufig nur über Durchschnittswerte realisierbar. Die Gründe liegen darin, dass zum einen der Anteil transportleistungsunabhängiger Kosten bei Eigentransporten relativ groß ausfällt. Die Höhe des transportleistungsunabhängigen Anteils, welcher auf den einzelnen Transport entfällt, hängt dabei sehr stark vom Auslastungsgrad des gesamten Fuhrparks ab. Zum anderen wird die Höhe der transportleistungsunabhängigen Transportkosten von Faktoren wie zum Beispiel dem Streckenverlauf oder der Verkehrsdichte beeinflusst. Aber auch diese schwer planbaren Faktoren determinieren die Höhe des Kostenanteils, der auf den einzelnen Transport entfällt. Da diese Unwägbarkeiten bei fremdbezogenen Transportleistungen auf Grund vertraglicher Vereinbarungen wegfallen, sind die Transportkosten bei Auslagerung der Transportleistungen besser zurechenbar und können als festes Element der Wirtschaftlichkeitsrechnung eingeplant werden. Die Ermittlung der Kostenelemente von Transportleistungen in einem eigenen Transportsystem bleibt dagegen angesichts der Zurechnungsproblematik mit erheblichen Unsicherheiten behaftet. Logistik-Dienstleister weisen darüber hinaus strukturelle Vorteile auf, die eine Auslagerung von Logistikfunktionen von Handelsunternehmen zunehmend vorteilhaft erscheinen lassen. Hierzu gehört unter anderem das Angebot flächendeckender Verkehre, die Möglichkeit der Transportkonsolidierung sowie die Erweiterung des Leistungsangebots auf vielfältige Elemente des Kundenservices.[2] Eigentransporte sind gegenüber Fremdtransporten daher auf Grund des großen Fixkostenanteils nur dann vorteilhaft, wenn eine gleichmäßige gute Auslastung des Fuhrparks vorliegt. Andernfalls

---

[1]) Vgl. Delfmann, Werner: /Distributionsplanung/ 107-108.

[2]) Vgl. Delfmann, Werner; Darr, Willi; Simon, Ralf-P.: /Marketing Logistik/ 22.

ist es günstiger, die Transportaufgabe mit Fremdtransporten abzudecken. Die Transportkosten sind bei Fremdtransporten meist vollständig variabel. Ein transportleistungsunabhängiger Fixkostenblock existiert in der Regel nicht. Zudem erlaubt die Einbindung logistischer Dienstleister, eine Flexibilisierung der logistischen Aktivitäten, die durch eine unternehmensinterne Transportabwicklung nicht gegeben wäre.[1]

Für die Festlegung einzelner Dispositionsentscheidungen ist besonders zu beachten, dass sich die variablen Transportstückkosten für gewöhnlich degressiv zur transportierten Menge verhalten. Deshalb ist es immer vorteilhaft, einzelne Transporte durch Konsolidierungsmaßnahmen möglichst voll auszulasten. Ebenso verhält es sich wenn pro Transport sowohl ein fixer Kostenbestandteil als auch konstante Transportstückkosten anfallen. Nur für den Fall, dass beim Transport ausschließlich konstante Transportstückkosten einzukalkulieren sind, ergeben sich durch Transportkonsolidierungen keine Einsparungen. Unter diesen Umständen wären die Transportstückkosten auch irrelevant für die Dispositionsentscheidungen innerhalb eines mehrstufigen Distributionssystems, denn die Waren müssten ohnehin von den Wareneingangslagern bis zu den Endbedarfslagern transportiert werden und es würde hinsichtlich der Transportkosten keinen Unterschied machen wann oder wie die Waren transportiert werden. Da in der Realität aber überwiegend degressiv verlaufende Transportstückkosten zu erwarten sind, sollte bei der Festlegung von Dispositionsentscheidungen immer auf eine möglichst gute Auslastung der einzelnen Transporte abgestellt werden.

---

[1]) Vgl. Delfmann, Werner: /Integration/ 176.

2.3.3 Disposition in mehrstufigen Distributionskanälen

Die Dispositionsaufgabe erstreckt sich in mehrstufigen Distributionskanälen nicht nur auf die Festlegung von Bestellmengen und -zeitpunkten, sondern auch auf die Koordination sowie die Allokation der Waren innerhalb des Distributionssystems. Mengen und Zeitpunkte sind nicht mehr die einzigen Aktionsparameter sondern auch die Transportvorgänge und Lagerorte bekommen eine Bedeutung. Betrachtet man nur ein Lager unabhängig von anderen Lagern, lässt sich die Lagerproblematik leicht handhaben. Stehen dagegen mehrere Lager im Verbund, muss für jedes einzelne Lager separat disponiert und zugleich eine Gesamtpolitik verfolgt werden. Dabei ist zu klären, ob Bestände zentral gehalten oder die Lieferungen sofort nach Eintreffen weiterverteilt werden und ob Umverteilungen zwischen den einzelnen Lagern vorzunehmen sind.[1] Hierzu ist festzulegen, wann zwischen welchen Lagern Transporte fließen und welche Waren zu einem Transport konsolidiert werden sollen. In einem mehrstufigen Distributionssystem kommt dem effizienten Management der resultierenden Warenströme somit eine Schlüsselfunktion zu.[2]

Die Disposition hat daher die Aufgabe, die Warentransferprozesse derart zu koordinieren, dass sämtliche mit dem Bestandsmanagement verbundenen Funktionen[3] effizient erfüllt werden.[4] Auf Grund des zwischen den einzelnen Teil-Entscheidungsfeldern bestehenden Beziehungsreichtums wäre das Problem der optimalen Gestaltung betrieblicher Warenverteilprozesse im Prinzip nur durch einen Total-Ansatz lösbar, in dem alle Entscheidungsvariabeln simultan erfasst werden. Ein solcher Total-Ansatz ist jedoch aus zwei Gründen nicht geeignet, die Dispositionsaufgabe zufriedenstellend zu lösen. Zum einen weisen viele der in den Total-Ansatz einzubeziehenden Teil-Entscheidungsprobleme eine so hohe Komplexität auf, dass selbst ihre isolierte Behandlung oft nur unter Verzicht auf die Forderung nach einer optimalen Lösung möglich ist. Zum anderen wäre es nicht möglich, die für einen Totalansatz erforderlichen Informationen mit hinreichender Genauigkeit bereitzustellen, weil deren Inhalte insbesondere für operative Aufgaben einem ständigen

---

[1]) Vgl. Fratzl, Hubert: /Lagerhaltung/ 127.

[2]) Vgl. Vollmann, Thomas E.; Berry, William L.; Whybark, David C.: /Manufacturing Planning/ 796.

[3]) Vgl. Abschnitt 2.1.

[4]) Vgl. Schneeweiß, Christoph: /Lagerhaltungssysteme/ 6.

Wandel unterliegen und daher mit erheblichen Unsicherheiten belastet sind. Selbst wenn es möglich wäre, ein Total-Modell der physischen Distribution zu formulieren und mit vertretbarem Rechenaufwand zu lösen, so wäre der Wert der optimalen Lösung auf Grund der zwangsläufig mangelhaften Datengrundlage des Entscheidungsmodells dennoch stark in Zweifel zu ziehen.[1]

2.3.3.1 Lieferservice

Maßstab für die durch die Disposition erbrachte physische Distributionsleistung ist das Niveau des Lieferservices. Hierunter ist ein Bündel von heterogenen Indikatoren unterschiedlicher Dimensionen zu verstehen, mit denen eine Quantifizierung der verschiedenen materiell unterschiedlichen Komponenten der Leistungen des physischen Distributionsbereichs eines Unternehmens möglich ist.[2] Die inhaltliche Abgrenzung des Begriffs Lieferservice und damit die Bestimmung dessen, was als Bestandteil der physischen Distributionsleistung anzusehen ist, konnte in der Literatur bisher noch nicht übereinstimmend geklärt werden.[3] Am häufigsten werden jedoch folgende Einzelindikatoren genannt, mit denen sämtliche Aspekte der physischen Distributionsleistung erfasst werden:[4] Lieferzeit, Lieferzuverlässigkeit, Lieferbeschaffenheit, Lieferflexibilität.[5]

Die Lieferzeit ist der Zeitraum von der Nachfragebekundung durch den Abnehmer bis zum Erhalt der Ware. Da die Abnehmer im Normalfall nur die gesamte Länge der distributionsbedingten Lieferzeit wahrnehmen, bietet sich die Möglichkeit, einzelne Teilzeiten, aus denen sich die gesamte Lieferzeit in einem mehrstufigen System zusammensetzt, zu substituieren. So lassen sich zum Beispiel auch Bestände reduzieren, indem

---

[1]) Vgl. Tempelmeier, Horst: /Quantitative Marketing-Logistik/ 19.

[2]) Vgl. Delfmann, Werner; Darr, Willi; Simon, Ralf-P.: /Marketing Logistik/ 15.

[3]) Vgl. Tempelmeier, Horst: /Quantitative Marketing-Logistik/ 5.

[4]) Vgl. Delfmann, Werner: /Integration/ 165.

[5]) Zu den folgenden Ausführungen vgl. Delfmann, Werner; Darr, Willi; Simon, Ralf-P.: /Marketing Logistik/ 15-17.

man eine tendenzielle Erhöhung der lagerbedingten Lieferzeiten durch den Einsatz schneller Transportmittel kompensiert.

Die Lieferzuverlässigkeit beschreibt die Wahrscheinlichkeit, mit der die Lieferzeit eingehalten wird. Für mehrstufige Distributionskanäle hängt sie von der Zuverlässigkeit des externen Beschaffungsprozesses sowie von der eigenen, internen Lieferbereitschaft ab. Die Einhaltung der zugesagten Lieferzeit hängt im Wesentlichen davon ab, wie zuverlässig die einzelnen Teilzeiten eingehalten werden. Im Prinzip bestimmt das schwächste Glied die Gesamtzuverlässigkeit. Die Lieferbereitschaft[1] gibt dagegen an, inwieweit der Lieferant in der Lage ist, auftretende Nachfrage direkt aus einem vorgehaltenen Lagerbestand zu befriedigen. Gelingt dies nicht, kann man die Nachfrage aber eventuell dennoch durch die unmittelbare Zustellung der Waren aus anderen Lagern mittels schneller Transportmittel zu den einzelnen Abnehmern befriedigen.

Durch die Lieferbeschaffenheit wird erfasst, ob die Lieferung den Abnehmern Grund zur Beanstandung gibt. Hierfür sind zwei Einflussgrößen maßgebend. Einerseits gibt die Liefergenauigkeit an, ob die bestellten Produkte in gewünschter Art und Menge in den Verfügungsbereich der Abnehmer gelangen. Andererseits beschreibt der Auslieferungszustand, in welchem Umfang die Verpackung ihrer Schutzfunktion gerecht wurde. Insgesamt lässt sich die Lieferbeschaffenheit an der Anzahl der Beanstandungen durch die Abnehmer messen.

Die Lieferflexibilität beschreibt schließlich, inwieweit auf besondere Bedürfnisse der Abnehmer eingegangen werden kann. Sie bemisst sich an der Variabilität von Liefermengen und -zeitpunkten sowie an den verfügbaren Verpackungsvarianten und Zustellmodi.

---

[1]) Zur genaueren Definition des Lieferbereitschaftsgrades vgl. Abschnitt 4.1 und Abschnitt 5.2.3.2.

2.3.3.2 Dispositionsinstanz

Um einen akzeptablen Lieferservice zu erreichen, muss sich die Disposition bei der Erfüllung der physischen Distributionsleistung an dem zu erwartenden Nachfrageaufkommen orientieren. In einem mehrstufigen Distributionssystem tritt die durch die Abnehmer bekundete Nachfrage nur in den einzelnen Endbedarfslagern auf und begründet auf der untersten Stufe den Primärbedarf des Lagersystems. Die Bedarfsmengen der übergeordneten Lager stellen nur eine abgeleitete Größe aus den Bedarfsmengen der jeweils nachfolgenden Lager dar und werden als Sekundärbedarf bezeichnet. Diese abgeleiteten Bedarfsmengen entstehen dadurch, dass in den Regional- und Wareneingangslagern die Ordermengen der nachfolgenden Lager zusammentreffen und dann in aggregierter Form an das nächst höhere Lager weitergegeben werden. Der Bedarf jeden übergeordneten Lagers entsteht somit als Ergebnis der Überlagerung von Bedarfsmengen der ihm nachfolgenden Lager.[1]

Die Bedarfsmengen werden auf den einzelnen Lagerstufen in starkem Maße davon beeinflusst, wie das Unternehmen institutionalisiert ist, dass heißt, wie die konkrete Gestaltung der Entscheidungsprozesse im Distributionssystem vollzogen wird. Die Ausgestaltung hängt davon ab, welche Instanzen in welcher Weise an den Dispositionsentscheidungen beteiligt werden. Dabei können die Zuständigkeiten auf die verschiedenen Lager verstreut oder in einer Instanz zusammengefasst werden. Eine dezentrale Disposition mehrstufiger Lagersysteme, in der die einzelnen Lager in Abhängigkeit von ihrem Bestandsverlauf autonom ordern, wird auch als Pull-Konzept bezeichnet. Ein Push-Konzept verkörpert dagegen die zentrale Disposition,[2] bei der die Waren auf Grund der systemweiten Nachfrage automatisch nachgeschoben werden.[3] Eine zentrale Lösung hat dabei den Vorteil, dass eine verantwortliche Instanz für die Leistungsfähigkeit des Distributionssystems geschaffen und eine relativ genaue Kosten- und Leistungsrechnung möglich wird. Außerdem

---

[1]) Vgl. Deuermeyer, Bryan L.; Schwarz Leroy B.: /System Service Level/ 170.

[2]) Vgl. Merkel, Helmut: /Simulationsmodelle/ 122.

[3]) Zu den Push/Pull-Konzepten vgl. unter anderem Brown, Robert G.: /Materials Management Systems/ 368; Martin, André J.: /DRP/ 236; Schary, Philip B.: /Logistics Decisions/ 171; Tersine, Richard, J.: /Principles/ 428; Tinsley, Dillard B.; Ormsby, Joseph G.: /Improving Marketing/ 352.

lassen sich die Warenflüsse im Hinblick auf einen systemweit gleichmäßigen Lieferservice besser koordinieren und Konsolidierungspotentiale leichter ausschöpfen. Dem steht jedoch gegenüber, dass mit einem solchen zentralen Konzept erheblich mehr Planungsaufwand verbunden ist.

Ein gravierender Nachteil einer dezentralen Disposition liegt darin begründet, dass innerhalb eines mehrstufigen Distributionssystems durch das unkoordinierte Orderverhalten der einzelnen Läger klumpige Bedarfsaufkommen entstehen können, die im Extremfall stark oszillierende Lagerbestände nach sich ziehen. Die ursprünglich kontinuierlich eintreffende Marktnachfrage auf der untersten Lagerebene wird dabei in den einzelnen Endbedarfslagern gemäß ihrer autonomen Lagerhaltungspolitik zu größeren Ordermengen kumuliert, bevor die Ordermengen in bestimmten Zeitabständen an das jeweils übergeordnete Lager weitergegeben werden. Hier werden die aus den nachfolgenden Lagern eingehenden Ordermengen zunächst zu einem lagerspezifischen Bedarfsverlauf aggregiert und entsprechend der eigenen autonomen Lagerhaltungspolitik zu neuen Ordermengen kumuliert ehe sie als Order an die nächst höhere Stufe weitergegeben werden. Dort kann sich der Vorgang je nach Anzahl der Lagerstufen eventuell weiter wiederholen. Es wird damit deutlich, dass in mehrstufigen Lagersystemen eine ursprünglich niedrige und gleichmäßige Marktnachfrage in hohe und sporadisch[1] anfallende Ordermengen umgewandelt werden kann. Untersuchungen zur Systemdynamik[2] haben diese Aussage bestätigt und dabei auf die besonderen Probleme hingewiesen, die auftreten, wenn die Marktnachfrage an der untersten Lagerstufe bereits sporadische oder saisonale Züge aufweist. In diesem Fall führen bereits geringe Nachfrageverschiebungen an der Basis dazu, dass das Lagersystem mit zeitlich großer Verzögerung zu enormen Überreaktionen an der obersten Lagerstufe neigt.[3] Die Ursache dieser mangelhaften Koordination der mehrstufigen Lagerhaltung ist zweifellos in der fehlenden Kommunikation innerhalb des Lagersystems zu suchen.

---

[1]) Von sporadischem Bedarf kann man sprechen, wenn in einer Zeitreihe in mehr als 40% der Perioden kein Bedarf vorliegt. Vgl. Tempelmeier, Horst: /Material-Logistik/ 26.

[2]) Vgl. Forrester, Jay W.: /Industrial Dynamics/ .

[3]) Vgl. Forrester, Jay W.: /Industrial Dynamics/ 24.

Eine Möglichkeit, das Oszillationsproblem voneinander unabhängig operierender Lager zu lösen liegt im "Herunterbrechen" der sporadisch auftretenden Ordermengen auf gleichmäßigere Tagesbedarfe.[1] Hierdurch erreicht man eine Glättung der Lagerabgänge in den einzelnen Lagerstufen. Es darf dabei aber nicht übersehen werden, dass durch das Aggregieren und spätere Glätten des Bedarfsaufkommens wesentliche Informationen verloren gehen. Aus diesem Grund ist für die Steuerung von mehrstufigen Lagersystemen anzustreben, dass die Marktnachfrage ab der untersten Lagerstufe möglichst frühzeitig allen oberen Lagerstufen zugänglich gemacht wird. Nur so kann erreicht werden, dass diese nicht von hohen aggregierten Orderwünschen überfordert werden, sondern rechtzeitig eigene Reaktionen auf Nachfrageänderungen einleiten können. Außerdem bietet dies den Vorteil, dass Lieferungen und Transporte kontinuierlich und in kürzeren Zeitabständen eingeplant werden können, was zu einer Verminderung von Belastungsspitzen beim gleichzeitigen Eintreffen mehrerer großer Lieferungen führt und somit den Arbeitsanfall in den Lagern nivelliert. Falls in einem mehrstufigen Distributionssystem jedes Lager jedoch seinen Nachschub autonom nach lokalen Kosten- und Bedarfsinformationen steuert, kann das, wie bereits erwähnt, schwerwiegende Probleme nach sich ziehen und zu selbstinduzierten Schwingungen der Bestände und Ordermengen führen, schlecht prognostizierbare, klumpige und sporadisch verlaufende Bedarfsaufkommen in den übergeordneten Lagerstufen erzeugen, die zudem zu nutzlosen Sicherheitsbeständen führen und schließlich überhöhte Gesamtkosten verursachen, weil man Kostensenkungspotentiale des Gesamtsystems (zum Beispiel im Transport) nicht wahrnehmen kann.[2]

2.3.3.3 Zentralisationsgrad

Ein weiteres Problem bei der Disposition in mehrstufigen Distributionskanälen resultiert aus der Unsicherheit bezüglich des zu erwartenden Nachfrageaufkommens in den Endbedarfslagern. Insbesondere bei weit verzweigten Distributionssystemen ist es schwierig, zutreffende Prognosen über die zukünftige Nachfrage anzustellen. Es wäre einfacher,

---

[1]) Vgl. Zacharias, Claus-Otto: /EDV-Einsatz/ 155.

[2]) Vgl. Diruf, Günther: /Lagerbestandsplanung und -kontrolle/ 16-17.

eine größere Nachfragemenge an nur einem Punkt richtig zu prognostizieren als viele kleine Nachfragemengen an unterschiedlichen Orten vorherzusagen und diese dann über mehrere Stufen zu aggregieren.[1] Der Prognoseunsicherheit begegnet man in der Lagerhaltung für gewöhnlich mit dem Vorhalten von Sicherheitsbeständen. In mehrstufigen Distributionssystemen stellt sich jedoch die Frage, wo diese Sicherheitsbestände gelagert werden sollen. Somit ist nicht nur die erforderliche Höhe der Sicherheitsbestände festzulegen, sondern auch das Allokationsproblem[2] innerhalb der Distributionskanäle zu lösen. Ist man in einem Distributionssystem weniger mit unsicheren Nachfrageprognosen, sondern mehr mit unsicheren Zulieferzeiten konfrontiert, mag es sinnvoll sein, die Sicherheitsbestände überwiegend auf höheren Lagerstufen zu halten, um der Unsicherheit schon in ihrem Ursprung zu begegnen. Ist dagegen die Nachfrage mit stärkeren Unsicherheiten belastet, ist es eventuell günstiger, die Sicherheitsbestände auf den unteren Lagerstufen anzusiedeln. Ob die Bestände mehr auf unteren Lagerstufen oder überwiegend auf höheren Ebenen gelagert werden, ist eine Frage ihrer vertikalen Verteilung. Sie findet ihren Niederschlag im Zentralisierungsgrad.[3] Die horizontale Verteilung der Bestände innerhalb einer Lagerstufe bleibt dabei unberührt.[4] Bei zentralisierter Lagerung können die in den höheren Lagerstufen vorhandenen Bestände zur Absicherung der Zustellzeiten und -mengen genutzt werden und etwaige Nachfrageabweichungen unterschiedlicher Endbedarfslager kompensieren. Es darf nicht übersehen werden, dass mit einer Zentralisierung der Lagerbestände im Allgemeinen eine Verschlechterung des Lieferservices, vor allem der Lieferflexibilität und der Lieferzeit einhergeht. Eine durch die Zentralisierung bedingte Erhöhung der Lieferzeit muss durch entsprechende Zeiteinsparungen in anderen Phasen des physischen

---

[1]) Vgl. Stenger, Alan J.; Cavinato, Joseph L.: /Adapting MRP/ 4.

[2]) Zur Allokationsproblematik in mehrstufigen Lagersystemen vgl. auch Hanssmann, Fred: /Inventory Location and Control/ ; Simpson, Keneth F. Jr.: /Allocations of Stocks/ .

[3]) Der Zentralisationsgrad von Lagerbeständen eines mehrstufigen Distributionssystems ergibt sich aus der Summe der prozentualen Lagermengen jeder Lagerstufe, gewichtet mit einem Stufenindex. Der Zentralisationsgrad fällt zwischen der obersten Lagerstufe (Stufenindex = 1) und der letzten (n-ten) Lagerstufe (Stufenidex = 1/n) monoton. Ein Zentralisationsgrad von 100% in mehrstufigen Distributionssystemen bedeutet demnach, dass sämtliche Bestände auf der obersten Stufe gehalten werden. Der minimale Zentralisationsgrad von 1/n% besagt, dass alle Bestände in der untersten und abnehmernächsten Lagerstufe gehalten werden. Vgl. Delfmann, Werner; Darr, Willi; Simon, Ralf-P.: /Marketing Logistik/ 64-65.

[4]) Vgl. Delfmann, Werner; Darr, Willi; Simon, Ralf-P.: /Marketing Logistik/ 64.

Distributionsprozesses (zum Beispiel schnellere Transportmittel, kürzere systembedingte Transferzeiten) ausgeglichen werden. Dezentralisiert man die Bestände, hat dies den Vorteil, marktnäher und flexibler vor Ort reagieren zu können, ohne die Produkte gegebenenfalls erst von vorgelagerten Lagern beschaffen zu müssen. Somit besteht eine wechselseitige Beziehung zwischen den Lagerbeständen verschiedener Lagerstufen. Zentralisiert man die Bestände, benötigt man geringere Bestände in den unteren Lagerebenen um ein - wie auch immer definiertes - Lieferservice-Niveau einzuhalten und umgekehrt.[1] Man muss dabei jedoch berücksichtigen, dass eine vorzeitige Aufspaltung des Warenstromes und dezentrale Bestandshaltung später möglicherweise eine Umlenkung, zum Beispiel in Form von Querlieferungen zwischen Regional- oder Endbedarfslagern, erforderlich macht.[2] Deshalb wäre es eventuell günstiger, Allokationsentscheidungen so spät wie möglich zu treffen, damit aktuelle Bestands- und Nachfrageinformationen noch im aktuellen Entscheidungskalkül Berücksichtigung finden können. Solche Überlegungen sind Gegenstand des Postponement- / Speculation-Prinzips.[3] In Bezug auf mehrstufige Distributionskanäle besagt das Postponement-Prinzip, dass räumliche Differenzierungen im Warenfluss so spät wie möglich erfolgen sollen. Da dies auch Entscheidungen über den Lagerort betrifft, bezeichnet man dies auch als geographisches Postponement.[4] Ziel des Prinzips ist es, Aktivitäten entlang der logistischen Kette erst dann auszuführen, wenn die Ungewissheit über die Anforderungen der nächsten Stufe weitestmöglich abgebaut ist. Auf diese Weise können die Risiken der räumlichen Fehlverteilung gesenkt werden.[5] Das Speculation-Prinzip fordert dagegen eine frühzeitige erwartungsbezogene räumliche Verteilung der Waren, um Konsolidierungseffekte im Distributionsbereich realisieren zu können. Deshalb sind erwartungsorientierte Bestände auf den unteren Lagerstufen Ausdruck der Anwendung dieses Prinzips.[6]

---

1) Vgl. Tempelmeier, Horst: /Quantitative Marketing-Logistik/ 228.

2) Vgl. Delfmann, Werner; Darr, Willi; Simon, Ralf-P.: /Marketing Logistik/ 27.

3) Zu den Prinzipien des Postponement und Speculation vgl. unter anderem Ackerman, Kenneth B.: /Warehousing/ 197-205; Alderson, Wroe: /Behavior/ ; Delfmann, Werner: /Integration/ 165; Delfmann, Werner: /Segmentierung/ 176-178; Diruf, Günther: /Informatikanwendungen/ 10-11; Schary, Philip B.: /Logistics Decisions/ 41-45; Zinn, Walter; Levy, Michael: /Speculative Inventory Management/ .

4) Vgl. Alderson, Wroe: /Behavior/ 424; Delfmann, Werner: /Segmentierung/ 198.

5) Vgl. Delfmann, Werner: /Segmentierung/ 178.

6) Vgl. Delfmann, Werner: /Segmentierung/ 178.

Zentral gehaltene Lagerbestände zeichnen sich im Gegenzug durch einen geringen Grad an Vordisposition aus, was sich angesichts unbekannter Nachfragehöhe und -verteilung (räumlich und zeitlich) als vorteilhaft erweist. Ein hoher Zentralisierungsgrad erlaubt eine Reduktion der im Gesamtsystem gehaltenen Lagerbestände, da sich die dezentral auftretenden Nachfrageschwankungen tendenziell kompensieren. Je nach Zeitempfindlichkeit der dezentral auftretenden Nachfrage brauchen die dezentral gehaltenen Sicherheitsbestände nur noch die Transportzeiten bis zum Endbedarfslager abzupuffern.[1] Spekulative dezentrale Bestände erhöhen dagegen den Lieferbereitschaftsgrad. Ein hoher Zentralisationsgrad spekulativer Bestände in mehrstufigen Distributionssystemen bekundet eine geringe vordispositionsbedingte Risikoneigung, der zufolge die Verteilung der Waren auf die einzelnen Lager erst so spät wie möglich erfolgt. Die Auslastung der eingesetzten Transportmittel ist dabei jedoch im Durchschnitt gering, da bei ausgeprägter Zeitsensibilität der Nachfrage kaum eine Möglichkeit zur Transportkonsolidierung besteht. Allerdings sind im Extremfall auch keine Lager innerhalb des mehrstufigen Systems nötig, sondern lediglich nur noch bestandslose Umschlagpunkte. Bei vollständig dezentraler Lagerhaltung sind sämtliche Lagerbestände in den Endbedarfslagern zu finden. Das vordispositionsbedingte Risiko ist in diesem Fall maximal. Die Transportmittelauslastung bei der Belieferung der dezentralen Lager kann dafür aber sehr hoch sein.[2]

Jönsson und *Silver*[3] zeigen, dass unter bestimmten Umständen in einem Push-System die Zurückbehaltung von Sicherheitsbeständen auf der Zentrallagerebene sinnvoll sein kann.[4] Der Nachschub der zentral gehaltenen Sicherheitsbestände erfolgt dann erst bei drohender Fehlmengensituation. Nachfrageschwankungen in den Einzugsgebieten der einzelnen Endbedarfsläger gleichen sich auf der Ebene des gesamten Distributionssystems teilweise aus, so dass insgesamt niedrigere Sicherheitsbestände benötigt werden, als wenn jedes Endbedarfslager eine autonome Sicherheitsbestandshaltung betreibt. Bei voneinander statistisch unabhängiger Verteilung der Nachfrage in den Absatzgebieten der Endbedarfs-

[1]) Vgl. Delfmann, Werner; Darr, Willi; Simon, Ralf-P.: /Marketing Logistik/ 64.

[2]) Vgl. Delfmann, Werner; Darr, Willi; Simon, Ralf-P.: /Marketing Logistik/ 65.

[3]) Vgl. Jönsson, Henrik; Silver, Edward A.: /Stock allocation/ .

[4]) Zur Festlegung von Sicherheitsbeständen in mehrstufigen Lagerhaltungssystemen vgl. auch Inderfurth, Karl: /Savety Stocks/ ; Inderfurth, Karl: /Sicherheitsbestände/ .

lager sowie annähernd gleich großen Absatzgebieten und Lieferbereitschaftsvorgaben steigt der vollständig zentral gehaltene Sicherheitsbestand näherungsweise nur mit der Wurzel der Anzahl der Endbedarfslager.[1] Eine Reduzierung der Sicherheitsbestände ist jedoch auch bei dezentraler Sicherheitsbestandshaltung möglich. Wenn bei dezentraler Sicherheitsbestandshaltung drohende Fehlmengensituationen in einigen Lagern durch Ausgleichslieferungen (Nachschub aus nicht kurzfristig benötigten Sicherheitsbeständen) anderer Läger aufgefangen werden, sind insgesamt keine höheren Sicherheitsbestände erforderlich als bei zentralisierter Lagerung. In diesem Fall muss aber auf die Nutzung transportkostenoptimaler Verbindungen (zum Beispiel von ohnehin bestehenden Transportrelationen zum übergeordneten Lager) geachtet werden, damit die Ersparnisse bei den Sicherheitsbestandskosten nicht durch steigende Transportkosten aufgezehrt werden.

2.3.3.4 Selektive Lagerhaltung

Hinsichtlich der Allokationsproblematik ist des Weiteren zu berücksichtigen, dass in der betrieblichen Praxis vorzufindenden physischen Distributionssystemen typischerweise nicht nur ein Produkt, sondern mehrere, häufig sogar viele Tausend unterschiedliche Produkte gelagert und vertrieben werden. Die einzelnen Produkte weisen bei der Warenallokation spezifische Charakteristika auf. So sind beispielsweise nicht alle Produkte in gleichem Maße am Gesamtumsatz des Unternehmens beteiligt. Vielmehr ist es eine generell zu beobachtende Erscheinung in Mehrprodukt-Lagern, dass ein großer Prozentsatz des Umsatzes auf einen sehr kleinen Teil der Produkte entfällt, während für die überwiegende Zahl der Produkte nur geringe Absatzmengen zu verzeichnen sind.[2] Die Produkte unterscheiden sich darüber hinaus nach ihrem Lagerwert, Wert-Volumen-Verhältnis, ihrer Haltbarkeit, der Umschlagsgeschwindigkeit, der Prognosegenauigkeit ihrer Nachfrage und ihrer subjektiven Bedeutung für den potentiellen Abnehmer. Die Umschlagsgeschwindigkeit bezeichnet die Anzahl der Einheiten eines Produkts, die in einer Periode umgeschlagen

---

[1]) Vgl. Silver, Edward A.; Peterson, Rein: /Decision Systems/ 481.

[2]) Vgl. Brown, Robert G.: /Materials Management Systems/ 163 und Silver, Edward A.; Peterson, Rein: /Decision Systems/ 28.

werden oder eine bestimmte Stufe innerhalb des Distributionssystems durchlaufen. Produkte mit einer geringen Umschlagshäufigkeit können tendenziell zentral gelagert und nachfrageorientiert in geringen Stückzahlen distribuiert werden. Produkte mit einer hohen Umschlagsgeschwindigkeit werden dagegen eher spekulativ, d.h. prognoseorientiert und dezentral gelagert. Der Lagerwert bezeichnet den in Geldeinheiten ausgedrückten Wert eines Produkts im Distributionssystem. Höherwertige Produkte können beispielsweise tendenziell zentral gelagert werden. Es müssen also nicht alle Waren in einem Distributionssystem gleichartig behandelt werden. Die einzelnen Lagerstufen können durchaus unterschiedliche Sortimentierungen aufweisen. Werden bei einer selektiven Lagerhaltung nicht mehr alle Produkte auf allen Lagerstufen bevorratet, stellt sich zwingend die Frage, welche Waren in welchen Lagern bzw. auf welchen Lagerstufen in welchen Mengen vorgehalten werden sollen.

Die Praxis stellt hierzu in der Regel auf die Wertstruktur bzw. den Umsatzanteil oder die Verbrauchsstruktur der einzelnen Produkte ab. Als probates Mittel wird häufig die ABC-Analyse[1] verwendet. Dabei werden die Produkte nach ihrer relativen Bedeutung, wie zum Beispiel nach ihrem Umsatz sortiert und zu drei Gruppen, der A-Gruppe (Produkte mit hohem, regelmäßigem Bedarf), der B-Gruppe (Produkte mit mittelmäßigem Bedarf) und der C-Gruppe (Produkte mit unregelmäßigem, sporadischem Bedarf) zusammengefasst.[2] Im Hinblick auf die Wertstruktur können die Waren in A-Produkte (geringer mengenmäßiger Anteil, hoher wertmäßiger Anteil), B-Produkte (mittlerer mengenmäßiger Anteil, geringer wertmäßiger Anteil) und C-Produkte (hoher mengenmäßiger Anteil, geringer wertmäßiger Anteil) differenziert werden. Hierbei wird für hochwertigere Teile eine höhere Ergebnisrelevanz unterstellt.[3] Das Problem der Zuordnung löst man dann in der Weise, dass man C-Produkte eher dezentral in den Endbedarfslagern bevorratet, während man A-Produkte tendenziell zentral in höheren Lagerstufen lagert und diese eventuell auch von dort direkt zum Abnehmer liefert. Die

---

[1]) Zur ABC-Analyse vgl. stellvertretend für viele: Bichler, Klaus; Beck, Martin: /Beschaffung und Lagerhaltung/ II 5-9; Schneeweiß, Christoph: /Lagerhaltungssysteme/ 41; Stock, James R.; Lambert, Douglas M.: /Strategic Logistics Management/ 126 und 426-429; Soom, Erich: /Lagerbewirtschaftung/ 92; Weber, Rainer: /Materialwirtschaft mit Lagerhaltung/ 43.

[2]) Vgl. Silver, Edward A.; Peterson, Rein: /Decision Systems/ 71.

[3]) Vgl. Delfmann, Werner; Darr, Willi; Simon, Ralf-P.: /Marketing Logistik/ 30.

Verbrauchsstruktur der Produkte kann mit Hilfe der XYZ-Analyse[1] ermittelt werden. Danach weisen X-Produkte einen deterministischen, vorhersehbaren Verbrauch bei höchster Prognosegenauigkeit auf.[2] Sie können weitgehend prognoseorientiert distribuiert und tendenziell dezentral gelagert werden. Produkte, die unregelmäßig benötigt werden und lediglich eine geringe Vorhersagegenauigkeit aufweisen, sogenannte Z-Produkte, sind dagegen eher zentral zu lagern. Durch die teilweise Zentralisierung des Lagerbestands ist es möglich, die Lagerkosten zu senken und zugleich mehr Platz für zusätzliche oder andere Produkte des Sortiments zu schaffen. Gegen die beschriebenen Ansätze ist jedoch einzuwenden, dass sie die resultierenden Warenverteilkosten vernachlässigen. Außerdem führt der Einsatz einer selektiven Lagerhaltung bei den Waren, die nur auf höheren Lagerstufen vorgehalten werden, häufig zu einer Verschlechterung des Lieferservices. Ist entschieden, welche Produkte auf welchen Lagerebenen vorgehalten werden sollen, hat die Disposition schließlich für die Verfügbarkeit der Produkte in den jeweiligen Lagern zu sorgen. In Abhängigkeit von den Bestandshöhen, den einzukalkulierenden Liefer- und Tranportzeiten sowie den zu erwartenden Bedarfsmengen sind letztlich die erforderlichen Warentransferprozesse zu veranlassen. Da die Disposition in mehrstufigen Distributionskanälen eine vielschichtige Aufgabe darstellt, profitiert sie in besonderem Maße von einer effizienten Unterstützung durch ein adäquates Informationssystem. Im folgenden Abschnitt wird deshalb aufgezeigt, auf welche Weise ein integriertes Informationssystem zur Unterstützung der Dispositionsaufgaben eingesetzt werden kann.

2.3.4 Nutzung integrierter Informationssysteme für das Bestandsmanagement in mehrstufigen Distributionskanälen

Das Bestandsmanagement beschäftigt sich mit der Planung und Kontrolle von Beständen und hat infolge dessen sämtliche Dispositionsaufgaben zu erfüllen. Wie in den

---

[1]) Zur XYZ-Analyse vgl. stellvertretend für viele Magee, J. F.; Copacino, W. C.; Rosenfield, D. B.: /Logistics Management/ 293.

[2]) Vgl. Delfmann, Werner; Darr, Willi; Simon, Ralf-P.: /Marketing Logistik/ 30.

vorangegangenen Betrachtungen verdeutlicht wurde,[1] ist es in mehrstufigen Distributionskanälen vorteilhaft, die Disposition über eine zentrale Instanz abzuwickeln. Hierfür ist es jedoch unabdingbar, dass alle relevanten Informationen stets aktuell auf zentraler Basis zur Verfügung stehen. Dazu bedarf es eines integrierten Informationssystems, welches das Bestandsmanagement nicht nur mit Informationen über die aktuelle Bestandssituation innerhalb des Distributionssystems versorgt, sondern auch Transparenz in die momentane Nachschubsituation sowie in den zu erwartenden Absatzverlauf bringt. Ohne ein übergreifendes Informationssystem, das die Bestands- und Bedarfsinformationen simultan für alle Ebenen verfügbar macht, würden die Lagerinformationen nur durch den eigentlichen Ordervorgang weitergeleitet. Damit wäre es aber allen übergeordneten Lagern unmöglich, zum Dispositionszeitpunkt Kenntnisse über die Bestandshöhe und die Bedarfe der ihnen nachfolgenden Lager zu berücksichtigen.[2] Welche Folgen dies nach sich ziehen kann, ist bereits dargestellt worden.[3]

Durch einen konsequenten Einsatz integrierter Informationssysteme kann im Distributionsbereich nicht nur die erforderliche Informationstransparenz erreicht werden, sondern es ist auch eine höhere Datengenauigkeit und Datenvollständigkeit erzielbar. Damit wird es möglich, Abweichungen jeglicher Art, wie zum Beispiel Inventurdifferenzen zwischen Buchbestand und tatsächlichem Lagerbestand, sofort zu erkennen und geeignete Gegenmaßnahmen einzuleiten. Ebenfalls kommt man damit dem Idealziel der Datenverarbeitung näher, Daten nur einmal zu erfassen. Auf Grund der verbesserten Datenbasis können auch bessere Ergebnisse von quantitativen Verfahren zur Lagerdisposition erwartet werden. Integrierte Informationssysteme erlauben es in einem viel größeren, schnelleren und genaueren Umfang, Informationen zum Zwecke der Distributionssteuerung zu erzeugen. So hat man beispielsweise jederzeit einen umfassenden Einblick in die Lager- und Transportabläufe. Ebenso lässt sich die Absatzentwicklung an Hand des Bestandsverlaufes analysieren. Auf diese Weise kann man Absatzchancen frühzeitig erkennen und im gesamten Distributionssystem rechtzeitig darauf reagieren.[4]

---

[1]) Vgl. Abschnitt 2.3.3.2.

[2]) Vgl. Zacharias, Claus-Otto: /EDV-Einsatz/ 147.

[3]) Vgl. Abschnitt 2.3.3.2.

[4]) Vgl. Zacharias, Claus-Otto: /EDV-Einsatz/ 108.

Dem Idealbild eines integrierten Informationssystems für das Bestandsmanagement in mehrstufigen Distributionskanälen kommen am ehesten die Warenwirtschaftssysteme von Handelsfilialisten[1] nahe.[2] Warenwirtschaftssysteme sind hauptsächlich auf den Beschaffungs- und Distributionsbereich von Handelsbetrieben ausgerichtet. Sie erlauben eine artikelgenaue mengen- und wertmäßige Warenverfolgung von georderten Waren über Wareneingang, Lagerung und Warenausgang.[3] Darüber hinaus können Warenwirtschaftssysteme auch Daten für die Finanzbuchhaltung und zur Inventurunterstützung bereitstellen sowie Führungsinformationen für das Management liefern.[4] Die benötigten Daten können mittels mobiler Datenerfassung beim Wareneingang und beim Verkauf der Waren mit Hilfe von Scannern oder durch computerisierte Kassenterminals erhoben werden. Die Nutzung der Daten ermöglicht auch dem Handel, neue Beschaffungskonzepte zu realisieren und gleichzeitig marketingrelevante Informationen zu generieren.[5] Durch Anwendung neuer Kommunikations- und Informationstechnologien eröffnen sich erhebliche Rationalisierungseffekte auf der Ebene der operativen Distributionssteuerung. Der inhaltliche Schwerpunkt computergestützter Warenwirtschaftssysteme liegt bislang lediglich in dem Gebrauch der elektronischen Datenverarbeitung zur rationelleren Erfassung und Weiterleitung von Daten aus dem Abwicklungsbereich der Handelsbetriebe. Die EDV der Handelsbetriebe wird aber nicht, wie in Industriebetrieben üblich, auch für Optimierungsrechnungen, sondern nur für die Verarbeitung von Massendaten und die Steuerung von Routineabläufen eingesetzt.[6] Dispositionsentscheidungen werden bestenfalls durch einfache Methoden der Bestellmengenrechnung, wie zum Beispiel der Andler-Formel[7] oder eine Bestellpunktrechnung erleichtert bzw. automatisiert.[8]

---

[1]) Zur Abgrenzung filialisierter Handelsunternehmen vgl. Pardey, Roland: /Konzepte/ 19.

[2]) Vgl. Ihde, Gösta B.: /Transport - Verkehr - Logistik/ 237.

[3]) Vgl. Scheer, August-Wilhelm: /EDV-orientierte Betriebswirtschaftslehre/ 226.

[4]) Vgl. Kirchner, Dietrich J.; Zentes, Joachim: /Informationsmanagement/ 34-47.

[5]) Vgl. Schulte, Egon; Simmet, Heike: /Warenwirtschaftssysteme/ 21-24.

[6]) Vgl. Sova, Oldrich; Piper, Jürgen: /Computergestützte Warenwirtschaft/ 89.

[7]) Vgl. Abschnitt 3.1.1.

[8]) Vgl. Schulte, Karl; Steckenborn, Ilona; Blasberg, Lutz: /Warenwirtschaft/ 130.

Die Vorteile der Warenwirtschaftssysteme liegen daher bislang vor allem in der breiteren Informationsbasis und dem höheren Detailierungsgrad der Daten, was auf die artikelgenaue Erfassung der Warenströme sowie die zeitliche Aktualität der Daten auf Grund der Online-Verarbeitung zurückzuführen ist.[1] Handelt es sich um integrierte Warenwirtschaftssysteme, so stellen sie zusätzlich Vernetzungen zu Lieferanten, Logistik-Dienstleistern und eventuell auch Marktforschungsinstituten bereit.[2] Durch einen Datenverbund zwischen den Rechenanlagen von Handel und Zulieferern sowie externen Dienstleistern eröffnen sich auf allen Systemebenen Möglichkeiten der Bestandsreduzierung.[3] Mit der Realisierung eines durchgängigen Informationsflusses, der den Informationsbedarf schnittstellenübergreifend abdeckt, können beispielsweise Lade-, Liefer- und Entladetermine durch vorauseilende Informationen zeitlich so aufeinander abgestimmt werden, dass im Idealfall sogar eine bestandslose Distribution ermöglicht würde.[4]

Integrierte Warenwirtschaftssysteme des Handels bieten somit die Infrastruktur zur informatorischen Unterstützung des Bestandsmanagements in mehrstufigen Distributionskanälen. Geeignete Dispositionsverfahren, welche der besonderen Problematik von mehrstufigen Lagersystemen gerecht würden, sind bislang jedoch noch nicht implementiert worden. Das mag seine Begründung darin finden, dass die bekannten Ansätze der komplexen Dispositionsproblematik mehrstufiger Distributionssysteme unter realistischen Einsatzbedingungen nicht gerecht werden. Um dies zu verdeutlichen, werden in dem folgenden Kapitel neben einigen grundlegenden Verfahren zur Lagerdisposition vor allem die in der Literatur beschriebenen Ansätze zur Lösung des Dispositionsproblems von mehrstufigen Distributionssystemen aufgearbeitet und die verbleibenden Verbesserungspotentiale dargestellt.

---

[1]) Vgl. Hertel, Joachim: /Warenwirtschaftssysteme/ 237.

[2]) Vgl. Hertel, Joachim: /Warenwirtschaftssysteme/ 43.

[3]) Vgl. Hertel, Joachim: /Warenwirtschaftssysteme/ 51.

[4]) Vgl. Ihde, Gösta B.: /Transport - Verkehr - Logistik/ 85.

3 Ansätze zur Lösung des Dispositionsproblems

Die Anfänge der Literatur zur Lagerhaltungsproblematik lassen sich im deutschsprachigen Raum bis auf *Andler*[1] zurückverfolgen. Seither ist eine unüberschaubare Fülle an Beiträgen zu den unterschiedlichsten Ausprägungen der Lagerhaltungsproblematik erschienen. Dies trifft selbst für den hier zu betrachtenden Spezialfall der Disposition in mehrstufigen Lagersystemen zu. *Schwarz* bemerkt diesbezüglich:

"Practitioners of the art of management science have observed: (1) there is nothing more practical than a good theory; and (2) that challenging problems yield rich theory. If these observations are true then a few - if any - areas of management decision-making offer more potential for rich theory then problems involving the design and/or operation of a multi-level production/inventory system."[2]

Bei einer kritischen Betrachtung der bis heute entstandenen Lagerhaltungsmodelle lässt sich für eine Vielzahl der Eindruck nicht vermeiden, dass sie oft nur akademische Anstrengungen darstellen und weniger an den Bedürfnissen realer Anwender orientiert sind.[3] Da es auf Grund der Literaturfülle mehr oder weniger unmöglich ist, alle veröffentlichten Beiträge zur Lösung des Dispositionsproblems systematisch aufzuarbeiten,[4] sollen an dieser Stelle nur einige Einteilungskriterien im Hinblick auf die behandelte Problemstellung erarbeitet werden, die eine grobe Qualifizierung der Beiträge ermöglichen.[5] Im weiteren Verlauf dieses Kapitels werden dann zunächst die grundlegenden Ansätze zur Lagerdisposition vorgestellt, bevor schließlich der Schwerpunkt auf die relevanten Beiträge zur Dispositionsplanung in mehrstufigen Distributionssystemen gelegt wird.[6]

---

[1]) Vgl. Andler, Kurt: /Rationalisierung/.

[2]) Vgl. Schwarz, Leroy B. (Hrsg.): /Production / 1.

[3]) Vgl. Nahmias, Steven: /Inventory Modells/ 448.

[4]) Vgl. Aggarwal, Sumer C.: /Current Inventory Theory/ 443.

[5]) Ähnliche Klassifizierungsschemata zur Lagerhaltungsproblematik finden sich unter anderem bei Clark, Andrew J.: /Multi-Echelon Inventory Theory/ 623-624; Diruf, Günther: /Lagerbestandsplanung und -kontrolle/ 3; Nahmias, Steven: /Inventory Modells/ 455; Silver, Edward A.: /Inventory Management/ 632; Zacharias, Claus-Otto: /EDV-Einsatz/ 142; Zäpfel, Günther; Attmann, Josef: /Losgrößenplanung/ 532.

[6]) Weitergehende Literaturübersichten zur Lagerhaltungsproblematik finden sich unter anderem bei Aggarwal, Sumer C.: /Current Inventory Theory/ ; Bahl, Harish C.; Ritzman, Larry P.; Gupta, Jatinder N. D.: /lot sizes and resource requirements/ 337; Clark, Andrew J.: /Multi-Echelon Inventory Theory/; De Bodt, Marc A.; Gelders, Ludo F.; Van Wassenhove, Luk N.: /Lot-Sizing/ ; Federgrün, Awi:

Bei den Ansätzen zur Lösung der Dispositionsproblematik kann man grundsätzlich zwischen Verfahren für den *einstufigen* und für den *mehrstufigen* Fall[1] unterscheiden. Betrachtet man jedes Lager eines mehrstufigen Systems isoliert, besteht zwar die Möglichkeit, die Ansätze für den einstufigen Fall auch in mehrstufigen Strukturen einzusetzen. Wie später noch gezeigt wird, führt dies jedoch zu unbefriedigenden Ergebnissen.[2] Deshalb stehen besonders solche Dispositionsverfahren im Vordergrund des Interesses, welche speziell die Interdependenzen in mehrstufigen Systemen berücksichtigen.

Differenziert wird des Weiteren auch zwischen Ansätzen, die auf *statischen* und *dynamischen* Rahmenbedingungen aufbauen. Während statische Ansätze den Zeitablauf außer Acht lassen, kommt ihm in einer dynamischen Betrachtung funktionale Bedeutung zu.[3] Dynamische Ansätze können dabei auf *stationären* Daten aufbauen, welche dadurch gekennzeichnet sind, dass sie über den betrachteten Zeitraum konstant bleiben. Gewöhnlich bieten dynamische Verfahren aber den Vorteil, über den Zeitablauf voneinander abweichende und damit *instationäre* Werte zugrunde zu legen. Da dies im Hinblick auf die Lagerhaltungsproblematik ermöglicht, den Bedarfsverlauf für zukünftige Perioden in die Betrachtungen einzubeziehen, werden bei den weiteren Überlegungen dynamische Rahmenbedingungen einen besonderen Schwerpunkt bilden.

Ein weiteres mit den Rahmendaten verknüpftes Einteilungskriterium unterscheidet *deterministische* und *stochastische* Daten.[4] Deterministische Daten werden als mit Sicherheit bekannt angesehen, wohingegen bei stochastischen Daten eine bestimmte Wahrscheinlichkeitsverteilung unterstellt wird. Zwar lässt sich ein Bedarfsaufkommen in einer Wahrscheinlichkeitsverteilung abbilden, doch erschwert dies, Bedarfsschwankungen und -trends im Zeitablauf zu berücksichtigen.

/Production and Distribution Management/ ; Nahmias, Steven: /Inventory Modells/ ; Nahmias, Steven; Smith, Stephen A.: /Models of Retailer Inventory Systems/ ; Silver, Edward A.: /Inventory Management/; Veinott, Arthur F.: /Mathematical Inventory Theory/ .

[1]) Vgl. Abschnitt 2.3.1.

[2]) Vgl. Abschnitt 5.6.1 und Abschnitt 5.6.2.

[3]) Vgl. Berens, Wolfgang; Delfmann, Werner: /Quantitative Planung/ 113.

[4]) Vgl. Schneeweiß, Christoph: /Lagerhaltungssysteme/ 45.

Schließlich kann man noch zwischen Ansätzen unterscheiden, die nur den *Einprodukt*-Fall berücksichtigen und solchen, die sich speziell dem *Mehrprodukt*-Fall widmen. Letztere greifen die Mehrproduktproblematik auf, indem sie für die Dispositionsentscheidungen die Beziehungen berücksichtigen, welche zwischen den einzelnen zu disponierenden Produkten bestehen. Strebt man eine realitätsnahe Lösung des Dispositionsproblems an, wird man daher die Mehrproduktinterdependenzen nicht außer Acht lassen dürfen.

Im Hinblick auf die Themenstellung ist besonders solchen Ansätzen Aufmerksamkeit zu schenken, die sich mit dem mehrstufigen Lagerhaltungsproblem unter dynamischen Rahmenbedingungen im Mehrprodukt-Fall beschäftigen. Diese Problematik tritt sowohl im Produktions- als auch im Distributionsbereich auf. Während bislang nur wenige Beiträge über die Dispositionsproblematik im Distributionssektor zu verzeichnen sind,[1] existieren wesentlich mehr Ansätze zu den einzelnen Problemaspekten im Produktionsbereich.[2]

---

[1]) Der Distributionsbereich wird daher von Drucker auch als 'The Economy's Dark Continent' bezeichnet. Dieses Zitat entstammt ursprünglich dem Titel eines Beitrages von Drucker, P.: The Economy's Dark Continent, in: FORTUNE Heft 4 Vol. 65 1962, S. 265-270; Zitiert nach Tempelmeier, Horst: /Quantitative Marketing-Logistik/ .

[2]) Ansätze, die sich mit der Lagerhaltungsproblematik im Produktionsbereich beschäftigen, finden sich unter anderem bei Afentakis, Panayotis; Gavish, Bezalel: /Lot-Sizing Algorithms/ ; Afentakis, Panayotis u.a.: /Computationally Efficient Optimal Solutions/ ; Arkin, Esther; Joneja, Dev; Roundy, Robin: /Computational complexity/ ; Axsäter, Sven; Schneeweiß, Christoph; Silver, Edward (Hrsg.): /Multi-stage production planning and inventory control/ ; Baumgarten, Helmut u.a.: /Vorratshaltung/; Bensoussan, Alian; Proth, Jean-Marie; Queyranne, Maurice: /planning horizon algorithm/ ; Biggs, Joseph R.: /Lot-Sizing and Sequencing Rules/ ; Blackburn, Joseph D.; Millen, Robert A.: /Multi-Level MRP/ ; Bühler, Günter: /Sicherheitsäquivalente/ ; Carlson, Robert C.; Yano, Candace A.: /Safety stocks in MRP-systems/ ; Chakravarty, Amiya K.; Shtub, Avraham: /integer multiple lot sizes/ ; Chand, Suresh: /Rolling horizon/ ; Chikan, Attila; Whybark, D. Clay: /production-inventory management practices/ ; Chyr, Fuchiao; Lin, Tsong-Ming; Ho, Chin-Fu: /dynamic lot size model/ ; Crowston, Wallace B.; Wagner, Michael H.; Williams, Jack F.: /Economic lot size determination/ ; Crowston, Wallace B.; Wagner, Michael H.: /lot size models/ ; Donselaar van, Karel: /MRP and LRP/ ; El-Najdawi, Mohammed K.; Kleindorfer, Paul R.: /Lot-size Scheduling/ ; Fuchs, Ralf M.: /Planungsverfahren/ ; Gillessen, Ernst: /Produktionsplanung/ ; Goyal, Suresh K.; Gunasekaran, A.: /production-inventory systems/ ; Graves, Stephen C.; Schwarz, Leroy B.: /Single Cycle Continuous Review Policies/ ; Graves, Stephen C.: /Multi-Stage Lot-Sizing/ ; Gupta, Yash P.; Keung, Ying K.; Gupta, Mahesch C.: /analysis of lot-sizing models/; Hechtfischer, Ronald: /Losgrößenplanung/ ; Heinrich, Claus E.: /Losgrößenplanung/ ; Hollander, Rolf: /Losgrößenplanung/ ; Hoon Hum, Sin; Sarin, Rakesh K.: /product-mix planning, lot sizing and scheduling/ ; Inderfurth, Karl: /Sicherheitsbestandsplanung/ ; Iyogun, Paul: /Dynamic Lot Size Problem/; Jäger, Kurt: /Sicherheitsäquivalente/ ; Jahnke, Hermann: /Produktions-/ ; Johnson, Lynwood A.; Montgomery, Douglas C.: /Production Planning/ ; Karimi, Iftekhar A.: /cycle times/ ; Kuik, R.; Salomon, Marc: /simulated-annealing heuristic/ ; Lee, Sang-Bum; Zipkin, Paul H.: /dynamic lot-size model/ ;

Im einstufigen Einprodukt-Fall lassen sich die für den Produktionsbereich konzipierten Verfahren zur Losgrößenbestimmung meist ohne weiteres auf das Problem der Bestellmengenbestimmung im Bereich der Distribution übertragen.[1] So kann man zum Beispiel anstatt knapper Produktionskapazitäten einer Produktionsanlage die begrenzten Transportkapazitäten innerhalb eines Distributionssystems zugrunde legen. Bei dynamischer Betrachtung kann sich aber das Problem ergeben, dass die bestellten Produkte auch die Lagerkapazitäten der folgenden Perioden beanspruchen, wohingegen im Produktionsbereich lediglich die Kapazität in der produzierenden Periode beansprucht würde.[2] Außerdem dauern die einzelnen Produktionszyklen umso länger, je größer die Losgrößen im Produktionsbereich gewählt werden. Solche Zusammenhänge sind im Distributionsbereich jedoch nicht anzutreffen.

Auch im mehrstufigen Fall sind die Ansätze aus dem Produktionsbereich nicht mehr einfach auf die Problemstellungen der Distribution zu transferieren. Denn in den meist baumstrukturierten Produktionsprozessen vollzieht sich der Materialfluss von den Ästen zur Wurzel und in der Distribution durchläuft der Güterfluss dagegen genau die umgekehrte Richtung des baumstrukturierten Systems.[3] Auch die Produktions-Erzeugnisstrukturen sind meist so gestaltet, dass mehrere eingehende Materialien zu einem Produkt verschmelzen. Im Distributionsbereich durchlaufen die einzelnen Produkte dagegen das gesamte System autonom. Des Weiteren können sich auf den verschiedenen Produktionsstufen produktionstechnisch bedingte, meist unterschiedliche Mindestverweilzeiten ergeben und nachgeordnete Produktionsstufen können nicht weiter produzieren, ohne dass ihnen die Halbfabrikate der Vorstufen zur Verfügung stehen. Derartige Beziehungsgefüge lassen sich aber nicht im Distributionsbereich finden. Die Betrachtung des Mehrprodukt-Falls birgt weitere Probleme.

Lewis, Holly S.; Sweigart, James R.; Markland, Robert E.: /Master Scheduling/ ; Moily, Jaya P.: /Component Lot-Splitting/ ; Moily, Jaya P.; Matthews, John P.: /Relative Frequencies/ ; Philipoom, Patrick R.; Rees, Loren Paul; Taylor, Bernard W. (III): /Economic Lot-Scheduling Problem/ ; Pokrandt, Bernd: /Losgrößenplanung/ ; Popp, Thomas: /Losgrößen- und Ablaufplanung/ ; Roundy, Robin O.: /Rounding/ ; Salomon, Marc: /Lotsizing Models/ ; Stier, Werner: /dynamisches systemtheoretisch-kybernetisches Simulationsmodell/ ; Tempelmeier, Horst; Derstroff, Matthias: /Mehrprodukt-Losgrößenplanung/ ; Veral, Emre A.; Laforge, R. Lawrence: /performance/ ; Von Lanzenauer, Christoph H.: /Production Scheduling Model/; Zangwill, Willard I.: /Backlogging Model/ .

[1]) Vgl. Pack, Ludwig: /Bestellmenge/ 10.

[2]) Vgl. Tempelmeier, Horst: /Material-Logistik/ 183.

[3]) Zu den verschiedenen Distributionsstrukturen vgl. Abschnitt 2.3.1.

So erlaubt es eine Maschine meist nicht, verschiedene Produkte gleichzeitig herzustellen, während im Distributionsbereich ohne weiteres mehrere Waren gleichzeitig geordert werden können.

Diese Überlegungen zeigen, dass sich die für den Produktionsbereich entworfenen Dispositionsverfahren, wenn man von den einfachen Ansätzen für den einstufigen Fall absieht, nicht für die Zwecke der Distribution verwenden lassen. Daher werden im Hinblick auf die Problemstellung nachfolgend nur solche Lösungsansätze aufgearbeitet, die sich entweder im Distributionssektor einsetzen lassen oder die wegen ihrer grundlegenden Bedeutung eventuell einen Beitrag zur Konzeption eines neuen Ansatzes leisten könnten.

3.1 Grundlegende Ansätze für den einstufigen Fall

Die Dispositionsverfahren für den einstufigen Fall beschäftigen sich mit der Lagerhaltungsproblematik, die aus der isolierten Betrachtung eines einzigen Lagers resultiert. Sie befassen sich mit der zentralen Frage, wann ein bestimmter Lagerartikel bestellt werden soll und wie hoch seine Bestellmenge festzusetzen ist. Obwohl sich diese Dispositionsverfahren eigentlich nur zur Lösung einfacher Lagerhaltungsprobleme eignen, sind sie im Hinblick auf die zu bearbeitende Problemstellung deshalb von Bedeutung, weil sie teilweise die konzeptionelle Basis einiger Dispositionsverfahren für mehrstufige Systeme bilden und zum anderen in der Praxis auch häufig im mehrstufigen Lagerhaltungskontext zur Anwendung kommen.[1]

Im nächsten Abschnitt werden daher zunächst einige allgemeine und in der Praxis gebräuchliche Bestellpolitiken aufgezeigt, bevor in dem darauf folgenden Abschnitt ein Überblick über die grundlegenden Verfahren zur dynamischen Bestellmengenbestimmung gegeben wird.

---

[1]) Vgl. Abschnitt 3.2.

3.1.1 Allgemeine Bestellpolitiken

Eine Bestellpolitik legt fest, wann und wie viel für ein Lager bestellt werden soll. Ausgehend von einem gegebenen Bedarf bestimmt eine Bestellpolitik daher die Bestellzeitpunkte und -mengen eines Produktes.

Zur Festlegung des Bestellzeitpunktes eignen sich unter statischen Rahmenbedingungen insbesondere das Meldemengen- und das Bestellrhythmusverfahren. Beim Meldemengenverfahren wird eine Bestellung ausgelöst, wenn ein bestimmter Lagerbestand erreicht oder unterschritten wird. Die Höhe einer Meldemenge s sollte ausreichen, um den prognostizierten Bedarf während der Wiederbeschaffungszeit abzudecken. Sie ergibt sich aus Wiederbeschaffungszeit (in Zeiteinheiten) multipliziert mit der Nachfrage (in Mengen- pro Zeiteinheit). Die Festlegung der Meldemenge impliziert einerseits das Risiko von Fehlbeständen, andererseits das Risiko unnötig hoher Lagerbestände.[1] Beim Bestellrhythmusverfahren[2] erfolgt die Bestellung in bestimmten Intervallen. Dazu bestimmt man ein festes Bestellintervall der Länge t und löst alle t Zeiteinheiten eine Lagerbestellung aus.[3]

Die Bestellmenge kann entweder konstant oder variabel vorgegeben werden. Bei einer konstanten Bestellmenge wird in jeder Bestellung eine feste Menge q bestellt. Ist die Bestellmenge variabel angelegt, ergibt sie sich jeweils aus der Differenz zwischen einem Sollbestand S und dem momentanen Istbestand. Darstellung 7 zeigt die beschriebenen und miteinander kombinierbaren Größen noch einmal in einer Übersicht.[4]

---

1) Vgl. Delfmann, Werner; Darr, Willi; Simon, Ralf-P.: /Marketing Logistik/ 61.

2) Schneeweiß spricht auch von Bestellzyklusverfahren. Vgl. Schneeweiß, Christoph: /Lagerhaltungssysteme/ 46.

3) Vgl. Tempelmeier, Horst: /Quantitative Marketing-Logistik/ 118.

4) In der Literatur sind auch andere Bezeichnungen für die Bestellmenge q zu finden. Robrade verwendet stattdessen zum Beispiel das Symbol x. Vgl. Robrade, Andreas D.: /Einprodukt-Lagerhaltungsmodelle/. Auch für die Meldemenge s werden teilweise andere Symbole benutzt. Klemm/Mikut bezeichnen die Meldemenge beispielsweise mit r. Vgl. Klemm, Hermann; Mikut, Manfred: /Lagerhaltungsmodelle/. Am weitesten verbreitet sind jedoch die Bezeichnungen s und q. Vgl. Hochstädter, Dieter: /Lagerhaltungsmodelle/, Naddor, Eliezer: /Lagerhaltungssysteme/ und Silver, Edward A.; Peterson, Rein: /Decision Systems/.

Bezeichnung	Bedeutung	Beispiel
t	festes Bestellintervall	(t,q)
q	feste Bestellmenge	(s,q)
s	Meldemenge	(s,S)
S	Sollbestand	(t,S)

Darst. 7 Die Parameter unterschiedlicher Bestellpolitiken

Wie aus Darstellung 8[1] ersichtlich, lassen sich aus den vier Parametern folgende grundlegenden Bestellpolitiken ableiten: (t,q), (t,S), (s,q) und (s,S).[2]

		Bestellintervall	
		fix	variabel
Bestellmenge	fix	(t,q)	(s,q)
	variabel	(t,S)	(s,S)

Darst. 8 Die vier grundlegenden Bestellpolitiken in Abhängigkeit von Bestellmenge bzw. Bestellintervall

Die (t,q) sowie die (t,S)-Regel sind zu den Bestellrhythmusverfahren zu rechnen. Bei der (t,q)-Regel wird die Bestellpolitik durch den festen Bestellzyklus t und die Bestellmenge q definiert. Die Bestellmenge q kann zum Beispiel mit Hilfe der Economic Order Quantity[3] ermittelt werden.[4] Das Bestellintervall t ergibt sich in diesem Fall durch die Division des Betrachtungszeitraumes durch die Anzahl der Bestellvorgänge.[5] Bei der (t,S)-Regel wird die Bestellmenge so hoch bemessen, dass sie der Nachfrage während des

[1]) Vgl. Naddor, Eliezer: /Lagerhaltungssysteme/ 35.

[2]) Für Bestellpolitiken mit Meldemenge und Soll-Bestand hat sich in der Literatur die Bezeichnung (s,S)-Politik weitgehend durchgesetzt. Vgl. Hochstädter, Dieter: /Lagerhaltungsmodelle/, Klemm, Hermann; Mikut, Manfred: /Lagerhaltungsmodelle/ ; Naddor, Eliezer: /Lagerhaltungssysteme/, Schneeweiß, Christoph: /Lagerhaltungssysteme/ und Silver, Edward A.; Peterson, Rein: /Decision Systems/.

[3]) Die Economic Order Quantity beschreibt die optimale Bestellmenge wie sie sich mit der Andlerschen Wurzelformel berechnen lässt und wird im Folgenden auch als EOQ abgekürzt.
Zur Economic Order Quantity vgl. auch Erlenkotter, Donald: /Economic Order Quantity Model/ .

[4]) Vgl. auch die Ausführungen zur EOQ am Ende dieses Abschnitts.

[5]) Die Anzahl der Bestellvorgänge ergibt sich wiederum, indem die Gesamtnachfrage durch die Bestellmenge q dividiert wird.

Bestellzyklus und der Wiederbeschaffungszeit abzüglich des Restlagerbestandes entspricht. Der Lagerbestand wird dabei stets auf den Sollbestand aufgefüllt.

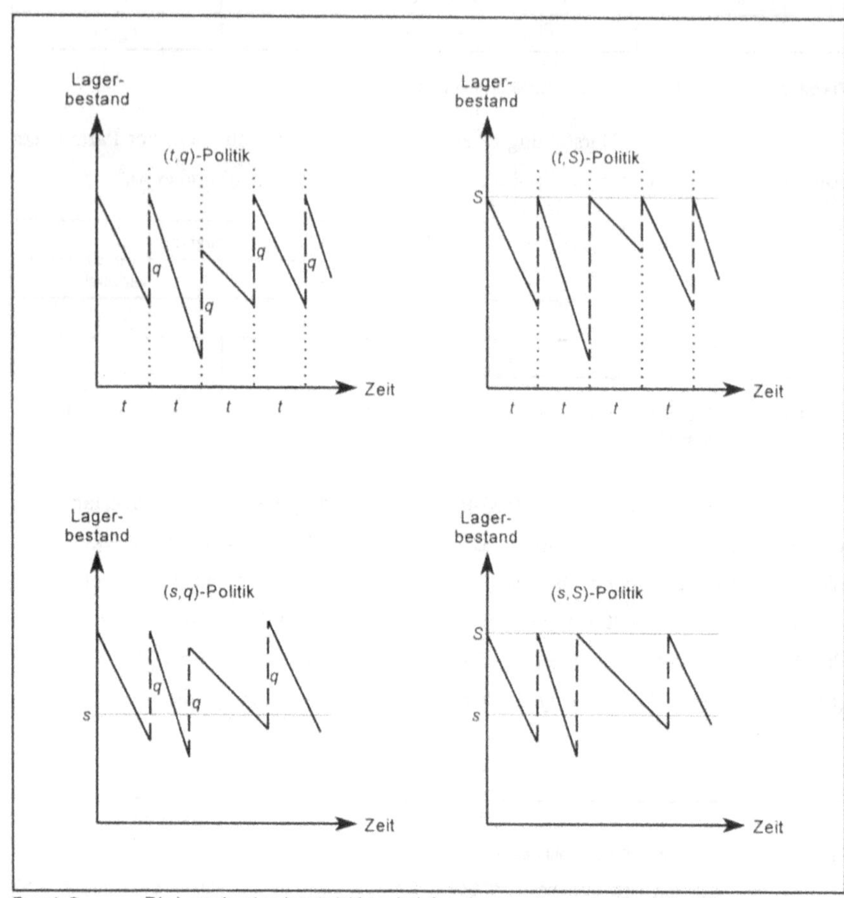

Darst. 9 Die Lagerbestandsentwicklung bei den vier grundlegenden Bestellpolitiken

Zu den Meldemengenverfahren sind die (s,q) und die (s,S)-Politiken zu zählen. Nach der (s,q)-Regel wird die Menge q dann bestellt, wenn der Lagerbestand eine Meldemenge s erreicht oder unterschritten hat.[1] Dabei ist die Meldemenge mindestens so hoch anzusetzen, dass sie noch ausreicht, um den Bedarf abzudecken, welcher während der Wiederbeschaffungszeit auftreten wird. Im Gegensatz zur (s,q)-Politik ist unter Anwendung einer (s,S)-Politik die Bestellmenge stets so hoch festzusetzen, dass das Lager wieder auf den Sollbestand S aufgefüllt wird.[2]

Die aus den beschriebenen Bestellpolitiken resultierenden Lagerbestandsentwicklungen sind in Darstellung 9 gezeigt.[3] Da die (s,S)-Politik den höchsten Anpassungsgrad an Unsicherheiten besitzt, wird sie in der Praxis am häufigsten eingesetzt.[4] Auch in Simulationsuntersuchungen hat sich eine gewisse Überlegenheit der (s,S)-Politik erwiesen.[5]

Neben der Festlegung auf eine bestimmte Bestellpolitik ist noch die Frage nach der optimalen Bestellmenge zu beantworten. Wie bereits gezeigt, lassen sich in Abhängigkeit von ihr auch die anderen Parameter einer Bestellpolitik bestimmen. Im einfachsten Fall kann die klassische Bestellmengenformel herangezogen werden.[6] In einem

---

1) Die (s,q)-Politik liegt einigen der in der Praxis Anwendung findenden EDV-Programmen zur Lagerkostenminimierung zugrunde. Darunter zum Beispiel Impact, dass von IBM entwickelt wurde. Nach einem Verfahren von Brown werden die Parameter s und q so bestimmt, dass ein geforderter ß-Servicegrad eingehalten wird. Vgl. Brown, Robert G.: /Materials Management Systems/ 178. Zum ß-Servicegrad vgl. auch die Ausführungen in Abschnitt 4.1.

2) Die vier beschriebenen Grundformen alternativer Bestellpolitiken können durch Hinzunahme oder Austausch gegen andere mögliche Parameter modifiziert werden. So ist es beispielsweise möglich, einen Kann-Bestellpunkt zu ergänzen, der es erlaubt, bei einer Bestellung eventuell gleich mehrere Produkte gemeinsam nachzubestellen. Bestellpolitiken mit einem Kann-Bestellpunkt sind unter anderem dargestellt bei Assfalg, Helmut: /Lagerhaltungsmodelle/ ; Atkins, Derek R.; Iyogun, Paul O.: /Periodic versus `can-order` policies/ ; Schary, Philip B.: /Logistics Decisions/ 138-139.

3) Zu den einzelnen Bestellpolitiken vgl. auch Becker, Jörg; Rosemann, Michael: /Logistik und CIM/ 87; Ihde, Gösta B.: /Bestandsmanagement/ 6; Feil, Peter: /Lagerhaltungssimulation/ 62-63; Schary, Philip B.: /Logistics Decisions/ 135-137; Schulte, Christof: /Logistik/ 229.

4) Vgl. Eicke, Wulff: /Lagerhaltung/ 54.

5) Vgl. Ihde, Gösta B.: /Bestandsmanagement/ 8; Naddor, Eliezer: /Lagerhaltungssysteme/ 308. Man kann auch allgemein zeigen, dass eine (s,S)-Politik bei in einzelnen Perioden stochastisch unabhängiger Nachfrage den Erwartungswert der Kosten minimiert. Vgl. Hochstädter, Dieter: /Lagerhaltungsmodelle/ .

6) Komplexere Ansätze zur Bestimmung der einzelnen Parameter alternativer Bestellpolitiken ergeben sich unter stochastischen Rahmenbedingungen. Eine ausführliche Darstellung stochastischer Lagerhaltungsmodelle findet sich zum Beispiel bei Bartmann, Dieter; Beckmann, Martin J.: /Lagerhaltung/ ; Bartmann, Dieter; Beckmann, Martin J.: /Inventory control Models/ ; Hochstädter, Dieter: /Lagerhaltungsmodelle/; Klemm, Hermann; Mikut, Manfred: /Lagerhaltungsmodelle/ 71-183; Naddor, Eliezer: /Lagerhaltungssysteme/ ; Spring, Rolf: /Modellvergleiche/.
Zur Bestimmung der einzelnen Parameter im stochastischen Umfeld vgl. unter anderem Schneider,

dynamischen Umfeld bestimmt sich die EOQ nach der klassischen Bestellmengenformel wie folgt:

$$EOQ = \sqrt{\frac{2 v Bk_f}{lk}}$$

Dabei stellen v die Lagerabgangsgeschwindigkeit (in Mengen- pro Zeiteinheit), Bk_f die bestellfixen Kosten (in Geldeinheiten) und lk den Lagerhaltungskostensatz (in Geld- je Mengen- und Zeiteinheit) dar.[1] In der Praxis werden fast ausschließlich EOQ-Formeln oder Abwandlungen des klassischen Bestellmengenmodells zur Dispositionsplanung genutzt.[2] Die EOQ-Formel liefert jedoch nur dann korrekte Resultate, wenn folgende Voraussetzungen erfüllt sind:[3] Der Bedarf ist bekannt und langfristig konstant, der Stückpreis eines Artikels und die Bestellkosten pro Bestellung sind unabhängig von der Bestellmenge und im Betrachtungszeitraum konstant, die Lagerkosten sind proportional zur Menge der bestellten Artikel und ändern sich im Betrachtungszeitraum nicht, es gibt keine Lieferzeiten, die Bestellmengen einzelner Artikel sind voneinander unabhängig und

---

Helmut: /Servicegrade in Lagerhaltungsmodellen/.
Die Mehrproduktproblematik in stochastischen Lagermodellen ist unter anderem aufgegriffen bei Pfeifer, Andreas: /Mehrproduktlagermodelle/ ; Quint, August: /Simulation/.

1) Vgl. Berens, Wolfgang; Delfmann, Werner: /Quantitative Planung/ 399.

2) Vgl. Pfeifer, Andreas: /Mehrproduktlagermodelle/ 5.
Erweiterungen der EOQ hinsichtlich Fehlmengen, Rabatten oder Restriktionen finden sich unter anderem bei Alt, D.; Heuser, S.: /Schlanke Lose/ ; Barth, Klaus: /Betriebswirtschaftslehre/ 294-297; Becker, Jörg: /Architektur eines EDV-Systems/ 47; Bogaschewsky, Ronald W.: /EOQ/ ; Bogaschewsky, Ronald: /Materialdisposition/ ; Britney, R.R.; Kuzdrall, P.J.; Fartuch, N.: /total setup lot sizing/ ; Glaser, Horst: /Bestellmengen/ 7-50; Hechtfischer, Ronald: /Losgrößenplanung/ 43-49; Hömke, Peter; Klingenhöfer, Lutz: /Fehlmengen/ ; Klemm, Hermann; Mikut, Manfred: /Lagerhaltungsmodelle/ 41-56; Moschel, H. Werner: /Entscheidunsmodelle der Lagerhaltung/ 29-44; Schmidt, Andreas: /Beschaffungsplanung und -steuerung/ 47-83; Zwehl, Wolfgang von: /Analyse/ .
Zur Erweiterung der EOQ hinsichtlich der Mehrproduktproblematik vgl. Alscher, Jürgen: /Mehrprodukt-Lagerhaltung/ 25-88; Barth, Klaus: /Betriebswirtschaftslehre/ 301-304; Bartmann, Dieter; Beckmann, Martin J.: /Lagerhaltung/ 27-31; Bichler, Klaus; Lörsch, Wolfgang: /Bestandsplanung/ 85-88; Bogaschewsky, Ronald: /Materialdisposition/ 546; Brown, Robert G.: /Service Parts Inventory Control/ 303-305; Brown, Robert G.: /Materials Management Systems/ 227-228; Fratzl, Hubert: /Lagerhaltung/ 43-45; Johnson, Lynwood A.; Montgomery, Douglas C.: /Production Planning/ 33-37; Naddor, Eliezer: /Lagerhaltungssysteme/ 62-63; Schneeweiß, Christoph; Alscher, Jürgen: /Disposition/ ; Tersine, Richard, J.: /Principles/ 128-141.

3) Vgl. Hertel, Joachim: /Warenwirtschaftssysteme/ 176 und Kosiol, Erich: /Bestellmenge/ .

es stehen ausreichend Kapital sowie Lagerraum zur Verfügung. Außerdem muss der Warenausgang aus dem Lager kontinuierlich erfolgen.

Insbesondere die letzte Bedingung wird in der Praxis häufig gravierend verletzt. Bedarfsschwankungen und -trends sind in nahezu allen Bereichen der Distribution anzutreffen. Deswegen sind die mit Hilfe der EOQ-Formel bestimmten Werte nur bedingt auf die Realität übertragbar. Anders gestaltet sich die Situation für die nachfolgend beschriebenen Verfahren zur dynamischen Bestellmengenbestimmung, denn bei ihnen nimmt man den mit Schwankungen und Trends belasteten Bedarfsverlauf gezielt als Ausgangspunkt, um einzelne Bestellmengen und -zeitpunkte festzulegen.[1]

3.1.2 Überblick über Verfahren zur dynamischen Bestellmengenbestimmung

Die Verfahren zur dynamischen Bestellmengenbestimmung gehen von einem gegebenen Planungszeitraum aus, der sich gewöhnlich aus gleichlangen Teilperioden t zusammensetzt. Jeder Teilperiode wird entsprechend den Bedarfsprognosen ein bestimmter Bedarfswert zugeordnet. Bezeichnet D_t den in der Periode t auftretenden Bedarf, so besteht die Aufgabe ganz allgemein darin, Bestellmengen in der Weise zu bestimmen, dass die mit der Deckung der Bedarfswerte D_t ($t = 1 ,.., T$) eines T Perioden umfassenden Planungshorizontes verbundenen Kosten möglichst gering ausfallen. Dabei ist die Nebenbedingung zu erfüllen, dass die Menge D_t spätestens zu Beginn der t-ten Teilperiode zur Verfügung stehen muss. Die Lieferung muss daher bis zum Anfang der entprechenden Periode erfolgen.[2] Lieferzeiten werden nicht explizit berücksichtigt. Bezüglich der Lagerentnahme kann man die Entnahme zu Periodenbeginn, eine über die gesamte Periode gleichmäßige

---

[1]) Für den Spezialfall linear ansteigender Nachfrageverläufe finden sich einige Dispositionsansätze bei Amrani, Mostepha; Rand, Graham K.: /An eclectic algorithm/ ; Dave, Upendra: /lot-size inventory model/; Deb, Maitreyee; Chaudhuri, K.: /Replenishment of Trended Inventories/ ; Ritchie, Eric: /E.O.Q./; Ritchie, Eric; Tsado, Aaron: /Stock replenishment quantities/ .

[2]) Vgl. Glaser, Horst: /Bestellmengen/ 52.

Entnahme sowie die Entnahme zum Ende einer Periode unterstellen.[1] Fehlmengen sind nicht erlaubt. Ferner wird angenommen, dass unbeschränkte Lagerkapazitäten zur Verfügung stehen und die Lagerhaltungskosten zeitabhängig linear verlaufen. Für die Auslösung einer Bestellung werden dagegen nur fixe Kosten berücksichtigt.

Bezeichnung	Kriterium	Mechanismus zur Periodenbedarfskumulation
modified EOQ	min. der Gesamtkosten	wie EOQ mit ⌀-Nachfrage je Periode jedoch auf konstanten Periodenbedarf runden (in Abhängigkeit von der Gesamtnachfrage und dem Planungshorizont)
Fixed Order Quantity	Packungseinheit, Stauraum, Kapazität	Menge einer Periode gleichsetzen mit gegebener Packungseinheit, zur Verfügung stehendem Stauraum oder anderer Kapazitätsschranke
Periodic Order Quantity	mehrfacher Periodenbedarf	Menge richtet sich nach der Summe mehrerer Periodenbedarfe
Lot-for-Lot	Periodenbedarf	Menge in jeder Periode gleich der jeweiligen Periodennachfrage

Darst. 10 Einfache Verfahren zur Festlegung der Bestellmengen unter dynamischen Bedingungen

Zur Lösung des dynamischen Bestellmengenproblems eignen sich mehrere Verfahren.[2] Die einfachste und gröbste Methode besteht darin, die dynamische Struktur der Nachfrage zu vernachlässigen und einfach bei Bedarf Bestellungen gleichbleibender Höhe auszulösen,[3] wie dies beispielsweise bei der modified EOQ der Fall wäre.[4] Darstellung 10[5] gibt einen Überblick über einige einfache Verfahren zur dynamischen Bestellmengenbestimmung. Derartige Verfahren führen unter den gegebenen Rahmenbedingungen jedoch

---

[1]) Glaser weist für das Verfahren der gleitenden Losgröße nach, dass die Berücksichtigung des Lagerentnahmezeitpunktes keine Auswirkungen auf die optimale Lösung hat. Vgl. Glaser, Horst: /Bestellmengen/ 53-95.

[2]) Ein zusammenfassender Überblick über dynamische Verfahren zur Lösung des Einprodukt-Losgrößenproblems findet sich bei Robrade, Andreas D.: /Einprodukt-Lagerhaltungsmodelle/ und De Bodt, Marc A.; Gelders, Ludo F.; Van Wassenhove, Luk N.: /Lot-Sizing/ 167-169.

[3]) Vgl. Tempelmeier, Horst: /Quantitative Marketing-Logistik/ 185.

[4]) Vgl. Darstellung 10.

[5]) Zu den einzelnen Verfahren vgl. auch De Bodt, Marc A.; Gelders, Ludo F.; Van Wassenhove, Luk N.: /Lot-Sizing/ 168-169.

zu ineffizienten Ergebnissen[1] und sind den komplexeren dynamischen Planungsverfahren aus Darstellung 11 unterlegen.

Bezeichnung	Kriterium	Mechanismus zur Periodenbedarfskumulation
Kosten-Ausgleich (least-total-cost, cost-balance)	Bestellkosten = Lagerkosten	Menge in Periode t solange um zukünftige Periodenbedarfe erhöhen, bis Bestellkosten = Lagerkosten; Letzte Periode einer Opportunitätskostenbetrachtung unterziehen. Usw. ab nächster noch unberücksichtigten Periode
Wagner-Whitin	min. der Gesamtkosten	Planungshorizont jeweils um eine Periode erweitern und kostengünstigste Kombination von Losgrößen unter Berücksichtigung des jeweils letzten Periodenbedarfs bestimmen
gleitende Losgröße (least unit cost)	min. der ⌀-Stückkosten	Menge in Periode t solange um zukünftige Periodenbedarfe erhöhen, wie sich Einsparungen der ⌀-Kosten ergeben. Usw. ab nächster noch unberücksichtigten Periode
Perioden-Ausgleich (part-period)	min. der Gesamtkosten	wie Kosten-Ausgleich jedoch weitere Periodenbedarfe hinzunehmen solange Gesamtkosten noch abnehmen.
Silver-Meal	min. der ⌀-Kosten je Zeiteinheit	Menge in Periode t solange um zukünftige Periodenbedarfe erhöhen, bis ⌀-Kosten je Zeiteinheit min. Usw. ab nächster noch unberücksichtigten Periode
Losgrößen Saving	Einsparung aus Bestellkosten abzüglich Lagerkostenanstieg bei Hinzunahme des Folgeperiodenbedarfs	Savingwerte sortieren und die zwei Periodenbedarfe mit höchstem Savingwert zu einem Los (bzw. einem neuen Periodenbedarf zusammenfassen) und dessen Ausgangsperiode merken. Verfahren wiederholen bis alle Savingwerte = 0.
Grenzkosten (Groff-Verfahren)	marginale ⌀-Bestellkosten = marginale ⌀-Lagerhaltungskosten	Menge in Periode t solange um zukünftige Periodenbedarfe erhöhen, bis Verringerung der ⌀-Bestellkosten kleiner als Anstieg der ⌀-Lagerhaltungskosten. Usw. ab nächster noch unberücksichtigten Periode

Darst. 11 Komplexe Verfahren zur Bestellmengenbestimmung unter dynamischen Bedingungen

Von den dargestellten Ansätzen bietet nur das Verfahren von *Wagner* und *Whitin*[2] eine exakte Vorgehensweise zur optimalen Lösung des dynamischen Problems. Da einige der in den nachfolgenden Abschnitten beschriebenen Ansätze zur Disposition in mehrstufigen Systemen auf dem Wagner-Whitin-Verfahren aufbauen wird es im Folgenden

[1]) Vgl. Robrade, Andreas D.: /Einprodukt-Lagerhaltungsmodelle/ 23, 71 und 208.

[2]) Vgl. Wagner, Harvey M.; Whitin, Thomson M.: /Economic Lot Size Model/ .

kurz erläutert.[1] Auch der Ansatz von *Silver-Meal*[2] sowie das Cost-Balance-Verfahren werden im weiteren Verlauf näher erläutert, weil sie noch zu weiteren Betrachtungen herangezogen werden.

Das Wagner-Whitin-Verfahren bedient sich der dynamischen Programmierung[3] und berechnet unter den gegebenen Rahmenbedingungen[4] als einziges der dargestellten Ansätze eine optimale Lösung, wobei die Gesamtkosten zu minimieren sind:

$$Gk = \sum_{t=1}^{T} (Bk_t + Lk_t)$$

Gk Gesamtkosten
Bk_t Bestellkosten in Periode t
Lk_t Lagerhaltungskosten in Periode t

Durch Einbeziehung von Erkenntnissen über die Problemstruktur reduziert sich der erforderliche Rechenaufwand. So wird in einer Teilperiode nur dann bestellt, wenn abzusehen ist, dass der Lagerbestand zu Beginn dieser Periode auf Null fällt und umgekehrt werden bei positivem Anfangsbestand keine Bestellungen getätigt. Für eine optimale Bestellpolitik gilt somit in jeder Periode t folgendes Theorem:

---

1) Der Ansatz von Wagner und Whitin ist ausführlich dargestellt bei Berens, Wolfgang; Delfmann, Werner: /Quantitative Planung/ 376-382.

2) Vgl. Silver, Edward A.; Meal, Harlan C.: /lot size quantities/ .

3) Das Prinzip der dynamischen Programmierung ist ausführlich dargestellt bei Berens, Wolfgang; Delfmann, Werner: /Modellbildung und quantitative Methoden/ 352-383.

4) Für die Anwendung der Verfahren zur dynamischen Bestellmengenbestimmung werden folgende Annahmen getroffen:
Der Planungshorizont ist in diskrete Teilperioden unterteilt. Das heißt, die Betrachtung von Zeitpunkten $t = (1, \dots , T)$ ist hinreichend.
Für jeden dieser Zeitpunkte ist die Höhe des Bedarfes D_t bekannt.
Pro Bestellung fallen bestellfixe Kosten in Höhe von Bk_t an.
Die Beschaffungskosten sind konstant.
Der aktuelle Periodenbedarf D_t kann entweder von dem aus einer vorangegangenen Bestellung noch vorhandenen Lagerbestand Lb_t oder durch eine Bestellung Bm_t in der laufenden Periode gedeckt werden.
Die Lagerhaltungskosten einer Periode Lk_t verhalten sich proportional zum Lagerbestand Lb_t zum Ende der Periode t. Das heißt es gilt:

$$Lk_t = lk \cdot Lb_t$$

wobei lk den Lagerkostensatz repräsentiert.
Es sind keine Fehlmengen zugelassen.
Kapazitätsbeschränkungen werden nicht berücksichtigt.

$$Bm_t \cdot Lb_t = 0$$

Bm_t Bestellmenge in Periode t
Lb_t Lagerbestand in Periode t

Aus diesem Theorem lässt sich unmittelbar ableiten, dass die in einer Periode abgesetzten Bestellungen stets ganze zukünftige Periodenbedarfe abdecken müssen, wodurch der erforderliche Entscheidungshorizont für die Bestellmengenbestimmung eingeschränkt wird (weil als Bestellmengen nur die kumulierten Bedarfe zukünftiger Perioden zugelassen werden). Es gilt:

$$Bm_{t1} = 0 \qquad \text{wenn } Lb_{t1} > 0 \text{ oder}$$

$$Bm_{t1} = \sum_{i=t1}^{t} D_i \qquad \text{für } t1 \le t \le T, \text{ wenn } Lb_{t1} = 0$$

Deshalb ist es keineswegs erforderlich, sämtliche verbleibenden Entscheidungsalternativen über den gesamten Planungshorizont zu berechnen, um die optimale Politik zu ermitteln. Vielmehr können die Berechnungen stellenweise ausgesetzt werden, indem man die Bestellvarianten zunächst nur für kürzere Zeiträume festlegt, zu deren Ende der Lagerbestand erstmals wieder auf Null fallen würde. Eine Folge von Entscheidungen, die für diesen Teilzeitraum optimal ist, bleibt auch in größeren Teilzeiträumen optimal. Deshalb können alle diejenigen Alternativen außer Acht bleiben, welche die bis zur betrachteten Periode aufgestellte Bestellvariante revidieren würden. Es brauchen für jede Periode also nur Erweiterungen der bis dahin festgelegten Bestellvariante betrachtet zu werden. Auf diese Weise berechnet man mit dem Wagner-Whitin Algorithmus im Zuge einer Vorwärtsrekursion zunächst die minimal möglichen Gesamtkosten jeder Periode t bis zum vorgegebenen Planungshorizont T:

$$Gk_t = \min_{1 \le i \le t} \left(Bk_f + Ik \cdot \sum_{j=t1}^{t} (j - t1) \cdot D_j + Gk_{t-1} \right) \qquad \text{für } 1 \le t \le T$$

Gk_t Gesamtkosten bis Periode t
t1 Periode in der die letzte Bestellung eingeplant wurde

In einer Rückwärtsrechnung werden schließlich die optimalen Bestellzeitpunkte ti und die zugehörigen Bestellmengen Bm_{ti} bestimmt.

Die restlichen in Darstellung 11[1] aufgeführten Verfahren zur Bestellmengenbestimmung stellen anders als die Optimalplanungsmethodik nach dem Wagner-Whitin-Verfahren lediglich Heuristiken[2] dar, die zwar auch zu einem optimalen Ergebnis finden können, in der Regel aber lediglich zu guten Lösungen führen. Das Cost-Balance-Verfahren[3] orientiert sich dabei an der Tatsache, dass bei der Economic Order Quantity[4] die optimale Bestellmenge dann gefunden ist, wenn die für die bestellte Menge anfallenden Lagerhaltungskosten gleich den bestellfixen Kosten sind. Im Fall schwankender Nachfrage sollte demnach eine gute Lösung vorliegen, wenn bei ihr die Lagerhaltungskosten einer Bestellung in Periode $t1$ näherungsweise mit den bestellfixen Kosten Bk_f zum Ausgleich gebracht werden können:[5]

$$\sum_{i=t1}^{t} (i - t1) \cdot lk \cdot D_i = Bk_f$$

---

[1]) Zu den im Einzelnen dargestellten Verfahren vgl. Berens, Wolfgang; Delfmann, Werner: /Quantitative Planung/ 400-403 und Robrade, Andreas D.: /Einprodukt-Lagerhaltungsmodelle/.
Ein Vergleich der verschiedenen Heuristiken findet sich unter anderem auch bei Axsäter, Sven: /Performance Bounds/ und bei Robrade, Andreas D.: /Einprodukt-Lagerhaltungsmodelle/.
Dynamische Ansätze zur einfachen Mehrproduktproblematik sind unter anderem dargestellt bei Alscher, Jürgen: /Mehrprodukt-Lagerhaltung/ ; Schenk, Heike Yasmin: /Entscheidungshorizonte/ 137-153.
Die Mehrproduktproblematik unter Berücksichtigung von Kapazitätsengpässen wird unter anderem aufgegriffen von Barany, Imre; Roy van, Toni J.; Wolsey, Laurence A.: /Strong formulations/ ; Bitran, Gabriel R.; Matsuo, Hirofumi: /Multi-Item Capacitated Lot Size Problem/ ; Hall, Nicholas G.: /multi-item EOQ model/ ; Rees, Loren P.; Clayton, Edward R.; Taylor, Bernhard W. III: /Programming Model/ ; Silver, Edward A.; Peterson, Rein: /Decision Systems/ 402-406; Tempelmeier, Horst: /Material-Logistik/ 180-200; Zoller, Klaus: /Lagerprozesse/ .
Verbundrabatte oder bestellfixe Kosten für mehrere Produkte gemeinsam werden unter anderem berücksichtigt bei Chakravarty, Amiya K.: /Coordinated Multi-Item Inventory Replenishments/ ; Erenguc, S. Selcuk: /lot-sizing model/ ; Goyal, Suresh K.; Satir, Ahmet T.: /Joint replenishment inventory control/; Iyogun, Paul: /Dynamic Lot Size Problem/ ; Rosenblatt, Meir J.; Kaspi, Moshe: /Joint Replenishment/.

[2]) Zu Heuristiken vgl. Berens, Wolfgang; Delfmann, Werner: /Modellbildung und quantitative Methoden/ 126-140 und 385-405 sowie Berens, Wolfgang: /Beurteilung von Heuristiken/ .
Bezüglich einer Begriffsabgrenzung vgl. auch Streim, Hannes: /Heuristische Lösungsverfahren/

[3]) Das Cost-Balance-Verfahren ist ausführlich dargestellt bei Berens, Wolfgang; Delfmann, Werner: /Quantitative Planung/ 400 - 401.

[4]) Vgl. Abschnitt 3.1.1.

[5]) Diese Gleichung kann in der Regel jedoch nicht exakt erfüllt werden, weil immer nur ganze Periodenbedarfe bestellt werden können und die Summe der Lagerhaltungskosten somit in den meisten Fällen beim Übergang von einer zur nächsten Periode entweder kleiner oder größer als die bestellfixen Kosten ausfallen wird.

Es werden die gleichen Annahmen wie beim Wagner-Whitin Algorithmus unterstellt, aber in einer reinen Vorwärtsrekursion immer nur so viele Periodenbedarfe kumuliert bis die resultierenden Lagerhaltungskosten an die bestellfixen Kosten heranreichen. Um die letzte jeweils noch mit in die Periodenbedarfskumulation zu integrierende Periode t zu identifizieren nutzt man konkret folgendes Entscheidungskalkül:

$$\sum_{i=t1}^{t-1} (i - t1) \cdot lk \cdot D_i \leq Bk_f \leq \sum_{j=t1}^{t} (j - t1) \cdot lk \cdot D_j$$

Wenn die Periode t gefunden worden ist, mit der obige Ungleichung bei gegebener Datenlage erfüllt werden kann, benötigt man noch ein weiteres Entscheidungskriterium, und zwar ob der Bedarf bis zur Periode t-1 oder bis Periode t zu einer Bestellung zu kumulieren ist. Hierzu stellt man eine Opportunitätskostenbetrachtung an und ermittelt aus den zwei in Frage kommenden Bestellmengen diejenige, deren Lagerhaltungskosten absolut die kleinere Differenz zu den fixen Bestellkosten aufweist:

$$\min_t \left(\left| Bk_f - \sum_{i=t1}^{t-1} (i - t1) \cdot lk \cdot D_i \right| , \left| Bk_f - \sum_{j=t1}^{t} (j - t1) \cdot lk \cdot D_j \right| \right)$$

Während das Cost-Balance-Verfahren auf die Minimierung der Gesamtkosten bis zu einem vorgegebenen Planungshorizont abzielt,[1] orientiert sich die Silver-Meal-Heuristik an der Minimierung der durchschnittlichen Kosten je Periode.[2] Deshalb werden bei Anwendung der Silver-Meal-Heuristik unter gleichen Annahmen in einer Vorwärtsrekursion immer so viele Periodenbedarfe kumuliert, soweit folgendes Entscheidungskriterium erfüllt ist:

$$\frac{Bk_f + \sum_{i=t1}^{t} (i - t1) \cdot lk \cdot D_i}{t - t1 + 1} < \frac{Bk_f + \sum_{j=t1}^{t+1} (j - t1) \cdot lk \cdot D_j}{t - t1 + 2}$$

---

[1]) Vgl. Berens, Wolfgang; Delfmann, Werner: /Quantitative Planung/ 400.

[2]) Die Silver-Meal-Heuristik ist ausführlich dargestellt bei Berens, Wolfgang; Delfmann, Werner: /Quantitative Planung/ 402 - 403.

Die Silver-Meal-Heuristik und das Cost-Balance-Verfahren führen unter den vorgegebenen Rahmenbedingungen ebenso wie die anderen in Darstellung 11 aufgeführten Heuristiken im Gegensatz zum Wagner-Whitin-Verfahren zwar nicht unbedingt zum optimalen Ergebnis, verlangen dafür aber einen wesentlich geringeren Rechenaufwand. Der Verzicht auf eine garantiert optimale Lösung fällt nicht so sehr ins Gewicht, wenn man bedenkt, dass die Optimalitätseigenschaft ohnehin nur unter den angenommenen Rahmenbedingungen gilt. Da diese Rahmenbedingungen aber meist nicht im Einklang mit der Realität stehen, stellt sich die Frage, ob sich der zur Erzielung einer vermeintlich optimalen Lösung erforderliche Planungsaufwand überhaupt lohnt. *Blackburn* und *Millen* weisen zudem nach, dass unter den praxisnäheren Konditionen einer rollierenden Planung die Silver-Meal-Heuristik[1] sogar bessere Ergebnisse liefert als das Wagner-Whitin-Verfahren.[2] Außerdem bietet die Silver-Meal-Heuristik ebenso wie zum Beispiel das Cost-BalanceVerfahren den Vorteil, ihre Ergebnisse in einer reinen Vorwärtsrechnung festzulegen. Man muss also nicht erst alle in Frage kommenden Konstellationen bis zum Ende des Planungshorizonts berechnen, um dann rückschreitend die Bestellmengen und -zeitpunkte zu bestimmen. Statt dessen reicht es aus, wenn zur Ermittlung einer Bestellentscheidung die Berechnungen nur über so viele Perioden durchgeführt werden, wie Periodenbedarfe in der ersten Bestellung kumuliert werden. Somit muss immer nur die aktuelle Bestellung bindend eingeplant werden. Weitere Planungen können bis zur nachfolgenden Periode aufgeschoben werden, ohne das Gesamtergebnis einzuschränken. Der Nutzen dieser Vorgehensweise liegt konkret darin, dass zum einen aktuell anstehende kurzfristige Entscheidungen relativ schnell berechnet werden können, und zum anderen bei unsicheren Nachfragedaten eine Revision der Entscheidungen - etwa bei einer rollierenden Planung - schon mit der nächsten Bestellung möglich ist.

Nachdem bisher die grundlegenden Verfahren zur Disposition im einstufigen Fall kurz beschrieben worden sind, werden in den folgenden Abschnitten die relevanten Ansätze zur Disposition in mehrstufigen Distributionssystemen ausführlicher erläutert.

---

1) Vgl. Silver, Edward A.; Meal, Harlan C.: /lot size quantities/.

2) Vgl. Blackburn, Joseph D.; Millen, Robert A.: /Multi-Level MRP/ .
Zu ähnlichen Ergebnissen führen auch die Untersuchungen von Bookbinder, James H.; Heath, Donald B.: /Replenishment Analysis/ sowie die von Gupta, Yash P.; Keung, Ying K.; Gupta, Mahesch C.: /analysis of lot-sizing models/ 695.

3.2 Ansätze für mehrstufige Distributionssysteme

Der konventionelle Ansatz zur Handhabung des Dispositionsproblems in mehrstufigen Distributionssystemen[1] ist die wiederholte Anwendung von Verfahren zur Losgrößenbestimmung für den einstufigen Fall auf jeder Ebene des Systems. Das Problem wird dabei stufenweise gelöst, d.h. durch die analytische Bedarfsermittlung werden, beginnend mit der Endbedarfsebene, die Bedarfe sukzessiv auf allen übergeordneten Stufen bestimmt. Dabei wird nach jeder Bedarfsermittlung die Ordermenge mit Hilfe von Ansätzen für den einstufigen Fall kalkuliert. Da diese Vorgehensweise jedoch die bestehenden Interdependenzen innerhalb des mehrstufigen Systems ignoriert, führt sie meist zu relativ schlechten Gesamtergebnissen.[2] Im Extremfall kann es durch die verzögerten und verzerrten Informationen über den tatsächlichen Bedarf zu klumpigen Bedarfsaufkommen oder sogar zur Oszillation der Bedarfsverläufe in den höher gelegenen Lagerstufen kommen, was dort wiederum unnötig große Lagerbestände nach sich zieht.[3] Während in der Praxis überwiegend die Ansätze für den einstufigen Fall zur Anwendung kommen, hat es erhebliche theoretische Anstrengungen zur Ermittlung optimaler Bestellpolitiken für mehrstufige Systeme unter stochastischen Rahmenbedingungen[4] gegeben. Da in der Lagerhaltung stochastische Situationen häufig anzutreffen sind, könnte man annehmen, dass diese Ansätze von

---

[1]) Zur Abgrenzung mehrstufiger Distributionssysteme vgl. Abschnitt 2.3.1.

[2]) Vgl. De Bodt, Marc A.; Gelders, Ludo F.; Van Wassenhove, Luk N.: /Lot-Sizing/ 172.

[3]) Vgl. Abschnitt 2.3.3.2.

[4]) Zweistufige Distributionssysteme mit einem Zentrallager und stochastischer Nachfrage werden unter anderem behandelt bei Albright, S. Christian; Soni, A.: /inventory system/ ; Axsäter, Sven: /Solution Procedures/ ; Deuermeyer, Bryan L.; Schwarz Leroy B.: /System Service Level/ ; Eppen, Gary D.; Schrage, Linus E.: /Centralized Ordering Policies/ ; Jackson, Peter L.; Muckstadt, John A.: /Risk pooling/ ; Jönsson, Henrik; Silver, Edward A.: /Stock allocation/ ; Muckstadt, John A.; Thomas, Joseph L.: /multi-echelon inventory methods/ ; Nahmias, Steven; Smith, Stephen A.: /Inventory Levels/ ; Sand, Gene: /Predicting Demand/ ; Svoronos, Antony; Zipkin, Paul: /Multi-Level Inventory Systems/; Tempelmeier, Horst: /Sicherheitsbestand/.
Zweistufige Distributionssysteme mit einem Zentrallager und stochastischer Nachfrage nach mehreren Produkten sind Gegenstand der Beiträge von Aggarwal, Sumer C.; Dhavale, Dileep G.: /Simulation Analysis/ und Muckstadt, John A.: /Inventory System/.
Mehrstufige Lagersysteme mit stochastischer Nachfrage werden unter anderem behandelt bei Clark, Andrew J.; Scarf, Herbert: /Policies/ ; Karmarkar, Uday S.: /multilocation multiperiod inventory problem/; Köchel, Peter: /Minimax-Lagerhaltungsmodell/ ; Rosenkranz, Friedrich; Lecoq, Lionel: /Experimente/; Svoronos, Antony; Zipkin, Paul: /One-for-One Replenishment Policies/ .

erheblicher praktischer Bedeutung seien. Diese Vermutung bestätigt sich jedoch nicht,[1] was auf die hohe Komplexität dieser Ansätze zurückzuführen ist.[2] Deshalb ist es günstiger, mehrstufige Lagerhaltungsprobleme als deterministisches Problem zu behandeln. Dies geschieht in der Weise, dass man den stochastischen Nachfrageprozess durch Heranziehung von Prognosen auf eine deterministische und dynamische Nachfragefolge abbildet.[3]

Die folgenden Abschnitte legen daher den Schwerpunkt auf dynamische Dispositionsverfahren für mehrstufige Distributionssysteme. Zuvor wird jedoch wegen seiner grundlegenden Bedeutung zunächst der statische Ansatz des Base Stock Controls dargestellt. Im Anschluss daran werden dann verschiedene dynamische Dispositionsverfahren für den Einprodukt-Fall beschrieben, bevor schließlich einige Ansätze für den Mehrprodukt-Fall vorgestellt werden.

3.2.1 Base Stock Control - Ein statischer Ansatz

Das Konzept des Base Stock Control[4] wurde mit dem Ziel entwickelt, die Oszillationseigenschaft in Form selbstinduzierter Lagerbestandsschwankungen voneinander unabhängig gesteuerter Lagerebenen in mehrstufigen Distributionssystemen zu beseitigen. Da es den Zeitablauf nicht explizit mit einbezieht, ist es als statisches Dispositionsverfahren einzuordnen.[5] Sein Hauptaugenmerk liegt auf der systemweiten Berücksichtigung der Bedarfsverläufe auf der untersten Lagerebene. Dazu werden die übergeordneten Lagerstufen mit den aktuellen Bestands- und Nachfragedaten in den Endbedarfslagern versorgt.

---

[1]) Vgl. Schneeweiß, Christoph: /Lagerhaltungssysteme/ 47.

[2]) Vgl. Tempelmeier, Horst: /Material-Logistik/ 347.

[3]) Vgl. Schneeweiß, Christoph: /Lagerhaltungssysteme/ 48 und Zinn, Walter; Marmorstein, Howard: /Comparing/ .

[4]) Das Konzept des Base-Stock-Control ist unter anderem dargestellt bei: Brown, Robert G.: /Materials Management Systems/ 245; Bregman, Robert L.: /Enhanced Distribution requirements planning/ 52; Diruf, Günther: /Lagerbestandsplanung und -kontrolle/ 17; Magee, J. F.; Copacino, W. C.; Rosenfield, D. B.: /Logistics Management/ 102; Magee, J. F.: /Logistics/ 105-107; Meis, Harald: /Sortiments- und Bestandsmanagement/ 68-73; McKinnon, Alan C.: /Physical Distribution Systems/ 96; Schary, Philip B.: /Logistics Decisions/ 174-175; Silver, Edward A.; Peterson, Rein: /Decision Systems/ 452; Tempelmeier, Horst: /Material-Logistik/ 352-360.

[5]) Vgl. Tempelmeier, Horst: /Material-Logistik/ 352.

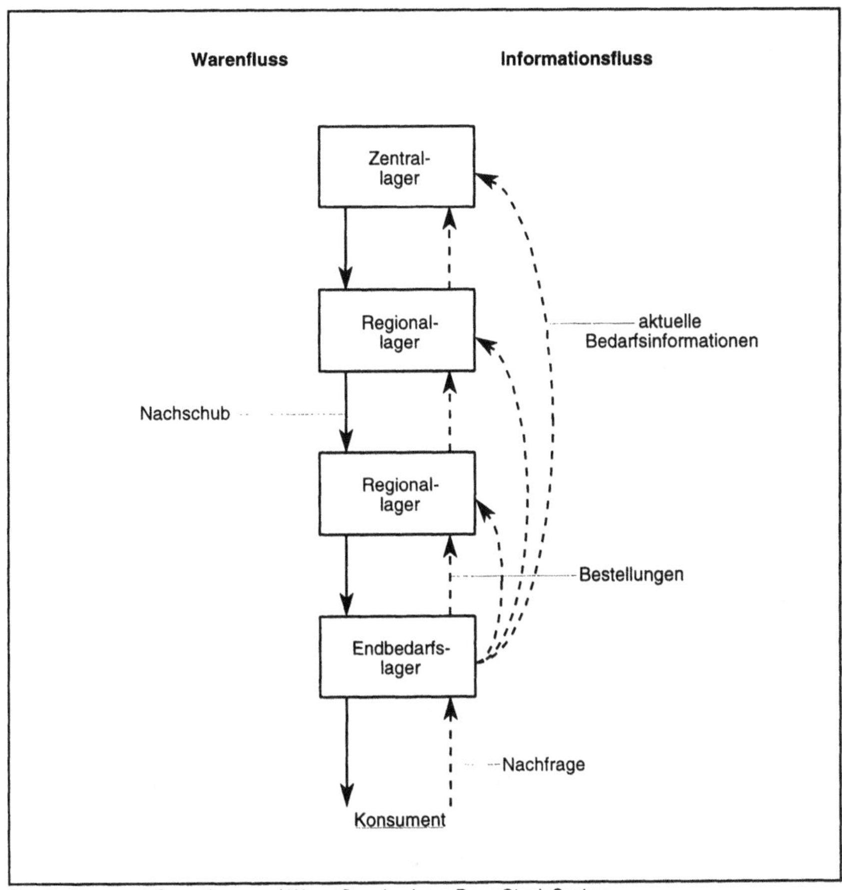

Darst. 12 Informations- und Warenfluss in einem Base Stock System

Ein Kommunikationsnetz stellt allen flussaufwärts liegenden Lagerstufen verzerrungs- und verzögerungsfreie Informationen über die momentane Bedarfssituation am Point of Sale zur Verfügung.[1] Die flussaufwärts liegenden Lager warten bei ihrer eigenen Bestandsdisposition nicht mehr die Ordervorgänge der nachfolgenden Lagerstufen ab, sondern richten ihre eigenen Bestellungen nach der Endnachfrage und den in den nachfol-

[1]) Vgl. Diruf, Günther: /Lagerbestandsplanung und -kontrolle/ 17.

genden Lagerstufen vorhandenen Lagerbeständen. Wie Darstellung 12[1] zeigt, werden dazu die aktuellen Bedarfsinformationen in den Endbedarfslagern erfasst und per Informationssystem an alle übergeordneten Lagerstufen weitergeleitet. Da die Bedarfsinformationen nicht mehr erst dann zur nächst höheren Lagerstufe gelangen, wenn das betreffende Lager selber eine Bestellung auslöst, werden Zeitverzögerungen bei der Bedarfsmeldung ausgeschaltet. So können die Oszillationsursachen innerhalb eines mehrstufigen Distributionssystems beseitigt und klumpige Bedarfsaufkommen[2] die auf Grund von zeitlich verzögerten Informationen entstehen, vermieden werden. Zur Auslösung der Bestellungen kann in einem Base Stock System auf herkömmliche Verfahren wie beispielsweise das Bestellpunktverfahren mit variabler Bestellmenge zurückgegriffen werden.[3] Bestellpunkt und Wiederauffüllmenge werden dabei für jede Lagerstufe in Abhängigkeit von der einzukalkulierenden Wiederbeschaffungszeit sowie der im zugehörigen Distributionszweig erwarteten Endnachfrage bestimmt. Das Orderverhalten der zwischengeschalteter Lagerstufen bleibt explizit unberücksichtigt. Zur Auslösung einer Bestellung kommt es in jedem Lager immer dann, wenn der Lagerbestand des eigenen Lagers zuzüglich der im gesamten nachfolgenden Distributionszweig verfügbaren Bestände (inklusive der rollenden Bestände) den aus den Endnachfragen bestimmten Bestellpunkt des betrachteten Lagers unterschreitet.[4]

Der Vorteil des Konzeptes liegt darin begründet, dass die übergeordneten Lagerebenen nicht mehr von den Bestellungen der untergeordneten Ebenen überrascht werden, sondern den Abverkauf selbst mitverfolgen und entsprechend vorausschauend disponieren können. Da die Bestellungen quasi direkt durch das Verhalten der Endabnehmer determiniert werden und nicht mehr von Informationen abhängen, die erst durch Rückkoppelung entlang der gesamten Distributionskette zur jeweiligen Dispositionsinstanz gelangen, werden kumplige Bedarfsaufkommen unterdrückt.[5] Außerdem erlaubt die Trennung von Informations- und Warenflüssen eine Verringerung der Sicherheitsbestände auf höheren

---

[1]) In Anlehnung an Silver, Edward A.; Peterson, Rein: /Decision Systems/ 454.

[2]) In der Literatur auch als 'lumpy demands' bezeichnet.

[3]) Vgl. Abschnitt 3.1.1.

[4]) Vgl. Silver, Edward A.; Peterson, Rein: /Decision Systems/ 454-455.

[5]) Vgl. Schary, Philip B.: /Logistics Decisions/ 175.

Lagerebenen, denn die Bestellentscheidungen können ohne zeitliche Verzögerung getroffen werden und eine Kumulation der Bedarfsschwankungen wird vermieden.[1]

Problematisch ist an dieser Vorgehensweise, dass sie als statischer Ansatz keine zukunftsorientierten Informationen berücksichtigt und dass die einzelnen Lager keiner zentralen Koordination unterstehen, sondern unabhängig voneinander operieren.[2] Dies macht eine übergreifende integrierte Lager- und Transportsteuerung unmöglich.[3] Bemerkenswert bleibt jedoch, dass das Konzept des Base Stock Controls bereits früh[4] eine Trennung von Informations- und Warenfluss sowie die Orientierung der Dispositionsentscheidungen am Endbedarfsverlauf zur Lösung des Oszillationsproblems in mehrstufigen Distributionssystemen vorschlug.

3.2.2 Dynamische Dispositionsverfahren für den Einprodukt-Fall

Dynamische Dispositionsverfahren zeichnen sich im Gegensatz zu dem vorweg geschilderten Ansatz des Base Stock Controls dadurch aus, dass sie die zeitliche Bestands- und Nachfrageentwicklung explizit über den Verlauf mehrerer Perioden berücksichtigen.[5] Derartige Verfahren zur Disposition in mehrstufigen Distributionssystemen werden im Folgenden zuerst für den Einprodukt-Fall geschildert bevor auf den Mehrprodukt-Fall eingegangen wird. Im Einzelnen werden einige Erweiterungen des Ansatzes von *Wagner* und *Whitin* bezüglich mehrstufiger Distributionssysteme aufgezeigt und die Konzepte der Fair Shares und des Distribution Resource Plannings näher beschrieben.

---

[1]) Vgl. Tempelmeier, Horst: /Material-Logistik/ 356.

[2]) Vgl. Schary, Philip B.: /Logistics Decisions/ 175.

[3]) Vgl. Meis, Harald: /Sortiments- und Bestandsmanagement/ 73.

[4]) Das Konzept des Base Stock Controls wurde bereits 1968 von Magee beschrieben. Vgl.: Magee, J. F.: /Logistics/ 105-107.

[5]) Vgl. Abschnitt 3.1.2.

3.2.2.1 Erweiterungen des Ansatzes von Wagner und Whitin

Das von *Wagner* und *Whitin* entwickelte Verfahren zur Bestimmung von Bestellmengen und -zeitpunkten unter deterministisch-dynamischen Rahmenbedingungen ist nur für die Disposition eines einzigen Lagers ausgelegt[1] und eignet sich daher nicht für die gemeinsame Disposition innerhalb eines Systems mehrerer zusammenhängender Lager. *Zangwill* unternahm in seinem bereits 1966 veröffentlichten Artikel[2] erstmals den Versuch, dieses Defizit zu überwinden.[3] Dazu stellt er das dynamische mehrstufige Losgrößenproblem in Form eines azyklischen Netzwerkes[4] dar.[5] Innerhalb dieses Netzwerkes werden die Warenflüsse durch gerichtete Kanten repräsentiert und die Knoten stellen die einzelnen Lagerstufen dar.

Zangwill erarbeitete unter anderem einen Ansatz zur Lösung des Losgrößenproblems für serielle Prozessstrukturen,[6] welcher auf dem Verfahren der dynamischen Programmierung basiert.[7] Wie in Abbildung 13[8] dargestellt, werden in einem gitterförmigen Netzwerk horizontal die Perioden und vertikal die Lagerstufen abgetragen. Senkrechte Kanten stellen Prozessvorgänge dar und waagerechte repräsentieren die Lagerhaltung.[9] Zu bestimmen ist nun der kostenminimale Fluss[10] durch das Netzwerk. Dazu werden in einem

---

[1]) Vgl. Abschnitt 3.1.2.

[2]) Vgl. Zangwill, Willard I.: /Production and Inventory Modell/ .

[3]) Der Ansatz von Zangwill ist unter anderem dargestellt bei: Clark, Andrew J.: /Multi-Echelon Inventory Theory/ 625; Heinrich, Claus E.: /Losgrößenplanung/ 60-72; Veinott, Arthur F.: /Concave-Cost Solution/ 264; Veinott, Arthur F.: /Mathematical Inventory Theory/ 750-752.

[4]) In einem azyklischen Netzwerk fließen die Waren unidirektional. Das bedeutet, dass die Materialflüsse eines nachfolgenden Lagers weder direkt noch indirekt zu dem übergeordneten Lager zurückfließen können. Vgl. Zangwill, Willard I.: /Production and Inventory Modell/ 488-489.

[5]) Vgl. Clark, Andrew J.: /Multi-Echelon Inventory Theory/ 625.

[6]) Vgl. Zangwill, Willard I.: /Production and Inventory Modell/ 502-507.

[7]) Vgl. Zangwill, Willard I.: /Backlogging Model/ 517-526.

[8]) In Anlehnung an Zangwill, Willard I.: /Backlogging Model/ 517 und 519.

[9]) Vgl. Zangwill, Willard I.: /Backlogging Model/ 518.

[10]) Zum Netzwerkflussproblem allgemein vgl.: Domschke, Wolfgang; Drexl, Andreas: /Logistik/ ; Gal, Tomas (Hrsg.): /Operations Research/; Meyer, Manfred; Hansen, Klaus: /Planungsverfahren/ ; Rees,

ersten Schritt rückschreitend, beginnend mit dem ersten Knoten (höchste Lagerstufe) in der ersten Periode, für sämtliche anderen Knoten die minimalen Kosten ermittelt, die entstehen, wenn die an dem Knoten eintreffende Menge zu den Endknoten geschickt würde.

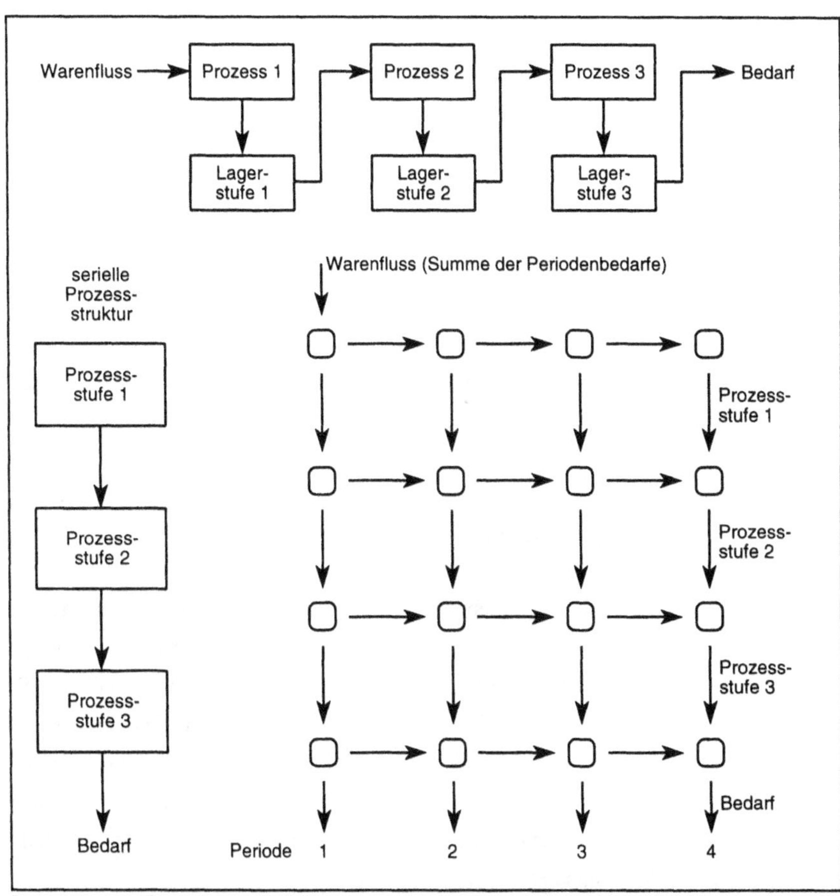

Darst. 13 Darstellung einer seriellen Prozessstruktur in einem zeitdynamischen Kontext als gitterförmiges Netzwerk

---

Loren P.; Clayton, Edward R.; Taylor, Bernhard W. III: /Programming Model/ ; Zimmermann, Werner: /Operations Research/.

Es werden also diejenigen Kosten berechnet, die anfallen, wenn die zu Beginn einer Periode auf der jeweiligen Lagerstufe zur Verfügung stehende Menge optimal zur Bedarfsbefriedigung verwendet wird. Die am Ende der Rekursion ermittelten minimalen Kosten des Anfangsknotens geben somit die minimalen Gesamtkosten an. Ausgehend von diesen Kosten werden dann in einer Vorwärtsrechnung die optimalen Transferprozess- und Lagermengen bestimmt.

Bei unterstelltem konkavem Zielfunktionsverlauf ist der kostenminimale Fluss dadurch gekennzeichnet, dass jeder Knoten nur einen positiven Zufluss haben darf. Da die Knoten nur zwei Zuflüsse besitzen, nämlich Transferprozess und Lagerung, gilt folglich das von *Wagner* und *Whitin* aufgestellte Theorem, wonach in einer Periode (und hier auch Stufe) nur dann ein Transferprozess stattfinden kann, wenn keine Bestände mehr auf Lager sind.[1] Zur Lösung des Problems brauchte *Zangwill* daher im Prinzip lediglich den Algorithmus von Wagner-Whitin der Mehrstufigkeit anzupassen, wobei er sich jedoch auf serielle Prozessstrukturen beschränkte.

a) Ansatz von Veinott

Aufbauend auf den Ergebnissen von *Zangwill* wies *Veinott*[2] nach, dass das Wagner-Whitin Theorem nicht nur auf serielle Strukturen übertragbar ist, sondern auch für divergierende Distributionsstrukturen gilt.[3] Daher lag es nahe, den ursprünglich für serielle Strukturen konzipierten Zangwill-Algorithmus an die veränderten Bedingungen in Distributionsstrukturen anzupassen. Hierzu müssen die minimalen Kosten in einem Knoten nicht mehr nur in Abhängigkeit von der gegebenen Nachfragemenge des einen Endpunktes einer seriellen Struktur betrachtet werden, sondern in Abhängigkeit von den unterschiedlichen Mengen an jedem Endpunkt der Distributionsstruktur.

---

[1]) Vgl. Zangwill, Willard I.: /Backlogging Model/ 519-522.

[2]) Der Ansatz von Veinott wird unter anderem referiert bei: Aggarwal, Sumer C.: /Current Inventory Theory/ 470-471; Clark, Andrew J.: /Multi-Echelon Inventory Theory/ 625-626; Crowston, Wallace B.; Wagner, Michael H.: /lot size models/ 15; Heinrich, Claus E.: /Losgrößenplanung/ 63 und 95-96; Kalymon, Basil A.: /Decomposition Algorithm/ 860-861.

[3]) Vgl. Veinott, Arthur F.: /Concave-Cost Solution/ .

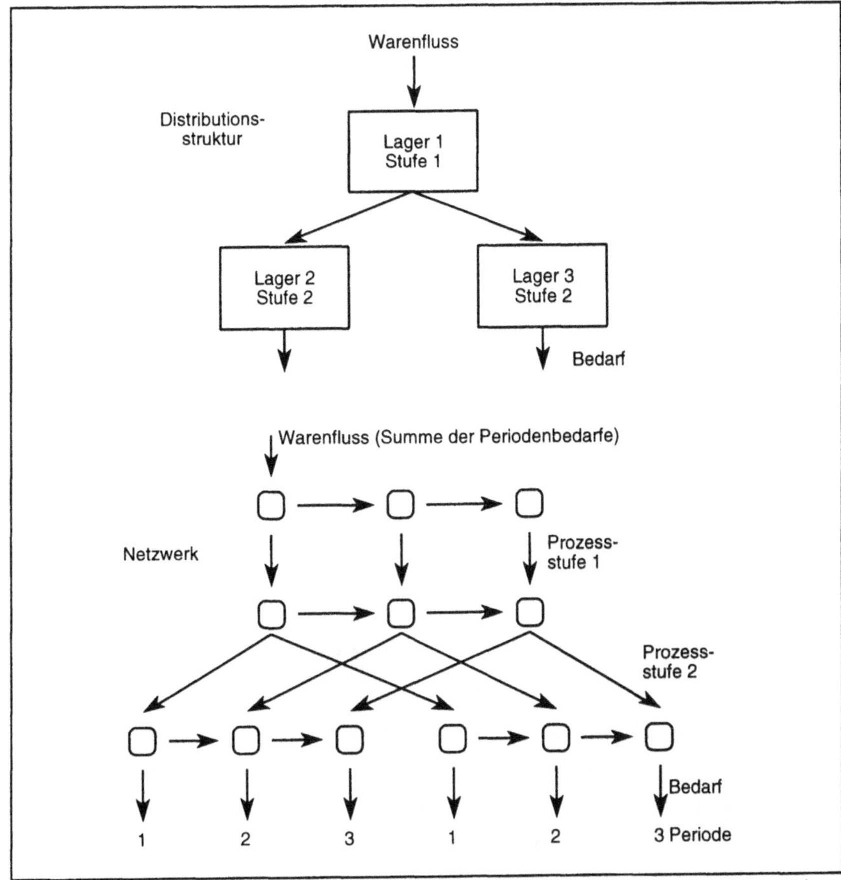

Darst. 14 Darstellung eines zweistufigen Distributionssystems mit drei Lagern in einem zeitdynamischen Kontext als Netzwerk

Wie aus Darstellung 14[1] ersichtlich, gestaltet sich das resultierende Netzwerkflussproblem aber wesentlich komplexer als bei seriellen Strukturen. Die waagerechten Kanten repräsentieren zwar ebenso wie bei *Zangwill* die Lagerhaltung und die anderen Kanten stellen die Prozessvorgänge dar. Aber auf Grund der Distributionsstruktur verzweigen die Transferprozesse, so dass für jeden Endpunkt eine separate Evaluation

[1]) In Anlehnung an Veinott, Arthur F.: /Concave-Cost Solution/ 274.

stattfinden muss. Bereits ein zweistufiges Lagersystem mit nur drei Lagern erzeugt schon bei einem Betrachtungszeitraum von lediglich drei Perioden ein derart aufwendiges Netzwerk, dass anzunehmen ist, dass die Disposition in real dimensionierten Distributionsstrukturen mit diesem Ansatz nicht mehr zu lösen ist.

Wie *Veinott* selber anmerkt, bietet sich diese Vorgehensweise daher nur für kleinere Distributionssysteme an.[1] Insbesondere die Zahl der Endbedarfslager wirkt sich gravierend auf den erforderlichen Rechenaufwand aus. Da die minimalen Kosten in Abhängigkeit von der Nachfragemenge jedes einzelnen Endpunktes des Distributionssystems zu betrachten sind, steigt die Anzahl der nötigen Rekursionen exponentiell mit jedem zusätzlichen Endpunkt an.[2] Dieses Defizit zu mindern, ist Ziel des nachfolgend geschilderten Ansatzes.

b) Ansatz von Kalymon

Da insbesondere die hohe Anzahl der Endbedarfslager die Berechnungen für Distributionsstrukturen erschweren, schlug *Kalymon*[3] vor, das Problem derart zu separieren, dass zum einen lediglich die Endstufe betrachtet wird und getrennt davon die vorgelagerten Stufen.[4] Durch diese Dekomposition auf der letzten Lagerebene[5] kann die Rechenkomplexität wesentlich herabgesetzt werden. Für die unterste Ebene werden die Bestellmengen mit Hilfe des Wagner-Whitin Algorithmus ermittelt, wobei aber die für die vorgelagerte Stufe resultierenden Kosten Berücksichtigung finden. Dazu werden deren Lagerkosten an

---

[1]) Vgl. Veinott, Arthur F.: /Concave-Cost Solution/ 274.

[2]) Daneben stellt Veinott auch einen speziellen Algorithmus vor, der aber nur unter sehr restriktiven Bedingungen bezüglich der Kostenparameter zu korrekten Ergebnissen führt. Da dieser Ansatz nicht allgemein anwendbar ist, wird er im Folgenden nicht weiter dargestellt. Vgl. Veinott, Arthur F.: /Concave-Cost Solution/ 274-275.

[3]) Der Ansatz von Kalymon ist unter anderem referiert bei: Aggarwal, Sumer C.: /Current Inventory Theory/ 473; Clark, Andrew J.: /Multi-Echelon Inventory Theory/ 626; Graves, Stephen C.: /Multi-Stage Lot-Sizing/ 97; Heinrich, Claus E.: /Losgrößenplanung/ 96-97; Zacharias, Claus-Otto: /EDV-Einsatz/ 24.

[4]) Vgl. Kalymon, Basil A.: /Decomposition Algorithm/ .

[5]) Vgl. Aggarwal, Sumer C.: /Current Inventory Theory/ 473.

Hand von zeitveränderlichen Multiplikatoren einbezogen. Diese Multiplikatoren geben diejenigen Lagerkosten an, die jeweils aus der in der untersten Stufe bestimmten Politik für die Vorgängerstufe resultieren würden. Die isolierte Betrachtung der untersten Stufe liefert schließlich eine optimale Politik, wenn der für die Berechnung der Multiplikatoren zugrunde gelegte Prozessplan realisiert würde. Um aber eine für das gesamte Distributionssystem optimale Politik zu bestimmen, müsste man für sämtliche Kombinationen aller möglichen Prozessvarianten auf den Vorgängerstufen eigene Multiplikatoren berechnen und mit deren Hilfe jeweils die Losgrößen für jeden Endpunkt isoliert festlegen.[1]

Der Vorteil des Verfahrens liegt darin, dass der Rechenaufwand nicht mehr exponentiell mit der Anzahl der Endbedarfslager anwächst. Auf Grund der Dekomposition des Problems erfordert die Bestimmung der Bestellmengen auf der untersten Stufe keinen besonderen Aufwand. Problematischer bleibt aber die Bestimmung der optimalen Politik für die Vorgängerstufen. So steigt der mit dem Verfahren verbundene Rechenzeitbedarf mit der Anzahl der Endpunkte nur linear an, weil die Berücksichtigung zusätzlicher Endstufen lediglich weitere einstufige Bestellmengenberechnungen nach dem Wagner-Whitin Algorithmus nach sich zieht. Die Anzahl der Vorgängerstufen fließt aber ebenso wie bei *Veinott* exponentiell in die Rechenkomplexität ein,[2] da die Generierung unterschiedlicher Prozessvarianten dieser Stufen kombinatorischen Charakter besitzt.[3] Somit weist auch *Kalymon's* Ansatz eine recht hohe Komplexität auf,[4] so dass mit diesem Verfahren auf Grund des verbleibenden numerischen Lösungsaufwandes konkrete Aufgabenstellungen für umfassendere Lagersysteme einen zu hohen Rechenaufwand erfordern.[5]

Zu den Erweiterungen des Ansatzes von *Wagner* und *Whitin* für mehrstufige Distributionssysteme lässt sich also festhalten, dass sie schon auf Grund ihrer Rechenkomplexität für eine Anwendung in der Realität ausscheiden. Weiterhin stellen die bezüglich

---

[1]) Die Anzahl unterschiedlicher Prozessvarianten kann sehr groß werden, da sie sich exponentiell steigert. Sie beläuft sich auf $2^{N(T-1)}$, wobei T den Planungshorizont und N die Anzahl der Vorgängerstufen darstellen.

[2]) Vgl. Kalymon, Basil A.: /Decomposition Algorithm/ 872.

[3]) Vgl. Heinrich, Claus E.: /Losgrößenplanung/ 97.

[4]) Vgl. Graves, Stephen C.: /Multi-Stage Lot-Sizing/ 97.

[5]) Vgl. Zacharias, Claus-Otto: /EDV-Einsatz/ 24.

der Kostenverläufe oder anderer Rahmenbedingungen unterstellten Annahmen einen Praxiseinsatz in Frage. So fordert *Kalymon* zum Beispiel auf den Vorgängerstufen lineare Kostenverläufe, auf der untersten Stufe hingegen konkave Kostenverläufe und vernachlässigt völlig eventuelle Lieferzeiten.[1] Außerdem muss man bedenken, dass die Ansätze einen festen Planungshorizont verlangen, der aber auf Grund der in der Praxis vorherrschenden rollierenden Planung kaum definitiv gegeben sein wird. Auch die Nachfragemengen in den Endbedarfslagern werden nie mit Gewissheit feststehen, sondern immer mit Unsicherheiten belastet bleiben, was ohne stetige Planrevisionen zu erheblichen Fehlallokationen der Waren führen kann. Daher bringt ein im Modellrahmen mit viel Aufwand bestimmtes Optimum unter Umständen nur geringen Nutzen für die Praxis. Die nachfolgend dargestellten Ansätze versuchen deswegen, das Problem der Dispostion in mehrstufigen Distributionsystemen auf einem ganz anderen Weg zu lösen.

3.2.2.2 Fair Shares

Das Verfahren der Fair Shares[2] wurde von *Brown* entwickelt.[3] Der Grundgedanke besteht darin, dass von einem bestimmten, im gesamten Distributionssystem vorhandenen Bestand, insbesondere bei sich abzeichnender Knappheitssituation, nur dann ein systemweit gleich guter Lieferservice geboten werden kann, wenn nicht das einzelne Endbedarfslager seinen Anteil am verfügbaren Gesamtbestand selbst disponiert, sondern stattdessen eine zentrale Steuerung allen Außenlagern ihre Anteile am Gesamtbestand zuteilt.[4] Dabei wird auf die Bestimmung ökonomischer Bestell- oder Liefermengen bewusst verzichtet. Eventuell bestehende Kosten-Trade-offs werden unter dem Argument außer Acht gelassen, dass die physische Distribution ohnehin nur die bereits im Lagersystem befindli-

---

[1]) Vgl. Kalymon, Basil A.: /Decomposition Algorithm/ 862-863.

[2]) Das Verfahren der Fair Shares ist unter anderem dargestellt bei: Brown, Robert G.: /Service Parts Inventory Control/ 372-401; Brown, Robert G.: /Materials Management Systems/ 351-353; Crabtree, David: /Distribution Logistics/ 50-54; Meis, Harald: /Sortiments- und Bestandsmanagement/ 86-98; Tersine, Richard, J.: /Principles/ 438-440.

[3]) Vgl. Brown, Robert G.: /Service Parts Inventory Control/ 372-405.

[4]) Vgl. Brown, Robert G.: /Service Parts Inventory Control/ 387.

chen Waren transferiert und der Gesamtlagerbestand dabei unbeeinflusst bleibt.[1] Ein Optimum im Sinne der vorweg beschriebenen Ansätze wird nicht angestrebt. Die Ziele liegen vielmehr in der Erreichung eines gleichmäßigen Lieferbereitschaftsgrades aller Endbedarfsläger und in der Reduzierung von Lager- und Fehlmengenkosten.[2] Zudem verspricht *Brown* zu bestimmten Perioden eine Senkung der erforderlichen Kapitalbindung sowie die Steigerung des Lieferservices in anderen Phasen.[3]

Ausgehend von den Nachfrageprognosen der Endbedarfsläger und den aus dem angestrebten Lieferbereitschaftsgrad resultierenden Sicherheitsbeständen werden im Verfahren der Fair Shares zunächst die Bruttobedarfe der nächsten Perioden für jedes Endbedarfslager errechnet. Nach Abzug der aktuell noch vorhandenen Bestände ergeben sich jeweils die Nettobedarfe. Diese sind solange negativ, wie der aktuelle Bestand ausreicht, um die erwartete Nachfrage zu decken.[4] Die in späteren Perioden positiven Nettobedarfe sind durch Nachlieferungen zu decken, welche bei Unterschreitung des Bestellpunktes ausgelöst werden.

Die Bestellpunkte bestimmen sich unter Berücksichtigung der für den Nachschub erforderlichen Transportzeiten. Die Bestellpunkte müssen daher mindestens so hoch gesetzt werden, dass der bei drohender Unterschreitung verbleibende Bestand noch ausreichen würde, um die bis zum Eintreffen der Nachlieferung auftretende Nachfrage abdecken zu können. Brown schlägt zur Berechnung des Bestellpunktes vor, die durchschnittlich erwartete Nachfrage je Periode mit der zugehörigen Transportzeit zu multiplizieren und gegebenenfalls einen Sicherheitsbestand hinzuzufügen. Außerdem führt er einen Kann-Bestellpunkt ein, bei dessen Unterschreitung eine Belieferung zwar nicht unbedingt notwendig ist, aber dann sinnvoll sein kann, wenn in den nächsten Perioden ohnehin eine Nachlieferung fällig würde. Die Berechnung des Kann-Bestellpunktes erfolgt analog zu den anderen Bestellpunkten, wobei jedoch der Faktor Transportzeit um einen unternehmens-

---

[1]) Vgl. Brown, Robert G.: /Service Parts Inventory Control/ 377.

[2]) Vgl. Tersine, Richard, J.: /Principles/ 439.

[3]) Vgl. Brown, Robert G.: /Service Parts Inventory Control/ 373.

[4]) Vgl. Brown, Robert G.: /Service Parts Inventory Control/ 375-384 und Crabtree, David: /Distribution Logistics/ 49-58.

individuell festzulegenden Wert erhöht wird.[1] Dieser Wert bestimmt den Zeitraum in Perioden, innerhalb dessen eine absehbare Bestellpunktunterschreitung schon in der laufenden Periode zu einer Nachlieferung führen würde.

In einem weiteren Schritt sind unter Berücksichtigung der erforderlichen Transportzeiten die spätest möglichen Versandzeitpunkte zu bestimmen.[2] Dabei setzt sich für das übergeordnete Lager der zu deckende Gesamtbedarf schließlich aus der Aggregation der um die jeweiligen Transportzeiten zeitlich vorversetzten Nettobedarfe der einzelnen Außenläger zusammen.

Aktueller Bestand im Zentrallager: 126 Stück.

Endbedarfslager	aktueller Bestand	Nachfrageprognose je Periode (Woche à 5 Tage)					täglicher Bedarf
		1	2	3	4	5	
A	10	20	20	20	20	20	4
B	30	50	50	50	50	50	10
C	14	30	30	30	30	30	6
Total	54	100	100	100	100	100	20

Aktueller systemweiter Bestand: 126 + 54 = 180 Stück.
Voraussichtlich erzielbare Bestandsreichweite bei einem gesamten Tagesbedarf von 20 Stück: 9 Tage.

Bestimmung der Fair Shares, wenn jedes Endbedarfslager eine voraussichtliche Bestandreichweite von 9 Tagen erzielen soll:

Endbedarfslager	Tagesbedarf · Bestandsreichweite - aktueller Bestand = **Fair Share**
A	4 · 9 - 10 = **26**
B	10 · 9 - 30 = **60**
C	6 · 9 - 14 = **40**
	126

Darst. 15 Beispiel für die Berechnung der Fair Shares in einem zweistufigen Distributionssystem mit einem Zentrallager und drei Endbedarfslagern

[1]) Vgl. Brown, Robert G.: /Service Parts Inventory Control/ 373.

[2]) Vgl. Brown, Robert G.: /Materials Management Systems/ 350-351.

Bestell- oder Liefermengen nach ökonomischen Gesichtspunkten unmöglich. Damit wird auch die Frage nach einer ökonomisch sinnvollen Bestellpolitik auf der übergeordneten Lagerebene ausgeklammert. Außerdem beschränken sich die Darstellungen zum Ansatz der Fair Shares lediglich auf zweistufige Systeme mit einem Zentrallager und es werden keine Hinweise dazu geliefert, wie das Konzept der Fair Shares an Distributionssysteme mit mehr als zwei Stufen anzupassen wäre. Diese Limitierungen bestehen nicht für den Ansatz des Distribution Requiremets Planning, der im Folgenden dargestellt wird.

3.2.2.3 Distribution Requirements Planning

Die grundlegenden Gedanken für den Ansatz des Distribution Requirements Plannings[1] finden sich in dem Beitrag von *Whybark.*[2] Er schlug vor, dass man Distributionssysteme wie mehrstufige Produktionsprozesse mit umgekehrter Flussrichtung betrachten könne. Im Gegensatz zu Produktionssystemen, wo sich die Endnachfrage über die einzelnen Produktionsstufen immer weiter verzweigt, 'implodiert' die in den Verkaufslagern eines Distributionsnetzes auftretende Nachfrage durch die verschiedenen Distributionsebenen hindurch und aggregiert sich in den Zentrallagern. *Stenger* und *Cavinato*[3] griffen *Whybarks*

---

[1]) Der Ansatz des Distribution Requierements Plannings ist unter anderem referiert bei: Bookbinder, James H.; Heath, Donald B.: /Replenishment Analysis/ 478-481; Bookbinder, James H.; Lynn, Wendy: /Impact/ 49-51; Bregman, Robert L.: /Enhanced Distribution requirements planning/ 53-54; Brown, Robert G.: /Service Parts Inventory Control/ 323-329; Coyle, John J.; Bardi, Edward J.; Langley, C. John Jr.: /Business Logistics/ 226-227; Crabtree, David: /Distribution Logistics/ 54-57; Delfmann, Werner: /MRP/ 1258-1262; Diruf, Günther: /Lagerbestandsplanung und -kontrolle/ 17-18; Dube, Wiliam R.: /Closed Loop/ 9-10; Federgrün, Awi: /Production and Distribution Management/ 280-281; Federgrün, Awi; Zheng, Yu-Sheng: /Power-of-Two replenishment Strategies/ 710; Ho, Chrywan-jyh; Carter, Phillip L.: /Rescheduling Capability in DRP/ 33-34; Ho, Chrwan-jyh: /Distribution requirements planning/ ; Martin, André J.: /DRP/ ; Masters, James M.; Allenby, Greg M.; La Londe, Bernard J.; Maltz, Arnold: /DRP/; McKinnon, Alan C.: /Physical Distribution Systems/ 95-99; Meis, Harald: /Sortiments- und Bestandsmanagement/ 73-82; O'Neil, Brian F.: /Information/ 84-86; Ormsby, Joseph G.; Tinsley, Dillard B.: /marketing/ 70-71; Schary, Philip B.: /Logistics Decisions/ 175-178; Stenger, Alan J.; Cavinato, Joseph L.: /Adapting MRP/ ; Stern, Louis W.; El-Ansari, Adel I.: /Marketing Channels/ 165-166; Tersine, Richard, J.: /Principles/ 432-438; Vasquez, Jess: /Distribution Requirements Planning/; Vollmann, Thomas E.; Berry, William L.; Whybark, David C.: /Manufacturing Planning/ 794-828.

[2]) Vgl. Whybark, D. Clay: /Distribution/ .

[3]) Vgl. Stenger, Alan J.; Cavinato, Joseph L.: /Adapting MRP/ .

Ideen auf und erweiterten sie später zu dem Ansatz des Distribution Requirements Planning.[1] Dazu passten sie die Verfahren des ursprünglich für Produktionsprozesse entwickelten Materials Requirements Plannings[2] an die veränderten Rahmenbedingungen in Distributionssystemen an. *Martin*[3] propagierte schließlich das Distribution Resource Planning[4] und erarbeitete einen umfassenden Ansatz zur Dispositionsplanung in mehrstufigen Distributionssystemen.

Der entscheidende Ausgangspunkt liegt in der Feststellung, dass die Bedarfe der höher gelegenen Lagerstufen unmittelbar von denen der tiefer gelegenen abhängen und sich folglich bei vorliegenden Nachfrageprognosen berechnen lassen. Wie aus Darstellung 16 ersichtlich, wird für ein Lager der untersten Stufe auf Grund von Nachfra-

---

[1]) Distribution Requirements Planning wird im Folgenden auch mit DRP abgekürzt.

[2]) Der Ansatz des Materials Requirements Plannigs ist unter anderem referiert bei: Afentakis, Panayotis; Gavish, Bezalel: /Lot-Sizing Algorithms/ ; Afentakis, Panayotis u.a.: /Computationally Efficient Optimal Solutions/ ; Ammer, Dean S.: /Materials Management/ 239; Anderson, E.J.: /lot-size model/ ; Bahl, Harish C.; Ritzman, Larry P.; Gupta, Jatinder N. D.: /lot sizes and resource requirements/ ; Bichler, Klaus; Kalker, Peter; Wilken, Ernst: / PPS-System/ 33; Biggs, Joseph R.: /Lot-Sizing and Sequencing Rules/ ; Billington, Peter J.; McClain, John O.; Thomas, L. Joseph: /multilevel lot-sizing/ ; Blackburn, Joseph D.; Millen, Robert A.: /Multi-Level MRP/ ; Blackburn, Joseph D.; Kropp, Dean H.; Millen, Robert A.: /nervousness in MRP/ ; Blackburn, Joseph D.; Millen, Robert A.: /Multi-Echelon Requirements Planning Systems/ ; Bogaschewsky, Ronald W.: /EOQ/ ; Carlson, Robert C.; Yano, Candace A.: /Safety stocks in MRP-systems/ ; De Bodt, Marc A.; Gelders, Ludo F.; Van Wassenhove, Luk N.: /Lot-Sizing/; Delfmann, Werner: /MRP/ ; Donselaar van, Karel: /MRP and LRP/ ; Federgrün, Awi: /Production and Distribution Management/ ; Federgrün, Awi; Zheng, Yu-Sheng: /Power-of-Two replenishment Strategies/ ; Fuchs, Jerome H.: /Inventory Control Systems/ 74; Fuchs, Ralf M.: /Planungsverfahren/; Gupta, Yash P.; Keung, Ying K.; Gupta, Mahesch C.: /analysis of lot-sizing models/ ; Jacobs, F. Robert; Whybark, D. Clay: /Material Requirements Planning/ ; Müller-Manzke, Ulrich: /Relevante Kapital-Bindung/ ; Ormsby, Joseph G.; Tinsley, Dillard B.: /marketing/ ; Popp, Thomas: /Losgrößen- und Ablaufplanung/ 28; Salomon, Marc: /Lotsizing Models/ ; Schulte, Christof: /Logistik/ 248; Silver, Edward A.; Peterson, Rein: /Decision Systems/ 460; Steinberg, Earle; Napier, H. Albert: /Multi-Level Lot Sizing/; Stern, Louis W., El-Ansari, Adel I.: /Marketing Channels/ 160; Tempelmeier, Horst: /Material-Logistik/ 107; Veral, Emre A.; Laforge, R. Lawrence: /performance/ ; Wegner, Ullrich: /Organisation der Logistik/ 72; Wortmann, Johan C.: /standard software packages/ ; Yoo, Sangjin: /information system/.

[3]) Vgl. Martin, André J.: /DRP/ .

[4]) Das Distribution Resource Planning erweitert das Distribution Requiremnts Planning hinsichtlich der Einbeziehung und Koordination sämtlicher Ressourcen der Distribution, wobei insbesondere die Transportplanung, Komponenten des Finanzsystems und Simulationsansätze einbezogen werden. Vgl. Delfmann, Werner: /MRP/ 125.
Die Begriffe Distribution Requirements Planning und Distribution Resource Planning werden in der Literatur jedoch häufig synonym verwandt (Vgl. hierzu auch: Ho, Chrwan-jyh: /Distribution Requirements Planning/). Da sich die meisten Literaturbeiträge auf den Begriff des Distribution Requirements Plannings stützen, wird dieser auch in der vorliegenden Arbeit benutzt.

geprognosen ein Orderplan für die kommenden Perioden bestimmt. Dazu berechnet man zunächst den jeweils zum Ende einer Periode voraussichtlich verfügbaren Lagerbestand. Dieser ergibt sich aus dem zum Abschluss der Vorperiode vorhandenen Bestand plus der erwarteten oder geplanten Wareneingänge abzüglich der während der Periode auftretenden Nachfrage.[1]

Periode		1	2	3	4	5	6	7
Nachfrageprognose		20	20	20	30	20	10	20
erwartete Lieferung		60						
voraussichtlich verfügbarer Lagerbestand	25	65	45	25	55	35	25	65
geplante Order			60			60		

Sicherheitsbestand = 20; Bestellmenge = 60; Transportzeit = 2 Perioden.

Darst. 16 DRP-Plan für ein Verkaufslager

Für solche Perioden, in denen der fortgeschriebene Lagerbestand den vorgegebenen Sicherheitsbestand unterschreiten würde, wird ein Wareneingang in Höhe der Bestellmenge angenommen. Für diesen Wareneingang ist dann zu dem spätest möglichen Versandzeitpunkt eine Order einzuplanen. Das bedeutet, dass die Order um so viele Perioden zeitlich vorversetzt zu erfolgen hat, wie die Transportzeit in Anspruch nähme. Im obigen Beispiel würde so der Lagerbestand in der vierten Periode auf -5 Einheiten absinken und damit den gewünschten Sicherheitsbestand von 20 Einheiten unterschreiten. Bei einer Transportzeit von zwei Perioden ist daher bereits in der zweiten Periode eine Order zu veranlassen, so dass zum Ende der vierten Periode wieder 55 Einheiten zur Verfügung stehen würden.

Die Orderpläne der einzelnen Lager werden jeweils der nächst höheren Ebene übermittelt, dort aggregiert und dann wiederum als zu deckender Perioden-Bruttobedarf zugrunde gelegt. Das Beispiel in Darstellung 17 zeigt ein zweistufiges Distributionssystem mit zwei Verkaufslagern auf der untersten Stufe und einem Zentrallager auf der übergeordneten Ebene. Nach Aggregation der einzelnen Ordermengen ergibt sich der für das

[1]) Vgl. Ho, Chrwan-jyh: /Distribution requirements planning/ 4.

Zentrallager resultierende Bedarfsverlauf. Der Bestellplan des Zentrallagers wird schließlich nach dem gleichen Verfahren aufgestellt wie auch in den Verkaufslagern. Veranlasst werden jedoch nur die Order und Bestellungen, die in der laufenden Periode anstehen.

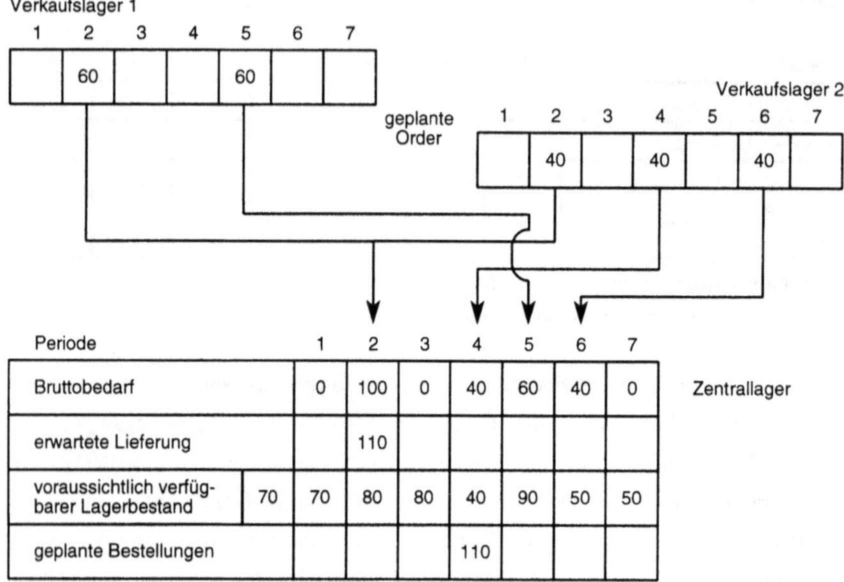

Periode		1	2	3	4	5	6	7
Bruttobedarf		0	100	0	40	60	40	0
erwartete Lieferung			110					
voraussichtlich verfügbarer Lagerbestand	70	70	80	80	40	90	50	50
geplante Bestellungen					110			

Sicherheitsbestand = 0; Bestellmenge = 110; Lieferzeit = 1 Periode

Darst. 17 DRP-Plan nach Bedarfsaggregation in einem Zentrallager

Verläuft der Absatz anders als vermutet, zieht dies auch Verschiebungen in den Order- und Bestellplänen nach sich. Deshalb werden in jeder Periode stets nur die aktuell erforderlichen Aktionen ausgeführt. Damit diese Aktionen auch noch für die höchste Lagerebene korrekt bestimmt werden können, muss der Planungshorizont des DRP Ansatzes mindestens auf die Summe aller in Frage kommender Transport- und Lieferzeiten festgesetzt werden.[1]

---

[1]) Vgl. Martin, André J.: /DRP/ 87-89.

Im Unterschied zur untersten Stufe brauchen die übergeordneten Stufen keine Sicherheitsbestände zu bevorraten,[1] da davon ausgegangen wird, dass die einzukalkulierenden Transport- und Lieferzeiten mit Gewissheit bekannt sind. Deshalb ist der Sicherheitsbestand des Zentrallagers in obigem Beispiel auf Null gesetzt. Andererseits könnte man das Verfahren aber auch nutzen, um Sicherheitsbestände bewusst auf höhere Ebenen zu verlagern.[2] *Stenger* und *Cavinato* vergleichen die bei DRP erforderlichen Sicherheitsbestände mit den bei einfachen Dispositionsverfahren benötigten Sicherheitsbeständen und kommen zu dem Ergebnis, dass durch DRP eine erhebliche Reduktion der Sicherheitsbestände erzielbar ist.[3] Für die Endbedarfslagerebene schlägt *Martin* vor, die Höhe des Sicherheitsbestandes auf einen durchschnittlichen Periodenbedarf zu setzen.[4] Wie aus Darstellung 16 ersichtlich, beläuft sich im ersten Verkaufslager des obigen Beispiels die durchschnittliche Nachfrage je Periode auf 20 Einheiten. Deshalb ist dort auch ein Sicherheitsbestand von 20 Einheiten zugrunde gelegt.

Zur Bestimmung der Bestellmengen schlägt *Martin* verschiedene Verfahren vor. Für eine Bestellpolitik mit festen Bestellmengen verweist er auf die EOQ,[5] macht aber zugleich auf deren einschränkenden Annahmen aufmerksam. Außerdem deutet er darauf hin, dass auch die physischen Maße wie Gewicht und Volumen zu berücksichtigen sind und dass die Bestellmenge eventuell ein Vielfaches von gegebenen Packungseinheiten, Paletten oder Containern ausmachen sollte.[6] Für Bestellpolitiken mit variablen Bestellmengen favorisiert er die Period-Order-Quantity[7] oder die Lot-for-Lot Politik.[8] Andere einstufige

---

[1]) Der Unsicherheit in DRP-Systemen kann außer durch Sicherheitsbestände auch mit Sicherheitsvorlaufzeiten begegnet werden. Ausführlicher diskutiert bei Ho, Chrywan-jyh; Carter, Phillip L.: /Rescheduling Capability in DRP/ .

[2]) Vgl. Schary, Philip B.: /Logistics Decisions/ 177.

[3]) Vgl. Stenger, Alan J.; Cavinato, Joseph L.: /Adapting MRP/ 12.

[4]) Vgl. Martin, André J.: /DRP/ 75.

[5]) Vgl. Abschnitt 3.1.1.

[6]) Vgl. Martin, André J.: /DRP/ 81-82.

[7]) Bei der Period-Order-Quantity wird wiederum von der durchschnittlichen Bedarfsmenge ausgegangen. Jedem Lager wird in jeder Periode der von ihm durchschnittlich zu deckende Bedarf angeliefert. Vgl. auch Abschnitt 3.1.2.

[8]) Auch Ho benutzt die Lot-for-Lot Politik innerhalb von DRP, so dass je Periode nur soviel geliefert wird, wie gerade zur Bedarfsdeckung nötig ist. Vgl. Ho, Chrwan-jyh: /Distribution requirements planning/ 5.

Lagerhaltungsmodelle wie Least-Total-Cost, Least-Unit-Cost oder Wagner-Whitin[1] hält er zwar grundsätzlich für anwendbar, lehnt sie aber auf Grund ihrer Kompliziertheit ab, da er eine mangelnde Akzeptanz beim Disponenten befürchtet.[2] *Bookbinder* und *Heath*[3] untersuchen die kostenmäßigen Auswirkungen bei der Nutzung unterschiedlicher Verfahren zur Bestimmung der Bestellmengen in einer DRP-Umgebung eines mehrstufigen Distributionssystems. In einer Simulationsstudie vergleichen sie unter anderem die Ergebnisse unter Verwendung des Lot-for-Lot-Verfahrens, der Period-Order-Quantity, der Silver-Meal-Heuristik sowie des Part-Period-Verfahrens. Die Verfahren werden so in DRP integriert, dass zunächst die letztmöglichen Bestell- bzw. Lieferzeitpunkte bestimmt werden und dann die aus dem jeweiligen Dispositionsverfahren resultierende Menge bestellt bzw. geliefert wird. Auf Grund der Variation von Distributionsstruktur, Nachfrageverteilung, Prognosefehler sowie der Bestellkosten kommen sie zu dem Ergebnis, dass die Silver-Meal-Heuristik die niedrigsten Kosten verursacht.[4]

Da das Distribution Requirements Planning quasi eine umfassende Simulation des Distributionsnetzwerkes darstellt,[5] liegt sein wesentlicher Vorteil in der Vorhersehbarkeit problematischer Konstellationen.[6] Da in einer DRP-Umgebung ständig neu geplant

---

[1]) Vgl. Abschnitt 3.1.2.

[2]) Vgl. Martin, André J.: /DRP/ 82-84.

[3]) Vgl. Bookbinder, James H.; Heath, Donald B.: /Replenishment Analysis/ .

[4]) An der Untersuchung von Bookbinder und Heath muss jedoch die Einbeziehung des Lieferservices kritisch betrachtet werden. Um die Vergleichbarkeit der Ergebnisse zu gewährleisten, wird der Lieferbereitschaftsgrad für alle Verfahren auf 100% festgelegt. Um dies zu erreichen wird der Sicherheitsbestand auf eine stets ausreichende Höhe gesetzt. Das bedeutet, dass man bei Auftreten von Fehlbeständen in einem Lager in einer bestimmten Periode einfach nachträglich einen entsprechenden Sicherheitsbestand konstatiert und diesen dann lediglich für die betrachtete Periode mit Lager- und Transportkosten belegt. Dies ist jedoch nicht mit der Realität in Einklang zu bringen. Zudem darf man ein Dispositionsverfahren nicht nur nach seinen Kosten beurteilen, sondern muß auch dessen Auswirkungen auf den Lieferbereitschaftsgrad und die resultierende Kapitalbindung untersuchen.
Gupta, Keung und Gupta kommen in einer ähnlichen Studie ebenfalls zu dem Resultat, dass die Silver-Meal-Heuristik die besten Ergebnisse liefert. Sie testeten die Anwendung verschiedener Einprodukt-Losgrößenverfahren im Kontext einer MRP-Umgebung mehrstufiger Produktionsprozesse mit rollierender Planung. Auf Grund umfangreicher Simulationsstudien kommen sie zu dem Ergebnis, dass aus der Silver-Meal-Heuristik unter den Bedingungen einer rollierenden Planung sogar niedrigere Gesamtkosten resultieren, als bei Anwendung des optimalen Wagner-Whitin Algorithmus. Vgl. Gupta, Yash P.; Keung, Ying K.; Gupta, Mahesch C.: /analysis of lot-sizing models/ 695.

[5]) Vgl. Martin, André J.: /DRP/ 41.

[6]) Vgl. Martin, André J.: /DRP/ 23.

wird,[1] können potentielle Fehlbestände frühzeitig identifiziert werden[2] und die Nachfrageunsicherheit kann für die übergeordneten Lager gesenkt werden. Weil die Tatsache Berücksichtigung findet, dass der Bedarf in höheren Lagerebenen unmittelbar von der Nachfrage der auf niedrigeren Stufen nachfolgenden Lager abhängt, erlaubt der Einsatz von DRP eine Reduzierung der Sicherheitsbestände für die höher gelegenen Lagerstufen.[3] Insgesamt lassen sich daher wesentliche Verbesserungen im Lieferservice, erhebliche Bestandsreduzierungen sowie eine Senkung der Distributionskosten erzielen.[4]

Kritisch müssen die im Rahmen von DRP prognostizierten Nachfragemengen betrachtet werden. Weichen diese zu stark von der Realität ab, kann das System nicht mehr funktionieren. Außerdem werden die Transportmöglichkeiten außer Acht gelassen und der Mehrproduktproblematik wird nicht Rechnung getragen. Zur Lösung dieses Problems wird von *Martin* lediglich ein Computersystem vorgeschlagen, dass es dem Disponenten erlaubt, 'by exception' tätig zu werden und manuell Korrekturen vorzunehmen.[5]

Nachdem in den vorangegangenen Abschnitten verschiedene Ansätze zur Disposition im Einprodukt-Fall vorgestellt worden sind, werden im Folgenden solche Ansätze näher erläutert, die sich speziell der Mehrproduktproblematik widmen.

3.2.3 Dynamische Dispositionsverfahren für den Mehrprodukt-Fall

In der Praxis wird das Problem mehrere Produkte für verschiedene Lager zu disponieren, häufig schon aus organisatorischen Gründen in separate Einlager-Einprodukt-

[1]) Vgl. Martin, André J.: /DRP/ 41 und 177.

[2]) Vgl. Martin, André J.: /DRP/ 74.

[3]) Vgl. Bookbinder, James H.; Lynn, Wendy: /Impact/ 48.

[4]) Vgl. Martin, André J.: /DRP/ 3-9 und Stenger, Alan J.; Cavinato, Joseph L.: /Adapting MRP/.

[5]) Vgl. Martin, André J.: /DRP/ 108.

Fälle[1] aufgespalten.[2] In der Literatur existieren dagegen eine Reihe von Ansätzen, die sich mit dem Einlager-Mehrprodukt-Fall beschäftigen.[3] Der Existenz mehrerer Produkte tragen diese Verfahren meist dadurch Rechnung, dass sie Konsolidierungspotentiale bei der Beschaffung oder für alle Produkte gemeinsam geltende Restriktionen berücksichtigen.[4]

Die nachfolgend beschriebenen Ansätze gehen über diese Sichtweise hinaus, indem sie zusätzlich die Dispositionsproblematik in mehrstufigen Distributionssystemen unter dynamischen Rahmenbedingungen einschließen[5] und damit den dynamischen Mehrlager-Mehrprodukt-Fall für mehrstufige Distributionssysteme behandeln. Dabei werden zunächst einige Verfahren für stationäre Rahmenbedingungen vorgestellt, bevor abschließend ein Ansatz für den instationären Fall beschrieben wird.

3.2.3.1 Ansätze für stationäre Rahmenbedingungen

Gegenstand der folgenden Betrachtungen ist das dynamische Dispositionsproblem mehrerer Produkte innerhalb eines mehrstufigen Distributionssystems. Das dynamische Dispositionsproblem ist dadurch gekennzeichnet, dass für jede der relevanten Perioden die benötigten Bedarfsmengen bekannt sind. Die dargestellten Ansätze setzen

---

[1]) Vgl. Abschnitt 3.1.

[2]) Vgl. Schneeweiß, Christoph: /Lagerhaltungssysteme/ 42.

[3]) Mit dem Einlager-Mehrprodukt-Fall beschäftigen sich unter anderem Assfalg, Helmut: /Lagerhaltungsmodelle/ ; Atkins, Derek R.; Iyogun, Paul O.: /Periodic versus `can-order` policies/ ; Barany, Imre; Roy van, Toni J.; Wolsey, Laurence A.: /Strong formulations/ ; Bitran, Gabriel R.; Matsuo, Hirofumi: /Multi-Item Capacitated Lot Size Problem/ ; Bogaschewsky, Ronald: /Materialdisposition/ ; Chakravarty, Amiya K.: /Coordinated Multi-Item Inventory Replenishments/ ; Erenguc, S. Selcuk: /lot-sizing model/; Hall, Nicholas G.: /multi-item EOQ model/ ; Iyogun, Paul: /Dynamic Lot Size Problem/ ; Jahnke, Hermann: /Produktions-/ Lagerhaltungspolitik/ ; Johnson, Lynwood A.; Montgomery, Douglas C.: /Production Planning/ 33-36; Pfeifer, Andreas: /Mehrproduktlagermodelle/ ; Quint, August: /Simulation/; Rosenblatt, Meir J.; Kaspi, Moshe: /Joint Replenishment/ ; Schenk, Heike Yasmin: /Entscheidungshorizonte/ ; Schneeweiß, Christoph; Alscher, Jürgen: /Disposition/ ; Zoller, Klaus: /Lagerprozesse/.

[4]) Vgl. auch Abschnitt 2.3.3.4.

[5]) Neben der dynamischen Sichtweise des Mehrlager-Mehrprodukt-Dispositionsproblems existieren auch einige Ansätze, die das Problem statisch-stochastisch auffassen. Vgl. hierzu beispielsweise Aggarwal, Sumer C.; Dhavale, Dileep G.: /Simulation Analysis/ ; Gross, Donald; Soland, Richard M.; Pinkus, Charles E.: /Inventory System/ ; Hanssmann, Fred: /Inventory Location and Control/ ; Muckstadt, John A.: /Inventory System/ .

zudem stationäre Rahmenbedingungen voraus. Das bedeutet, dass die Bedarfsmengen über alle Perioden konstant sein müssen.[1] Ebenso werden neben den Nachfragedaten auch die Kosten und das Orderverhalten über den gesamten Zeitablauf als unveränderlich vorgegeben.

Ausgangspunkt der beschriebenen Ansätze ist ein Beitrag von *Maxwell* und *Muckstadt*,[2] der sich mit der Produktionsplanung innerhalb von MRP-Umgebungen beschäftigt.[3] Da die Nachfrage als konstant unterstellt wird, bestimmen *Maxwell* und *Muckstadt* nicht die Losgrößen, sondern stellen ein Verfahren zur Bestimmung der Bestellintervalle auf jeder Produktionsstufe vor. Aus Vereinfachungsgründen lassen sie nur gekoppelte Losauflagen[4] zu.[5] Darunter ist eine Politik zu verstehen, bei der die Losauflage auf einer bestimmten Stufe automatisch auch Losauflagen auf allen Nachfolgerstufen bedingt. Das für das jeweilige Produkt bestimmte Bestellintervall muss zudem einer Basisplanperiode (zum Beispiel Tag, Woche oder Monat) bzw. einem Vielfachen dieses Basisintervalls entsprechen. Weiterhin darf auf jeder Stufe nur zu einem 2^k-fachen[6] des Bestellintervalls der Vorgängerstufe ein Fertigungslos aufgelegt werden.[7] Der Vorteil dieser Vorgehensweise liegt darin, dass sich bei reduziertem Rechenaufwand auch umfangreiche Produktionspläne aufstellen lassen und zugleich die Synchronisation der Produktionsprozesse auf den verschiedenen Fertigungsstufen bei verringerten Beständen an unfertigen Produkten sichergestellt ist.

---

[1]) Vgl. Abschnitt 3.

[2]) Vgl. Maxwell, Wiliam L.; Muckstadt, John A.: /Reorder Intervals/ .

[3]) Der Ansatz von Maxwell und Muckstadt ist unter anderem referiert bei: Federgrün, Awi; Zheng, Yu-Sheng: /Power-of-Two replenishment Strategies/ 710; Roundy, Robin O.: /Lot-Sizing Rule/ 700; Roundy, Robin O.: /Computing/ ; Muckstadt, John A.; Roundy, Robin O.: /Distribution Systems/ 1614.

[4]) Gekoppelte Orderpolitiken werden auch als 'nested policies' bezeichnet.

[5]) Vgl. Maxwell, Wiliam L.; Muckstadt, John A.: /Reorder Intervals/ 1318.

[6]) Der Index k beschreibt eine positive Integerzahl inklusive Null. Daraus resultieren für den Faktor 2^k die Werte $[\,1\,,\;2\,,4\,,8\,,\,...\,,2^k\,]$

[7]) Vgl. Maxwell, Wiliam L.; Muckstadt, John A.: /Reorder Intervals/ 1319.

a) Ansatz von Roundy

Roundy[1] macht sich in seinem Beitrag die Ergebnisse von *Maxwell* und *Muckstadt*[2] zu Nutze und wendet sie auf mehrstufige Distributionssysteme an. Die Distributionsstruktur unterliegt dabei der Einschränkung, dass jedes Lager lediglich einen Vorgänger besitzen und auf oberster Stufe nur ein Zentrallager existieren darf. Ziel des Ansatzes ist die Bestimmung der Orderintervalle für alle Produkte in den verschiedenen Lagern, so dass die resultierenden durchschnittlichen Order- und Lagerhaltungskosten möglichst gering ausfallen. Die berücksichtigten Lagerhaltungs- und Orderkosten weisen einen linearen Verlauf auf. Der Mehrproduktproblematik wird Rechnung getragen, indem Produktfamilien betrachtet werden, die zu einer Erhöhung der Orderkosten führen, sobald ein Produkt einer weiteren Familie mit in eine Order einbezogen wird. Zusätzlich wird angenommen, dass die Lagerhaltungskosten auf den höheren Stufen geringer ausfallen als in den nachfolgenden Lagern. Die Nachfrage in den einzelnen Verkaufslagern darf unterschiedlich hoch ausfallen, verläuft aber stets stationär. Fehlmengen oder Reservierungen bestimmter Produkte sind nicht erlaubt und Liefer- bzw. Transportzeiten werden ebenfalls nicht berücksichtigt. Das Problem wird in Form eines gerichteten Netzwerks formuliert und ein heuristischer Algorithmus bestimmt unter den gegebenen Rahmenbedingungen schließlich eine Orderpolitik, die folgenden Kriterien genügt:[3] Zum einen handelt es sich um eine gekoppelte Orderpolitik. Diese definiert sich im Umfeld von Distributionssystemen dadurch, dass ein Lager auf jeden Fall eine Lieferung eines Produktes erhält, wenn auch sein Vorgängerlager eine Lieferung empfängt. Für die in Darstellung 18 gezeigte Distributionsstruktur würde dies zum Beispiel bedeuten, dass bei Eintreffen einer Warenlieferung im Zentrallager automatisch auch Transporte dieser Waren zu den beiden Verkaufslagern stattfinden würden. Als weiteres dürfen die Lagerbestände nur dann aufgefüllt werden, wenn sie auf Null abgesunken sind.[4] Außerdem muss jedes Orderintervall einem

---

1) Vgl. Roundy, Robin O.: /Computing/ . Der Ansatz von Roundy ist unter anderem referiert bei: Federgrün, Awi; Zheng, Yu-Sheng: /Power-of-Two replenishment Strategies/ 710 und Iyogun, Paul; Atkins, Derek: /Distribution Systems/ 205.

2) Vgl. Maxwell, Wiliam L.; Muckstadt, John A.: /Reorder Intervals/ .

3) Vgl. Roundy, Robin O.: /Computing/ 38-39.

4) Vgl. Roundy, Robin O.: /Lot-Sizing Rule/ 701.

ganzzahligen Vielfachen des Basisintervalls entsprechen und die Orderintervalle in jedem nicht auf der obersten Stufe liegenden Lager müssen so bemessen sein, dass ein Lager um 2^k mal[1] häufiger beliefert wird als sein Vorgänger.

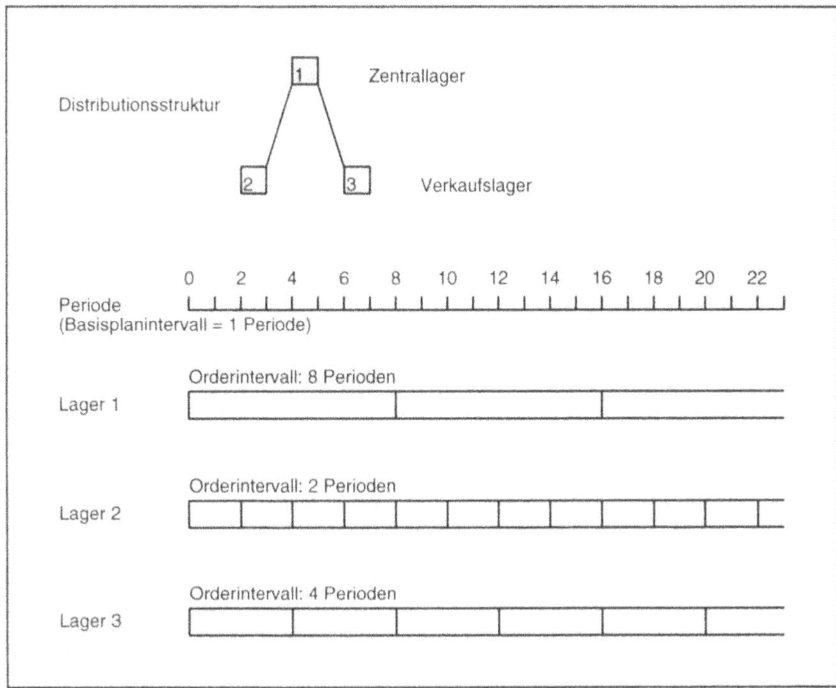

Darst. 18 Darstellung der Orderpolitik gemäß des Ansatzes von Roundy

Darstellung 18 verdeutlicht eine derartige Orderpolitik. Während das Zentrallager (Lager 1) nur alle acht Perioden bestellt, ordern die Verkaufslager (Lager 2 und Lager 3) alle zwei bzw. vier Perioden. Lager 2 ordert damit also bei Faktor 2^1 doppelt so häufig als sein Vorgängerlager und Lager 3 ordert mit 2^2 gleich vier mal öfter als Lager 1. Prinzipiell kann diese Form der Orderpolitik das Gesamtoptimum weit verfehlen. Sie ist aber umso besser, je weniger die jeweiligen Nachfrage- und Kostenparameter der einzelnen

---

[1]) Der Index k beschreibt eine positive Integerzahl inklusive Null. Vgl. auch Abschnitt 3.2.3.1.

Lager voneinander abweichen.[1] Auf Grund der restriktiven Annahmen dieses Ansatzes scheint er für einen Einsatz in der Praxis wenig geeignet. Interessant sind aber die Auswirkungen der Ausgestaltung der Oderpolitik auf die resultierenden Warenflüsse. Da sich die Orderintervalle für alle Produkte stets auf ein 2^k -faches des Basisintervalls belaufen, wäre einerseits eine Synchronisation der Warenflüsse zwischen den einzelnen Lagerstufen sichergestellt und andererseits würden sich auch viele Konsolidierungsmöglichkeiten unter den zu transportierenden Produkten ergeben, weil die Orderintervalle der einzelnen Produkte untereinander konform wären.

b) Ansatz von Federgrün und Zheng

Eine ähnliche Richtung schlagen *Federgrün* und *Zheng*[2] ein.[3] Ihr Verfahren baut ebenso wie der vorweg beschriebene Ansatz auf dem Modell von *Maxwell* und *Muckstadt*[4] auf, ist aber auch für gerasterte (azyklische) Strukturen geeignet und kann im Produktionsbereich angewendet werden.[5] Außerdem ist es in der Lage, Kapazitätsrestriktionen zu berücksichtigen, die sich zum Beispiel aus begrenzten Transport- oder Lagerkapazitäten ergeben. Die Restriktionen fließen dabei in Form von Limitierungen der möglichen Orderintervalle einzelner Produkte in die Betrachtung ein. Für die Anwendung im Distributionsbereich baut ihr Verfahren auf den systemweiten Periodenbedarfen[6] auf, wie sie sich durch Einsatz eines auf Grundlage einer Lot-for-Lot Politik[7] arbeitenden Distribution Requirements Plannings[8] ermitteln lassen. Dabei unterstellen sie jedoch stationäre Nachfragedaten. Auch Rückstellungen und Lieferzeiten werden aus der Betrach-

---

[1]) Vgl. Muckstadt, John A.; Roundy, Robin O.: /Distribution Systems/ 1614.

[2]) Vgl. Federgrün, Awi; Zheng, Yu-Sheng: /Power-of-Two replenishment Strategies/ .

[3]) Der Ansatz von Federgrün und Zheng ist unter anderem dargestellt bei: Federgrün, Awi: /Production and Distribution Management/ 287-288.

[4]) Vgl. Maxwell, Wiliam L.; Muckstadt, John A.: /Reorder Intervals/ .

[5]) Vgl. Federgrün, Awi; Zheng, Yu-Sheng: /Power-of-Two replenishment Strategies/ 710.

[6]) Vgl. Abschnitt 4.3.1.2.

[7]) Vgl. Abschnitt 3.1.2.

[8]) Vgl. Abschnitt 3.2.2.3.

tung ausgeschlossen. Die Lagerhaltungskosten werden produktspezifisch als konstante Raten in Abhängigkeit von der Anzahl und Zeitdauer der gelagerten Produkte erfasst und die berücksichtigten Orderkosten bestehen aus einem fixen und einem mengenmäßig variablen Anteil. Da die fixen Orderkosten nur einmal je Order anfallen, kommt an dieser Stelle die Mehrproduktproblematik zum Tragen, wenn mehrere Produkte gemeinsam geordert werden. Unter den gegebenen Rahmenbedingungen wird schließlich durch Lösung eines Netzwerkflussproblems eine Orderpolitik bestimmt,[1] die den gleichen Kriterien wie bei *Roundy* genügen muss.[2] Es wird also eine gekoppelte Orderpolitik bestimmt, deren Orderintervalle stets ein Vielfaches des Basisintervalls ausmachen. Deshalb würde auch der Ansatz von *Federgrün* und *Zheng* einerseits eine Synchronisation der Warenflüsse zwischen den einzelnen Lagerstufen begünstigen und andererseits auch viele Konsolidierungsmöglichkeiten unter den zu transportierenden Produkten eröffnen.

Im Hinblick auf die Zielsetzung der vorliegenden Arbeit[3] bleibt an dem beschriebenen Ansatz nur dessen Anwendbarkeit auf rasterstrukturierte Distributionssysteme sowie die Einbeziehung der Kapazitätsrestriktionen hervorzuheben. Da die Kapazitätsrestriktionen aber nur für einzelne Produkte separat gelten und nicht für mehrere Produkte gemeinsam aufgestellt werden können, wird der Ansatz in diesem Punkt der Mehrproduktproblematik nicht gerecht. Somit ist die zugrunde gelegte Problemformulierung gegenüber dem Ansatz von *Roundy* zwar ein wenig praxisnäher, die verbleibenden Restriktionen vereiteln aber gleichermaßen jeden Einsatz in der Realität.

c) Ansatz von Iyogun und Atkins

Ein anderer Lösungsvorschlag wird von *Iyogun* und *Atkins*[4] unterbreitet. Sie beschränken ihre Betrachtungen ausschließlich auf symmetrisch-baumstrukturierte

---

[1]) Vgl. Federgrün, Awi; Zheng, Yu-Sheng: /Power-of-Two replenishment Strategies/ 716-721.

[2]) Vgl. Abschnitt 3.2.3.1a).

[3]) Vgl. Abschnitt 1.2.

[4]) Vgl. Iyogun, Paul; Atkins, Derek: /Distribution Systems/ .

Distributionssysteme,[1] in denen jedes Lager beliebig viele Nachfolger, aber nur einen Vorgänger haben darf und bei denen auf der obersten Ebene nur ein Zentrallager erlaubt ist. Als mögliche Orderpolitiken kommen bei ihnen alle realisierbaren gekoppelten Politiken in Frage, deren Orderintervalle zwar ganzzahlige Vielfache des Basisintervalls ausmachen, aber nicht zusätzlich noch auf den Faktor einer Zweierpotenz des Basisintervalls zurückzuführen sein müssen. Die Nachfrage wird als stationär unterstellt und Reservierungen sind ausgeschlossen. Liefer- und Transportzeiten werden nicht berücksichtigt. Als Zielsetzung verfolgt der Ansatz möglichst geringe durchschnittliche Gesamtkosten. Dabei ist es möglich, unterschiedlich hohe Lagerhaltungskosten auf den verschiedenen Ebenen für jedes Produkt zu berücksichtigen. Ansonsten fließen nur noch fixe Kosten je Ordervorgang in die Betrachtung ein, welche jedoch wiederum für jede Lagerebene unterschiedlich ausfallen dürfen. Das bedeutet, dass für eine Order, in der mehrere Produkte gemeinsam geordert werden, nur einmalig fixe Kosten anfallen und auf diese Art die Mehrproduktproblematik Eingang in den Ansatz findet. Mit Hilfe einer Dekomposition der Distributionsstruktur in mehrere serielle Strukturen bestimmen *Iyogun* und *Atkins* schließlich die Orderintervalle aller Produkte für jedes Lager. Da lediglich eine gekoppelte Orderpolitik gefordert ist, die keinen weiteren Anforderungen unterliegt, gestalten sich die Intervalle so, dass die Lager stets ein Produkt geliefert bekommen, wenn dieses Produkt auch in seinem Vorgängerlager angeliefert wurde.[2]

Es ist zu erwarten, dass sich der Verzicht auf weitere Beschränkungen der erlaubten Orderpolitiken positiv auf das Gesamtergebnis des Ansatzes auswirkt. Die getroffenen Annahmen bezüglich der Distributions- und Kostenstruktur sowie die Vernachlässigung von Liefer- und Transportzeiten machen jedoch auch diesen Ansatz für einen Einsatz in der Praxis ungeeignet. Auch die als stationär angenommenen Nachfrageverläufe werden nur selten in der Realität anzutreffen sein. Wie zu verfahren ist, wenn die Nachfrageverläufe der verschiedenen Produkte nicht nur Schwankungen unterliegen, sondern eventuell auch noch mit Prognoseungenauigkeiten behaftet sind, wird von den drei vorweg geschilderten Ansätzen zudem völlig ignoriert. Das nachfolgend dargestellte Verfahren lässt dagegen

---

[1]) Vgl. Iyogun, Paul; Atkins, Derek: /Distribution Systems/ 215.

[2]) Vgl. Iyogun, Paul; Atkins, Derek: /Distribution Systems/ 26.

auch solche Rahmenbedingungen zu. Es baut auf dem Distribution Requirements Planning auf und berücksichtigt zugleich die Mehrproduktproblematik.

3.2.3.2 Enhanced Distribution Requirements Planning

Die Hauptnachteile des Distribution Requirements Plannings[1] liegen laut *Bregman* darin, dass sowohl die Kapazitätsrestriktionen der Lager- und Transportressourcen als auch der ökonomische Trade-off zwischen Lagerhaltungs- und Transportkosten unberücksichtigt bleiben.[2] *Bregman* schlägt daher einen erweiterten Ansatz vor, den er als Enhanced Distribution Requirements Planning[3] bezeichnet. Seine Vorgehensweise entspricht dabei weitgehend einer Heuristik, die er zusammen mit *Ritzman* und *Krajewski* veröffentlicht hat.[4]

Ausgangspunkt des Ansatzes bilden die systemweiten Periodenbedarfe,[5] die mit Hilfe eines auf einer Lot-for-Lot Politik[6] basierenden Distribution Requirements Plannings ermittelt werden. Die daraus resultierenden aggregierten Periodenbedarfe jeden Lagers dienen als Ausgangslösung, die aber noch keine Kapazitätsrestriktionen oder Kosten-Trade-offs berücksichtigt. Zwei Subroutinen setzen dann bei der Ausgangslösung an und verbessern diese sukzessive. Als relevante Kostengrößen dienen dabei lediglich Lagerhaltungs- und Transportkosten.[7] Orderkosten werden als irrelevant vernachlässigt, weil mehrstufige Distributionssysteme für gewöhnlich als Teil eines einzigen Unternehmens anzusehen sind.[8] Die Transport- und Lagerrestriktionen fließen über das Volumen der verschiedenen Produkte in die Betrachtung ein. Die Mehrproduktproblematik wird

---

[1]) Vgl. Abschnitt 3.2.2.3.

[2]) Vgl. Bregman, Robert L.: /Enhanced Distribution requirements planning/ 49.

[3]) Enhanced Distribution Requirements Planning wird im Folgenden auch mit EDRP abgekürzt.

[4]) Vgl. Bregman, Robert L.; Ritzman, Larry P.; Krajewski, Lee J.: /Control of Inventory/.

[5]) Vgl. Abschnitt 4.3.1.2.

[6]) Vgl. Abschnitt 3.1.2.

[7]) Vgl. Bregman, Robert L.: /Enhanced Distribution requirements planning/ 54.

[8]) Vgl. Bregman, Robert L.: /Enhanced Distribution requirements planning/ 54.

aufgegriffen, indem die Kapazitätsbeschränkungen nicht für einzelne Produkte aufgestellt werden, sondern gleich für mehrere Produkte gemeinsam gelten. Zur Wahl stehen zwei verschiedene Transportmodi. Eine Transportoption mit beschränkter Kapazität, für die lediglich Fixkosten anfallen (FTO[1]) und eine andere Transportoption ohne Kapazitätsbeschränkung, bei der nur variable Kosten je befördertem Produkt entstehen (VTO[2]). Da bei jedem FTO einmalig fixe Kosten für die gemeinsam beförderten Güter anfallen, kommt auch hier die Mehrproduktproblematik zum Tragen. Als Ziel werden möglichst geringe Lagerhaltungs- und Transportkosten anvisiert.[3] Zur Erzeugung der Ausgangslösung berechnet man aus den deterministisch für alle betrachteten Perioden vorgegebenen Nachfragemengen die Bedarfe der höher gelegenen Lagerebenen. Dies geschieht, wie bereits erwähnt, mit Hilfe eines auf einer Lot-for-Lot Politik basierenden Distribution Requirements Plannings.[4] Die Ausgangslösung stellt diejenige Lösungsvariante dar, welche die niedrigst möglichen Lagerhaltungskosten und gleichzeitig die höchsten Transportkosten aufweist. Ausgehend von der Annahme, dass die Transporte in dieser Lösungsvariante alle als VTO eingeplant sind, startet die erste von zwei Subroutinen zur Verbesserung der Ausgangslösung. Beginnend mit der letzten Periode und den untersten Transportstrecken werden - solange es sich lohnt - immer mehr VTOs zusammengefasst und als FTO eingeplant. Dies geschieht, indem ein Wert für die Kosteneinsparungsmöglichkeit berechnet wird, der angibt, wie viel bei jedem Produkt in jeder Periode unter Verwendung einer FTO an Stelle einer VTO eingespart werden kann und wie viel dies an zusätzlichen Lagerhaltungskosten aufwirft. Falls der letzte geplante FTO noch unterhalb seiner Kapazitätsgrenze genutzt wird oder noch ein VTO Verwendung findet, wird die zweite Subroutine angestoßen. Sie berechnet für jede noch mögliche Kombination von FTOs die Kostensenkungspotentiale, die entstehen, wenn die Transportaufgaben eines FTO zeitlich vorgezogen würden und verbessert so die Transportvorgänge auf der jeweils betrachteten Transportstufe.

---

[1]) Die Abkürzung FTO steht für eine Fixkostentransportoption.In der Relaität könnte dies zum Beispiel eine Transportabwicklung über einen unternehmenseigenen Fuhrpark darstellen.

[2]) Die Abkürzung VTO steht für eine Transportoption zu variablen Kosten. In der Realität entspräche dies zum Beispiel der Einschaltung eines Logistik-Dienstleisters.

[3]) Vgl. Bregman, Robert L.: /Enhanced Distribution requirements planning/ 54.

[4]) Vgl. Bregman, Robert L.: /Enhanced Distribution requirements planning/ 55 und Bregman, Robert L.; Ritzman, Larry P.; Krajewski, Lee J.: /Control of Inventory/ 810.

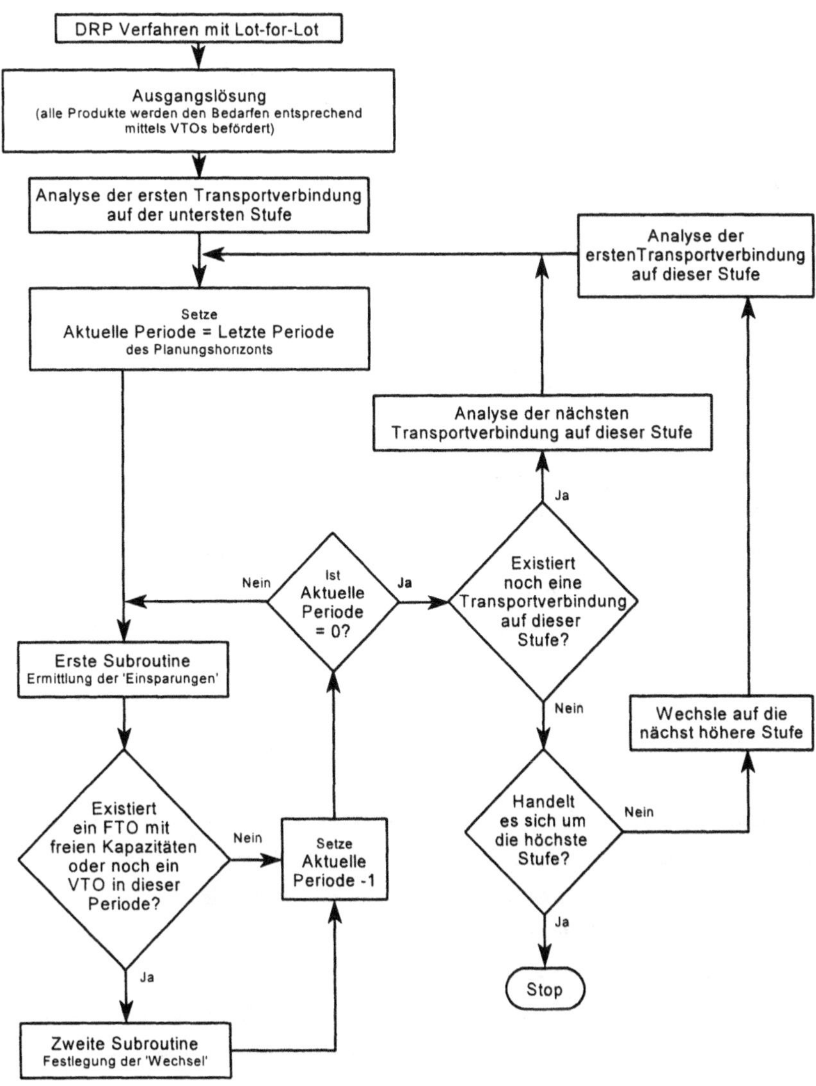

Darst. 19 Flussdiagramm zur Heuristik von Bregman

Aufbauend auf diesen Ergebnissen wird dann die nächsthöhere Transportebene nach dem gleichen Verfahren durchlaufen, so dass letztlich eine retrograde Sekundärbedarfsermittlung mit Hilfe kumulierter Peridenbedarfe betrieben wird.[1] In Darstellung 19[2] ist der Ablauf dieser Heuristik noch einmal an Hand eines Flussdiagramms veranschaulicht. Durch zusätzliche Module ist laut *Bregman*, *Ritzman* und *Krajewski* sichergestellt, dass durch das Verfahren auch die Lager- und Transportrestriktionen eingehalten und die Lagerbestände in den untersten Lagern überwacht werden.[3]

Zur Lösung des dynamischen Mehrprodukt-Falls in mehrstufigen Distributionssystemen bei deterministischer Nachfrage bietet dieses Verfahren auf Grund seiner recht praxisnahen Rahmenbedingungen im Vergleich zu den anderen Verfahren noch den besten Ansatzpunkt. Bezüglich der unterstellten Lagerrestriktionen ist aber zu bemängeln, dass sie auch auf der untersten Lagerebene nur für alle gelagerten Waren gemeinsam gelten und dort nicht für jedes Produkt separat festgelegt werden können, was eher den Anforderungen der Realität entspräche. Auch die starr vorgegebenen Kostenverläufe der beiden Transportvarianten könnte man flexibel gestalten. So werden für einen FTO neben dem fixen Kostenbestandteil in der Wirklichkeit zusätzlich noch variable Kostenanteile anfallen und die Kosten eines VTO würden sicher nicht nur von der Anzahl der beförderten Produkte abhängen, sondern auch von deren Volumen oder Gewicht. Außerdem werden keine Kosten für das Auslösen einer Order berücksichtigt, was zur Folge hat, dass der Trade-off zwischen Bestell- und Lagerhaltungskosten auf der obersten Lagerstufe nicht erfasst und nur die Transportplanung in den Vordergrund gestellt wird. Unklar ist schließlich auch das Verhalten des Ansatzes bei auftretender Prognoseunsicherheit bezüglich der Nachfragedaten und bei Einsatz im Rahmen einer in der Praxis üblichen rollierenden Planung. Es ist sehr wahrscheinlich, dass ein Großteil der Optimierungsbemühungen angesichts unvermeidbarer Planabweichungen vergebens sein wird. Auch Aussagen zum Verhalten bei auftretenden Fehlbeständen werden ebenso wenig gemacht, wie Hinweise über mögliche vorbeugende Maßnahmen gegen Fehlbestände gegeben werden. Darin zeigt sich, dass auch der Ansatz

[1]) Vgl. hierzu auch die Ausführungen in Abschnitt 4.3.1.1.

[2]) Vgl. Bregman, Robert L.: /Enhanced Distribution requirements planning/ 56.

[3]) Vgl. Bregman, Robert L.; Ritzman, Larry P.; Krajewski, Lee J.: /Control of Inventory/ 812.

des Enhanced Distribution Requirements Plannings nicht ohne weiteres zur Dispositionsplanung in der Praxis angewandt werden kann.

Nachdem in den vorangegangenen Betrachtungen die bestehenden Ansätze zur Dispositionsplanung in mehrstufigen Distributionssystemen vorgestellt worden sind, folgt im nächsten Abschnitt ein kritischer Vergleich dieser Ansätze. Die Verbesserungspotentiale der bestehenden Ansätze werden dann im Verlaufe der weiteren Ausführungen aufgezeigt.

3.3 Zusammenfassende Würdigung der bestehenden Ansätze und Darstellung der verbleibenden Defizite

Von den dargestellten Ansätzen zur Dispositionsplanung kommen in der Praxis meist die grundlegenden Ansätze für den einstufigen Fall[1] zur Anwendung. In einem mehrstufigen Kontext führt dies jedoch zu unbefriedigenden Ergebnissen. Einerseits werden die Informationen über den tatsächlichen Bedarfsverlauf nur verzerrt und mit Verzögerungen an die übergeordneten Lagerstufen weitergegeben und andererseits resultieren aus der isolierten Betrachtung jeden Lagers für die höher gelegenen Lagerebenen oft unerwartet klumpige Bedarfsaufkommen sowie große Bedarfsschwankungen. Um Fehlbestände zu vermeiden begegnet man diesen Schwankungen schließlich mit der Bevorratung unnötig hoher Bestände, was entsprechend überhöhte Kosten nach sich zieht.

Das Konzept des Base Stock Controls[2] war der erste Ansatz, mit dem versucht wurde, die Defizite bei der Lösung des Dispositionsproblems in einem mehrstufigen Distributionssystem zu beseitigen, die aus der gekoppelten Anwendung von Verfahren für den einstufigen Fall resultieren. Eine Trennung der Waren- und Informationsflüsse ermöglicht es allen Lagern, die aktuelle Bedarfssituation der Endbedarfslager über ein Kommunikationssystem zu verfolgen, so dass auch die höher gelegenen Lager ihre Dispositionsentscheidung direkt am Endbedarf orientieren können. Verzögerungen und Verzerrungen der Bedarfsmeldungen werden somit vermieden. Die einzelnen Lager unterstehen dabei jedoch keiner zentralen Koordination, sondern disponieren unabhängig voneinander. Dies macht eine übergreifende integrierte Lager- und Transportsteuerung unmöglich. Zudem werden die Dispositionsentscheidungen nach dem statischen Konzept des Base Stock Controls nur auf Grund der Lagerbestandsentwicklung getroffen, wobei alle zukunftsbezogenen Informationen über den erwarteten Nachfrageverlauf ignoriert werden.

Die dynamischen Ansätze bieten dagegen den Vorzug, auch die zukünftige Bedarfsentwicklung mit in das Dispositionsentscheidungskalkül einzubeziehen. Wären die zukünftigen Nachfragedaten mit Gewissheit bekannt, würden die Erweiterungen des

---

[1]) Vgl. Abschnitt 3.1 bis Abschnitt 3.1.2.

[2]) Vgl. Abschnitt 3.2.1.

Wagner-Whitin-Verfahrens[1] einen vielverheißenden Ansatzpunkt zur Dispositionsplanung in mehrstufigen Distributionssystemen bieten. Auch wenn die beschriebenen Ansätze eine sehr hohe Rechenkomplexität aufweisen, versprechen sie doch ein zumindest unter den angenommenen Rahmenbedingungen optimales Ergebnis. Die erforderlichen Rahmenbedingungen stellen aber gleichzeitig eine praktische Anwendung in Frage. So fordert *Kalymon* beispielsweise auf allen Vorgängerstufen lineare Kostenverläufe, auf der untersten Stufe hingegen konkave Kostenverläufe und vernachlässigt vollkommen Liefer- und Transportzeiten. Dabei werden die Liefer- und Transportzeiten, wie auch in vielen anderen Ansätzen zur mehrstufigen Lagerhaltung,[2] einfach als konstant unterstellt und auf Null gesetzt. Für den Fall, dass die Nachfrage als bekannt vorausgesetzt wird, verletzt diese Annahme nicht die Allgemeingültigkeit der erarbeiteten Ergebnisse. Hat man es aber mit ungenauen Prognosen zu tun, werden die Ordern gemäß einer prognostizierten Nachfrage aufgegeben, von der man aber erst nach Ablauf mehrerer Perioden, nämlich erst nach Eintreffen und Abverkauf der Lieferung, weiß, ob die georderte Menge überhaupt der tatsächlichen Nachfrage entsprach.[3] Treten dabei Abweichungen auf, kann die Berücksichtigung von Liefer- und Transportzeiten, wie in einem späteren Abschnitt noch gezeigt wird,[4] zu ganz erheblichen Ergebnisverschlechterungen führen.

Die Erweiterungen des Wagner-Whitin-Verfahrens verlangen zudem einen festen Planungshorizont, der aber auf Grund der in der Praxis vorherrschenden rollierenden Planung in einem mit Unsicherheit behafteten Umfeld kaum definitiv bestimmt werden kann. Auch die Nachfragemengen in den Endbedarfslagern werden nie mit Gewissheit feststehen, sondern immer mit Unsicherheiten belastet bleiben. Werden die auftretenden Abweichungen aber nicht durch stetige Planrevisionen aufgegriffen, kann dies zu erheblichen Fehlallokationen der Waren führen.

---

[1]) Vgl. Abschnitt 3.2.2.1 bis Abschnitt 3.2.2.1b).

[2]) Vgl. stellvertretend für viele: Jackson, Peter L.; Muckstadt, John A.: /Risk pooling/ ; Nahmias, Steven; Smith, Stephen, A.: /Inventory Levels/ ; Pfeifer, Andreas: /Mehrproduktlagermodelle/ .

[3]) Vgl. Bookbinder, James H.; Heath, Donald B.: /Replenishment Analysis/ 483.

[4]) Vgl. Abschnitt 4.3.1.1.

Solche Fehlallokationen zu vermeiden, ist Ziel des Konzeptes der Fair Shares.[1] Ohne eine vermeintlich optimale Disposition überhaupt anzustreben, wird ein möglichst in allen Endbedarfslagern gleich guter Lieferservice angepeilt. Dazu werden sowohl die Bedarfe als auch die Versorgung des Distributionssystems als Ganzes betrachtet. Anstatt jedes Lager für sich selbst disponieren zu lassen, wird die Koordination von einer zentralen Instanz übernommen. Dies erfordert zentral verfügbare, korrekte Informationen über die aktuelle Bedarfs- und Bestandssituation in allen Lagern und setzt ein entsprechendes Informationssystem voraus. Um den gleichen Lieferservice in allen Endbedarfslagern zu erreichen, ist der Nachschub so organisiert, dass kein Lager seine Bestände auffüllen darf, während in anderen Lagern bereits Fehlmengen auftreten. Der Ansatz bietet daher einen guten Anhaltspunkt für die Warenallokation innerhalb eines mehrstufigen Distributionssystems bei einem auf Prognoseunsicherheiten beruhenden Fehlbestandsrisiko. Dabei werden aber vollkommen die in der Realität bestehenden Trade-offs zwischen Order- und Lagerkosten vernachlässigt, was eine Festlegung von Bestell- oder Liefermengen nach ökonomischen Gesichtspunkten unmöglich macht. Außerdem beschränken sich die Darstellungen zum Ansatz der Fair Shares lediglich auf zweistufige Systeme mit einem Zentrallager, ohne dass Hinweise dazu gegeben werden, wie das Konzept der Fair Shares an Distributionssysteme mit mehr als zwei Stufen anzupassen wäre.

Das Distribution Requirements Planning[2] lässt sich hingegen auch für Distributionssysteme mit mehr als nur zwei Ebenen anwenden. Sein zentraler Ausgangspunkt liegt in der Feststellung, dass die Bedarfe der höher gelegenen Lagerstufen unmittelbar von denen der tiefer gelegenen Lager abhängen und sich folglich bei vorliegenden Nachfrageprognosen der Endbedarfslager berechnen lassen. Dazu greift man beim Distribution Requirements Planning ebenso wie bei den Konzepten des Base Stock Controls und der Fair Shares auf ein Informationssystem zurück, das aber nicht nur die aktuellen Bedarfs- und Bestandsdaten sondern auch die zukünftigen Bedarfe für das jeweils übergeordnete Lager verfügbar macht. Da das Distribution Requirements Planning quasi eine umfassende Simulation des Distributionsnetzwerkes darstellt, liegt sein wesentlicher Vorteil in der

---

1) Vgl. Abschnitt 3.2.2.2.

2) Vgl. Abschnitt 3.2.2.3.

Vorhersehbarkeit problematischer Konstellationen. So kann ein potentieller Fehlbestand frühzeitig identifiziert und die Bedarfsunsicherheit für die übergeordneten Lager gesenkt werden, was eine Reduzierung der Sicherheitsbestände auf den höher gelegenen Lagerstufen erlaubt. Insgesamt lassen sich daher wesentliche Verbesserungen im Lieferservice und erhebliche Bestandsreduzierungen erzielen. Kritisch müssen im Rahmen des Distribution Requirements Plannings die prognostizierten Nachfragemengen betrachtet werden. Weichen diese zu stark von der tatsächlich auftretenden Nachfrage ab, kann das System nicht mehr funktionieren, weil keine speziellen Mechanismen zur Handhabung von Fehlbeständen, wie beispielsweise bei dem Konzept der Fair Shares, vorgesehen sind. Außerdem werden ebenso wie bei dem Konzept der Fair Shares die Transportmöglichkeiten außer Acht gelassen, keinerlei Kapazitätsrestriktionen berücksichtigt und die Interdependenzen vernachlässigt, die sich aus dem gleichzeitigen Vertrieb mehrerer Produkte ergeben.

Die Mehrproduktproblematik wird ohnehin nur von wenigen Ansätzen aufgegriffen. Sie kommt insbesondere in den Beschaffungskosten und bei Kapazitätsbeschränkungen zum Tragen. Im Beschaffungsbereich sind zum einen Verbundrabatte denkbar, die dann eingeräumt werden, wenn man gleich mehrere Produkte eines Herstellers auf einmal bestellt. Zum anderen könnten für verschiedene in einer Order angeforderte Produkte nur einmalig gemeinsame fixe Bestell- oder Transportkosten anfallen. Ebenso ist es bei knappen Kapazitäten möglich, dass beispielsweise Transport- oder Lagerkapazitätsbeschränkungen nur für mehrere Produkte gemeinsam gelten.

Die dargestellten Ansätze zum Mehrprodukt-Fall unter stationären Rahmenbedingungen[1] beruhen auf sehr restriktiven Annahmen. Die Ausgestaltungsmöglichkeiten der Orderpolitik sind eingeschränkt, Liefer- und Transportzeiten werden vernachlässigt und es werden weder Fehlmengen noch Reservierungen berücksichtigt. Möglichen Unsicherheitsfaktoren oder eventuellen Abweichungen wird überhaupt nicht Rechnung getragen. Diese Ansätze sind daher nur für solche Produkte sinnvoll einsetzbar, die eine kontinuierliche Nachfrage in bekannter Höhe aufweisen. Im Distributionsbereich stellt die Annahme einer konstanten Nachfragerate jedoch eine starke Idealisierung dar,[2] so dass sich diese

---

[1]) Vgl. Abschnitt 3.2.3.1 bis Abschnitt 3.2.3.1c).

[2]) Die Annahme trifft eher bei Rohmateriallagern eines Produktionsbetriebes mit Sortenfertigung oder

Verfahren kaum für einen Einsatz in der Praxis eignen. Interessant ist aber die Ausgestaltung der Orderpolitik. Durch die Einschränkung der möglichen Orderintervalle kann eine Synchronisation der Warenflüsse erreicht werden, was wiederum Konsolidierungspotentiale zwischen den unterschiedlichen Produkten eröffnet. Wie die Autoren jedoch selber anmerken, kann die Beschränkung der in Frage kommenden Orderpolitiken aber auch sehr unökonomische Resultate nach sich ziehen. Zwar werden die Oszillationseigenschaften des mehrstufigen Systems durch die Synchronisation der Warenflüsse unterdrückt, man muss sich allerdings fragen, ob es ökonomisch überhaupt sinnvoll ist, jede Schwingung künstlich zu dämpfen. Stehen nämlich die Bedarfsinformationen auf zentraler Basis zur Verfügung, werden die übergeordneten Lagerstufen schließlich nicht von einem erhöhten Bedarfsaufkommen überrascht, sondern könnten sich bereits darauf vorbereiten. Soll nicht um jeden Preis eine gleichmäßige Kapazitätsauslastung gewährleistet werden, macht es wenig Sinn bei sporadisch auftretenden Nachfragespitzen nicht auch Bedarfsschwankungen im Distributionssystem hinzunehmen. Selbst wenn eine gleichmäßige Kapazitätsauslastung angestrebt wird, ist zu bedenken, dass sich die Bedarfsschwankungen im Mehrprodukt-Fall nicht so stark bemerkbar machen werden, weil sie für die verschiedenen Produkte meist unterschiedlich ausfallen und sich untereinander größtenteils kompensieren. Anders sieht dies jedoch für selbstinduzierte Schwingungen aus, die von einem unkoordinierten Orderverhalten einzelner Lager resultieren. Hier würde die Einschränkung der möglichen Orderpolitiken lediglich eine Bekämpfung der Symptome bedeuten. Stattdessen bietet sich in diesem Fall viel eher die Schaffung eines zentralen Informationssystems an, das eine koordinierte Orderpolitik der verschiedenen Läger sicherstellt, wie dies zum Beispiel beim Distribution Requirements Planning der Fall ist.

Das Enhanced Distribution Requirements Planning stellt ein derartiges Konzept für den Mehrprodukt-Fall dar. Es erweitert den Ansatz des Distribution Requirements Plannings um Kapazitätsrestriktionen bei Lagerung und Transport, die für mehrere Produkte gemeinsam gelten und berücksichtigt unter anderem einen Transportmodus, bei dem lediglich fixe Transportkosten für alle transportierten Produkte gemeinsam anfallen. Bezüglich der unterstellten Lagerrestriktionen ist aber zu bemängeln, dass sie auch auf der

bei der Fertigung großer Chargen zu. Vgl. Bartmann, Dieter; Beckmann, Martin J.: /Lagerhaltung/ 2.

untersten Lagerebene nur für alle gelagerten Waren gemeinsam gelten und dort nicht für jedes Produkt separat festgelegt werden können. Außerdem werden keine Kosten für das Auslösen einer Order berücksichtigt, was zur Folge hat, dass der Trade-off zwischen Bestell- und Lagerhaltungskosten auf der obersten Lagerstufe nicht erfasst wird. Auch auf mögliche Fehlbestände wird nicht weiter eingegangen. Insgesamt legt der Ansatz des Enhanced Distribution Requirements Plannings seinen Schwerpunkt neben der Dispositionsplanung mehr auf die Transportplanung. Dabei stützt er sich im Prinzip auf eine retrograde Sekundärbedarfsermittlung mit Hilfe kumulierter Periodenbedarfe.[1] Das bedeutet, dass die Bedarfe der höher gelegenen Stufen jeweils aus den bereits zu einer Order zusammengefassten Periodenbedarfen seiner Nachfolgerlager gebildet werden. Wie in späteren Abschnitten noch gezeigt wird,[2] führt diese Vorgehensweise unter unsicheren Rahmenbedingungen insbesondere bei tiefen Distributionsstrukturen zu schlechten Gesamtergebnissen, so dass ein Großteil der Optimierungsbemühungen dieses Ansatzes unter realistischen Rahmenbedingungen vergebens sein wird.

Zusammenfassend lässt sich also festhalten, dass kaum einer der dargestellten Ansätze ohne Einschränkungen in der Realität einsetzbar ist. Daher verwundert es wenig, dass die meisten Verfahren zur Dispositionsplanung in der Praxis nur geringe Akzeptanz finden.[3] Lediglich das Distribution Requirements Planning konnte sich in geringem Umfang etablieren. Ansonsten muss man davon ausgehen, dass in der Praxis überwiegend einfache Orderpolitiken wie die (s,S)-Politik eingesetzt werden oder meist nur unkomplizierte Verfahren zur Bestellmengenbestimmung wie die Economic Order Quantity im Rahmen der Dispositionsplanung zur Anwendung kommen.

---

[1]) Vgl. Abschnitt 4.3.1.1.

[2]) Vgl. Abschnitt 4.3.1 bis Abschnitt 4.3.1.2.

[3]) Vgl. De Bodt, Marc A.; Gelders, Ludo F.; Van Wassenhove, Luk N.: /Lot-Sizing/ 170.

3.4 Verbesserungspotentiale bestehender Ansätze vor dem Hintergrund neuerer Informationstechnologien

Wie in dem vorangegangenen Abschnitt verdeutlicht wurde, bieten die bestehenden Ansätze zur Dispositionsplanung in mehrstufigen Distributionssystemen noch erheblichen Raum für Verbesserungen. Eine bedeutende Rolle spielt dabei die zentrale Verfügbarkeit von aktuellen Informationen über die Bestandssituation sowie der zu erwartenden Bedarfsentwicklung in allen Lagern des Distributionssystems. Dies ist besonders unter den in der Realität vorherrschenden unsicheren Rahmenbedingungen von Bedeutung. Nur wenn der Zugriff auf stets aktualisierte Daten durch ein umfassendes Informationssystem gewährleistet ist, lässt sich die Nachfrageunsicherheit in einem mehrstufigen Distributionssystem handhaben. Die Konzepte der Fair Shares und des Distribution Requirements Plannings nutzen bereits die systemweite Informationstransparenz zur Bestimmung der Ordermengen und -zeitpunkte und bei dem Enhanced Distribution Requirements Planning werden darüber hinaus die Transportvarianten evaluiert. Vor dem Hintergrund neuerer Informationstechnologien eröffnen sich jedoch weitreichendere Perspektiven.

Rationalisierungen im Distributionsbereich sind nicht alleine durch eine Verbesserung der Dispositionsverfahren zu erzielen.[1] Bedeutende Rationalisierungspotentiale liegen auch in einer ganzheitlichen Betrachtung der gesamten Distributionskette. Dazu ist aber ein umfassendes integriertes Informationssystem nötig, das nicht nur Lagerhaltungsinformationen bereit stellt, sondern zugleich eine informatorische Anbindung von Lieferanten, Transportbereich und Prognosesystem schafft. So eröffnet eine Verbesserung der Informationsprozesse zum Beispiel kostensenkende Konsolidierungspotentiale bei Beschaffung und Transport. Durch den konsequenten Einsatz bekannter Prognosetechniken lässt sich zudem die Nachfrageunsicherheit unmittelbar senken. Intern ist dazu eine durchgängige Informationsflussgestaltung innerhalb der gesamten Distributionskette notwendig. Eine Reduktion der externen Unsicherheiten ist durch eine Intensivierung der Kommunikationsprozesse mit den Marktpartnern zu erreichen. So kann

[1]) Zu den folgenden Ausführungen vgl. auch Closs, David J.: /Inventory management/ 99-103.

einerseits die Lieferzuverlässigkeit gesteigert werden und andererseits sind enge Kooperationen mit Logistik-Dienstleistern möglich.

Technisch steht dem nichts im Wege. Die erforderlichen Telekommunikationsnetze stehen zur Verfügung und komfortable Inputmedien wie Geräte zur mobilen Datenerfassung gewährleisten, dass der mit einigen physischen Operationen des Warenhandlings verbundene Datenerfassungsaufwand ohne große Zeitverzögerungen erbracht werden kann. Leistungsfähige Datenbankverwaltungssysteme sorgen schließlich für eine einheitliche und konsistente Speicherung der laufend anfallenden Daten. Durch die Möglichkeit einer artikelgenauen Bestandsführung und des Zugriffs auf externe Informationen eröffnen sich für die Disposition neue Perspektiven. Zur Ausschöpfung dieser Möglichkeiten bedarf es aber auch neuer Dispositionskonzepte.[1] Die Bedeutung eines effizient arbeitenden Distributionssystems erhöht sich auch noch wesentlich mit dem Trend zur Reduzierung der Warenbestände, da sich Fehler viel schneller in eingeschränkter Lieferbereitschaft der Endbedarfslager auswirken. Zudem stellen neue Vertriebsformen, wie zum Beispiel der Zustellhandel sowie eine stärkere Kundenorientierung neue Anforderungen an Disposition und Distributionslogistik.[2]

Die nachfolgenden Abschnitte skizzieren die potentiellen Ansatzpunkte für ein verbessertes Konzept zur Dispositionsplanung. Ausgangspunkt bilden dabei die Anforderungen an die Distributionslogistik, die aus einer konsequenten Kundenorientierung resultieren. Nachdem diese Anforderungen umrissen worden sind, wird hieraus abgeleitet, wie ihnen die Disposition durch Auslagerung von Logistik-Funktionen oder durch Ausnutzung von Konsolidierungsmöglichkeiten möglichst rationell entsprechen kann. In einem weiteren Schritt wird dann aufgezeigt, wie die benötigten Informationen verfügbar gemacht werden können und wie den verbleibenden Unsicherheiten innerhalb des Distributionssystems zu begegnen ist. Abschließend wird die rechnergestützte Evaluation alternativer Dispositionsentscheidungen zur Handhabung der resultierenden Dispositionsproblematik vorgeschlagen und erläutert.

---

[1]) Vgl. Hertel, Joachim: /Warenwirtschaftssysteme/ 165.

[2]) Vgl. Hertel, Joachim: /Warenwirtschaftssysteme/ 11-12.

3.4.1 Kundenorientierung

Der Trend zur Umsetzung einer konsequenten Kundenorientierung ist in nahezu allen Sparten der Wirtschaft zu beobachten. Dabei stehen bisher die Marketinginstrumente der Produkt-, Werbe- und Preispolitik deutlich im Vordergrund. Die Potentiale der Distributionslogistik als eigenständiges und aktives Element des Marketings sind aber ebenso bedeutungsvoll.[1] Insbesondere auf Konsumgütermärkten mit preislich und qualitativ weitgehend homogenen und damit in den Augen der Nachfrager substituierbaren Produkten gewinnt die Gewährleistung der räumlichen und zeitlichen Verfügbarkeit der Produkte erheblich an akquisitorischer Bedeutung. Dadurch wird die physische Distributionsleistung eines Unternehmens zu einem Element, das die Kaufentscheidung eines potentiellen Kunden wesentlich beeinflussen kann.[2]

Nutzentheoretisch fundierte Plausibilitätsüberlegungen sowie Ergebnisse empirischer Erhebungen legen die Vermutung nahe, dass zwischen dem Niveau der angebotenen physischen Distributionsleistung und dem Nachfragevolumen eine nichtlineare, s-förmige Beziehung besteht, die innerhalb bestimmter Ober- und Untergrenzen verläuft[3] (vgl. Darstellung 20[4]). Die mengen- und wertmäßigen Auswirkungen des Lieferservices zu messen ist schwierig, da alle absatzpolitischen Instrumente gemeinsam auf die Nachfrage Einfluss nehmen. Es gibt bisher kaum gesicherte Aussagen über die multikausalen Zusammenhänge zwischen Einsatz der einzelnen absatzpolitischen Instrumente und der Nachfrage. Die Vorstellung, eine gewinnmaximale Servicestrategie realisieren zu können, ist deshalb nicht operational.[5] Daher wird man in der Praxis stets darum bemüht sein, den Kunden einen möglichst guten Lieferservice zu bieten.

---

[1]) Vgl. Delfmann, Werner: /Integration/ 156.

[2]) Vgl. Delfmann, Werner; Darr, Willi; Simon, Ralf-P.: /Marketing Logistik/ 1.

[3]) Vgl. Delfmann, Werner: /Distributionsplanung/ .

[4]) In Anlehnung an Tempelmeier, Horst: /Quantitative Marketing-Logistik/ 26.

[5]) Vgl. Delfmann, Werner; Darr, Willi; Simon, Ralf-P.: /Marketing Logistik/ 18.

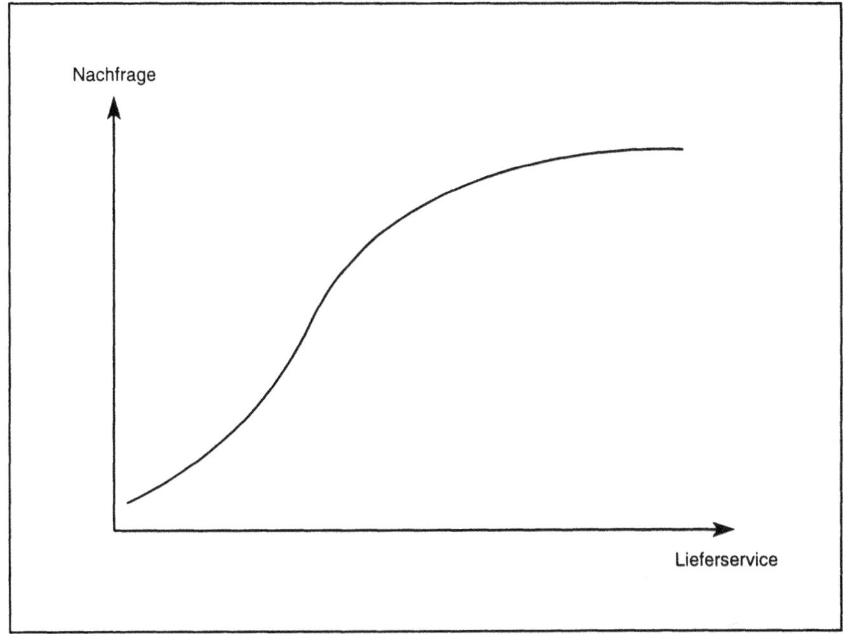

Darst. 20 Lieferservice-Nachfragefunktion

Der mit einem Anheben des Lieferserviceniveaus im Allgemeinen verbundene überproportionale Anstieg der Logistik-Kosten[1] stellt das Bestandsmanagement aber vor die schwierige Aufgabe, einen hohen Lieferbereitschaftsgrad sicherzustellen, ohne dass dafür übermäßige Kosten anfallen. Die bereits vorgestellten Ansätze zur Dispositionsplanung erlauben die Steigerung der Lieferbereitschaft nur bei Akzeptanz größerer Lagerbestände und damit verbundenen höheren Lagerhaltungs- und Kapitalbindungskosten.[2]

Vor dem Hintergrund neuerer Informationstechnologien eröffnen sich der Distributionslogistik jedoch ganz neue Perspektiven. Stehen die aktuellen Bestands- und Nachfrageinformationen auf zentraler Basis zur Verfügung, sind Bestandsengpässe nicht

---

[1]) Vgl. Delfmann, Werner; Darr, Willi; Simon, Ralf-P.: /Marketing Logistik/ 17.

[2]) Ein Ansatz über den Zusammenhang zwischen Nachfrage und Bestellmenge unter Berücksichtigung der resultierenden Kosten mit dem Ziel, optimale Verkaufspreise und Bestellmengen simultan zu bestimmen, findet sich zudem bei Abad, Prakash L.: /Selling Price and Lot Size/ und Burwell, Timothy H.; Dave, Dinesh S.; Fitzpatrick, Kathy E.; Roy, Melvin R.: /Selling Price and Lot Size/ .

nur frühzeitig zu erkennen, sondern man kann auch versuchen, ihnen durch innovative und ökonomisch sinnvolle distributionslogistische Maßnahmen zu begegnen. Der Lieferbereitschaftsgrad ließe sich dann ohne Anhebung der zur Sicherheit gehaltenen Lagerbestände steigern bzw. trotz Bestandsreduzierungen halten. Bei rechtzeitigem Erkennen drohender Bestandsengpässe könnte man zum Beispiel Querlieferungen zwischen den einzelnen Lagern des Distributionssystems veranlassen. Lager, die noch über ausreichende Bestände des betroffenen Produkts verfügen, könnten einen Teil ihrer Bestände an diejenigen Läger abgeben, in denen Fehlbestände drohen. Sollten innerhalb des Distributionssystems nicht mehr genügend Bestände zur Verfügung stehen, existiert außerdem eventuell noch die Möglichkeit, die benötigten Waren durch den Zulieferer direkt an die betroffenen Läger liefern zu lassen.[1] Dies kann jedoch nur dann reibungslos funktionieren, wenn durch ein entsprechendes Informationssystem sichergestellt wird, dass die resultierenden Warenbewegungen bereits in der nächsten Dispositionsentscheidung berücksichtigt werden.

Auf Grund der in der Realität herrschenden Nachfrageunsicherheit können mit diesen Maßnahmen nicht alle Bestandsengpässe vermieden werden. Die auftretenden Fehlbestände müssen jedoch nicht unbedingt als verloren gegangene Nachfrage hingenommen werden. Vielmehr sollte versucht werden, sie nachträglich zu befriedigen. Eine Möglichkeit bieten dabei direkte Zustellungen zum Abnehmer. Sollte ein Produkt in einem Lager nicht mehr vorrätig sein, könnte mit Unterstützung eines entsprechenden Informationssystems überprüft werden, ob es vielleicht möglich wäre, dem Interessenten das betreffende Produkt aus einem anderen Lager nach Hause zustellen zu lassen. Sollte sich die Nachfrage eines Kunden jedoch nicht durch eine direkte Zustellung befriedigen lassen, kann ihm stattdessen eine Vormerkung angeboten werden. Dabei würde das betroffene Produkt für den Kunden reserviert, sobald es wieder in dem Lager eintrifft und er könnte es sich nach Benachrichtigung selbst abholen. Auch diese Maßnahmen müssten durch ein Informationssystem registriert werden, damit sie in die jeweils anstehende Dispositionsentscheidung einfließen können. Würden beispielsweise Vormerkungen vorgenommen, darf sich die Disposition nicht mehr nur an den Nachfrageprognosen zukünftiger Perioden

[1]) Die Direktbelieferung der Außenläger durch den Zulieferer wird auch als Streckengeschäft bezeichnet. Vgl. Bichler, Klaus: /Beschaffungs- und Lagerwirtschaft/ 10-11; Engelsleben, Tobias: /Streckenlieferung/ 1039.

orientieren, sondern muss überdies berücksichtigen, dass durch die Vormerkungen zusätzliche Nachfrage in der kommenden Periode auftreten wird.

Die zur Verfügung stehenden Informationstechnologien eröffnen der Distributionslogistik somit neue Perspektiven, die in den bestehenden Ansätzen zur Dispositionsplanung in mehrstufigen Distributionssystemen bislang nicht berücksichtigt worden sind. Geht man davon aus, dass sich eine Kundenorientierung der physischen Distributionsleistung am Lieferbereitschaftsgrad bemisst, lassen sich durch die Berücksichtigung distributionslogistischer Maßnahmen wie Querlieferungen, direkte Anlieferungen und - Zustellungen sowie Vormerkungen erhebliche Verbesserungspotentiale für das Bestandsmanagement erschließen.

3.4.2 Auslagerung von Logistik-Funktionen

Die in den Unternehmen bestehenden Logistiksysteme zur Durchführung des physischen Warentransfers sind mit den im vorangegangenen Abschnitt beschriebenen distributionslogistischen Maßnahmen unter Umständen überfordert oder können sie eventuell nicht effizient erbringen. Davon betroffen ist insbesondere das Transportsystem. Es ist durch die spezifischen Merkmale der Transportaufgabe, die eingesetzten Transportmittel, die Träger der Transportleistung sowie die Transport- und zugehörigen Informationsprozesse gekennzeichnet.[1] Bei der Abwicklung von Querlieferungen zwischen den einzelnen Lagern und direkten Zustellungen zum Endabnehmer stellt sich die Frage, ob die Transportleistungen durch einen unternehmenseigenen Fuhrpark oder durch Einsatz logistischer Dienstleister[2] erbracht werden sollten.

---

[1]) Vgl. Delfmann, Werner; Darr, Willi; Simon, Ralf-P.: /Marketing Logistik/ 72.

[2]) Logistik-Dienstleistungen kann man als für den Absatz produzierte, immaterielle Wirtschaftsgüter mit Wertschöpfungscharakter auffassen. Der Einsatz moderner Informations- und Kommunikationstechnologien erlaubt es den Logistik-Dienstleistern, nicht nur technische und physische, sondern auch administrative und dispositive Leistungserstellungsprozesse zu rationalisieren oder hinsichtlich des Serviceniveaus zu verbessern. Vgl. Delfmann, Werner; Darr, Willi; Simon, Ralf-P.: /Marketing Logistik/ 41.

Für den Eigenbetrieb dieser Transportleistungen spricht die größere Kontrolle über Service und Produkte sowie die kurzfristige Verfügbarkeit. Der Fremdbetrieb verspricht dagegen Professionalität durch Spezialisierung, Flächendeckung, Entlastung durch Delegation von Pflichten und Verantwortlichkeiten, Einsparung von Investitions- und Instandhaltungskosten sowie eine höhere Flexibilität. In der Praxis stellt sich das Make-or-Buy Problem häufig in der Weise, dass ein geeignetes Mix aus eigener Transportkapazität und der zusätzlichen Inanspruchnahme fremder Transportleistungen angestrebt wird. Dabei ist es sinnvoll, die eigene Fuhrparkkapazität so zu bemessen, dass auf Dauer ein hoher Auslastungsgrad gesichert ist. Für Kapazitätsspitzen oder spezielle Leistungsanforderungen wie direkte Zustellungen können dann zusätzliche Kapazitäten fremdbezogen werden.[1]

Die Einbindung logistischer Dienstleister erlaubt also eine Flexibilisierung der logistischen Aktivitäten, die durch eine unternehmensinterne Transportabwicklung in den meisten Fällen nicht realisierbar wäre.[2] Mit direkten Zustellungen zum Endabnehmer können zudem neue Distributionskanäle erschlossen werden, die eine Steigerung des Lieferservices erlauben, ohne Bestandserhöhungen nach sich zu ziehen. Eine reibungslose Abwicklung derartiger distributionslogistischer Maßnahmen setzt jedoch eine entsprechende informatorische Verflechtung mit den Logistik-Dienstleistern voraus. Nur wenn ein entsprechendes Informationssystem zur Verfügung steht, können die verschiedenen logistischen Aktivitäten überhaupt ökonomisch sinnvoll koordiniert werden.

3.4.3 Konsolidierungsmöglichkeiten

Bei der Nutzung von Konsolidierungsmöglichkeiten geht es darum, jene Stellen im Distributionssystem zu identifizieren, an denen durch eine Abstimmung verschiedener logistischer Segmente Synergieeffekte realisiert werden können.[3] Viele Dispositionsansätze beschäftigen sich nur mit einzelnen voneinander unabhängigen

---

[1]) Vgl. Delfmann, Werner; Darr, Willi; Simon, Ralf-P.: /Marketing Logistik/ 74.

[2]) Vgl. Delfmann, Werner: /Integration/ 176.

[3]) Vgl. Delfmann, Werner: /Integration/ 175.

Produkten. In der betrieblichen Praxis auftretende Lager sind aber regelmäßig Mehrprodukt-Lager mit häufig vielen tausend Produkten, die wiederum an eine sehr große Anzahl von Abnehmern vertrieben werden. Die Entscheidungsträger im Distributionsbereich sind dabei nicht primär an Informationen bezüglich einzelner Produkte interessiert. Vielmehr stehen aggregierte Charakteristika im Vordergrund des Interesses.[1] Solche Zusammenhänge können in der Disposition aber nur berücksichtigt werden, wenn die entsprechenden Informationen zur Verfügung stehen und die Interdependenzen, die zwischen den einzelnen Produkten vorhanden sind, explizit in die Problemanalyse einbezogen werden. Betrachtet man mehrstufige Distributionssysteme, in denen eine Vielzahl von Produkten distribuiert wird, lassen sich dadurch Rationalisierungsreserven erschließen, welche insbesondere aus den Konsolidierungspotentialen bei Bestellung und Transport resultieren.

So besteht bei der Auslösung von Bestellungen die Möglichkeit, Verbunddispositionen vorzunehmen.[2] Das bedeutet, dass man eine Gruppe von Artikeln eines Lieferanten, für die gemeinsam gewisse Einkaufskonditionen vereinbart wurden, zusammen bestellt.[3] Außerdem kann man überprüfen, ob es ökonomisch sinnvoll wäre, die Bestellmengen soweit heraufzusetzen, dass eventuell vereinbarte Mengenrabatte erzielt würden. Im Transportbereich lassen sich durch Konsolidierungsmaßnahmen überdies bessere Kapazitätsauslastungen erzielen, indem man die zwischen den einzelnen Lagern fließenden Warenströme bündelt und möglichst effizient auf die zur Verfügung stehenden Transportarten aufteilt.

---

[1]) Vgl. Tempelmeier, Horst: /Quantitative Marketing-Logistik/ 191.

[2]) Die Verbunddisposition wird unter anderem berücksichtigt bei Chakravarty, Amiya K.: /Coordinated Multi-Item Inventory Replenishments/ ; Erenguc, S. Selcuk: /lot-sizing model/ ; Goyal, Suresh K.; Satir, Ahmet T.: /Joint replenishment inventory control/ ; Iyogun, Paul: /Dynamic Lot Size Problem/; Rosenblatt, Meir J.; Kaspi, Moshe: /Joint Replenishment/ .

[3]) Vgl. Hertel, Joachim: /Warenwirtschaftssysteme/ 173. Wenn mehrere Produktsorten in einer Bestellung zusammengefasst werden, hat das außerdem den Vorteil, dass die bestellfixen Kosten nur einmal für diese Bestellung anfallen.

3.4.4 Informationsverfügbarkeit

Wie bereits angedeutet, sind die bisher beschriebenen Verbesserungspotentiale in der Dispositionsplanung nur dann rationell auszuschöpfen, wenn für alle beteiligten Instanzen die Verfügbarkeit der relevanten Informationen sichergestellt ist.[1] Die technologischen Voraussetzungen für eine umfassende informatorische Unterstützung der Dispositionsplanung sind bereits gegeben und werden in Zukunft zweifelsohne weiter ausgebaut. Die konsequente Nutzung der neueren Informationstechnologien zur Verwirklichung innovativer Distributionskonzepte steht allerdings noch in vielen Bereichen aus. Erst wenn alle internen und externen Daten über laufende Lieferungen und Transporte sowie über Bestände und erwartete Bedarfsmengen in Echtzeit auf zentraler Basis durch ein integriertes Informationssystem erfasst und allen beteiligten Instanzen zugänglich gemacht werden, lassen sich die beschriebenen distributionslogistischen Maßnahmen ökonomisch sinnvoll anwenden und koordinieren. Dazu bedarf es der Informationstransparenz innerhalb des gesamten Distributionssystems bis hin zu den Schnittstellen mit Lieferanten und Logistik-Dienstleistern.[2] Neben der Umsetzung distributionslogistischer Maßnahmen erlaubt der entschiedene Einsatz eines derartigen Informationssystems auch die partielle Substitution von Lagerbeständen durch Informationen.[3] Insbesondere mittels Informationen, die dem physischen Warenfluss vorauseilen, lassen sich Dispositionsspielräume gewinnen,[4] die ansonsten mit höheren Beständen ausgeglichen werden müssten. Können die übergeordneten Lager frühzeitig antizipieren, wann welches Bedarfsaufkommen in jedem seiner nachfolgenden Lager auftreten wird, müssen nur noch sehr geringe Lagerbestände zwischen den einzelnen Lieferterminen gehalten werden.[5]

Damit alle Instanzen des Distributionssystems mit den nötigen Informationen versorgt werden können, bietet es sich an, die relevanten Daten in einem verteilten rela-

---

1) Vgl. hierzu auch Abschnitt 2.2 und Abschnitt 2.3.4.

2) Einige Praxisbeispiele zur informatorischen Verknüpfung mit Logistik-Dienstleistern sind beschrieben bei Szibor, Lutz; Thienel, Albert: /Information/ .

3) Vgl. O'Neil, Brian F.: /Information/ 55.

4) Vgl. Delfmann, Werner; Darr, Willi; Simon, Ralf-P.: /Marketing Logistik/ 74.

5) Vgl. Bookbinder, James H.; Lynn, Wendy: /Impact/ 48.

tionalen Datenbanksystem zu hinterlegen. Die Vorteile liegen dabei in der Änderungsfreundlichkeit, im Benutzerkomfort und in der systemgestützten Datenkonsistenz.[1] Außerdem besteht die Möglichkeit, eine Wissensbasis für den Expertensystemeinsatz zur Unterstützung der Dispositionsplanung einzurichten. So kann zum Beispiel ein Inferenzmechanismus bei der Verbunddisposition dafür sorgen, dass für den Fall, dass in einer Bestellung ein Verbundrabatt erzielbar wäre und in nächsten Perioden auch noch Bedarf von anderen Produkten des gleichen Herstellers auftreten würde, diese gleich mitbestellt werden, sofern der Verbundrabatt die zusätzlichen Lagerhaltungskosten überkompensiert.[2]

3.4.5 Handhabung von Unsicherheiten

Auch wenn ein integriertes Informationssystem alle relevanten Daten auf zentraler Basis erfasst und verfügbar macht, wird ein Teil der Informationen unvermeidlich mit Unsicherheiten belastet bleiben. Für die Dispositionsplanung stellt sich daher die Frage, wie die auftretenden Unsicherheiten zu handhaben sind. Grundsätzlich können die Ursachen für Unsicherheiten in mehrstufigen Distributionssystemen aus nicht eingehaltenen Liefer- und Transportterminen oder unvollständigen Lieferungen sowie aus Schwund oder einer ungenauen Bestandsführung resultieren. Zudem stellen die potentiellen Abweichungen zwischen den Bedarfsprognosen und den tatsächlichen Nachfragemengen einen wesentlichen Unsicherheitsfaktor dar. Durch den Einsatz eines integrierten Informationssystems, das auch eine informatorische Verknüpfung mit Lieferanten und Logistik-Dienstleistern herstellt, lassen sich die mit der Bestandsführung und den Lieferungen oder Transporten verbundenen Unsicherheiten erheblich senken. Durch frühzeitige Kommunikation eventueller Lieferschwierigkeiten oder Transportengpässe können diese noch rechtzeitig in den anstehenden Dispositionsentscheidungen berücksichtigt werden, so dass das betroffene Unternehmen nicht erst dann von Lieferausfällen überrascht wird, wenn es eigentlich mit

---

[1]) Vgl. Hertel, Joachim: /Warenwirtschaftssysteme/ 5.

[2]) Die Repräsentation dieses 'Wissens' könnte in der Form von WENN/DANN-Regeln erfolgen (zum Beispiel: WENN Produkt Mengenrabatt bietet DANN Bestellmenge erhöhen). Zu den Einsatzmöglichkeiten von Expertensystemen bei Dispositionsentscheidungen siehe auch: Mahnkopf, Dirk: /Expertensysteme/ 155-160. Ein wissensbasierter Ansatz zur Lagerhaltung findet sich auch bei Feil, Peter: /Lagerhaltungssimulation/ .

dem Eintreffen der Waren rechnet. Deshalb ist es möglich, auf die Bevorratung der auf Grund von ungenauen Informationen über laufende Warentransferprozesse vorgehaltenen Sicherheitsbestände zu verzichten.

Die Unsicherheit auf der Nachfrageseite ist durch Einsatz eines integrierten Informationssystems jedoch nicht wesentlich zu verringern. Selbst wenn man aufwendige Prognoseverfahren implementiert, wird der erwartete Nachfrageverlauf immer von den tatsächlichen Abverkaufszahlen abweichen. Da solche Prognosefehler[1] unvermeidlich sind, sollten sie bei der Disposition explizit berücksichtigt werden. Während diesen Nachfrageunsicherheiten gemeinhin durch das Vorhalten entsprechender Sicherheitsbestände begegnet wird,[2] schlagen *Vollmann u.a.* diesbezüglich für das Dispositionsverfahren des Distribution Requirements Plannings davon abweichend zwei Strategien vor.[3] Zum einen empfehlen sie, die Unsicherheiten einfach zu ignorieren und einmal geplante Bestellungen unabhängig von eintretenden Abweichungen durchzuführen bzw. dem Disponenten die Möglichkeit einer manuellen Korrektur einzuräumen. Zum anderen halten sie es für zweckmäßig, die Prognosefehler durch Manipulation der Nachfrageprognosen zukünftiger Perioden zu berücksichtigen. Dabei soll die momentan verzeichnete Abweichung zwischen aktueller Prognose und tatsächlicher Nachfrage von der nächsten Prognose abgezogen bzw. zuaddiert werden, so dass sich die Prognosefehler langfristig gegenseitig aufheben. (Wenn weniger nachgefragt wird als angenommen, erhöht man die Prognose der nächsten Periode entsprechend und umgekehrt.) Man geht also davon aus, dass sich die Prognoseabweichungen langfristig untereinander ausgleichen.

Diese Vorgehensweise versagt aber gänzlich bei trendförmigen oder länger andauernden Abweichungen. Deshalb scheint es wesentlich sinnvoller, den Unsicherheiten mit einer rollierenden Planung zu begegnen. Zur Disposition können dann stets aktualisierte Prognose- und Bestandsdaten herangezogen werden und es würden immer nur die Aktionen

---

[1]) Der Prognosefehler ergibt sich aus der Differenz zwischen prognostizierter Nachfragemenge und tatsächlichem Abverkauf. Vgl. Tempelmeier, Horst: /Material-Logistik/ 338.

[2]) Vgl. De Bodt, Marc A.; Gelders, Ludo F.; Van Wassenhove, Luk N.: /Lot-Sizing/ 177; Ho, Chrywan-jyh; Carter, Phillip L.: /Rescheduling Capability in DRP/ ; Schmidt, Andreas: /Beschaffungsplanung und -steuerung/ 176; Tempelmeier, Horst: /Material-Logistik/ 334.

[3]) Vgl. Vollmann, Thomas E.; Berry, William L.; Whybark, David C.: /Manufacturing Planning/ 807-811.

fest eingeplant, die momentan veranlasst werden müssten. Zukünftige Aktionen stünden in den Folgeperioden immer noch zur Disposition. Statt die Nachfrageunsicherheiten einfach zu ignorieren hat man auf diese Weise immer noch die Möglichkeit, auch kurzfristig auf Abweichungen zu reagieren.

3.4.6 Evaluation alternativer Dispositionsentscheidungen

Werden in der Dispositionsplanung alle relevanten Einflussgrößen und verfügbaren Handlungsparameter berücksichtigt, entwickelt sich das Dispositionsproblem in mehrstufigen Distributionssystemen zu einer komplexen Problematik. Fehlende Lösungsalgorithmen, die zur Bewältigung der Datenmengen und deren Beziehungen in realistischen Größenordnungen vorhanden sein müssten, und Daten, die zusätzlich mit Unsicherheiten behaftet sind, stehen einer simultanen Planung im Sinne einer Totaloptimierung zum gegenwärtigen Zeitpunkt als unüberwindbare Hindernisse gegenüber.[1] Deshalb bietet es sich vielmehr an, alternative Dispositionsentscheidungen mit Hilfe rechnergestützter Heuristiken zu evaluieren. Der handhabbare Komplexitätsgrad liegt hierbei im Vergleich zu analytischen Verfahren um Größenordnungen höher, so dass die bereits kritisierten beschränkenden Prämissen analytischer Lösungsansätze zur Lagerhaltungsdisposition aufgehoben werden können. Außerdem besteht die Möglichkeit die Disposition mit Hilfe von Simulationsansätzen[2] zu unterstützen, indem Simulationen als Bestandteil einer umfassenden Optimierungsmethode[3] oder eines heuristischen Programms eingesetzt werden. Damit könnte man Instrumente anwenden, welche die Suche, d.h. die Generierung von Alternativen im Lösungsraum, automatisieren und dazu mit einem Konvergenzmecha-

[1]) Vgl. Hechtfischer, Ronald: /Losgrößenplanung/ 21.

[2]) Die Simulationsmethodik wird unter anderem behandelt bei Becker, Reinhard; Weber, Ulrich: /Simulation/; Berens, Wolfgang; Delfmann, Werner: /Quantitative Planung/ 141-155 und 407-434; Domschke, Wolfgang; Drexl, Andreas: /Operations Research/ 188-207; Komarnicki, Johann (Hrsg.): /Simulationstechnik/ ; Liebl, Franz: /Simulation/ ; Meyer, Manfred; Hansen, Klaus: /Planungsverfahren/ 217-228; Noche, Bernd; Wenzel, Sigrid: /Simulationstechnik/ ; Watson, Hugh J.; Blackstone, John H. Jr.: /Computer Simulation/ ; Witte, Thomas: /Simulation/ ; Zimmermann, Werner: /Operations Research/ 328-377.

[3]) Zur Abgrenzung zwischen Optimalplanungs- und Simulationsmethodik vgl. Berens, Wolfgang; Delfmann, Werner: /Quantitative Planung/ 47 und 110.

nismus[1] versehen sind,[2] so dass die Simulation als Verfahrensschritt eines umfassenden Optimierungs-, zumindest aber in eines Näherungsverfahrens eingesetzt werden kann.[3]

Da im vorliegenden Fall infolge der mit Unsicherheiten behafteten Rahmenbedingungen auf eine rollierende Planung zurückgegriffen werden soll, scheint es jedoch wenig sinnvoll, Suchverfahren einzusetzen um Dispositionsentscheidungen zu generieren, die nur für einen bestimmten Zeitpunkt optimale bzw. gute Ergebnisse darstellen. Statt dessen bieten sich rechnergestützte Evaluationsverfahren an, um die Auswirkungen alternativer Dispositionsentscheidungen auf die Bestands- und Kostenentwicklung zu erkunden und dabei jeweils die Bedarfs- und Ordermengen der einzelnen Lager auf Basis stets aktualisierter Datenkonstellationen heuristisch zu ermitteln. So lassen sich auf Basis der prognostizierten Nachfragedaten nicht nur die aktuell anstehenden und zukünftigen Dispositionsentscheidungen für die unterste Lagerebene planen, sondern es würden zugleich die resultierenden Warentransferprozesse für die übergeordneten Stufen berechnet. Diese Transferprozesse können wiederum herangezogen werden, um die Dispositionsentscheidung für die im Distributionssystem übergeordneten Lager zu treffen. Kommt eine derartige Vorgehensweise im Rahmen eines heuristischen Dispositionsansatzes jede Periode auf ein Neues zum Einsatz, lassen sich die zukünftigen Bedarfe für die Lager jeder Ebene unter Berücksichtigung der aktuellen Restbestände und der bereits eingeleiteten Warentransferprozesse stets neu abschätzen und die zugrunde gelegten Prognosedaten können immer wieder korrigiert werden. Auf diese Weise werden auf Basis zentral verfügbarer Informationen nicht nur die

---

1) Unter einem Konvergenzmechanismus ist in diesem Zusammenhang ein Verfahren zur numerischen Suche zu verstehen. Dabei tastet sich der Konvergenzmechanismus an das gesuchte Optimum nach deterministischen oder stochastischen Regeln heran. Direkte Suchverfahren kommen ohne formale Voraussetzung an die Zielfunktion aus; Gradientenverfahren sind effizienter, da sie der günstigsten Suchrichtung auf dem Zielfunktionsgebirge folgen, setzen aber die Differenzierbarkeit der Zielfunktion voraus. Vgl. Berens, Wolfgang; Delfmann, Werner: /Quantitative Planung/ 118.
Zu den einzelnen Suchverfahren vgl. auch Biethahn, Jörg: /Optimierung und Simulation/ ; Glover, Fred; Greenberg, Harvey J.: /heuristic search/ ; Himmelblau, David M.: /non linear Programming/ 141-189.

2) Vorschläge, die Disposition mit Hilfe von Simulationsansätzen so zu unterstützen, dass man das ganze Lagerhaltungssystem in einem Simulationsmodell abbildet und dann Suchverfahren einsetzt, die selbständig eine gute Lösung des Dispositionsproblems generieren, finden sich unter anderem bei Biethahn, Jörg: /Konzeption eines ganzheitlichen Informationssystems/ ; Chang, Wei-chung: /Simulationsmodelle/ ; Domschke, Wolfgang; Drexl, Andreas: /Operations Research/ 201-202; Feil, Peter: /Lagerhaltungssimulation/ ; Knudsen, Jorgen Y.: /Inventory simulation systems/ ; Kuik, R.; Salomon, Marc: /simulated-annealing heuristic/ ; Pokrandt, Bernd: /Losgrößenplanung/ 193.

3) Vgl. Berens, Wolfgang; Delfmann, Werner: /Quantitative Planung/ 146.

innerhalb des Distributionssystems bestehenden Interdependenzen erfasst, sondern es besteht zusätzlich die Möglichkeit auch kundenorientierte Distributionsmaßnahmen, Einschaltungsmöglichkeiten von Logistik-Dienstleistern sowie Konsolidierungspotentiale zu eruieren, ohne dass dabei die verbleibenden Nachfrageunsicherheiten vernachlässigt würden.

In dem folgenden Kapitel wird deshalb ein heuristischer Ansatz zur Disposition in mehrstufigen Distributionskanälen entwickelt, wobei die in den vorangegangenen Abschnitten beschriebenen Verbesserungspotentiale der bestehenden Ansätze zur Dispositionsplanung aufgegriffen werden.

4 Distributionsprogrammplanung - Ein neuer Ansatz zur Disposition in mehrstufigen Distributionskanälen

Mit dem im Folgenden vorgestellten Ansatz zur Disposition in mehrstufigen Distributionskanälen sollen die Verbesserungspotentiale der existierenden Dispositionsansätze aufgegriffen und deren Defizite überwunden werden. Das bedeutet, dass dieser neue Ansatz an beliebige Distributionsstrukturen anpassbar sein muss, Interdependenzen zwischen mehreren Produkten berücksichtigen soll, sich im Zeitablauf auf geänderte Datenkonstellationen einstellt, Kostenverläufe realistisch einbezieht und unterschiedliche Nachfrageverläufe akzeptiert. Außerdem muss er kundenorientierte Distributionsmaßnahmen zulassen, Auslagerungsmöglichkeiten von Logistik-Funktionen berücksichtigen, Konsolidierungspotentiale bei Bestellung und Transport ausnutzen, eine hohe Informationstransparenz schaffen und die unvermeidbaren Unsicherheiten handhaben können. Nur so kann es gelingen, die Lücke, die zwischen Theorie und Praxis besteht,[1] zu überwinden und ein Dispositionsverfahren zu entwickeln, dass den Anforderungen der Realität gerecht wird.

Die Implementierung eines derartigen Dispositionsansatzes kann auf Grund der komplexen Problemstellung nur rechnergestützt gelingen. Nur mit Hilfe eines Informationssystems, in dem alle relevanten Komponenten eines Distributionssystems abgebildet werden, ist es möglich, die einzelnen Handlungsalternativen unter dynamischen Rahmenbedingungen zu analysieren und ihre kosten- und servicemäßigen Konsequenzen abzuschätzen. Informationssystem und Dispositionsansatz verschmelzen dabei zu einer Einheit, welche rollierend eingesetzt, stets neue Handlungsdirektiven auf Basis aktualisierter Datenkonstellationen generiert. In einem mehrstufigen Distributionssystem lassen sich mit Hilfe einer solchen Dispositionsplanung nicht nur die aktuell anstehenden und zukünftigen Dispositionsentscheidungen für die unterste Lagerebene an Hand der prognostizierten Nachfragedaten und Bestände ableiten, sondern es werden zugleich die resultierenden Warentransferprozesse für die übergeordneten Stufen berechnet, so dass diese Transferprozesse wiederum herangezogen werden können, um die Dispositionsentscheidungen für die höheren Lagerstufen zu treffen. Somit basieren die Entscheidungen für die höheren Ebenen auf den

[1]) Vgl. Silver, Edward A.: /Inventory Management/ 628.

für die nächsten Perioden im voraus kalkulierten Warentransferprozesse der jeweils nachfolgenden Stufen. Werden die gesamten Distributionsprozesse im Rahmen des Dispositionsansatzes rollierend in jeder Periode neu berechnet, können die zugrunde gelegten Nachfrageprognosen immer wieder aktualisiert werden und die zukünftigen Bedarfe der einzelnen Lager jeder Ebene lassen sich unter Berücksichtigung der aktuellen Restbestände und der bereits eingeleiteten Warentransferprozesse stets aktuell abschätzen. Auf diese Weise werden nicht nur die innerhalb des Distributionssystems bestehenden Interdependenzen zwischen den Lagerstufen erfasst, sondern es können zudem auch kundenorientierte Distributionsmaßnahmen, Einschaltungsmöglichkeiten von Logistik-Dienstleistern sowie Konsolidierungspotentiale eruiert werden, ohne die verbleibenden Nachfrageunsicherheiten außer Acht zu lassen.

Die Anwendung dieses im weiteren Verlauf als Distributionsprogrammplanung bezeichneten Dispositionsansatzes kann einem Unternehmen zu erheblichen Wettbewerbsvorteilen verhelfen. Einerseits ist es mit seiner Hilfe leicht möglich, die vorhandene Distributionsinfrastruktur um neue Distributionskanäle zu erweitern,[1] ohne eine separate Warendisposition aufzubauen. Andererseits lassen sich die Warenflüsse effizienter steuern, was nicht nur zu Einsparungen bei Bestell- und Transportkosten führt, sondern auch insgesamt niedrigere Lagerbestände mit sich bringt, weil die einzelnen Transferprozesse untereinander besser abgestimmt und mehr auf die Marktnachfrage ausgerichtet werden. Diese Potentiale sind jedoch nur dann erschließbar, wenn der Disposition alle benötigen Informationen auf zentraler Basis durch ein integriertes Informationssystem zur Verfügung gestellt werden. Erst wenn alle relevanten Einflussgrößen und Handlungsalternativen systemweit erfasst sind, wird es möglich mit Hilfe eines Informationssystems die Dispositionsentscheidungen besser auf die Marktnachfrage auszurichten und die Lieferbereitschaft[2] zu steigern, ohne zugleich höhere Lagerbestände vorzuhalten. Wie Darstellung 21[3] veranschaulicht, besteht beim Einsatz der Distributionsprogrammplanung umgekehrt

---

[1]) Neue Distributionskanäle können zum Beispiel erschlossen werden, wenn zusätzlich direkte Zustellungen zum Endabnehmer eingeführt werden.

[2]) Zur genaueren Definition der Lieferbereitschaft vgl. Abschnitt 4.1.

[3]) Vgl. IBM Deutschland GmbH: /Lagerhaltung und Bestandsführung/ 19.

natürlich auch die Möglichkeit, einen gegebenen Lieferbereitschaftsgrad zu wahren und die Bestände auf einem niedrigeren Niveau zu halten.

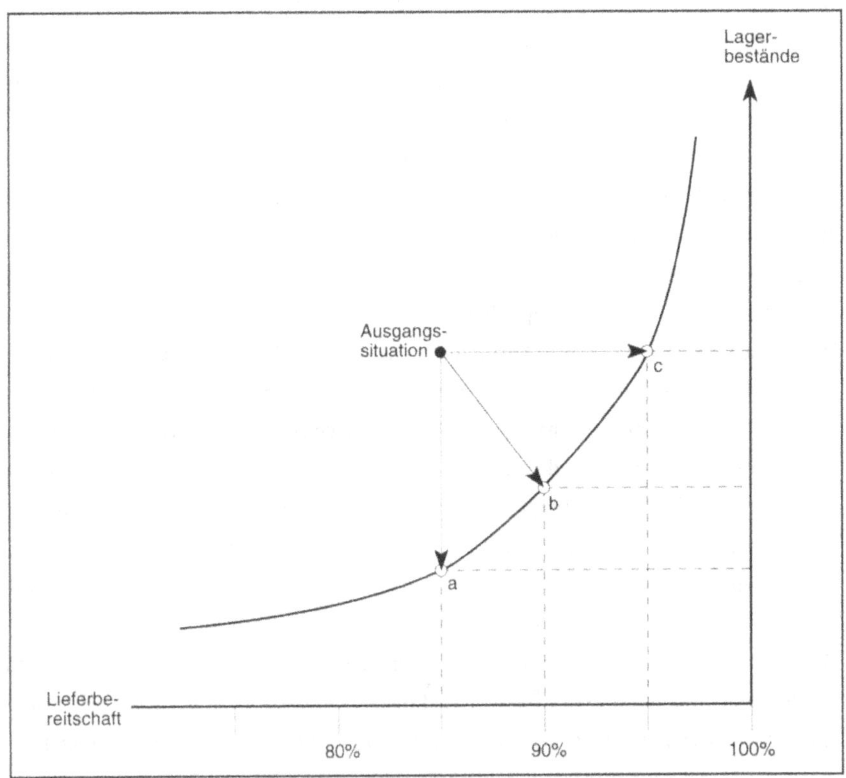

Darst. 21 Potentiale der Distributionsprogrammplanung

Bevor der Dispositionsansatz in den folgenden Abschnitten näher beschrieben wird, soll zunächst ein grober Überblick über die Funktionsweise der Distributionsprogrammplanung gegeben werden.

Die Dispositionsplanung kann sich in mehrstufigen Distributionssystemen zu Nutze machen, dass sich die Sekundärbedarfe in den Regionallagern aus den Primärbedarfen der ihnen nachfolgenden Endbedarfslager ableiten lassen.[1] Die Primärbedarfe resultieren wiederum aus den für jedes Endbedarfslager und jedes Produkt prognostizierten Nachfragemengen der laufenden und zukünftigen Perioden sowie aus den noch vorhandenen Beständen des jeweiligen Produkts. Das bedeutet, dass ein Endbedarfslager erst ab der Periode einen Bedarf für ein Produkt verzeichnet, wenn abzusehen ist, dass der noch vorhandene Bestand in der betreffenden Periode zur Neige gehen bzw. ein eventuell gegebener Sicherheitsbestand unterschritten wird. Die Nachfrageprognosen determinieren dann die Periodenbedarfe der hierauf folgenden Perioden. Diese Bedarfe können schließlich unter Kostengesichtspunkten zu ökonomisch sinnvollen Ordermengen kumuliert werden. Unter Berücksichtigung von Transport- und Lieferzeiten lassen sich zudem für jedes Lager die spätest möglichen Orderzeitpunkte sowie die resultierenden Versandzeitpunkte des jeweils übergeordneten Lagers bestimmen. Die Sekundärbedarfe ergeben sich in den Regionallagern dann durch die Aggregation der um die Transportzeiten vorversetzten Bedarfe der ihnen unmittelbar nachfolgenden Lager. Auch die für jede Periode bestimmten Sekundärbedarfe können wiederum zu ökonomisch sinnvollen Ordermengen kumuliert werden.[2] Eintreffende Lieferungen oder Transporte werden schließlich jeweils für die Perioden eingeplant, in denen der fortgeschriebene Bestand vermutlich nicht mehr ausreichen würde, um den kalkulierten Bedarf zu decken. Auf diese Weise können sowohl die Bedarfsentwicklung als auch die erforderlichen Warentransferprozesse für das gesamte Distributionssystem im voraus berechnet werden. In der laufenden Periode werden jedoch nur diejenigen Warentransferprozesse tatsächlich veranlasst, die aktuell erforderlich sind bzw. keinen weiteren Aufschub mehr dulden. Ob die für die kommenden Perioden berechneten Transferprozesse wirklich so umgesetzt werden, bleibt dagegen offen und hängt davon ab, inwieweit sich die von den Prognosen abweichenden Nachfrageverläufe auf die Bedarfe und die erforderlichen Warentransferprozesse auswirken. Deshalb muss das Dispositionsverfahren die künftigen Distributionsprozesse, welche im Folgenden auch als Distributionsprogramm bezeichnet werden, in jeder Periode auf ein Neues berechnen und

---

[1]) Vgl. Abschnitt 4.3.1.

[2]) Im Zuge der Bestimmung ökonomisch sinnvoller Ordermengen kann man auf der obersten Lagerstufe zudem überprüfen, ob sich die Ausdehnung der Bestellmengen zur Erzielung zusätzlicher Stufenrabatte lohnt oder ob die Bestellung weiterer Produkte eines Herstellers zur Erzielung von Verbundrabatten vorteilhaft wäre. Vgl. hierzu auch Abschnitt 4.3.4.1.

dabei stets die aktualisierten Bestands- und Prognosedaten zugrunde legen. Das Dispositionsverfahren kommt also im Rahmen einer rollierenden Planung zur Anwendung und bestimmt in jeder Periode ein aktualisiertes Distributionsprogramm.

Auf Grund der bestehenden Unsicherheiten ist bei dieser Vorgehensweise jedoch das Auftreten von Fehlbeständen nicht auszuschließen. Deshalb müssen drohende Fehlbestände, denen nicht mehr durch rechtzeitige Nachlieferungen begegnet werden kann, insbesondere in den Endbedarfslagern frühzeitig aufgedeckt werden. Zur Vermeidung dieser Fehlbestände kann dann im gesamten Distributionssystem nach ausreichenden Überbeständen gesucht und gegebenenfalls Querlieferungen durchgeführt oder, falls ökonomisch sinnvoll, direkte Anlieferungen durch den Hersteller in das jeweilige Lager veranlasst werden. Hieraus resultieren zwar Störungen im ursprünglich geplanten Distributionsprogramm, weil unter Umständen auf Bestände zurückgegriffen wird, die eigentlich für Bedarfe zukünftiger Perioden aufgebaut wurden. Da sich die Nachfrageunsicherheiten aber ohnehin auf die Bedarfe und Warentransferprozesse des gesamten Distributionssystems niederschlagen, wirken sich diese Störungen nicht wesentlich aus und fließen bereits in die nächste Bedarfsermittlung mit ein. Treten trotz dieser Bemühungen Fehlbestände auf, kann versucht werden, die ansonsten verlorengegangene Nachfrage eventuell nachträglich zu befriedigen, indem direkte Zustellungen zum Endverbraucher aus noch vorhandenen Beständen anderer Lager angeboten werden. Falls dort keine ausreichenden Bestände mehr zur Verfügung stehen, kann schließlich noch eine Vormerkung der Produkte vorgenommen werden, um die Nachfrage in zukünftige Perioden zu verlagern. Dabei gehen die aus den direkten Zustellungen und Vormerkungen resultierenden Veränderungen der Bestandsdaten im Rahmen der Distributionsprogrammplanung noch in das aktuelle Entscheidungskalkül ein und werden schon für die Bedarfsermittlung der übergeordneten Regional- und Wareneingangslager berücksichtigt, so dass umgehend für entsprechenden Nachschub gesorgt wird.

Nachdem der Dispositionsansatz kurz skizziert worden ist, werden im Folgenden zunächst die festzulegenden Zielgrößen erörtert und einige Überlegungen zur Bestimmung des für die Distributionsprogrammplanung erforderlichen Planungshorizonts angestellt. Aufbauend auf diesen Überlegungen erfolgt dann der Entwurf der eigentlichen Dispositionsheuristik.

4.1 Festlegung der Zielgrößen

Dem Dispositionsverfahren sind auf zentraler Instanz alle relevanten Größen zur Verfügung zu stellen, die es zur Koordination sämtlicher Transferprozesse benötigt. Die Koordinationsaufgabe kann jedoch nur dann sinnvoll erfüllt werden, wenn dem Bestandsmanagement eine bestimmte Zielsetzung[1] vorgegeben wird. In der Literatur werden hierzu alternative betriebswirtschaftliche Zielsetzungen diskutiert.[2] Dies sind im Wesentlichen die Ziele der Gewinnmaximierung, der Flexibilitätsgewährleistung oder die Gewährleistung der Fortbestandschancen bzw. ganz einfach überhaupt irgendeine durchführbare Lösung zu finden. Während letzteres in vielen Unternehmen gängige Praxis zu sein scheint, kann es für eine langfristige Zielsetzung des Bestandsmanagements keine zufriedenstellende Perspektive darstellen. Auch das Ziel der Flexibilitätsgewährleistung lässt noch den Wunsch nach einer möglichst effizienten Umsetzung vermissen. Besonders erstrebenswert scheint demnach die Zielsetzung der Gewinnmaximierung. Es gibt bisher jedoch kaum gesicherte Aussagen über die multikausalen Zusammenhänge zwischen dem Einsatz einzelner absatzpolitischer Instrumente, worunter auch die physische Distributionsleistung fällt, und der daraus resultierenden Nachfrage. Die Vorstellung, eine gewinnmaximale Servicepolitik realisieren zu können ist deshalb nicht operational.[3] Folglich ist die Zielsetzung möglichst geringer Gesamtkosten für den Distributionsbereich bei Aufrechterhaltung eines gegebenen Lieferbereitschaftsgrades zu präferieren.

Die im Distributionsbereich anfallenden Kosten resultieren vor allem aus Beschaffungstätigkeiten, Transportleistungen und der Lagerhaltung. Theoretisch entstehen einem Unternehmen auch Kosten für den Fall, dass Fehlmengen auftreten und ein Teil des

---

1) Unter Zielen versteht man gewöhnlich Sollzustände, deren Realisierung anzustreben ist. Dazu müssen Ziele operational formuliert sein, d.h. unter Angabe von meßbaren Merkmalen, die den Zielerreichungsgrad anzeigen. Sie müssen adäquat bezüglich Zielinhalt, Zielausmaß und Zeitvorgabe bestimmt sein. Vor dem Hintergrund, dass in der Regel nicht nur ein Ziel verfolgt wird, können unter Umständen mehrere miteinander harmonierende Ziele zu einem Zielbündel zusammengefasst werden. Die Verfolgung eines Ziels kann jedoch die Verwirklichung anderer Ziele beeinträchtigen. Das ist dann der Fall, wenn das Erreichen des einen Ziels mit dem Nichterreichen mindestens eines der anderen Ziele verbunden ist und deswegen ein Zielkonflikt zwischen den konkurrierenden Zielen entsteht. Vgl. Berens, Wolfgang; Delfmann, Werner: /Quantitative Planung/ 57-58.

2) Vgl. Silver, Edward A.: /Inventory Management/ 629-630.

3) Vgl. Delfmann, Werner; Darr, Willi; Simon, Ralf-P.: /Marketing Logistik/ 18.

Nachfrageaufkommens nicht befriedigt werden kann. Fehlmengenkosten sind deshalb diejenigen Kosten, die anfallen, wenn in einer Kaufsituation die verfügbare Warenmenge zur Befriedigung der aktuellen Nachfrage nicht ausreicht. Sie entstehen in jedem Fall bei mangelnder Lieferbereitschaft eines Unternehmens und können in Form entgangener Gewinne oder Deckungsbeiträge sowie als 'Good-will'-Verlust[1] in Erscheinung treten. Es besteht aber das Problem der Quantifizierung der Fehlmengenkosten.[2] Hierbei stellt sich die Frage, welcher Wertansatz für den entgangenen Gewinn oder Deckungsbeitrag und für den 'Good-will'-Verlust einer nicht befriedigten Nachfrage anzusetzen ist. Es besteht vor allem die Schwierigkeit, dass bestimmte Verhaltenweisen der Kunden bei Nichtverfügbarkeit der Waren unterstellt werden müssten.[3] Darum lassen sich die Fehlmengenkosten nur in Ausnahmefällen exakt quantifizieren.[4] Gerade der 'Good-will'-Verlust macht verständlich, dass es sehr schwer sein dürfte, den Fehlkostensatz modellmäßig abzubilden.[5] In dem hier entwickelten Dispositionsansatz werden deshalb keine Fehlmengenkosten berücksichtigt.[6] Die Gesamtkostenbetrachtung beschränkt sich insofern auf die restlichen Größen (Beschaffungs-, Transport- und Lagerkosten). Die Kostenkomponenten sollen dabei nicht isoliert, sondern ganzheitlich betrachtet werden, um mögliche Zielbeziehungen zu berücksichtigen. Aus dem Versuch, Einsparungen nur bei einzelnen Kostenkomponenten vorzunehmen, könnten nämlich letztlich höhere Gesamtkosten resultieren. So führt beispielsweise die Reduktion von Lagermengen zwar zu Einsparungen bei den Lagerhaltungskosten, doch die Transportkosten würden bei Aufrechterhaltung einer gleichbleibenden Lieferbereitschaft überproportional ansteigen. Im Bestandsmanagement besteht deshalb ein Zielkonflikt zwischen dem Niveau des Lieferservices und den resultierenden Logistikkosten. Denn das

---

1) Alscher und Schneider sehen den größten Anteil an Fehlmengenkosten im "Good-will"-Verlust. Vgl. Alscher, Jürgen; Schneider, Jürgen: /Fehlmengenkosten/ 181.

2) Zum Problem der Quantifizierung der Fehlmengenkosten vgl. Alscher, Jürgen; Schneider, Jürgen: /Fehlmengenkosten/ ; Botta, Volkmar: /Fehlmengen und Fehlmengenkosten/ ; Hömke, Peter; Klingenhöfer, Lutz: /Fehlmengen/ .

3) Vgl. Alscher, Jürgen; Schneider, Jürgen: /Fehlmengenkosten/ 182.

4) Vgl. Tempelmeier, Horst: /Quantitative Marketing-Logistik/ 118.

5) Vgl. Schneeweiß, Christoph: /Lagerhaltungssysteme/ 70.

6) Auch Stock und Lambert empfehlen von einer Quantifizierung der Fehlmengenkosten abzusehen. Vgl. Stock, James R.; Lambert, Douglas M.: /Strategic Logistics Management/ 46.
Im Rahmen der Distributionsprogrammplanung werden statt dessen unterschiedliche Maßnahmen zur Vorbeugung gegenüber Fehlbeständen berücksichtigt. Vgl. hierzu die Abschnitte 4.3.5 und 4.3.6.

Ziel eines hohen Lieferservices widerspricht dem Wunsch nach möglichst geringen Kosten im Bereich der logistischen Aktivitäten. Insofern besteht ein Kosten-Trade-off zwischen den verschiedenen Kostenkomponenten im Bereich der Distributionsaktivitäten. Weil Logistiksysteme meist durch eine Vielzahl von Kostenkonflikten gekennzeichnet sind und Kostensenkungen in einem Teilsystem häufig Kostensteigerungen in einem anderen Teilsystem bewirken, ist das Gesamt- oder Totalkostendenken letztlich von großer Bedeutung für die zu fällenden Entscheidungen.[1]

Ein effektives Bestandsmanagement kann deshalb nur durch eine ganzheitliche Sichtweise der mit dem Distributionsbereich verknüpften Prozesse erreicht werden.[2] Aus diesem Grunde muss im Rahmen der Disposition neben den insgesamt anfallenden Kosten insbesondere der erzielbare Lieferservice berücksichtigt werden.[3] Denn die Märkte zeichnen sich dadurch aus, dass die gehandelten Produkte in qualitativer, räumlicher und quantitativer Hinsicht seitens der Nachfrage spezifiziert werden, ferner aber auch dadurch, dass die raumzeitlichen Bedingungen des Leistungstransfers von der Nachfrageseite diktiert werden. Die Abnehmer erwarten eine Bereitstellung der Produkte möglichst zu dem Zeitpunkt, zu dem sie die Produkte verwenden können. Die Fähigkeit eines Unternehmens, diesen Anforderungen gerecht zu werden kann zu einer Erhöhung des Wertes seiner Produkte in den Augen der Abnehmer führen, was sich in erhöhter Kundenloyalität, Realisierbarkeit höherer Gewinnspannen und häufig auch in einer Reduzierung der aus der Produktverwendung resultierenden Kosten beim Abnehmer niederschlagen kann.[4] Der Lieferservice ist nach der Produktqualität der gewichtigste Einflussfaktor auf die Kaufentscheidung. Dies ist vor allem eine Folge der auf vielen Märkten anzutreffenden Substituierbarkeit der Sachleistungen. Der Lieferservice wird ganz wesentlich durch das Segment der Distributionslogistik innerhalb der Logistikkette bestimmt.[5] Er wird durch den Abnehmer aber nicht isoliert von den anderen Leistungsmerkmalen eines Unternehmens wahrgenommen, sondern ist lediglich

[1]) Vgl. Delfmann, Werner; Darr, Willi; Simon, Ralf-P.: /Marketing Logistik/ 21.

[2]) Vgl. Stock, James R.; Lambert, Douglas M.: /Strategic Logistics Management/ 46.

[3]) Bei Moschel finden sich zudem Überlegungen, wie man dynamische Lagerhaltungsmodelle zur Betrachtung mehrfacher Zielsetzung abwandeln kann. Vgl. Moschel, H. Werner: /Entscheidunsmodelle der Lagerhaltung/ .

[4]) Vgl. Delfmann, Werner; Darr, Willi; Simon, Ralf-P.: /Marketing Logistik/ 28.

[5]) Vgl. Delfmann, Werner: /Distributionsplanung/ .

Teil eines gesamten Leistungsbündels, dessen einzelne Ausprägungen durch vielfältige Substitutions- und Synergieeffekte ineinander verflochten sind.[1] Durch die eher noch zunehmende Substituierbarkeit der Produkte wird auf vielen Märkten die Bedeutung des Lieferservices als Instrument zur Behauptung im Wettbewerb noch weiter steigen. Der mit einem Ansteigen des Lieferserviceniveaus im Allgemeinen verbundene überproportionale Anstieg der Logistikkosten zwingt allerdings zu einer differenzierten Lieferservicepolitik.[2]

Der Lieferservice ist zur Leistungsermittlung im Distributionsbereich jedoch nicht operational formulierbar.[3] Hierfür eignet sich vielmehr der Lieferbereitschaftsgrad[4] als leicht quantifizierbare Komponente des Lieferservices. Für ein einzelnes Unternehmen innerhalb des hier betrachteten Unternehmenstyps eines Handelsfilialisten (Konsumgüter, hohe Transparenz, homogene Produkte) sind die Servicefaktoren Lieferzeit, -flexibilität und Beschaffenheit der Lieferung von untergeordneter Bedeutung,[5] weil die Abnehmer ohnehin eine unmittelbare Präsenz der Waren in den Endbedarfslagern erwarten. Erst wenn diese Präsenz nicht mehr gegeben ist (mangelnde Lieferbereitschaft), kommt den vorweg genannten Faktoren Bedeutung zu. Dies wäre dann der Fall, wenn Waren vorgemerkt oder dem Abnehmer direkt zugestellt werden müssten. Der Lieferbereitschaftsgrad ist auch deshalb von besonderem Belang, weil der durch die Abnehmer eines Unternehmens subjektiv empfundene Produktnutzen neben der stofflich-materiellen Form und den vorhandenen Informationen über die Verwendungsmöglichkeiten auch besonders von der zeitlichen und räumlichen Verfügbarkeit des Produkts in der gewünschten Menge abhängt. Mangelnde Lieferbereitschaft und damit Fehlmengen resultieren immer aus der mangelnden

---

[1]) Vgl. Delfmann, Werner: /Integration/ 156-158.

[2]) Vgl. Delfmann, Werner; Darr, Willi; Simon, Ralf-P.: /Marketing Logistik/ 18.

[3]) Unter dem Oberbegriff des Lieferservices verbergen sich folgende Einzelindikatoren: Lieferzeit, -zuverlässigkeit, -beschaffenheit und -flexibilität. Der Lieferbereitschaftsgrad ist dabei eine Komponente der Lieferzuverlässigkeit. Vgl. auch Abschnitt 2.3.3.1.

[4]) Brockmann und Sudkamp kommen in einer Erhebung zu dem Ergebnis, dass lediglich 38,8% der Unternehmen überhaupt einen Lieferbereitschaftsgrad im Distributionsbereich ermitteln. Branchenübergreifend wurde dabei ein Richtwert von 88% für Lagerprodukte bestimmt. Vgl. Brockmann, Karl-H.; Sudkamp, Jörg: /Bestände/ 21.

[5]) Die genannten Servicefaktoren sind dem Endkunden gegenüber aber nur dann von untergeordneter Bedeutung, wenn von einer gegebenen Warenpräsenz auszugehen ist, wie dies zum Beispiel bei der Selbstbedienung der Fall ist. Innerhalb des Distributionssystems oder aber in der Beziehung zu den Lieferanten bleibt der Stellenwert dieser Servicefaktoren jedoch unberührt.

Verfügbarkeit der Waren in den Endbedarfslagern des Distributionssystems. Je höher die Lagerbestände, desto geringer ist im Allgemeinen die Wahrscheinlichkeit des Auftretens von Fehlmengen und umgekehrt. Könnte man die Opportunitätskosten, die durch Fehlmengen entstehen, genauer quantifizieren, wäre es möglich, einen Ausgleich dieser beiden kostenmäßig gegenläufigen Größen herbeizuführen und einen optimalen Lieferbereitschaftsgrad zu bestimmen (vgl. Darstellung 22). Da dies ohne quantifizierbare Fehlmengenkosten jedoch schwerlich gelingen kann, scheint es sinnvoller, eine stetige Lieferbereitschaft anzustreben und die resultierenden Gesamtkosten durch ein effizientes Bestandsmanagement möglichst gering zu halten.

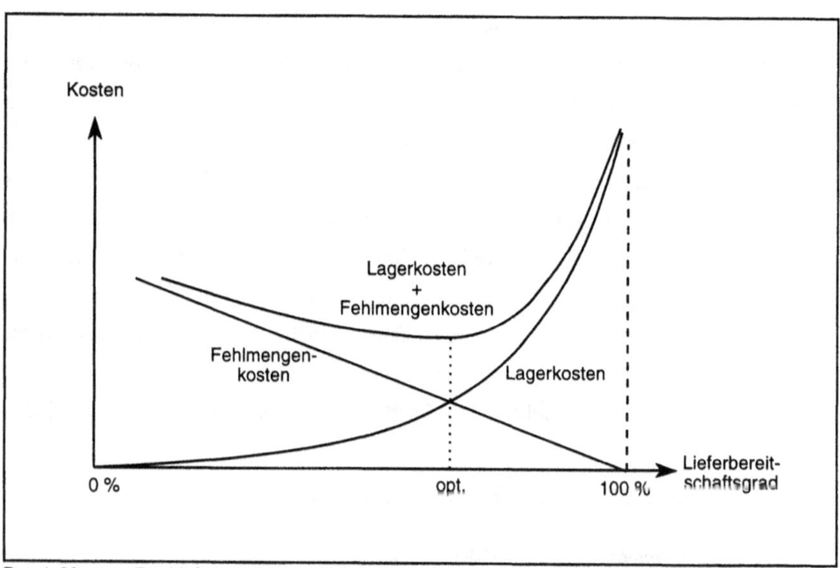

Darst. 22 Der Lieferbereitschaftsgrad als Optimierungsproblem

Der Lieferbereitschaftsgrad kann für jeden einzelnen Artikel oder als durchschnittliche Größe für mehrere Artikel gemeinsam bestimmt werden.[1] Er wird üblicherweise in Prozent angegeben und lässt sich unter anderem wie folgt definieren:[2]

Stückmäßig: - erfüllte Nachfrage · 100 / aufgetretene Nachfrage
- gelieferte Menge · 100 / nachgefragte Menge

Wertmäßig: - Wert der gelieferten Menge · 100 / Wert der nachgefragten Menge[3]

Zeitlich: - Perioden ohne verlorene Nachfrage ·100 / gesamte Anzahl der Perioden

Darüber hinaus finden sich in der Literatur noch Definitionen für sogenannte Alpha- und Beta-Servicegrade. Sie beziehen sich ebenfalls auf die Lieferbereitschaft. Der Alpha-Servicegrad verlangt, dass die Wahrscheinlichkeit für das Auftreten von Fehlmengen (unabhängig von deren Ausmaß) einen vorgegebenen Wert nicht überschreiten darf.[4] Damit beschreibt der Alpha-Servicegrad die Wahrscheinlichkeit, dass ein Bedarf in einer Periode befriedigt wird.[5] Der Alpha-Servicegrad berechnet sich aus der Summe der Perioden ohne Fehlmengen dividiert durch die Anzahl aller Perioden und kommt daher der oben genannten zeitlichen Definition des Lieferbereitschaftsgrades gleich. Das Ausmaß der Fehlmengen bleibt dabei jedoch unberücksichtigt. Der Beta-Servicegrad beschreibt hingegen den Anteil der erwarteten Fehlmengen an der gesamten in einer Periode auftretenden Nachfragemenge.[6] Er berechnet sich aus dem mittleren befriedigten Bedarf dividiert durch den gesamten mittleren Bedarf.[7] Der Beta-Servicegrad entspricht somit der oben aufgeführten stückmäßigen Definition des Lieferbereitschaftsgrades.

---

1) Es wäre zudem auch möglich, artikelgruppenspezifisch verschieden hohe oder für einzelne "Lockvögel" des Sortiments bewusst niedrigere Lieferbereitschaftsgrade anzustreben.

2) Vgl. Delfmann, Werner; Darr, Willi; Simon, Ralf-P.: /Marketing Logistik/ 16.

3) Als Wertansatz können beispielsweise der Umsatz oder auch Werte aus der Kostenrechnung (zum Beispiel Deckungsbeiträge) herangezogen werden.

4) Vgl. Tempelmeier, Horst: /Quantitative Marketing-Logistik/ 142.

5) Vgl. Klemm, Hermann; Mikut, Manfred: /Lagerhaltungsmodelle/ 250.

6) Vgl. Tempelmeier, Horst: /Quantitative Marketing-Logistik/ 142.

7) Vgl. Klemm, Hermann; Mikut, Manfred: /Lagerhaltungsmodelle/ 250.

In der betrieblichen Praxis wird häufig ein bestimmter Lieferbereitschaftsgrad als Ziel formuliert. Berücksichtigt man die zunehmende Bedeutung der mit einer verstärkten Kundenorientierung einhergehenden Serviceaspekte, muss man sich fragen, ob es vertretbar ist, von vornherein einen eingeschränkten Lieferbereitschaftsgrad als unternehmerisches Ziel zu setzen oder ob man nicht vielmehr bemüht sein sollte, möglichst jede Kundennachfrage zu befriedigen, solange dies ökonomisch sinnvoll scheint. Ex-post ist die Feststellung des Lieferbereitschaftsgrades sicher sehr sinnvoll. Ex-ante sollte jedoch angestrebt werden, die erwartete Nachfrage komplett zu befriedigen und die Entscheidungen darüber, wann und ob ein Produkt zum Verkauf bereitgestellt wird, der Sortimentspolitik überlassen bleiben.[1] Natürlich wird auf Grund von Effizienzerwägungen und vor allem wegen der bestehenden Nachfrageunsicherheiten keine jederzeitige Verfügbarkeit aller Produkte des Sortiments erreichbar sein. Dies bedeutet jedoch nicht, dass man sich schon vorweg mit dem Verzicht auf einen festgelegten Anteil der Nachfrage zufrieden geben darf. Vielmehr sollte versucht werden, den unbefriedigten Teil der Nachfrage - solange ökonomisch sinnvoll[2] - dennoch zu befriedigen, sei es durch direkt abgewickelte Eilbestellungen, rechtzeitige Querlieferungen aus anderen Lagern, Vormerkungen für den Kunden oder durch Nachlieferungen direkt zum Kunden. Bei der Entwicklung eines kundenorientierten Dispositionsansatzes und für die Zwecke der Simulationsuntersuchung[3] müssen solche distributionslogistische Maßnahmen deshalb ebenfalls berücksichtigt werden. Außerdem ist bezüglich der Lieferbereitschaft eine volle Befriedigung des Nachfrageaufkommens zumindest anzustreben. Die gesamten entscheidungsrelevanten Kosten, die sich aus der Summe von Beschaffungskosten, Kosten direkter Anlieferungen, Lagerhaltungskosten, Transportkosten sowie den Kosten direkter Zustellungen ergeben, sind dabei möglichst gering zu halten.

---

[1]) Anders stellt sich dies im Produktionsbereich dar, weil hier Ausfallwahrscheinlichkeiten für die Produktionsanlagen bekannt sind und daher bereits ex ante die zu erwartende Lieferbereitschaft bestimmen werden kann.

[2]) Ein Entscheidungskalkül hinsichtlich der Durchführung solcher innovativer Maßnahmen lässt sich objektiv nicht bestimmen. Es ist letztlich eine Grundsatzentscheidung der Unternehmensführung, inwieweit Fehlbestände in Kauf genommen und unter welchen Umständen die genannten Maßnahmen gegenüber Fehlbeständen ergriffen werden sollen.

[3]) Vgl. Abschnitt 5.

Somit soll die Distributionsprogrammplanung also primär das Ziel einer weitgehenden Befriedigung der Nachfrage[1] verfolgen, wobei möglichst geringe Gesamtkosten anzustreben sind.[2]

4.2 Bestimmung des Planungshorizonts

Um nicht auf eine quantitative Unterstützung von Lagerhaltungsentscheidungen verzichten zu müssen, ist es erforderlich, mehr oder weniger realistische Annahmen zu treffen, die eine Beschreibung des betrachteten Realproblems durch ein Modell zulassen.[3] So muss die Problemformulierung gewisse strukturelle Voraussetzungen erfüllen, die nicht selten dadurch künstlich geschaffen werden, dass methodisch schwierig oder nicht zu handhabende Problemkomponenten im Rahmen der formalen Modellierung vereinfacht erfasst werden.[4] Die heuristische Programmierung stellt dabei im Gegensatz zur Optimalplanungsmethodik geringere Anforderungen an die formale Problemstruktur.[5] Die handhabbare Komplexität liegt deshalb bei der Anwendung von Heurisiken im Vergleich zu analytischen Verfahren höher. Der geringere Abstraktionsgrad erhöht zudem die Plastizität des Modells und die Erklärbarkeit der Ergebnisse.[6] Ohne Prämissen kommen aber auch Heuristiken nicht aus. Für die Anwendung der Distributionsprogrammplanung wird deshalb die Zeitdynamik nicht kontinuierlich erfasst, sondern in äquidistante Zeiträume unterteilt, so dass Zustandsänderungen nur an den Intervallgrenzen registriert werden können. Für

---

[1]) Das bedeutet, dass sich das Dispositionsverfahren zur kosteneffizienten Koordination der Distributionsprozesse zunächst nur an den Nachfrageprognosen orientieren soll und bestehende Unsicherheiten ohne Sicherheitsbestände aufzufangen sind. Erst wenn der Lieferbereitschaftsgrad zu weit abfällt, werden Sicherheitsbestände notwendig.

[2]) Die Erreichung des Kostenziels erfordert eine umfangreiche Datenbasis bezüglich der Kosten. Ein integriertes Informationssystem könnte die benötigten Kostendaten hierfür bereitstellen. Vgl. Stock, James R.; Lambert, Douglas M.: /Strategic Logistics Management/ 46.

[3]) Vgl. Tempelmeier, Horst: /Quantitative Marketing-Logistik/ 116.

[4]) Vgl. Berens, Wolfgang; Delfmann, Werner: /Quantitative Planung/ 144.

[5]) Vgl. Berens, Wolfgang; Delfmann, Werner: /Quantitative Planung/ 47 und 110.

[6]) Vgl. Berens, Wolfgang; Delfmann, Werner: /Quantitative Planung/ 145.

die Distributionsprogrammplanung stellt die Dauer einer Periode somit die Zeitspanne dar, innerhalb der die bereits veranlassten Aktivitäten nicht mehr revidiert werden können.[1]

Der Planungshorizont des Dispositionsverfahrens wird im Allgemeinen durch die letzte zu dem Dispositionsentscheidungsproblem gehörige Periode bestimmt. In diesem Sinne gibt der Horizont die letzte Periode des Zeitraumes an, der für die Festlegung der momentan zu veranlassenden Distributionsaktivitäten zugrunde gelegt wird. Von Interesse sind jedoch nur die Dispositionsentscheidungen, welche die Aktivitäten der laufenden Periode betreffen.[2] Innerhalb des Entscheidungshorizonts können deshalb die für die erste Periode erstellten Planungen nicht mehr verändert werden. Ergeben sich im Zeitablauf Datenänderungen, so können diese erst bei der Planung der nächsten Teilperiode berücksichtigt werden. Jede der für spätere Perioden unterstellten Entscheidungen ist nicht verbindlich, sondern flexibel und kann auf Grund neuerer Entwicklungen in zukünftigen Perioden noch revidiert werden. Dies entspricht realen Planungssituationen, wo man für gewöhnlich keine feststehenden Entscheidungshorizonte findet, sondern rollierende Planungshorizonte von oft unterschiedlicher Länge.[3]

Bei der rollierenden Planung handelt es sich um einen in der Zeit fortschreitenden, jeweils eine bestimmte Anzahl von Perioden umfassenden Planungszeitraum. Bei jedem Übergang zur nächsten Periode bedient man sich dabei der neuesten, bis zu dem jeweiligen Zeitpunkt erhältlichen Information, wobei der Horizont jeweils um eine Periode weitergeschoben wird. Die Planung innerhalb des Planungszeitraumes geschieht so, als seien die zugrunde gelegten Daten unveränderbar. Da die Planung nach jeder Periode wiederholt wird, werden lediglich die Entscheidungen für die erste Periode realisiert. Alle übrigen Entscheidungen innerhalb des Planungsabschnittes haben nur hypothetischen Charakter. Die Ermittlung dieser Entscheidungen ist jedoch im Rahmen eines dynamischen Ansatzes

---

[1]) Dies ist nicht nachteilg, da Nachfrageprognosen in der Praxis ohnehin nur für bestimmte Zeiträume aufgestellt werden können. Würde während eines solchen Intervalls festgestellt, dass das momentane Nachfrageaufkommen hochgerechnet auf das Ende dieses Intervalls von der Prognose abweicht, und sofort auf diese Abweichung reagiert, ohne abzuwarten, ob sich die Nachfrageschwankungen nicht eventuell wieder bis zum Intervallende kompensieren, so ergäben sich laufend voreilig getroffene Dispositionsentscheidungen, die häufig gar nicht notwendig wären.

[2]) Vgl. Schenk, Heike Yasmin: /Entscheidungshorizonte/ 10.

[3]) Vgl. Gupta, Yash P.; Keung, Ying K.; Gupta, Mahesch C.: /analysis of lot-sizing models/ 695-696.

für die Festlegung der eigentlich interessierenden Dispositionsentscheidungen der laufenden Periode unerlässlich, da die Entscheidungen für die höheren Lagerstufen in der laufenden Periode wesentlich von der Verhaltensweise der jeweils nachfolgenden Lager in späteren Perioden abhängt.[1]

Gäbe es keine Nachfrageunsicherheiten, würde es genügen, den Planungshorizont jeweils auf die Summe der maximal möglichen Liefer- und Transportzeiten bis zum entlegensten Lager festzulegen. Doch es ist nicht auszuschließen, dass die Berücksichtigung einer weiteren Periode eine grundlegende Veränderung des Bestellverhaltens bedingen würde. Dies bezeichnet man auch als Nervosität.[2] Sie stellt sich dann ein, wenn durch eine rollierende Planung in jeder Periode neue Ergebnisse generiert werden, die merklich von denen der vorherigen Periode abweichen.[3] *Federgrün* und *Tzur*[4] untersuchen die Ergebnisse dynamischer Losgrößenmodelle unter Berücksichtigung unterschiedlicher Planungshorizonte unter den Bedingungen einer rollierenden Planung. In einer empirischen Untersuchung von 435 verschiedenen Einzelproblemen kommen sie zu dem Ergebnis, dass bereits kürzeste Planungshorizonte gute Gesamtresultate sicherstellen und eine übermäßige Systemnervosität ausschließen.[5] So kann davon ausgegangen werden, dass auch für das betrachtete Dispositionsproblem der Entscheidungshorizont nicht extrem weit ausgedehnt werden muss.

Der kürzeste Planungshorizont T_{min} muss aber mindestens so groß bemessen sein, dass es der Disposition noch möglich ist, den Nachschub der Waren bedarfsgerecht sicherzustellen. In mehrstufigen Distributionssystemen sind hierbei die Lieferzeiten der Zulieferer Lz sowie die zwischen den einzelnen Lagern zu durchlaufenden Transportzeiten Tz zu berücksichtigen. Ist i ein beliebiges Lager und $L(i)$ das dem Lager i eindeutig

---

[1]) Vgl. Schneeweiß, Christoph: /Lagerhaltungssysteme/ 83-84.

[2]) Vgl. Blackburn, Joseph D.; Kropp, Dean H.; Millen, Robert A.: /nervousness in MRP/; Inderfurth, Karl: /Nervousness/ .

[3]) Vgl. Federgruen, Awi; Tzur, Michael: /Minimal forecast horizonts/ 456.

[4]) Vgl. Federgruen, Awi; Tzur, Michael: /Minimal forecast horizonts/ .

[5]) Vgl. Federgruen, Awi; Tzur, Michael: /Minimal forecast horizonts/ 463.

zugeordneteVorgängerlager,[1] so bezeichnet die Summe dieser Liefer- und Transportzeiten diejenige Zeitspanne T_{min}, die für den Nachschub der Waren bis in die Endbedarfslager insgesamt benötigt wird:

$$T_{min} = Lz_{max} + \sum_{Li \in P(r)} Tz_{L(Li),Li}$$

$P(r)$	Menge der Lager auf dem hierarchisch untergliederten Weg von einem Wareneingangslager zu dem Endbedarfslager r
Lz_{max}	längste einzukalkulierende Lieferzeit
$Tz_{L(Li),Li}$	Transportzeit zwischen einem Lager Li und seinem übergeordnetem Vorgängerlager $L(Li)$

Wären weder in den Wareneingangs- noch in den Regionallagern irgendwelche Bestände vorhanden, müsste die Disposition in der laufenden Periode zumindest den erwarteten Bedarf derjenigen Periode ordern, in der die Waren in den jeweiligen Endbedarfslagern eintreffen würden. Aber auch wenn auf den höher gelegenen Lagerstufen noch Bestände vorhanden sind, ist dieser Periodenbedarf immer noch ausschlaggebend für die Bedarfsermittlung der höchsten Lagerstufe. Das bedeutet, dass der Entscheidungshorizont der Distributionsprogrammplanung zumindest dem Zeitraum entsprechen muss, der für den Nachschub der Waren einzukalkulieren ist.[2]

Werden auf den einzelnen Lagerstufen zudem noch mehrere Periodenbedarfe zu einer Order kumuliert, muss der Planungshorizont entsprechend weiter ausgedehnt werden. Dieser Aspekt ist jedoch Gegenstand des übernächsten Abschnitts.[3] Grundsätzlich hängt die Bemessung des Planungshorizontes in mehrstufigen Distributionssystemen aber wesentlich von deren vertikaler Struktur sowie den für die Transferprozesse benötigten Zeitspannen ab. Je länger die Transferprozesse dauern und je mehr Stufen ein Distributionssystem aufweist, desto länger muss der Planungshorizont für eine zentrale Dispositionsplanung bemessen sein und damit fließen umso mehr Perioden in die Bedarfsermittlung der Distributionsprogrammplanung ein.

[1]) Für $r = WeL$ sei $L(r) = 0$

[2]) Unter Berücksichtigung der Mehrproduktproblematik ist dabei die längste zu erwartende Lieferzeit seitens der Zulieferer zugrunde zu legen.

[3]) Vgl. Abschnitt 4.3.1.

4.3 Dispositionsheuristik der Distributionsprogrammplanung

Der hier vorgestellte Ansatz zur Distributionsprogrammplanung in mehrstufigen Distributionskanälen bedient sich einer Dispositionsheuristik, um die für die Koordination der Warentransfer- und Lagerprozesse erforderlichen Dispositionsentscheidungen festzulegen. Das Dispositionsverfahren ist so konzipiert, dass es in beliebigen Distributionsstrukturen anwendbar ist, Interdependenzen zwischen mehreren Produkten berücksichtigen kann und den unvermeidbaren Unsicherheitsfaktoren Rechnung trägt.[1] Außerdem erlaubt es die Einbeziehung zusätzlicher distributionslogistischer Maßnahmen wie zum Beispiel Querlieferungen oder direkte Zustellungen. Da die Daten eines realen Distributionssystems in einem Informationssystem[2] stets aktuell abgebildet werden, stehen dem Dispositionsverfahren nicht nur alle relevanten Informationen auf zentraler Basis zur Verfügung sondern die anstehenden Dispositionsentscheidungen können auch unter Berücksichtigung der neuesten Datenkonstellation festgelegt werden. Dabei genießt die Produktverfügbarkeit in den Endbedarfslagern oberste Priorität und die gesamten entscheidungsrelevanten Kosten sind möglichst gering zu halten.

Zur Dispositionsplanung macht sich das Verfahren zu Nutze, dass die Sekundärbedarfe in mehrstufigen Distributionssystemen von den Primärbedarfen der Endbedarfslager abhängen und die Primärbedarfe wiederum aus den prognostizierten Nachfragemengen sowie den vorhandenen Beständen resultieren. Die einzelnen Periodenbedarfe werden unter Kostengesichtspunkten zu ökonomisch sinnvollen Ordermengen kumuliert[3] und unter Berücksichtigung der Transportzeiten zu Sekundärbedarfen der jeweils übergeordneten Lager aggregiert. Auf diese Weise werden nicht nur die aktuell anstehenden Dispositionsentscheidungen der untersten Lagerstufe abgeleitet, sondern auch die zukünftige Bedarfsentwicklung sowie die resultierenden Warentransferprozesse für die höher gelegenen

---

[1]) Der Ansatz zur Dispositionsplanung widmet sich somit dem dynamischen Mehrprodukt-Fall in mehrstufigen Distributionssystemen. Vgl. auch Abschnitt 3.

[2]) Dieses Informationssystem dient der Datenbereitstellung sowie als Berechnungsbasis um alternative Dispositionsentscheidungen zu evaluieren.

[3]) Hierbei können verschiedene Mechanismen zur Periodenbedarfskumulation, wie beispielsweise die in Abschnitt 3.1.2 genanten, eingesetzt werden.

Lagerebenen berechnet, so dass deren Dispositionsmaßnahmen ebenfalls bestimmt werden können. Das Dispositionsverfahren, kann wenn es rollierend eingesetzt wird, stets neue Handlungsdirektiven auf Basis aktualisierter Datenkonstellationen generieren. In der laufenden Periode werden jedoch nur die momentan anstehenden Dispositionsentscheidungen tatsächlich veranlasst. Die Umsetzung der für die kommenden Perioden berechneten Transferprozesse bleibt dagegen offen, damit den bestehenden Unsicherheiten durch eine rollierende Dispositionsplanung begegnet werden kann.

In Ergänzung zu diesen grundlegenden Funktionen ermöglicht die Distributionsprogrammplanung auch die Erschließung von Konsolidierungspotentialen bei Bestellungen und Transporten sowie die Berücksichtigung von distributionslogistischen Maßnahmen gegen Fehlbestände. So kann das Dispositionsverfahren zum Beispiel außer Sicherheitsbeständen zur Vermeidung von drohenden Fehlbeständen auch im gesamten Distributionssystem nach ausreichenden Überbeständen suchen und gegebenenfalls Querlieferungen durchführen oder direkte Anlieferungen durch den Lieferanten in das jeweilige Lager veranlassen. Treten trotz dieser Bemühungen Fehlbestände auf, bietet sich unter Umständen die Möglichkeit, die ansonsten verlorengegangene Nachfrage nachträglich zu befriedigen, indem direkte Zustellungen zum Endverbraucher aus eventuell noch vorhandenen Beständen anderer Lager erfolgen oder den Interessenten eine Vormerkung der betroffenen Produkte angeboten wird.

Im Kontext eines integrierten Informationssystems kann die Distributionsprogrammplanung über Schnittstellen zu Lieferanten, Transportsystem und Prognosesystem mit den für die Koordination der Warentransferprozesse benötigten externen Daten versorgt werden (vgl. Darstellung 23). Zur Bestandskontrolle ist ein Rückgriff auf die durch das Prognosesystem generierten Absatzprognosen vorgesehen, um die Bedarfsverläufe aller Produkte abschätzen zu können und deren Bestandsreichweiten im gesamten Distributionssystem zu ermitteln.[1] Die innerhalb des Distributionssystems erforderlichen Warentransferprozesse werden dann unter Berücksichtigung der Datenkonstellation des Transportsystems

[1]) Umgekehrt kann die Bestandskontrolle dem Prognosesystem auch mitteilen, wenn starke Abweichungen zwischen prognostizierter und tatsächlicher Nachfrage auftreten, damit zukünftige Prognosen aktualisiert werden.

entsprechend organisiert.[1] Über eine Schnittstelle zu den Lieferanten fließen schließlich die für den externen Nachschub relevanten Daten in die Dispositionsplanung ein, so dass die Bestellungen bei den Zulieferern rechtzeitig veranlasst werden können und die Versorgung des gesamten Distributionssystems weitestgehend sichergestellt wird.

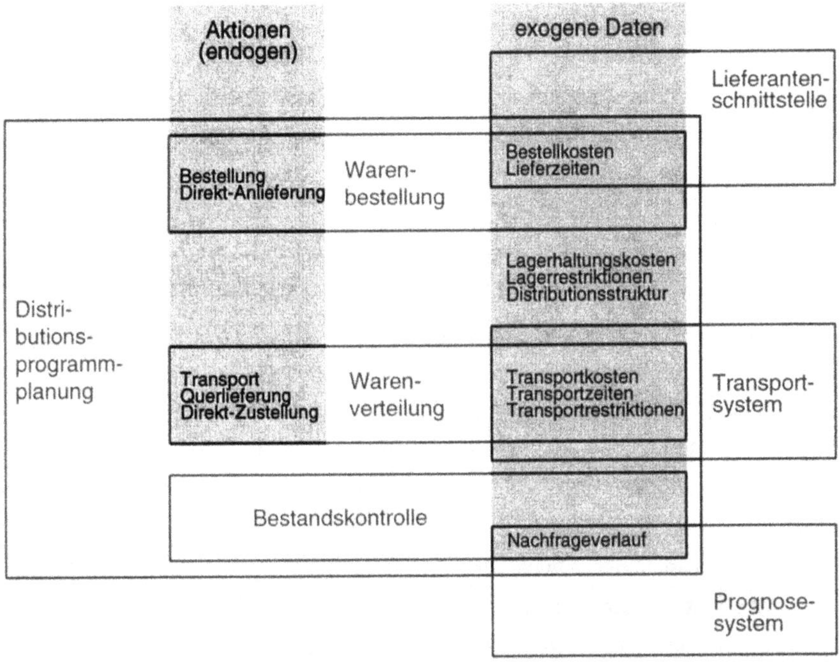

Darst. 23 Die Distributionsprogrammplanung im Kontext eines integrierten Informationssystems

Wie die Dispositionsheuristik der Distributionsprogrammplanung die einzelnen Warentransferprozesse im Detail koordiniert, wird in den folgenden Abschnitten näher beschrieben. Zunächst wird dargestellt, auf welche Weise die Bedarfe innerhalb des gesamten Distributionssystems sinnvollerweise bestimmt werden sollten und wie auf dieser

[1]) Da auch die Daten des Transportsystems extern vorgegeben werden können, ist es möglich, die Distributionsprogrammplanung mit einer Tourenplanung zu verknüpfen oder einen Datenaustausch mit Logistik-Dienstleistern zu betreiben.

Basis die Bestandsreichweiten sowie die erforderlichen Ordermengen abzuschätzen sind, um ein Basis-Distributionsprogramm aufzustellen. Im Anschluss daran werden dann zusätzliche distributionslogistische Maßnahmen erläutert, mit denen Konsolidierungspotentiale zu erschließen sind oder Fehlbeständen vorgebeugt bzw. begegnet werden kann.

4.3.1 Bedarfsbestimmung

Die Bedarfsbestimmung verfolgt das Ziel, sowohl die zukünftigen Bedarfsmengen als auch die zugehörigen Bedarfszeitpunkte für alle Produkte in jedem Lager des Distributionssystems abzuschätzen. In der Realität resultiert das primäre Bedarfsaufkommen letztlich aus den Entscheidungen der Konsumenten. Da die Endbedarfslager die Schnittstelle zum Markt bilden, kommt ihnen die Aufgabe zu, die durch das Unternehmen im Wesentlichen unbeeinflussbare Nachfrage der Konsumenten mit den Bedarfsmengen innerhalb des Distributionssystems in Einklang zu bringen. Innerhalb des Unternehmens werden hingegen die Dispositonsentscheidungen getroffen, die schließlich die Endnachfrage befriedigen sollen. Um die Entscheidungsprozesse innerhalb des Unternehmens mit denen seiner Kunden in Einklang zu bringen, bedarf es der Prognose des Nachfrageverhaltens seiner Abnehmer.[1] Damit die Bedarfe in einem mehrstufigen Distributionssystem korrekt aggregiert werden können, müssen die lokalen Nachfrageaufkommen separat erfasst werden. Das bedeutet, dass für jedes Endbedarfslager eigene Nachfragewerte zu prognostizieren sind. In der Praxis ist daher durch geeignete Prognoseverfahren[2] sicherzustellen, dass die Abverkaufszahlen eines jeden Endbedarfslagers auf der Basis einzelner Produkte für beliebige zukünftige Zeitintervalle mengenmäßig vorhergesagt werden können.[3] Den Absatzprognosen kommt die Aufgabe zu, die Beziehungszusammenhänge der Nachfrage

---

[1]) Vgl. Vollmann, Thomas E.; Berry, William L.; Whybark, David C.: /Manufacturing Planning/ 800.

[2]) Da in der vorliegenden Untersuchung von gegebenen Nachfrageprognosen ausgegangen wird, werden die in Frage kommenden Prognoseverfahren hier nicht weiter behandelt. Zu den Prognoseverfahren vgl. stellvertretend für viele Bichler, Klaus; Lörsch, Wolfgang: /Bestandsplanung/ 29-49; Grupp, Bruno: /Materialwirtschaft/ 142-157; Hertel, Joachim: /Warenwirtschaftssysteme/ 167-170; Jacobs, Raymond; Wagner, Harvey M.: /Inventory Systems Costs/ ; Kaindl, Hermann: /Problemlösen/; Schneeweiß, Christoph: /Lagerhaltungssysteme/ 87-100 und die dort angegebene Literatur.

[3]) Vgl. Hertel, Joachim: /Warenwirtschaftssysteme/ 167.

und der auf sie einwirkenden Faktoren aufzugreifen, um auf diese Art zu fundierten Aussagen über die Höhe und zeitliche Verteilung der Nachfrage einzelner Produkte in den unterschiedlichen Endbedarfslagern zu gelangen. Es besteht aber auch die Möglichkeit, auf die üblicherweise durch Warenwirtschaftssysteme gespeicherten Vergangenheitswerte des mengenmäßigen Absatzes zurückzugreifen. Aus diesen Daten lassen sich zum Beispiel mit Hilfe stochastischer Verfahren Absatzprognosen für zukünftige Perioden berechnen. Dabei kann von konstanten Nachfrageverläufen oder von trend- bzw. saisonabhängigen Nachfrageverläufen ausgegangen und Kombinationen dieser Verlaufsarten zugrunde gelegt werden. Daneben ist es möglich, die Erwartungen der Vertriebsmitarbeiter einzubeziehen oder die Prognosen an aktuelle Entwicklungen anzupassen. Hierbei können konjunkturelle Entwicklungen ebenso eine Rolle spielen wie Veränderungen im Preisgefüge oder in den Wettbewerbsbedingungen.[1] Aber selbst wenn man davon ausgeht, dass ausgereifte Prognosesysteme den Verlauf der Nachfrage für die nächsten Perioden relativ gut bestimmen können, werden diese stets mit erheblichen Unsicherheitsfaktoren belastet sein.[2] Zu viele Faktoren können den Verlauf der Nachfrage spontan beeinflussen. So kann die Konkurrenz, zum Beispiel mit Sonderaktionen oder Veränderung der Preisrelationen plötzlich und unerwartet einen großen Teil der Nachfrage an sich reißen, ohne dass dies mit einem Prognosesystem hätte antizipiert werden können.[3]

Die prognostizierte Nachfrage der Endabnehmer tritt in mehrstufigen Distributionssystemen nur in den einzelnen Endbedarfslagern auf und begründet somit auf der untersten Stufe die Primärbedarfe des Lagersystems. Die Bedarfsmengen der übergeordneten Lager bilden nur eine abgeleitete Größe aus diesen Primärbedarfen und stellen deshalb Sekundärbedarfe dar. Für jedes höher gelegene Lager ergeben sich die Sekundärbedarfe jeweils durch die Aggregation der um die Transportzeiten vorversetzten Bedarfe der unmittelbar nachfolgenden Lager:

[1]) Vgl. Avonda, Timothy: /Bestandsmanagement/ II-48-49.

[2]) In vielen Fällen wird eine Prognose nicht annähernd zutreffen. Martin schreibt hierzu: "The point is, regardless of how hard you try to forecast, the forecast will be wrong - things will happen that are different from what you had originally forecast." Vgl. Martin, André J.: /DRP/ 37.

[3]) Eigene, die Nachfrage beeinflussende Maßnahmen oder andere externe Faktoren könnten durch manuelle Korrekturen der Prognosedaten berücksichtigt werden.

$$D_{Lj}(t) = \sum_{Li:Lj=L(Li)} D_{Li}(t + Tz_{Lj,Li}) \quad \text{für alle } Lj$$

$D_{Lj}(t)$ Bedarf eines übergeordneten Vorgängerlagers Lj in Periode t

$D_{Li}(t + Tz_{Lj,Li})$ Bedarfe der nachfolgenden Lager Li in den um die Transportzeiten Tz vorversetzten Perioden

Der Bedarfsverlauf wird demnach nicht nur durch die Endnachfrage bestimmt, sondern in den höher gelegenen Lagern auch durch die hierarchische Distributionsstruktur. Die Summe der erforderlichen Transportzeiten entlang der vertikalen hierarchischen Distributionsstruktur bis zu dem am weitesten entfernten Endbedarfslager determiniert dabei den minimalen Planungshorizont, der auf Endbedarfsebene im Rahmen der Bedarfsbestimmung zu berücksichtigen ist, damit für die Wareneingangslager wenigstens ein Periodenbedarf korrekt bestimmt werden kann.[1] Da die Bedarfe aller Lager jeweils um die Transportzeit vorzusetzen sind, wenn sie zu dem Sekundärbedarf des übergeordneten Lagers aggregiert werden, fließt in den Sekundärbedarf des obersten Lagers noch derjenige Primärbedarf des untersten Lagers ein, der in der Periode erwartet wird, in der die Waren frühestens eintreffen würden, wenn sie ohne Verzögerung entlang der hierarchischen Lagerstruktur vom obersten bis zu dem am weitesten entfernten Lager transportiert würden. Der minimal erforderliche Planungshorizont erweitert sich außerdem noch um die längste einzukalkulierende Lieferzeit. Denn auf oberster Lagerstufe soll natürlich die Menge bestellt werden können, die demjenigen Periodenbedarf entspricht, in dem die Lieferung eintreffen wird. Das heißt, es müssen für ein Wareneingangslager wenigstens so viele aggregierte Periodenbedarfe vorliegen, dass in der laufenden Periode der Bedarf eines Produkts bestellt werden kann, der so viele Perioden in der Zukunft liegt, wie dessen Lieferzeit in Anspruch nehmen wird (relevante Bedarfsperiode eines Wareneingangslagers tr_{WeLi}).

[1]) Vgl. auch Abschnitt 4.2.

$$tr_{WeLi}(p) = tl + Lz(p)$$

tl laufende Periode
$Lz(p)$ Lieferzeit eines Produktes p

Bedenkt man zudem, dass es auf Grund des Trade-offs zwischen den Lagerhaltungs- und Orderkosten in der Regel ökonomisch sinnvoll ist, gleich mehrere Periodenbedarfe in einer Order zu kumulieren, so muss der Entscheidungshorizont der Bedarfsbestimmung noch entsprechend weiter ausgedehnt werden, um die Entwicklung des zukünftigen Bedarfsverlaufes adäquat berechnen zu können.[1]

Die Kumulation mehrerer Periodenbedarfe eines Produkts in einem Lager macht überdies eine Unterscheidung zwischen dem eigenen Input-Bedarf eines Lagers und dem von ihm zu befriedigenden Output-Bedarfsaufkommen notwendig. Da durch die Kumulation der Periodenbedarfe die Wareneingangsströme eines Lagers weder zeitlich noch quantitativ mit dessen Warenausgangsströmen übereinstimmen, besteht der eigene Input-Bedarf aus den kumulierten Periodenbedarfen dieses Lagers, während das zu befriedigende Output-Bedarfsaufkommen den nicht kumulierten Periodenbedarfen des Lagers entspricht. Somit stimmt das zu befriedigende Output-Bedarfsaufkommen in einem Endbedarfslager mit den prognostizierten Nachfragemengen überein und setzt sich für die höher gelegenen Lager aus den aggregierten Input-Bedarfen der jeweils unmittelbar nachfolgenden Lager zusammen:

$$OB_{Lj}(t,p) = \begin{cases} Pn_{Lj}(t,p) & \text{falls } Lj \text{ Endbedarfslager} \\ \sum\limits_{Li:Lj=L(Li)} IB_{Li}(t+Tz_{Lj,Li},p) & \text{sonst} \end{cases}$$

$$\text{für alle } Lj$$

$OB_{Lj}(t,p)$ Output-Bedarf eines Lagers Lj in Periode t für ein Produkt p
$Pn_{Lj}(t,p)$ Prognostizierter Bedarf eines Endbedarfslagers Lj in Periode t für ein Produkt p

[1]) Auf die resultierende Problematik wird insbesondere in den beiden folgenden Abschnitten 4.3.1.1 und 4.3.1.2 noch tiefer eingegangen.

$IB_{Li}(t+Tz_{Lj,Li},p)$ Input-Bedarfe der nachfolgenden Lager Li in den um die Transportzeiten Tz vorversetzten Perioden für ein Produkt p

Der Input-Bedarf kumuliert dagegen mehrere Nachfrageprognosen bzw. aggregierte Periodenbedarfe eines Lagers zu einer Order und begründet die von einem Vorgängerlager bzw. Lieferanten geforderte Ordermenge. Ist t_1 eine Bedarfsperiode und t der Kumulationshorizont für Lager Li bezüglich des Produktes p in Periode t_1, so ergibt sich der Input-Bedarf aus:

$$IB_{Li}(t1,p) = \sum_{tn=t1}^{t} D_{Li}(tn,p) \quad \text{und}$$

$$IB_{Li}(tn,p) = 0 \qquad \text{für } t1 < tn \leq t$$

Zur Kumulation der Periodenbedarfe können grundsätzlich alle Verfahren der dynamischen Bestellmengenbestimmung im einstufigen Fall herangezogen werden.[1] Berücksichtigt man jedoch, dass die Nachfrageprognosen mit Unsicherheiten behaftet sind und die Verfahren zur Bestellmengenbestimmung in der betrieblichen Praxis unvermeidbar unter den Bedingungen einer rollierenden Planung mit einem sich zeitlich verschiebenden Planungsfenster eingesetzt werden,[2] so ist zu beachten, dass einige der Verfahren unter diesen Rahmenbedingungen recht schlechte Ergebnisse liefern.[3] Unter diesen Voraussetzungen sind beispielsweise die Resultate des Wagner-Whitin-Verfahrens in der Regel nicht mehr optimal.[4] Verschiedene in der Literatur dargestellte Simulationsuntersuchungen kommen zudem unabhängig voneinander zu dem Ergebnis, dass die Silver-Meal-Heuristik und das Cost-Balance-Verfahren unter den Bedingungen der rollierenden Planung die besten Ergebnisse liefern.[5] Daher empfiehlt es sich, auf die vermeintlich exakte Lösung mittels

---

[1]) Vgl. Abschnitt 3.1.2.

[2]) Vgl. Tempelmeier, Horst: /Material-Logistik/ 164.

[3]) Vgl. Abschnitt 3.1.2.

[4]) Vgl. Robrade, Andreas D.: /Einprodukt-Lagerhaltungsmodelle/ 27.

[5]) Bookbinder und Heath untersuchen in ihrem Beitrag die kostenmäßigen Auswirkungen bei der Nutzung unterschiedlicher Verfahren zur Bestimmung der Bestellmengen in einer DRP-Umgebung eines mehrstufigen Distributionssystems, wobei auch Belieferungen nachfolgender Lager durch Überspringen

des Wagner-Whitin-Verfahrens zu verzichten und stattdessen heuristische Ansätze zur Periodenbedarfskumulation zu benutzen.[1] Im Rahmen der Distributionsprogrammplanung stehen deshalb wahlweise das Cost-Balance und ein ihm ähnliches Verfahren[2] sowie die

---

einer Lagerstufe erlaubt ist. In einer Simulationsstudie vergleichen sie die Ergebnisse unter Verwendung des Lot-for-Lot-Verfahrens, der Period Order Quantity, der Silver-Meal-Heuristik, der Bookbinder-Tan-Heuristik 2 (welche eine Kombination aus Stückkosten pro Zeit und Stückkosten pro Menge darstellt. Vgl. Bookbinder, James H.; Tan, Jin-Yan: /Lot-sizing/) sowie die Ergebnisse unter Verwendung des Perioden-Ausgleichs-Verfahrens (part-period). Die Verfahren werden so in DRP integriert, dass mittels DRP zunächst die letztmöglichen Bestell- bzw. Lieferzeitpunkte bestimmt werden und dann nicht wie bei Lot-for-Lot lediglich die benötigte Menge, sondern eine aus dem jeweiligen Dispositionsverfahren resultierende kumulierte Menge bestellt bzw. geliefert wird. Auf Grund der Variation von Distributionsstruktur, Nachfrageverteilung, Prognosefehler sowie Bestellkosten kommen sie zu dem Ergebnis, dass die Silver-Meal-Heuristik die niedrigsten Kosten verursacht. Vgl. Bookbinder, James H.; Heath, Donald B.: /Replenishment Analysis/.

Gupta, Keung und Gupta kommen in einer ähnlichen Studie ebenfalls zu dem Ergebnis, dass die Silver-Meal-Heuristik unter den Bedingungen rollierender Planung die besten Ergebnisse liefert. Sie testeten die Anwendung verschiedener Einprodukt-Losgrößenverfahren im Kontext einer MRP-Umgebung mehrstufiger Produktionsprozesse. Auf Grund umfangreicher Simulationsstudien kommen sie zu dem Ergebnis, dass aus der Silver-Meal-Heuristik unter den Bedingungen einer rollierenden Planung sogar niedrigere Gesamtkosten resultieren, als bei Anwendung des Wagner-Whitin-Algorithmus. Vgl. Gupta, Yash P.; Keung, Ying K.; Gupta, Mahesch C.: /analysis of lot-sizing models/ 695.

Zoller und Robrade untersuchen den Einsatz der verschiedenen Verfahren zur exakten und heuristischen Lösung des dynamischen Einprodukt-Losgrößenproblems in einem rollenden Planungshorizont. Sie kommen auf Grund einer umfangreichen numerischen Untersuchung zu dem Ergebnis, dass für einen regelmäßigen Bedarf insbesondere das Grenzkostenverfahren zu empfehlen ist, während sie für einen sporadischen Bedarf eine Kombination aus dem Grenzkostenverfahren und der Silver-Meal-Heuristik vorschlagen. Vgl. Zoller, Klaus; Robrade, A.: /Bestellmengen- und Losgrößenplanung/.

Auch die Ergebnisse der im Rahmen dieser Arbeit vorgenommenen Simulationsstudien bestätigen, dass die Silver-Meal-Heuristik zu niedrigen Gesamtkosten führt. Es zeigt sich jedoch, dass bei Anwendung der Silver-Meal-Heuristik insgesamt relativ hohe Lagerbestände gehalten werden. Vgl. hierzu im Anhang die entsprechenden Simulationsergebnisse auf den Seiten 348 und 349-350.

1) Vgl. Gupta, Yash P.; Keung, Ying K.; Gupta, Mahesch C.: /analysis of lot-sizing models/ ; Robrade, Andreas D.: /Einprodukt-Lagerhaltungsmodelle/ 74-77.

2) Dieses Verfahren legt folgendes Entscheidungskalkül zugrunde:
Auf Grund der Ungewissheit ist unklar, welche Mengen in der Zukunft benötigt werden. Zudem sind die Prognosen, welche die Entscheidungsgrundlage bilden, umso unsicherer, je weiter sie in der Zukunft liegen.
Es besteht nun die Möglichkeit, heute nur einen (den jetzt benötigten) oder auch beliebig viele Periodenbedarfe zu ordern. Im ersten Fall ist aber bekannt, dass in der Folgeperiode mindestens der nächste Periodenbedarf neu geordert werden muss.
Mit Rücksicht auf die Ungewissheit wird abgewägt, bis zu wie viele Periodenbedarfe momentan in einer Order gemeinsam bestellt werden könnten, ehe es günstiger wäre, in der nächsten Periode eine erneute Order aufzustellen, die dann wenigstens den Bedarf der Folgeperiode decken müsste.
Um die Entscheidung über die Aufnahme eines weiteren Periodenbedarfs in die betrachtete Order fällen zu können, wird zunächst ein Ersparniswert für die gesamte Order berechnet. Dieser Ersparniswert setzt sich aus den fixen Orderkosten und den durch die Aufnahme der einzelnen Periodenbedarfe tatsächlich (d.h. periodengerecht) entstehenden Lagerkosten zusammen.
Der Ersparniswert ergibt sich dabei wie folgt:

Silver-Meal-Heuristik zur Bestimmung ökonomischer Ordermengen zur Verfügung.[1] Alternativ könnten aber auch andere Mechanismen zur Periodenbedarfskumulation angewandt werden, wie zum Beispiel eine Kumulation von Periodenbedarfen jeweils bis zum Erreichen vorgegebener Kapazitätsbarrieren.[2]

Unter Verwendung dieser Verfahren können oberhalb der Endbedarfsebene zur Sekundärbedarfsbestimmung für die Periodenbedarfskumulation unterschiedlich aggregierte Output-Periodenbedarfe zugrunde gelegt werden. Zum einen ist es möglich,

---

$$Bk_f - Lk_{t1+1} - \sum_{i=t1+2}^{t} (i-t1+1) \cdot Lk_i \geq 0$$

mit $Lk_{ti} = lk \cdot D_{ti}$

folgt: $Bk_f - lk \cdot D_{t1+1} - \sum_{i=t1+2}^{t} (i-t1+1) \cdot lk \cdot D_i \geq 0$

Ersetzt man $Ew_t = Bk_f - lk \cdot D_{t1+1} - \sum_{i=t1+2}^{t} (i-t1+1) \cdot lk \cdot D_i$

wobei Ew_t den Ersparniswert repräsentiert, lautet das Entscheidungskriterium zur Periodenbedarfskumulation schließlich:

$$Ew_t \geq 0 \qquad \text{für } t1 \leq t \leq T$$

Für den letzten noch in Betracht gezogenen Periodenbedarf wird schließlich eine Opportunitätskostenbetrachtung durchgeführt, die an Hand der entgangenen bzw. der noch zu erzielenden Ersparnis entscheidet, ob es günstiger ist, den letzten Periodenbedarf noch mit in die Order aufzunehmen oder nicht:

$$\min_t \left(| Ew_{t-1} | \, , \, | Ew_t | \right)$$

Dieser Ansatz weist Parallelitäten zu dem Ansatz des Cost-Balancing auf, gewichtet aber die zukünftigen Lagerhaltungskosten stärker und kumuliert deshalb tendenziell weniger Periodenbedarfe zu einer Order. Sofern nichts anderes angegeben ist, wird dieses Verfahren im weiteren Verlauf der Betrachtungen zur Periodenbedarfskumulation in der Distributionsprogrammplanung zugrunde gelegt. In der Simulationsstudie wird hierfür das Kürzel '**Sart**' benutzt. Obwohl dieses Verfahren nur geringfügig höhere Kosten verursacht, führt es in einem mehrstufigen Distributionssystem zu insgesamt niedrigeren Lagerbeständen als die anderen Verfahren zur Periodenbedarfskumulation. Unter Berücksichtigung der zusätzlich verfügbaren distributionslogistischen Maßnahmen wird jedoch auch der Kostennachteil kompensiert. Vgl. hierzu im Anhang die entsprechenden Simulationsergebnisse auf den Seiten 350 und 353.

[1]) Zum Cost-Balance-Verfahren und der Silver-Meal-Heuristik vgl. auch Abschnitt 3.1.2.

[2]) So ließen sich beispielsweise so viele Periodenbedarfe kumulieren, dass die Kapazität einer ganzen Palette oder eines Transportes vollständig ausgelastet wäre. Dies ist in einem mehrstufigen Distributionssystem insbesondere dann sinnvoll, wenn die innerhalb des Distributionssystems anfallenden Lager- und Transportkosten entscheidungsirrelevant sind, da sie kurzfristig ohnehin anfallen werden, unabhängig davon wo die Waren gelagert bzw. wie sie letztlich bis zu den Endbedarfslagern transportiert werden. Vgl. hierzu auch die Ausführungen in den Abschnitten 2.3.2.2 und 2.3.2.3.

jeweils die kumulierten Input-Bedarfe zu dem Output-Bedarf der Vorgängerlager zu aggregieren, um auf diese Weise mit Hilfe der kumulierten Periodenbedarfe eine retrograde Sekundärbedarfsermittlung zu betreiben. Zum anderen können die Sekundärbedarfe auf Basis systemweiter Periodenbedarfe ermittelt und lediglich die periodischen und nicht-kumulierten Output-Bedarfe der Endbedarfslager bis auf die höchste Lagerstufe aggregiert werden. Zu welchen Resultaten diese beiden Varianten unter unsicheren Rahmenbedingungen führen, wird in den folgenden Abschnitten näher untersucht.

4.3.1.1 Retrograde Sekundärbedarfsermittlung mit Hilfe kumulierter Periodenbedarfe

Die retrograde Sekundärbedarfsermittlung[1] auf Basis kumulierter Periodenbedarfe orientiert sich an den zukünftig erwarteten und zu befriedigenden Ordermengen eines Lagers. Das bedeutet, dass die Sekundärbedarfe der höher gelegenen Lager aus der Aggregation von bereits durch die jeweils nachfolgenden Lager kumulierten Periodenbedarfen resultieren. Jedes Lager kumuliert also zunächst unter Berücksichtigung seines eigenen Kostenkalküls mehrere zukünftige Output-Periodenbedarfe zu einer Order und meldet seinem unmittelbar vorgelagerten Lager nur diese Ordermenge als Input-Bedarf derjenigen Perioden, in denen die Ordervorgänge veranlasst würden. Das jeweils übergeordnete Lager aggregiert die erwarteten Ordermengen seiner unmittelbar nachfolgenden Lager für jede einzelne Periode und konstruiert auf diese Weise seinen eigenen Output-Periodenbedarf. Diese Periodenbedarfe werden wiederum erst kumuliert, bevor sie dann als Order an das nächsthöhere Lager weitergegeben werden.

Auf diese Weise ist es möglich, für jedes der über der Endbedarfslagerebene liegenden Lager die zu erwartenden Lagerabgänge sowie die Bestandsentwicklung aller Produkte über die nächsten Perioden hinweg zu bestimmen. Aus den unter Berücksichtigung

---

1) Kortschak verwendet für einen ganz anderen Bedeutungsinhalt den Begriff der 'retrograden Losgrößenbestimmung'. Er bezeichnet damit eine wertschöpfungsorientierte Losgrößenbestimmung, die auf die Minimierung der Durchlaufzeiten im Produktionsprozess abzielt. Vgl. Kortschak, Bernd H.: /Vorsprung durch Logistik/ 67-71.

der Bestandsentwicklung ermittelten Bedarfsverläufen werden also beginnend auf der untersten Lagerebene retrograd die Bedarfe der nächsthöheren Lagerebene berechnet. Somit kann man sich auf jeder Lagerebene das Wissen über das zu erwartende Orderverhalten der nachfolgenden Lager zunutze machen. Um auf allen Lagerebenen korrekte Bedarfsverläufe festlegen zu können, müssen für jede Lagerstufe ausreichend zukünftige Periodenbedarfe prognostiziert werden, damit schließlich auf oberster Ebene so viele zukünftige Periodenbedarfe zur Verfügung stehen, wie maximal zu einer Order kumuliert würden. Für alle tiefergelegenen Lagerebenen bedeutet dies, dass sie nicht nur ihre nächste Order planen müssen, sondern auch noch einige der darauf folgenden Ordermengen. Dabei gilt, dass umso mehr zukünftige Ordervorgänge abzuschätzen sind, je niedriger die Lagerebene in der Distributionshierarchie liegt. Insgesamt verlangt diese Vorgehensweise also einen sehr weiten Planungshorizont, bei dem die zu berücksichtigenden Ordervorgänge umso weiter in die Zukunft reichen, je mehr Stufen das Distributionssystem aufweist und je mehr Zeit die einzelnen Transferprozesse in Anspruch nehmen.

Dieser weite Planungshorizont begründet schließlich auch die Schwachstelle der retrograden Sekundärbedarfsermittlung auf Basis der kumulierten Periodenbedarfe.[1] Sobald in dem Distributionssystem nämlich Abweichungen gegenüber den ursprünglich angenommenen Werten auftreten, zeigt sich eine enorme Systemnervosität.[2] Hinzu kommt, dass die Prognosen in der Realität vermutlich mit einer umso größeren Unsicherheit behaftet sein werden, je weiter sie in der Zukunft liegen. Zwar ergeben Simulationsuntersuchungen mit dem im nächsten Kapitel beschriebenen Simulationssystem, dass diese Vorgehensweise bei mit Gewissheit bekannten Datenkonstellationen sehr gute Ergebnisse liefert, aber bereits bei geringen Abweichungen treten rapide Ergebnisverschlechterungen auf.[3] Die konkrete Vorgehensweise stellt sich bei der retrograden Sekundärbedarfsermittlung wie folgt dar: Zunächst ermittelt man, wie weiter unten noch näher beschrieben wird,[4] die Bestandsreich-

---

[1]) In der Simulationsstudie von Abschnitt 5 liegt die retrograde Sekundärbedarfsermittlung mit Hilfe kumulierter Periodenbedarfe dem mit '**Kum**' bezeichneten Dispositionsverfahren zugrunde.

[2]) Zur Systemnervosität vgl. auch Abschnitt 5.3.

[3]) Vgl. hierzu die Simulationsergebnisse des Dispositionsverfahrens 'Kum' im Anhang auf den Seiten 350, 351 und 356 sowie die Ausführungen in Abschnitt 5.5.

[4]) Vgl. Abschnitt 4.3.2.

weite $tw(p)$ auf der Endbedarfslagerebene und setzt die durch den momentan vorhandenen Bestand noch abgedeckten Output-Periodenbedarfe auf Null während die prognostizierten Bedarfe der nachfolgenden Perioden unverändert bleiben. Für alle Endbedarfslager $EbLi$ gilt somit:

$$OB_{EbLi}(t,p) = 0 \qquad \text{für } t \le tw(p)$$

$$OB_{EbLi}(t,p) = Pn_{EbLi}(t,p) \quad \text{für } tw(p) < t \le T$$

Basierend auf diesem Bedarfsverlauf werden nun mehrere Output-Periodenbedarfe zu einer Order kumuliert, so dass sich ein neuer Input-Bedarfsverlauf ergibt. Begonnen wird diese Kumulation ab der ersten Periode, deren Bedarf größer als Null ist und in Bezug auf die Transportzeit noch rechtzeitig geliefert werden kann. Dabei werden so viele Periodenbedarfe zu einer Order kumuliert, wie es entsprechend des gewählten Mechanismuses zur Periodenbedarfskumulation ökonomisch sinnvoll erscheint.[1] Dabei wird ausgehend von dem ersten noch nicht gedeckten Periodenbedarf (Bestandsreichweite) für jede weitere Periode untersucht, ob es vorteilhaft wäre, ihren Bedarf noch mit in die betrachtete Order aufzunehmen oder ob es günstiger wäre, ihn erst in einer späteren Order zu berücksichtigen. So werden über den gesamten Entscheidungshorizont jeweils mehrere Periodenbedarfe zu einer Order kumuliert und in den Orderperioden als Input-Bedarf festgelegt, während der Input-Bedarf der Perioden in denen keine Order geplant ist, auf Null gesetzt wird:

$$IB_{EbLi}(t1,p) = \sum_{tn=t1}^{t} OB_{Li}(tn,p) \quad \text{für } tw(p) < t1 \text{ und}$$

$$IB_{EbLi}(tn,p) = 0 \qquad \text{für } tn \le tw(p) \text{ und } t1 < tn \le t$$

Dieser Input-Bedarfsverlauf wird dann den übergeordneten Lagern gemeldet, die diese Input-Bedarfe zu ihren Output-Bedarfen aggregieren:

$$OB_{Lj}(t,p) = \sum_{Li:Lj=L(Li)} IB_{Li}(t+Tz_{Lj,Li},p) \quad \text{für alle } Lj$$

[1]) Vgl. hierzu die Verfahren zur Periodenbedarfskumulation in Abschnitt 4.3.1.

und dann bei der Periodenbedarfskumulation nach dem gleichen Schema vorgehen:

$$IB_{Li}(t,p) = 0 \qquad \text{für } t \leq tw(p)$$

$$IB_{Li}(t,p) = OB_{Li}(t,p) \qquad \text{für } tw(p) < t \leq T$$

und ihren Input-Bedarfsverlauf ebenfalls erst nach Durchführung der Kumulation ihrer Output-Periodenbedarfe:

$$IB_{Li}(t1,p) = \sum_{tn=t1}^{t} OB_{Li}(tn,p) \qquad \text{für } tw(p) < t1 \text{ und}$$

$$IB_{Li}(tn,p) = 0 \qquad \text{für } tn \leq tw(p) \text{ und } t1 < tn \leq t$$

an die nächsthöhere Lagerebene weiterleiten (vgl. auch das Beispiel in Darstellung 24). Da diese Vorgehensweise rollierend eingesetzt wird, werden in der laufenden Periode jedoch nur die Bestellungen und Transporte ausgeführt,[1] deren Veranlassung momentan notwendig ist, um ein rechtzeitiges Eintreffen der Waren zu gewährleisten. Alle anderen Ordervorgänge stehen dagegen weiterhin zur Disposition. Für die Auslösung einer Order ist daher immer nur derjenige Periodenbedarf $IB_{Li}(tr,p)$ relevant, in dem der Nachschub der momentan zu ordernden Waren von der unmittelbar vorgelagerten Instanz innerhalb der Distributionskette im ordernden Lager eintreffen wird. Die relevante Bedarfsperiode tr_{Li} ergibt sich dabei wie folgt:

$$tr_{Li}(p) = \begin{cases} tl + Lz(p) & \text{falls } Li \text{ Wareneingangsläger} \\ tl + Tz_{L(Li),Li} & \text{sonst} \end{cases}$$

Die gesamte Vorgehensweise wird jede Periode auf der aktualisierten Datenbasis wiederholt, wodurch auftretende Abweichungen zwischen prognostiziertem und tatsächlichem Nachfrageverlauf stets im aktuellen Entscheidungskalkül Berücksichtigung finden können.[2]

---

[1]) Die bei der Veranlassung von Bestellungen und Transporten zugrunde gelegte Vorgehensweise ist in den Abschnitten 4.3.4 bis 4.3.4.2 ausführlich beschrieben.

[2]) Vgl. hierzu auch Abschnitt 4.3.2.

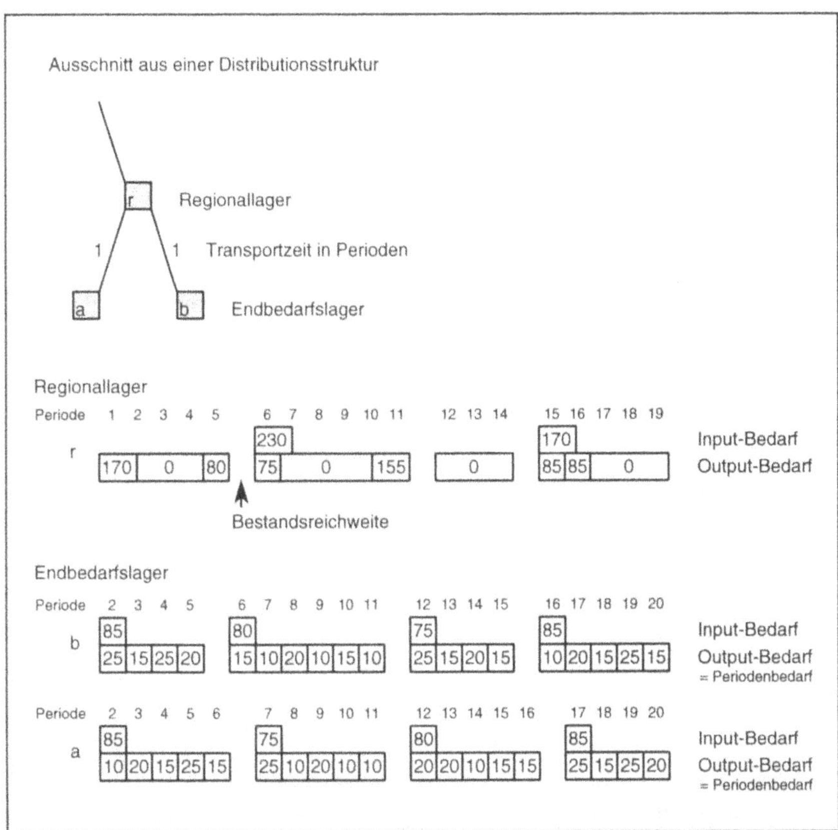

Darst. 24 Beispiel der retrograden Sekundärbedarfsermittlung mit Hilfe kumulierter Periodenbedarfe

Die erhebliche Ergebnisverschlechterung bei bereits geringen Abweichungen zwischen prognostiziertem und tatsächlichem Abverkauf findet ihre Erklärung darin, dass es auf Grund der rollierenden Planung bei unerwartetem Nachfrageverlauf zu zeitlichen Verschiebungen einzelner Ordervorgänge kommt. So werden auf Endbedarfslagerebene je nach aktuellem Lagerbestand einige der momentan anstehenden Ordervorgänge im Gegensatz zur ursrünglichen Planung vorgezogen bzw. zurückgestellt oder in der Menge variiert. Dies wirkt sich dann aber auch auf alle zukünftig geplanten Ordervorgänge aus, die sich dann ebenfalls verschieben oder in der Menge verändern. Da die auf Endbedarfslagerebene noch relativ geringen Abweichungen der Input-Bedarfe auf der nächst höheren Lagerebene aggregiert werden und sich somit auf deren Outputbedarfsbestimmung auswirken, können die Abweichungen dort einen gegenüber der Vorperiode erheblich veränderten Output-Bedarfsverlauf hervorrufen, der dann wiederum als Grundlage für die Festlegung einer neuen Bestandsreichweite herangezogen wird und für die Kumulation mehrerer Periodenbedarfe zu neuen Ordermengen und -zeitpunkten dient. Es liegt auf der Hand, dass sie zeitlich und mengenmäßig in den meisten Fällen nicht unerheblich von den in vorangegangenen Perioden erzeugten Ordervorgängen abweichen werden. Diese Abweichungen potenzieren sich von Lagerstufe zu Lagerstufe, so dass sich auf der obersten Lagerebene in jeder Periode stets unterschiedliche Input- und Output-Bedarfsverläufe ergeben, obwohl eventuell nur geringe Prognosefehler bezüglich der Abverkaufsdaten vorlagen. Da die laufenden Bestellungen und Transporte aber auf Grund der in vorangegangenen Perioden bestimmten Bedarfsverläufe getätigt wurden, werden noch Lieferungen und Transporte eintreffen, die mit den aktuell ermittelten Bedarfsverläufen nicht mehr in Einklang zu bringen sind. Hieraus ergeben sich im gesamten Distributionssystem schließlich erhebliche Fehl- oder Überbestände, welche ihrerseits wieder eine erneute Umwälzung aller Bedarfsverläufe nach sich ziehen.

Wie die Simulationsstudie in Kapitel 5 zeigt, schlägt sich die immense Nervosität der retrograden Sekundärbedarfsermittlung auf Basis kumulierter Periodenbedarfe auch ganz erheblich auf den erzielbaren Lieferbereitschaftsgrad nieder.[1] Da sie die Sekundärbedarfe in Abhängigkeit von den tatsächlich erwarteten Output-Bedarfen bestimmt, leitet sie die Sekundärbedarfe im Fall von absolut zutreffenden Nachfrageprognosen korrekt bis auf die höchste Lagerebene ab. So ist es nicht verwunderlich, dass ohne Abweichungen zwischen den Nachfrageprognosen und der tatsächlichen Nachfrage eine volle Lieferbereitschaft zu erreichen ist. Aber bereits bei geringen Abweichungen zwischen prognostizierter und tatsächlicher Nachfrage sinkt der erzielbare Lieferbereitschaftsgrad so rapide ab, dass die retrograde Sekundärbedarfsermittlung mit Hilfe kumulierter Periodenbedarfe für einen Einsatz in der Praxis nicht geeignet scheint. Da die Nachfrageprognosen in der Realität nie mit Gewissheit eintreten werden, ist es notwendig, ein anderes Konzept zur Sekundärbedarfsermittlung zu erarbeiten.

---

[1]) Vgl. hierzu die Simulationsergebnisse des Dispositionsverfahrens 'Kum' im Anhang auf den Seiten 350, 351 und 356 sowie die Ausführungen in Abschnitt 5.5.

4.3.1.2 Sekundärbedarfsermittlung auf Basis systemweiter Periodenbedarfe

Die Sekundärbedarfsermittlung auf Basis systemweiter Periodenbedarfe aggregiert die Bedarfe der einzelnen Lager periodenadäquat. Im Gegensatz zur retrograden Periodenbedarfsermittlung mit Hilfe kumulierter Periodenbedarfe wird dabei das tatsächlich erwartete Orderverhalten der einzelnen Lager ignoriert. Stattdessen orientiert man sich nur an den auf Endbedarfslagerebene für jede Periode prognostizierten Nachfragemengen und aggregiert diese unter Berücksichtigung der Transportzeiten über alle Lagerstufen separat für jede Periode. Auf höchster Lagerebene erhält man somit für jede Periode den systemweit zu erwartenden Periodenbedarf PB_{Li}.

Ausgangspunkt dieser Art der Sekundärbedarfsermittlung bilden ebenso wie bei der retrograden Methode die für alle Produkte und jedes Endbedarfslager prognostizierten Periodenbedarfe $Pn_{EbLi}(t,p)$. Diese müssen jedoch nicht über einen so weiten Planungshorizont vorliegen wie bei der retrograden Sekundärbedarfsermittlung,[1] was einerseits die Planungssicherheit erhöht und andererseits zur Komplexitätsreduktion beiträgt. Die Periodenbedarfe werden ohne Rücksicht auf eventuell noch vorhandene Bestände jeweils unter Beachtung der Transportzeiten an die unmittelbar übergeordneten Lager weitergemeldet, ohne dass sie vorher kumuliert würden. In den übergeordneten Lagern werden die Bedarfe der nachfolgenden Lager für jede Periode gesondert aggregiert und ebenso periodengerecht der nächsthöheren Stufe angezeigt. Für jedes Lager wird also berechnet, welcher Bedarf bei diesem insgesamt pro Periode in Abhängigkeit von den Periodenbedarfen PB_{Li} der ihm nachfolgenden Endbedarfslager auftreten wird:[2]

---

[1]) Sollten dennoch nicht ausreichend zukünftige Periodenbedarfsprognosen zur Verfügung stehen, verbleibt noch die Alternative, dem Dispositionsverfahren für die Folgeperioden stattdessen den Mittelwert der vorhandenen Prognosen als Näherungswert vorzugeben.

[2]) Die Aufstellung der systemweiten Periodenbedarfe entspricht bis hierher der Bedarfsermittlung eines mittels Lot-for-Lot Politik arbeitenden Distribution Requirements Plannings. Vgl. hierzu Abschnitt 3.2.2.3.

$$PB_{Lj}(t,p) = \begin{cases} Pn_{Lj}(t,p) & \text{falls } Lj \text{ Endbedarfslager} \\ \sum\limits_{Li:Lj=L(Li)} PB_{Li}(t+Tz_{Lj,Li},p) & \text{sonst} \end{cases}$$

$$\text{für alle } Lj$$

Nachdem die systemweit zu erwartenden Periodenbedarfe feststehen, wird mit Hilfe der Bestandsreichweitenprüfung[1] der Input-Bedarf $IB_{Li}(t,p)$ derjenigen Perioden in den Lagern auf Null gesetzt, deren Bedarf durch den momentan vorhandenen Lagerbestand voraussichtlich noch abgedeckt wird (innerhalb der Bestandsreichweite $tw(p)$), während die Input-Bedarfe der nachfolgenden Perioden zunächst auf die systemweiten Periodenbedarfe gesetzt werden:

$$IB_{Li}(t,p) = 0 \qquad \text{für } t \leq tw(p)$$

$$IB_{Li}(t,p) = PB_{Li}(t,p) \qquad \text{für } tw(p) < t \leq T$$

Basierend auf diesen Bedarfsverläufen werden nun unter Verwendung der verfügbaren Verfahren zur Periodenbedarfskumulation mehrere Periodenbedarfe zu einer Order kumuliert,[2] so dass sich ein neuer Input-Bedarfsverlauf ergibt, der aber nur für die Auslösung der aktuell zu tätigenden Bestellungen und Transporte sowie für die Bestandsreichweitenprüfung des jeweils übergeordneten Lagers maßgeblich ist. Begonnen wird die Kumulation ab der ersten Periode, deren Bedarf größer als Null ist und im Hinblick auf die Transport- oder Lieferzeiten noch rechtzeitig beliefert werden kann. Dabei werden so viele Periodenbedarfe zu einer Order kumuliert, wie es entsprechend des eingesetzten Mechanismuses zur Periodenbedarfskumulation ökonomisch sinnvoll ist. Es wird ausgehend von dem ersten betrachteten Periodenbedarf für jede weitere Periode untersucht, ob es vorteilhaft wäre, ihren Bedarf noch mit in die betrachtete Order aufzunehmen oder ob es günstiger wäre, ihn erst in einer späteren Order zu berücksichtigen. So werden über den Entscheidungshorizont jeweils mehrere Periodenbedarfe zu einer Order kumuliert und in der Orderperiode als Input-Bedarf festgelegt, während der Input-Bedarf der Perioden, in denen kein Ordervorgang geplant ist, auf Null gesetzt wird:

---

[1]) Vgl. Abschnitt 4.3.2.

[2]) Vgl. Abschnitt 4.3.1.

$$IB_{Li}(t1,p) = \sum_{tn=t1}^{t} IB_{Li}(tn,p) \quad \text{für } tw(p) < t1 \text{ und}$$

$$IB_{Li}(tn,p) = 0 \quad \text{für } tn \leq tw(p) \text{ und } t1 < tn \leq t$$

Zur Bestandsreichweitenprüfung[1] des übergeordneten Lagers wird zwar auf die zu Output-Bedarfen $OB_{L(Li)}$ aggregierten Input-Bedarfe der jeweils nachfolgenden Lager

$$OB_{Lj}(t,p) = \sum_{Li:Lj=L(Li)} IB_{Li}(t+Tz_{Lj,Li},p) \text{ für alle } Lj$$

oder im Fall von Endbedarfslagern die als Output-Bedarf OB_{EbLi} übernommenen Nachfrageprognosen $Pn_{EbLi}(t,p)$ zurückgegriffen,

$$OB_{EbLi}(t,p) = Pn_{EbLi}(t,p)$$

für die Periodenbedarfskumulation dieses Lagers werden aber wiederum die systemweit ermittelten Periodenbedarfe zugrunde gelegt (vgl. Darstellung 25). Da die Kumulation für jedes Lager hierbei lediglich auf den systemweiten Periodenbedarfen basiert, kann es vorkommen, dass die Summe der Input-Bedarfe, deren Befriedigung mehrere nachfolgende Lager in einer Periode von ihrem übergeordneten Lager verlangen, durch dieses nicht mehr voll befriedigt werden kann. Dieser Fall tritt dann ein, wenn der vorhandene Bestand des Vorgängerlagers die erwarteten Lagerabgänge nicht mehr abdecken wird und die durch das übergeordnete Lager unter Berücksichtigung des eigenen Kostenkalküls bestimmte Ordermenge niedriger ausfällt als die in der entsprechenden Periode zu erwartenden Lagerabgänge. Hier ist es zweckmäßig, die Ordermenge des Vorgängerlagers auf das zur Deckung des Output-Bedarfs erforderliche Niveau anzuheben:

$$\text{falls } IB_{Lj}(t,p) < \sum_{Li:Lj=L(Li)} IB_{Li}(t+Tz_{Lj,Li},p)$$

$$\text{setze } IB_{Lj}(t,p) = OB_{Lj}(t,p)$$

---

[1]) Vgl. Abschnitt 4.3.2.

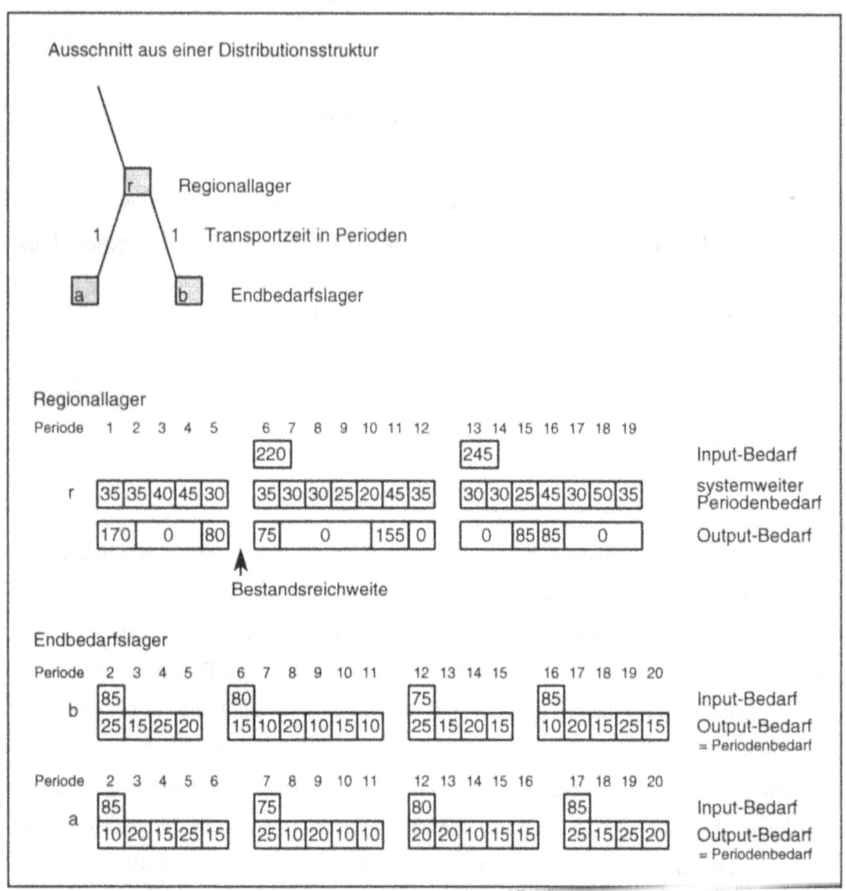

Darst. 26 Beispiel für die Sekundärbedarfsermittlung auf Basis systemweiter Periodenbedarfe

Tritt jedoch der Fall ein, dass der momentane Lagerbestand $Lb_{Li}(tl,p)$ nicht mehr zur Deckung des in der laufenden Periode anstehenden Output-Bedarfs $Ob_{Li}(tl,p)$ ausreicht, wird der Input-Bedarf der einzelnen nachfolgenden Lager anteilig reduziert so dass der verfügbare Vorrat auf die einzelnen Lager verteilt wird:[1]

---

[1]) Hierauf wird in Abschnitt 4.3.3 noch einmal eingegangen.

falls $LB_{L(Li)}(tl,p) < OB_{L(Li)}(tl,p)$

setze $$IB_{Li}(tl+Tz_{L(Li),Li},p) = \frac{LB_{L(Li)}(tl,p)}{\sum\limits_{Li:Lj=L(Li)} IB_{Li}(tl+Tz_{Lj,Li},p)} \cdot IB_{Li}(tl+Tz_{L(Li),Li},p)$$

Um den auftretenden Abweichungen zwischen prognostiziertem und tatsächlichem Nachfrageverlauf Rechnung zu tragen,[1] wird das gesamte Verfahren rollierend eingesetzt und somit jede Periode auf der aktualisierten Datenbasis wiederholt. Dabei werden immer nur die Bestellungen und Transporte tatsächlich ausgeführt,[2] deren Veranlassung aktuell notwendig ist, um ein rechtzeitiges Eintreffen der Waren für jedes Lager zu gewährleisten. Für die Auslösung einer Order ist daher immer nur derjenige Periodenbedarf relevant, in dem der Nachschub der momentan zu ordernden Waren von der unmittelbar vorgelagerten Instanz innerhalb der Distributionskette im ordernden Lager eintreffen wird. Die relevante Bedarfsperiode tr_{Li} ergibt sich dabei für die einzelnen Lager Li wie folgt:

$$tr_{WeLi}(p) = tl+Lz(p) \quad \text{bei Wareneingangslagern}$$

$$tr_{Li}(p) = tl+Tz_{L(Li),Li} \quad \text{sonst}$$

Die momentan zu ordernde Menge $Om_{Li}(tl,p)$ wird schließlich auf den Inputbedarf der relevanten Bedarfsperiode gesetzt:

$$Om_{Li}(tl,p) = IB_{Li}(tr,p)$$

Eine eskalierende Systemnervosität ist bei dieser Vorgehensweise zur Sekundärbedarfsermittlung nicht festzustellen.[3] Deshalb benutzt die Distributionsprogramm-

---

[1]) Vgl. auch Abschnitt 4.3.2.

[2]) Die Vorgehensweise bei der Aufstellung der Bestellungen und Transporte wird in den Abschnitten 4.3.4 bis 4.3.4.2 erläutert.

[3]) Vgl. hierzu die mit dem Dispositionsverfahren **'Sart'** erzielten Ergebnisse der Simulationsstudie im Anhang auf den Seiten 349-357 und die Ausführungen in Abschnitt 5.5.

planung diese auf systemweiten Periodenbedarfen basierende Vorgehensweise, um die Sekundärbedarfe für das gesamte Distributionssystem zu bestimmen.

Allen weiteren Betrachtungen zur Distributionsprogrammplanung liegt also eine Sekundärbedarfsermittlung auf Basis systemweiter Periodenbedarfe zugrunde. Wie bereits angedeutet wurde, ist zur Ermittlung der Bedarfsaufkommen eine Prüfung der Bestandsreichweiten notwendig. Wie die Bestandsreichweite im Rahmen der Distributionsprogrammplanung festzulegen ist, wird in dem folgenden Abschnitt näher erläutert.

4.3.2 Feststellung der Bestandsreichweite

Die Bestandsreichweite gibt an, über wie viele Perioden der erwartete Output-Bedarf eines Produktes in dem jeweils betrachteten Lager durch die noch vorhandenen Bestände gedeckt sein wird. Die Festlegung der Bestandsreichweite ist eng verknüpft mit der Bestimmung der Sekundärbedarfe. Während für die einzelnen Endbedarfslager die Bestandsreichweite aller Produkte relativ einfach an Hand der prognostizierten Nachfrageverläufe ermittelt werden kann, sind für die übergeordneten Lagerstufen zunächst die durch die nachfolgenden Lager determinierten Lagerabgänge zu bestimmen. Dies geschieht mit Hilfe der bereits vorgestellten Sekundärbedarfsermittlung.[1] Die Sekundärbedarfsermittlung kann jedoch nur stufenweise von einer zur nächsten Lagerebene durchgeführt werden und greift ihrerseits bei jedem Übergang zur nächsthöheren Lagerebene auf die Bestandsreichweitenprüfung zurück, bevor überhaupt eine Kumulation der einzelnen Periodenbedarfe vorgenommen werden kann. Die Bestandsreichweitenprüfung baut wiederum auf den Ergebnissen der Sekundärbedarfsermittlung der tieferliegenden Lagerstufen auf, weil zur Bestimmung der Bestandsreichweite die erwarteten Lagerabgänge benötigt werden.

Bei der Feststellung der Bestandsreichweite wird zunächst der in einem Lager zum Ende der laufenden Periode verbleibende Restbestand eines Produktes ermittelt:

$$Lb_{Li}(tl,p)$$

1) Vgl. Abschnitt 4.3.1.

Der aktuelle Lagerbestand wird dann für die nächsten Perioden fortgeschrieben, indem er um die in kommenden Perioden sicher eintreffenden Lagerzugänge ergänzt und um die jeweils erwarteten Lagerabgänge reduziert wird.

$$Lb_{Li}(t,p) = Lb_{Li}(tl,p) + \sum_{tn=tl+1}^{tr} Om_{Li}(tn-(tr-tl),p) - \sum_{tm=tl+1}^{t} OB_{Li}(tm,p)$$

In den Endbedarfslagern EbLi werden im Ausgangsbestand zusätzlich eventuell vorgenommene Vormerkungen[1] $Vm_{EbLi}(tl,p)$[2] berücksichtigt.

$$Lb_{EbLi}(t,p) = Lb_{EbLi}(tl,p) + Vm_{EbLi}(tl,p) + \sum_{tn=tl+1}^{tr} Om_{EbLi}(tn-(tr-tl),p) - \sum_{tm=tl+1}^{t} OB_{EbLi}(tm,p)$$

Die einzukalkulierenden Lagerzugänge ergeben sich aus den bereits in den Vorperioden veranlassten Bestellungen und Transporten (Ordermenge $Om_{Li}(t,p)$), welche bislang noch nicht eingetroffen sind. Die Lagerabgänge entsprechen den erwarteten Output-Bedarfen, die in den Endbedarfslagern mit den Nachfrageprognosen übereinstimmen und in den Regional- sowie Wareneingangslagern aus den im Rahmen der Sekundärbedarfsermittlung aggregierten, bereits kumulierten Input-Bedarfe der jeweils nachfolgenden Lagern resultieren.

Der Periodenbedarf wird dann für die Perioden auf Null gesetzt, in denen der fortgeschriebene Bestand vermutlich noch ausreichen wird, um die jeweiligen Output-Bedarfe zu decken. Soll durch das Dispositionsverfahren ein bestimmter Sicherheitsbestand $Sb_{Li}(t,p)$ berücksichtigt werden, bedeutet dies, dass diejenigen Periodenbedarfe nicht mehr auf Null gesetzt werden, in denen der fortgeschriebene Bestand den Sicherheitsbestand[3] unterschreiten würde.

solange $Lb_{Li}(t,p) > Sb_{Li}(t,p)$ setze $Pb_{Li}(t,p) = 0$ für $t \leq tw(p)$

---

[1]) Vgl. Abschnitt 4.3.6.2.

[2]) Vormerkungen werden als negative Bestände geführt.

[3]) Zur Festlegung der Sicherheitsbestände vgl. Abschnitt 4.3.5.1.

Ist kein Sicherheitsbestand vorgesehen, werden die Periodenbedarfe dagegen auf Null gesetzt, solange der fortgeschriebene Lagerbestand nicht negativ wird.

$$\text{solange} \quad Lb_{Li}(t,p) > 0 \qquad \text{setze} \quad Pb_{Li}(t,p) = 0 \qquad \text{für } t \leq tw(p)$$

In diesem Zusammenhang ist bei der Bestandsfortschreibung zu berücksichtigen, dass die Bestände in den Regional- und Wareneingangslagern nie unter Null sinken können, wohingegen dies im Fall von erlaubten Vormerkungen in den Endbedarfslagern durchaus möglich ist.[1] Die nicht durch vorhandene Bestände abgedeckten Periodenbedarfe bleiben von der Bestandsreichweitenprüfung unberührt und dienen im Rahmen der Sekundärbedarfsermittlung schließlich als Grundlage für die Periodenbedarfskumulation, die erst ab dem ersten Periodenbedarf einsetzt, der größer als Null ist.

Da der aktuelle Lagerbestand wesentlich von den tatsächlich eintretenden Lagerabgängen abhängt, dient die Bestandsreichweitenprüfung auch der frühzeitigen Berücksichtigung von Abweichungen zwischen prognostizierter und tatsächlicher Nachfrage[2] und trägt so dazu bei, Fehldispositionen zu vermeiden. Denn die Bestandsreichweite wird jede Periode auf der aktualisierten Datenbasis für alle Produkte eines jeden Lagers erneut festgestellt. Zeigt sich dabei, dass die Lagerabgänge hinter den Erwartungen zurückbleiben, dann wird der noch vorhandene Bestand größer als ursprünglich geplant ausfallen. Dies führt dazu, dass er wiederum mehr zukünftige Periodenbedarfe abdecken kann, was zu einem zeitlichen Aufschub der neu einzuplanenden Ordervorgänge beiträgt. Als Resultat werden also bei überschätztem Nachfrageverlauf neue Ordervorgänge zeitlich verzögert und im umgekehrten Fall haben höhere Lagerabgänge eine beschleunigte Nachorder zur Folge. Die Festlegung der Bestandsreichweite führt somit sowohl bei unter- als auch bei überschätztem Nachfrageverlauf zu einer entsprechenden Korrektur des Orderverhaltens.

---

1) Vgl. hierzu auch Abschnitt 5.2.3.1.

2) Neben den Abweichungen zwischen prognostizierter und tatsächlicher Nachfrage werden durch die Bestandsreichweitenprüfung auch andere bestandsbeeinflussende Unsicherheitsfaktoren, wie zum Beispiel Schwund, unerwartete Lieferverzögerungen oder das Wiederauftauchen von Waren nach Umtausch erfasst.

4.3.3 Periodische Ermittlung des Basis-Distributionsprogramms

Mit Hilfe der Bestandsreichweitenprüfung und der Sekundärbedarfsermittlung lassen sich auf Basis der aktuellen Bestandsdaten und den Nachfrageprognosen die momentanen Bedarfsverläufe für jedes Produkt in allen Lagern des Distributionssystems bestimmen. Diejenigen Input-Bedarfe, die unter Berücksichtigung der Transferzeiten gegenwärtig durch Initiierung entsprechender Bestellungen und Transporte zu befriedigen sind, aber in späteren Perioden nicht mehr rechtzeitig bedient werden könnten, bilden in jeder Periode die Grundlage für die Ermittlung eines Basis-Distributionsprogramms.

Die Input-Bedarfe, die auch noch in den kommenden Perioden durch Auslösung der entsprechenden Transferprozesse befriedigt werden können, bleiben dabei unberücksichtigt. In dem Basis-Distributionsprogramm wird also festgelegt, welche zukünftigen Input-Bedarfe in der laufenden Periode durch momentan zu veranlassende externe Lieferungen oder interne Transporte abgedeckt werden müssen. Außerdem dient es als Ausgangspunkt für die Erschließung von Konsolidierungspotentialen bei Beschaffung und Transport.[1] Da das Basis-Distributionsprogramm in jeder Periode unter Zugrundelegung der aktualisierten Bestands- und Prognosedaten neu aufgestellt wird und nur zur Auslösung der Bestellungen und Transporte der laufenden Periode dient, fängt es die innerhalb des Distributionssystems auftretenden unsicherheitsbedingten Abweichungen bei jedem Periodenübergang wieder auf.

Die Ermittlung des Basis-Distributionsprogramms beginnt auf der untersten Lagerebene. In den Endbedarfslagern werden zunächst für alle Produkte die Periodenbedarfe entsprechend den Nachfrageprognosen aufgestellt, bevor anschließend für die restlichen Lager die systemweiten Periodenbedarfe ermittelt werden. Dann bestimmt die Bestandsreichweitenprüfung zunächst für die Endbedarfslager diejenigen Periodenbedarfe, die nicht mehr durch vorhandene Bestände abgedeckt sind. Ausgehend von dem ersten nicht mehr gedeckten Periodenbedarf werden danach mehrere Periodenbedarfe zu ökonomisch sinnvollen Ordermengen kumuliert und jeweils als Input-Bedarf des betrachteten Lagers

---

[1]) Vgl. Abschnitt 4.3.4.2.

gesetzt. Im Rahmen der Sekundärbedarfsermittlung werden für die übergeordneten Lager durch Aggregation der Input-Bedarfe der ihnen unmittelbar nachfolgenden Lager die resultierenden Output-Bedarfe berechnet. Auf Basis dieser Outputbedarfe erfolgt wiederum die Bestandsreichweitenprüfung der übergeordneten Lager bevor auch für diese Lager durch Kumulation der systemweit aufgestellten Periodenbedarfe neue Ordermengen bestimmt werden. Diese Vorgehensweise wiederholt sich so lange bis die Input-Bedarfe aller Produkte auch auf Wareneingangsebene ermittelt wurden.

Da die Periodenbedarfskumulation für jedes Lager hierbei lediglich auf den systemweiten Periodenbedarfen basiert, kann es vorkommen, dass die Summe der Input-Bedarfe, deren Befriedigung mehrere nachfolgende Lager in einer Periode von ihrem übergeordneten Lager verlangen, durch dieses nicht mehr voll befriedigt werden kann. Dieser Fall tritt dann ein, wenn der vorhandene Bestand des Vorgängerlagers die erwarteten Lagerabgänge nicht mehr abdecken wird und die durch das übergeordnete Lager unter Berücksichtigung des eigenen Kostenkalküls bestimmte Ordermenge zuzüglich des verbliebenen Restbestandes niedriger ausfällt als die in der entsprechenden Periode zu erwartenden Lagerabgänge. Falls die betreffende Order in der laufenden Periode auszulösen ist, wird unter diesen Umständen die Ordermenge des Vorgängerlagers zweckmäßigerweise auf das zur Deckung seines Output-Bedarfs erforderliche Niveau angehoben. Tritt jedoch der Fall ein, dass der momentane Lagerbestand auf Grund von unsicherheitsbedingten Abweichungen nicht mehr zur Deckung des in der laufenden Periode anstehenden Output-Bedarfs ausreicht, werden die Input-Bedarfe der einzelnen nachfolgenden Lager anteilig so reduziert, dass der verfügbare Vorrat zwischen den einzelnen Lagern aufgeteilt wird.[1]

Aus den auf diese Art bestimmten Input-Bedarfsverläufen werden zur Festlegung des Basis-Distributionsprogramms schließlich nur die Input-Bedarfe selektiert, für deren Befriedigung die erforderlichen Transaktionen unter Berücksichtigung der Liefer- und Transportzeiten spätestens in der laufenden Periode veranlasst werden müssen, damit die Waren noch rechtzeitig bis zur Bedarfsperiode eintreffen (dies sind die Input-Bedarfe IB der relvanten Bedarfsperiode tr). Sie bilden in jeder Periode die Grundlage für die

[1]) Eine ähnliche Maßnahme wird auch in dem Dispositionsverfahren der Fair Shares angewandt. Dort ist sie aber auf zweistufige Distributionssysteme beschränkt. Vgl. hierzu Abschnitt 3.2.2.2.

Ermittlung des Basis-Distributionsprogramms, das sämtliche in der laufenden Periode tl zu ordernden Mengen Om aller Produkte p in den einzelnen Lagern Li enthält:

$$Om_{Li}(tl,p) = IB_{Li}(tr,p)$$

Verzichtet man auf zusätzliche distributionslogistische Maßnahmen, veranlasst die Distributionsprogrammplanung in jeder Periode die einzelnen Bestellungen und Transporte[1] entsprechend der Ordermengen $Om_{Li}(tl,p)$ des Basis-Distributionsprogramms. Es werden in jeder Periode also nur die momentan notwendigen Transaktionen unwiderruflich eingeplant. Alle darüber hinaus berechneten Warentransferaktivitäten stehen dagegen weiterhin zur Disposition. Liegt das Basis-Distributionsprogramm einer Periode fest, kann auf seiner Grundlage noch zusätzlich überprüft werden, ob sich vor dem Hintergrund von Mehrprodukt-Interdependenzen Konsolidierungspotentiale bei Bestellung und Transport ausschöpfen lassen. Hierauf wird in den folgenden Abschnitten näher eingegangen.

4.3.4 Ausschöpfen von Konsolidierungspotentialen

Viele Entscheidungsmodelle, die der Bestimmung einer Lagerpolitik dienen, beschäftigen sich nur mit voneinander unabhängigen einzelnen Produkten. In der betrieblichen Praxis auftretende Lager sind aber regelmäßig Mehrprodukt-Lager deren Produkte an eine sehr große Anzahl von Abnehmern vertrieben werden. Die Entscheidungsträger im Distributionsbereich sind deshalb nicht primär an Informationen bezüglich einzelner Produkte interessiert. Vielmehr stehen aggregierte Charakteristika im Vordergrund des Interesses.[2] Solche Fragestellungen können aber nur gehandhabt werden, wenn die Interdependenzen, die zwischen den einzelnen Produkten bestehen, explizit in die Problemanalyse einbezogen werden. Für mehrstufige Distributionssysteme, in denen viele Produkte gemeinsam vertrieben werden, bedeutet dies, dass die Kostensenkungspotentiale ausge-

---

[1]) Wie die Bestell- und Transportplanung dabei im Detail erfolgt, wird in den Abschnitten 4.3.4.1 und 4.3.4.2 näher beschrieben.

[2]) Vgl. Tempelmeier, Horst: /Quantitative Marketing-Logistik/ 191.

schöpft werden, welche aus den Konsolidierungsmöglichkeiten bei Bestellung und Transport resultieren. Für Bestellungen[1] bietet es sich an, gleich mehrere Produkte gemeinsam zu bestellen oder die Bestellmengen soweit heraufzusetzen, dass eventuell vereinbarte Mengenrabatte erzielt werden. Bei den Transporten wird eine Verbesserung der Kapazitätsauslastung angestrebt, indem die zwischen den einzelnen Lagern fließenden Warenströme möglichst effizient auf die zur Verfügung stehenden Transportarten[2] aufgeteilt werden. Wie diese Konsolidierungspotentiale im Rahmen der Distributionsprogrammplanung aufgegriffen werden, um eine Verbesserung des Basis-Distributionsprogramms zu erreichen, wird in den beiden folgenden Abschnitten näher dargestellt.

4.3.4.1 Bestellkonsolidierung

Die Bestellkonsolidierung kommt ausschließlich auf der obersten Lagerebene zur Anwendung, weil nur die auf der höchsten Stufe angesiedelten Wareneingangslager Bestellungen an die Zulieferer herausgeben. Grundsätzlich werden durch die Distributionsprogrammplanung alle Produkte, die in der laufenden Periode zur Bestellung anstehen[3] und von demselben Zulieferer bezogen werden, dann in einer Bestellung zusammengefasst,[4] wenn sie die gleiche Lieferzeit aufweisen.[5] Es werden also aus dem Basis-Distributionsprogramm stets die Produkte eines Lieferanten mit gleicher Lieferzeit in einer Bestellung gemeinsam geordert.[6]

---

[1]) Zur Repräsentation der Bestellungen innerhalb der Simulationsumgebung vgl. Abschnitt 5.2.2.1.

[2]) Die in der Simulationsstudie berücksichtigten Transportarten sind in Abschnitt 5.2.2.3 näher beschrieben.

[3]) Das sind die Ordermengen derjenigen Produkte, deren Bestellung nicht über die aktuelle Periode hinausgezögert werden kann, ohne bewusst in Kauf zu nehmen, dass vor Eintreffen der Lieferung Fehlbestände entstehen können.

[4]) Der grundsätzliche Aufbau einer Bestellung innerhalb der Simulationsstudie ist in Abschnitt 5.2.2.1 näher beschrieben.

[5]) Dadurch werden unnötige Lieferverzögerungen bei Produkten mit kürzeren Lieferzeiten vermieden.

[6]) Wenn mehrere Produktsorten in einer Bestellung zusammengefasst werden, hat das den Vorteil, dass die bestellfixen Kosten nur einmal für diese Bestellung anfallen.

In der Praxis werden für die Bestellung von größeren Mengen oft zusätzliche Preisnachlässe gewährt. Dies können Umsatzboni für die gesamte jährliche Bezugsmenge sein, Rabatte in Höhe einer funktionalen Abhängigkeit von den georderten Mengen (marginale Rabatte), gestaffelte Mengenrabatte oder Rabatte für Produkte, die im Verbund geordert werden.[1] Da der Umsatzbonus von den einzelnen Bestellmengen unabhängig ist und somit keinen Einfluss auf die jeweilige Bestellentscheidung ausübt und marginale Rabatte eher selten anzutreffen sind, ist im Zusammenhang mit einem Dispositionsverfahren den gestaffelten Mengenrabatten sowie den Verbundrabatten besondere Aufmerksamkeit zu schenken. Im Rahmen der Distributionsprogrammplanung sind deshalb bezüglich der Bestellungen zwei verschiedene Konsolidierungsmechanismen implementiert.[2]

Der erste Konsolidierungsmechanismus untersucht für die Produkte, auf die ein Lieferant einen gestaffelten Mengenrabatt gewährt,[3] ob es in der betrachteten Situation vorteilhaft wäre, die Bestellmenge gegebenenfalls über die rabattfähige Menge anzuheben. Dazu werden aus allen zur Bestellung anstehenden Produkten diejenigen selektiert, für die ein Mengenrabatt vereinbart wurde. Im Anschluss an die eigentliche Periodenbedarfskumulation[4] wird dann für jede selektierte Produktart untersucht, wie viele zukünftige Periodenbedarfe noch zur ursprünglich bestimmten Bestellmenge hinzugenommen werden müssten, damit eine rabattfähige Bestellmenge erreicht würde. Die durch den Rabatt erzielbare Einsparung wird daraufhin mit den durch die Bestellmengenanhebung erwarteten zusätzlichen Lagerhaltungskosten verglichen.[5] Sollten die zusätzlich erwarteten Lagerhaltungskosten durch die erzielbaren Einsparungen überkompensiert werden, wird die Bestellmengenanhebung als vorteilhaft erachtet und entsprechend umgesetzt.

---

[1]) Eine Auflistung weiterer Rabattarten und Einkaufskonditionen findet sich bei Hertel, Joachim: /Warenwirtschaftssysteme/ 132-136.

[2]) Beide Konsolidierungsmechanismen stehen in der Simulationsstudie nur der Distributions-programmplanung zur Verfügung. Sie können jedoch wahlweise zu- oder abgeschaltet werden, was einen neutralen Vergleich mit den anderen untersuchten Dispositionsverfahren gewährleistet.

[3]) Die für jedes Produkt möglichen Rabattspezifizierungen sind in Abschnitt 5.2.1.3 näher beschrieben.

[4]) Vgl. Abschnitt 4.3.1.

[5]) Auf eine Untersuchung über die Vorteilhaftigkeit einer darüber hinausgehenden Bestellmengenanhebung wird hier verzichtet, weil dies rein spekulative Lagerbestände nach sich ziehen würde. Außerdem wird die Opportunitätskostenbetrachtung bei der Periodenbedarfskumulation nach den Cost-Balance-Verfahren für den Fall einer Bestellmengenanhebung unterdrückt, weil es sonst eventuell zu einer Revision der Bestellmengenanhebung kommen könnte.

Der zweite Konsolidierungsmechanismus bezieht solche Produkte eines Lieferanten in sein Kalkül ein, für die eine eventuell vereinbarte Verbundrabattierung in Frage kommt. Dazu wird zunächst jede Bestellung auf verbundrabattfähige Produkte untersucht. Befinden sich keine derartigen Produkte in einer Bestellung, so bleibt diese unverändert. Besteht aber für eines der bestellten Produkte eine Verbundrabattierung, so werden alle anderen noch nicht mitbestellten verbundrabattfähigen Produkte des betreffenden Lieferanten hinsichtlich einer Aufnahme in die Bestellung überprüft. Hierbei wird untersucht, ob für diese Produkte in den nächsten Perioden Bedarfe zu erwarten sind, die nicht bereits durch vorhandene Bestände abgedeckt werden und deren Mitberücksichtigung in der momentan anstehenden Bestellung insofern sinnvoll ist, dass eine zum jetzigen Zeitpunkt vorzeitige Bestellung weiterer Produkte des Lieferanten nicht Lagerhaltungkosten verursacht, die höher ausfallen, als die aus den erzielbaren Verbundrabatten resultierenden Einsparungen. Die Periodenbedarfe der betrachtetten Verbundrabattfähigen Produkte können dabei mit dem gleichen Periodenbedarfskumulationsmechanismus kumuliert werden, wie er auch im Rahmen der Ermittlung des Basis-Distributuionsprogramms eingesetzt wird.[1]

Im Prinzip handelt es sich hierbei um eine wissensbasierte Disposition.[2] Zunächst wird auf die für die oberste Lagerebene berechneten Periodenbedarfe zurückgegriffen, um die grundlegenden Bestellentscheidungen zu treffen. Das Informationssystem enthält die für die Bestellkonsolidierung nötige Wissensbasis mit spezifischen Informationen über die Produkte und deren Rabattformen.[3] Wie in einem Expertensystem[4] nutzt die Distributionsprogrammplanung schließlich einen Inferenzmechanismus in Form von *wenn/dann*-Regeln, um Entscheidungen über Bestellkonsolidierungen vorzunehmen.[5]

---

[1]) Weitere Verfahren zur Verbunddisposition sind beschrieben bei: Bichler, Klaus; Lörsch, Wolfgang: /Bestandsplanung/ 55-59 u. 84-92.

[2]) Zur wissensbasierten Disposition vgl. auch Feil, Peter: /Lagerhaltungssimulation/ .

[3]) Vgl. Abschnitt 5.2.1.3.

[4]) Zu den Einsatzmöglichkeiten von Expertensystemen bei Dispositionsentscheidungen siehe auch: Mahnkopf, Dirk: /Expertensysteme/ 155-160.

[5]) Die Formulierung der Entscheidungsregeln sieht dabei vereinfacht wie folgt aus:
WENN Verbundrabatt möglich und in nächsten Perioden Bedarf von anderen Produkten des gleichen Lieferanten vorhanden und Lagerkosten hierfür geringer als Einsparungen durch Verbundrabatt, *DANN* diese Produkte mitbestellen.

4.3.4.2 Transportkonsolidierung

Die mehrstufige Struktur von Distributionssystemen schafft durch seine Zwischenlagerungsmöglichkeiten zur Überbrückung zeitlicher Differenzen auch die Voraussetzungen zur Realisierung von Kostenersparnissen im Transportbereich. Das ist zum Beispiel dann der Fall, wenn Regionallager mit großen Mengeneinheiten oder ganzen Wagenladungen beliefert werden, diese aber nicht unmittelbar an die nachfolgenden Lager weitergeleitet werden können. Die hierdurch bedingten Lagerbestände sind zwar im Prinzip auch durch die Existenz zeitlicher Differenzen zwischen dem Wareneingang der Produkte im Regionallager und der Weiterlieferung an die Endbedarfslager verursacht; in vielen Fällen steht jedoch das Motiv der Ausnutzung von Größendegressionseffekten im Transportbereich im Vordergrund.[1] Andererseits zeichnet sich im Handel eine Tendenz zur Verringerung der Bestellmengen und Erhöhung der Belieferungssequenzen ab. Hier ist eine Bündelung der Transporte unabdingbar, damit Rationalisierungsvorteile auf Grund reduzierter Bestände nicht durch erhöhten Aufwand bei Transport und Wareneingang überkompensiert werden.[2]

Für die Transportkonsolidierung werden in der Distributionsprogrammplanung Transporte betrachtet, die entsprechend der hierarchischen Struktur des Distributionssystems jeweils zwischen einem den Transport empfangenden Lager und seinem Vorgängerlager verlaufen.[3] Dabei lassen sich bei einem Transport zu lediglich konstanten variablen Transportstückkosten durch die Bündelung mehrerer Transportpositionen[4] keine Kostensenkungen erzielen. Erst wenn pro Transport fixe und konstante variable Kostenbestandteile existieren oder die Transportstückkosten einen degressiven Verlauf aufweisen, bietet sich eine ökonomisch sinnvolle Möglichkeit zur Transportkonsolidierung. Dann lassen sich

---

WENN das zu bestellende Produkt einen Mengenrabatt aufweist, *DANN* Bestellmenge erhöhen, bis Lagerkosten hierfür den erzielbaren Mengenrabatt kompensieren würden.

[1]) Vgl. Delfmann, Werner; Darr, Willi; Simon, Ralf-P.: /Marketing Logistik/ 2.

[2]) Vgl. Zentes, Joachim: /Computer Integrated Merchandising/ 5.

[3]) Transporte die nicht entlang der hierarchischen Struktur des Distributionssystems verlaufen werden als Querlieferung bezeichnet und in Abschnitt 4.3.5.2 behandelt.

[4]) Eine Transportposition verkörpert bei der Betrachtung des Mehrprodukt-Falls die jeweils zu transportierende Anzahl einer bestimmten Produktart.

Einsparungen im Transportbereich dadurch erzielen, dass mehrere Tranportpositionen in einem Transport zusammengefasst und die noch freien Transportkapazitäten so weit wie möglich aufgefüllt werden. Dies ist jedoch nur dann zweckmäßig, wenn es gelingt, einen kapazitierten Transport so stark auszulasten, dass er finanziell günstiger ausfällt als der Transport der gleichen Positionen mit einer unkapazitierten Transportvariante, für die lediglich konstante variable Transportstückkosten anfallen würden.[1] Insofern sollte die kapazitierte Transportvariante immer dann zum Einsatz kommen, wenn der gleiche Transport zu lediglich variablen Kosten teurer ausfallen würde.

In der Distributionsprogrammplanung wird vor der Transportplanung grundsätzlich zuerst überprüft, ob der in dem jeweiligen Versandlager vorhandene Bestand ausreicht, um den durch das Empfangslager gemeldeten Input-Bedarf zu decken. Ist das nicht der Fall, wird lediglich die zur Verfügung stehende Menge für den Versand vorgesehen. Danach wird eine Konsolidierung der Transportpositionen durchgeführt, indem einzelne kapazitierte Transporte positionsweise bis zu ihrer Kapazitätsgrenze mit den für den Versand vorgesehenen Waren gefüllt werden. Sobald eine Transportposition die zur Verfügung stehende Transportkapazität überschreitet, wird die überschüssige Menge mit in den nächsten Transport übernommen. Für alle nicht ausgelasteten Transporte wird schließlich überprüft, ob sie eventuell zu geringeren Kosten mittels der unkapazitierten Transportvariante zu lediglich konstanten variablen Kosten durchgeführt werden könnten. Ist für alle Warentransferprozesse die günstigste Transportart bestimmt worden, werden die einzelnen Transporte schließlich der Reihe nach für alle Lager veranlasst.[2]

---

[1]) Dies wäre dann der Fall, wenn die Waren alternativ auch durch einen Dienstleister zugestellt werden könnten.
Dabei ist zu unterstellen, dass der variable Kostenanteil je Entfernungs- und Volumeneinheit bei den kapazitierten Transporten niedriger liegt als bei den Transporten zu ausschließlich konstanten variablen Transportstückkosten.

[2]) Die Transportkonsolidierung wird in der Simulationsstudie für alle simulierten Dispositionsverfahren auf die gleiche Art angewandt, damit eine Vergleichbarkeit der Ergebnisse gewährleistet bleibt.

4.3.5 Vorbeugende Maßnahmen gegen Fehlbestände

Das Auftreten von Fehlbeständen[1] kann in einem realen Distributionssystem auf Grund der bestehenden Unsicherheiten nie vollkommen vermieden werden, es sei denn, es würden prohibitiv hohe Lagerbestände gehalten, was aber ökonomisch nicht zu rechtfertigen wäre. Auch wenn sich die wirtschaftliche Bedeutung von Fehlbeständen schwer quantifizieren lässt,[2] so bleibt doch unbestritten, dass Fehlbestände nach Möglichkeit gar nicht erst auftreten sollten. Sind Fehlbestände schon abzusehen, bevor sie tatsächlich eintreten, ist es daher sinnvoll, über geeignete Gegenmaßnahmen nachzudenken.

Im Rahmen der Distributionsprogrammplanung lassen sich drohende Fehlbestände frühzeitig identifizieren, indem unter Berücksichtigung der in der aktuellen Periode getätigten Bestellungen und Transporte die zu erwartende Bestandsentwicklung bis zum Zeitpunkt des nächstmöglichen Nachschubs untersucht wird. Ergibt sich dabei, dass bis zu diesem Zeitpunkt vermutlich Fehlbestände auftreten werden, bieten sich unter Umständen Querlieferungen oder direkte Anlieferungen als vorbeugende distributionslogistische Gegenmaßnahmen an. Außerdem können von vornherein Sicherheitsbestände eingeplant werden, um auf diese Weise das Fehlbestandsrisiko zu mindern. Wie diese Maßnahmen in die Distributionsprogrammplanung zu integrieren sind, wird in den folgenden Abschnitten näher erläutert.

---

[1]) Fehlbestände sind zeitpunktbezogen und bestehen aus kumulierten Fehlmengen. Fehlmengen sind somit zeitraumbezogen. Hält eine Fehlmengensituation nicht länger als eine Periode an, stimmen Fehlbestand und Fehlmenge überein. Vgl. Robrade, Andreas D.: /Einprodukt-Lagerhaltungsmodelle/ 81.

[2]) Arrow, Harris und Marschak veranschaulichen die Tragweite von Fehlbeständen wie folgt: "The penalty for depleted stocks may be very high: 'A horse, a horse, my kingdom for a horse', cried defeated Richard III". Zitiert nach Aiginger, Karl: /Auftragsrückstau/ 863.

4.3.5.1 Sicherheitsbestände

Sicherheitsbestände kommen nicht wie Querlieferungen oder direkte Anlieferungen nur im Einzelfall als vorbeugende Maßnahme gegen drohende Fehlbestände zur Anwendung, sondern müssen durch ein Dispositionsverfahren pauschal eingeplant werden. Wären sämtliche Nachfragemengen mit Gewissheit bekannt, könnte auf Sicherheitsbestände gänzlich verzichtet werden.[1] Die Haltung von Sicherheitsbeständen macht also erst unter unsicheren Rahmenbedingungen Sinn. Die Distributionsprogrammplanung erzielt bei unsicheren Nachfragedaten jedoch auch ohne die Einplanung von Sicherheitsbeständen recht gute Ergebnisse.[2] Für den Fall, dass der unter den jeweils gegebenen Konstellationen erzielbare Lieferbereitschaftsgrad dennoch nicht ausreicht, bietet das Verfahren zwei Varianten, um Sicherheitsbestände zu berücksichtigen.[3]

Die erste Variante sieht Sicherheitsbestände ausschließlich auf der untersten Lagerebene vor. Dabei werden die Sicherheitsbestände lager- und produktspezifisch in Abhängigkeit von dem zugrunde gelegten Prognosefehler und den für die jeweilige Periode erwarteten Nachfragemengen dynamisch festgelegt. So wird bei schwankender Nachfrage zum Beispiel in den Perioden mit erwartungsgemäß niedriger Nachfrage auch ein geringerer Sicherheitsbestand vorgesehen. Der Sicherheitsbestand $Sb_{EbLi}(t,p)$ wird also für jede Periode neu festgesetzt und liegt umso höher, je größer der Prognosefehler Pf veranschlagt wurde und je höher die erwartete Nachfrage $Pn_{EbLi}(t,p)$ ausfällt et vice versa.[4]

$$Sb_{EbLi}(t,p) = \frac{Pf}{100} \cdot \frac{Sa}{100} \cdot Pn_{EbLi}(t,p)$$

Pf prozentualer Prognosefehler
Sa prozentualer Sicherheitsbestandsanteil

---

[1]) Vgl. Tempelmeier, Horst: /Quantitative Marketing-Logistik/ 189.

[2]) Vgl. Abschnitte 5.5 bis 5.5.2.1 und im Anhang Seite 354.

[3]) Beide Varianten der Sicherheitsbestandshaltung sind optional einsetzbar.

[4]) Die Höhe des jeweiligen Sicherheitsbestandes richtet sich dabei nach einem prozentual vorzugebenden Wert Sa, der den tatsächlichen Sicherheitsbestand wiederum in Abhängigkeit von der maximal einzukalkulierenden Prognoseabweichung berechnet.

Aus zeitdynamischer Sicht bedeutet dies, dass der durch die Bestandsreichweitenprüfung[1] ermittelte Bestand in derjenigen Periode, deren Bedarf bei einer Unterdeckung momentan geordert werden müsste, nicht unter den für diese Periode bestimmten Sicherheitsbestand sinken darf. Wird mit der Bestandsreichweitenprüfung jedoch eine Unterschreitung festgestellt, setzt ab dieser Periode die Periodenbedarfskumulation ein und der neue Ordervorgang wird entsprechend früher veranlasst.

Die zweite Variante greift im Gegensatz zur Ersten im gesamten Distributionssystem. Hierbei werden nicht von vornherein bestimmte Sicherheitsbestände festgelegt, sondern es werden die in der Bestandsreichweitenprüfung[2] für jede Periode erwarteten Lagerabgänge um einen prozentual vorzugebenden Wert Sa angehoben.

$$Lb_{Li}(t,p) = Lb_{Li}(tl,p) + \sum_{tn=tl+1}^{tr} Om_{Li}(tn-(tr-tl),p) - \frac{Sa}{100} \cdot \sum_{tm=tl+1}^{t} OB_{Li}(tm,p)$$

Dies führt zu einer systemweiten Verkürzung der jeweiligen Bestandsreichweiten und hat letztlich zeitlich vorgezogene Nachorderungen zur Folge. Da der Nachschub nun früher als eigentlich nötig eintrifft, werden im ganzen Distributionssystem höhere Bestände gehalten, wodurch quasi systemweit gestreute Sicherheitsbestände entstehen. In realen mehrstufigen Distributionssystemen werden die Sicherheitsbestände oft zu hoch angesetzt, weil die Möglichkeiten des Ausgleichs zwischen verschiedenen Lagerstufen nicht berücksichtigt werden.[3] Deshalb sollte überprüft werden, ob die Lieferbereitschaft anstatt durch eine kostenträchtige Sicherheitsbestandshaltung nicht durch effizientere Maßnahmen gesteigert werden kann. Dabei sollte das Augenmerk zuerst auf einer Verbesserung der Bedarfsprognosen liegen und innerhalb des Distributionssystems sollten zunächst die Voraussetzungen für Querlieferungen oder direkte Anlieferungen geschaffen werden, bevor letztlich auf kapitalbindende Sicherheitsbestände zurückgegriffen wird, um Fehlbeständen vorzubeugen.[4]

---

[1]) Vgl. Abschnitt 4.3.2.

[2]) Vgl. Abschnitt 4.3.2.

[3]) Vgl. Tempelmeier, Horst: /Material-Logistik/ 334.

[4]) Es ist jedoch abzuwägen, ob eine Sicherheitsbestandshaltung letztlich nicht günstiger kommt als

4.3.5.2 Querlieferungen

Querlieferungen können immer dann als vorbeugende Maßnahme gegen Fehlbestände in Frage kommen, wenn an einer Stelle des Distributionssystems Bestandsengpässe abzusehen und an anderer Stelle noch überschüssige Lagerbestände vorhanden sind. Konkret könnte sich eine solche Situation ergeben, wenn keine rechtzeitige Möglichkeit zum Nachschub besteht und in einem Lager für ein bestimmtes Produkt ein starker Bedarf auftritt, während in einem anderen Lager nur ein geringes Nachfrageaufkommen zu verzeichnen ist.[1] Der Einsatz von Querlieferungen ist aber nur dann sinnvoll, wenn abzusehen ist, dass noch vor Eintreffen der nächstmöglichen Lieferungen oder Transporte Fehlbestände drohen, die noch rechtzeitig mit Hilfe von Beständen aus anderen Lagern vermieden werden könnten, denn sonst könnte man den drohenden Fehlbeständen auch einfach durch Veranlassung einer Order begegnen. Der Einsatz von Querlieferungen setzt jedoch voraus, dass die betreffenden Waren zwischen den einzelnen Lagern des Distributionssystems unabhängig von dessen hierarchischer Struktur hin und her transportiert werden können.

Die Distributionsprogrammplanung untersucht vor Veranlassung von Querlieferungen[2] zunächst unter Berücksichtigung der in der aktuellen Periode getätigten Bestellungen und Transporte die zu erwartende Bestandsentwicklung für alle Produkte in jedem Lager bis zum nächstmöglichen Nachschubzeitpunkt. Wird dabei festgestellt, dass bis zu diesem Zeitpunkt vermutlich Fehlbestände auftreten werden, kontrolliert es in entfernungsmäßig aufsteigender Reihenfolge die umliegenden Lager auf eventuell vorhandene Überbestände, mit denen die erwarteten Fehlbestände noch rechtzeitig gedeckt werden könnten.[3] Ein Überbestand ergibt sich in den umliegenden Lagern jedoch nur dann, wenn

andere Maßnahmen zur Vorbeugung gegen Fehlbestände. Auf diesen Zusammenhang wird im Rahmen der Simulationsstudie in Abschnitt 5.5.2 noch näher eingegangen.

[1]) Vgl. Hertel, Joachim: /Warenwirtschaftssysteme/ 103.

[2]) Querlieferungen sind in der Distributionsprogrammplanung optional zuschaltbar.

[3]) Zur Ermittlung der Transportzeit einer Querlieferung wird auf die zusammen mit der Distributionsstruktur abgespeicherten Entfernungsdaten zurückgegriffen. Vgl. hierzu Abschnitt 5.2.1.4a).

der in diesen Lagern verfügbare Bestand $Lb_{Li}(t,p)$ noch über den bis zum Eintreffen der nächstmöglichen Order (relevante Bedarfsperiode tr) benötigten Bestand hinaus reicht:

$$Lb_{Li}(tl,p) + \sum_{tn=tl+1}^{tr-1} \left(Om_{Li}(tn-(tr-tl),p) - OB_{Li}(tn,p)\right) > 0$$

Würde der möglicherweise in einem der umliegenden Lager vorhandene Überbestand den zu erwartenden Fehlbestand decken und ein unmittelbar veranlasster Transport noch rechtzeitig eintreffen, wird durch die Distributionsprogrammplanung schließlich eine Querlieferung zwischen den beiden Lagern in Form eines Transportes zu variablen Kosten[1] veranlasst. Hieraus können zwar Störungen im ursprünglich geplanten Distributionsprogramm resultieren, weil in dem versendenden Lager unter Umständen auf Bestände zurückgegriffen wird, die eigentlich für Bedarfe zukünftiger Perioden aufgebaut wurden. Da sich die Nachfrageunsicherheiten aber ohnehin auf die Bedarfe und Warentransferprozesse des gesamten Distributionssystems auswirken, sind diese Störungen auf Grund ihrer lokalen Begrenzung lediglich von geringfügiger Bedeutung und werden zudem bereits im Rahmen der nächsten Bedarfsermittlung wieder berücksichtigt.

4.3.5.3 Direkte Anlieferungen

Neben Querlieferungen eignen sich auch direkte Anlieferungen[2] zur Vorbeugung gegenüber Fehlbeständen. Außerdem könnten direkte Anlieferungen zur Abwicklung von Streckengeschäften im Handel eingesetzt werden.[3] Direkte Anlieferungen stellen für einzelne Produktarten separat vorgenommene Eilbestellungen bei externen Lieferanten dar, die direkt zu jedem beliebigen Regional- oder Endbedarfslager des Distributionssystems

---

[1]) Vgl. Abschnitt 5.2.2.3.

[2]) Die datentechnische Repräsentation einer direkten Anlieferung ist in Abschnitt 5.2.2.2 näher beschrieben.

[3]) Streckengeschäfte haben den Vorteil, dass sie die Ressourcen der jeweils übergeordneten Lager nicht in Anspruch nehmen. Vgl. Bichler, Klaus: /Beschaffungs- und Lagerwirtschaft/ 10-11.

angeliefert werden können.[1] Hierdurch wird der Beschaffungsvorgang um die internen Transportzeiten zwischen den jeweiligen Lagern verkürzt. Außer zur Fehlbestandsvermeidung können sie auch eingesetzt werden, um die Lager-, Kommissionier- und Handlingkapazitäten der anderen Lager zu entlasten oder um Transportkosten zu sparen.[2]

Die Distributionsprogrammplanung setzt direkte Anlieferungen dann ein, wenn drohenden Fehlbeständen nicht mehr durch rechtzeitige Querlieferungen begegnet werden kann und eine direkte Anlieferung unter Berücksichtigung der einzukalkulierenden Lieferzeit noch früh genug zur Fehlbestandsvermeidung eintreffen würde. Drohende Fehlbestände werden dabei auf die gleiche Weise aufgespürt wie dies auch bei den Querlieferungen geschieht.

Gänzlich vermeiden lasssen sich Fehlbestände jedoch auch mit dieser Maßnahme nicht. Denn auf Grund der Unsicherheiten ist es möglich, dass Fehlbestände unvorhersehbar auftreten oder dass ihnen nicht mehr rechtzeitig begegnet werden kann. Die nächsten Abschnitte beschäftigen sich deshalb mit distributionslogistischen Maßnahmen, die der Handhabung bereits eingetretener Fehlbestände dienen.

4.3.6 Handhabung von Fehlbeständen

Die in den Endbedarfslagern auftretenden Fehlbestände müssen nicht unbedingt als verloren gegangene Nachfrage hingenommen werden. Wenn es ökonomisch sinnvoll scheint, sollte man zur Vermeidung von 'Good-will'-Verlusten[3] vielmehr versuchen, diese Nachfrage nachträglich zu befriedigen. Eine Möglichkeit bieten dabei direkte Zustellungen zum Abnehmer als Ergänzung zum Vertrieb über die Endbedarfslager. Sollte ein Produkt in einem Lager nicht mehr vorrätig sein, ist zu überprüfen, ob es vielleicht möglich wäre, einem Interessenten das betreffende Produkt aus einem anderen Lager direkt

---

[1]) Direkte Anlieferungen können in der Distributionsprogrammplanung zusätzlich zu den Querlieferungen eingesetzt werden.

[2]) Vgl. Meis, Harald: /Sortiments- und Bestandsmanagement/ 95.

[3]) Vgl. Abschnitt 4.1.

zustellen zu lassen. Sollte sich die Nachfrage eines Kunden durch eine direkte Zustellung nicht befriedigen lassen, kann ihm stattdessen auch noch eine Vormerkung angeboten werden. Dabei würde das betreffende Produkt für den Kunden reserviert, sobald es wieder in dem Lager eintrifft, und er könnte es sich bei Gelegenheit selbst abholen. Wie diese beiden Maßnahmen im Rahmen der Distributionsprogrammplanung berücksichtigt werden können, wird im Folgenden näher beschrieben.

4.3.6.1 Direkte Zustellungen

Eine Möglichkeit, die bereits eingetretenen Fehlbestände in den Endbedarfslagern zu handhaben, bieten direkte Zustellungen zum Endabnehmer.[1] Sollte das Nachfrageaufkommen einer Periode nicht mehr mit den Lagerbeständen am Nachfrageort zu decken sein, so kann man, falls es der unternehmerischen Zielsetzung entspricht, dem Nachfrager unter diesen Umständen eventuell offerieren, ihm die Ware aus Beständen anderer Lager an seinen Bedarfsort direkt zuzustellen. Auf diese Weise ist es einerseits leicht möglich, die vorhandene Distributionsinfrastruktur um einen neuen Distributionskanal zu erweitern, ohne eine separate Warendisposition aufzubauen und zum anderen ist eine Steigerung des Lieferservices erreichbar, ohne Bestandserhöhungen vorzunehmen.

Die Distributionsprogrammplanung sucht zur Auslösung von direkten Zustellungen in entfernungsmäßig aufsteigender Reihenfolge die umliegenden Lager auf eventuell vorhandene Bestände der betroffenen Produktart ab. Da es sich im Gegensatz zu den Querlieferungen[2] nicht nur um erwartete, sondern um bereits eingetretene Fehlbestände handelt, werden alle verfügbaren Bestände für die Durchführung der direkten Zustellungen herangezogen. Es wird also nicht überprüft, ob es sich in den umliegenden Lagern um Überbestände handelt, die bis zum nächstmöglichen Nachschubzeitpunkt wahrscheinlich ohnehin nicht benötigt würden, sondern es wird generell auf alle verfügbaren Bestände zurückgegriffen. Die vorhandenen Bestände werden demnach bevorzugt zur Befriedigung

---

[1]) Die datentechnische Repräsentation einer direkten Zustellung ist in Abschnitt 5.2.2.4 näher beschrieben.

[2]) Vgl. Abschnitt 4.3.5.2.

der tatsächlich aufgetretenen Nachfrage herangezogen, anstatt sie für die Zukunft zu horten, um damit später vielleicht Bedarfe zu decken, über die momentan lediglich Prognosen vorliegen.

Die aus den direkten Zustellungen resultierenden Veränderungen der Lagerbestände gehen im Rahmen der Distributionsprogrammplanung noch in das aktuelle Entscheidungskalkül ein und werden deshalb noch in der laufenden Periode für die Bedarfsermittlung des gesamten Distributionssystems berücksichtigt. Negative Auswirkungen durch den Rückgriff auf Bestände, die eventuell bereits verplant sind, werden daher weitgehend vermieden.

Die Distributionsprogrammplanung ist so konzipiert, dass versucht wird, möglichst jede offene Nachfrage noch nachträglich zu befriedigen.[1] Sind in einem Lager gegenwärtig ausreichend Bestände zur Deckung des unbefriedigten Nachfrageanteils vorhanden, werden sie dort ausgelagert und stehen zur Verfügung, um sie zum Beispiel mittels Logistik-Dienstleister den Endabnehmern zuzustellen. Es wäre auch denkbar, die Durchführung von direkten Zustellungen an ein bestimmtes ökonomisches Entscheidungskalkül zu koppeln. So könnten direkte Zustellungen zum Beispiel nur dann veranlasst werden, solange die Kosten hierfür nicht die erzielbaren Deckungsbeiträge aufzehren würden, welche sich durch den Abverkauf der Waren ergäben.[2] Oder es könnte versucht werden, einen Teil der Kosten für direkte Zustellungen auf die Konsumenten abzuwälzen. Letztlich bleibt es aber eine Grundsatzentscheidung der Unternehmensführung, unter welchen Umständen direkte Zustellungen zum Endverbraucher im Rahmen des Kundenservices vorgesehen werden.

[1]) Die direkten Zustellungen können in der optional zu- oder abgeschaltet werden.

[2]) Zu den Kosten für direkte Zustellungen vgl. Abschnitt 5.2.1.2e).

4.3.6.2 Vormerkungen

Neben den direkten Zustellungen eignen sich auch Vormerkungen, um auf Fehlbestände zu reagieren, die in den Endbedarfslagern aufgetreten sind. Ist ein Produkt in einem Lager nicht mehr vorrätig, wird es für den Abnehmer reserviert, sobald es wieder im Endbedarfslager eintrifft. Der Abnehmer kann sich dieses Produkt dann im Endbedarfslager selbst abholen. Mit Hilfe von Vormerkungen ist es also möglich, den unbefriedigten Anteil der Nachfrage in zukünftige Perioden zu verlagern und dann nachträglich zu bedienen.[1] In der Distributionsprogrammplanung sind Vormerkungen daher nur in den Endbedarfslagern vorgesehen. Sie werden in der nachfolgenden Simulationsstudie dann vorgenommen, wenn je nach Konfiguration des Simulationssystems[2] in den Endbedarfslagern Fehlmengen entstehen, die als negative Bestände fortzuschreiben sind. Diese negativen Bestände sind als Vormerkungen zu interpretieren, die in den folgenden Perioden bevorzugt befriedigt werden. Da sich die Vormerkungen über mehrere Perioden kumulieren können, ist es unabdingbar, dass sie mit in die Bestimmung der nächsten Periodenbedarfe einfließen. Die Distributionsprogrammplanung bezieht die Vormerkungen deshalb automatisch in die Bestandsreichweitenprüfung[3] ein. Auf diese Weise ist gewährleistet, dass sich die Bedarfsbestimmung nicht nur an den Nachfrageprognosen orientiert, sondern zugleich berücksichtigt, dass durch die Vormerkungen zusätzliche Bedarfe in den kommenden Perioden entstehen werden. Sollten die Vormerkungen also nicht durch die ohnehin eintreffenden Warentransporte zu decken sein, werden noch in der gleichen Periode entsprechende Nachschubmaßnahmen veranlasst. Auch negative Auswirkungen auf die Ergebnisse der Distributionsprogrammplanung werden weitgehend vermieden, da die Vormerkungen ebenso wie bei Einplanung von direkten Zustellungen noch in der laufenden Periode für die Bedarfsermittlung des gesamten Distributionssystems herangezogen werden. Sollen sowohl Vormerkungen als auch direkte Zustellungen vorgenommen werden, wird

---

[1]) Dies wird in der Literatur auch als back-order case bezeichnet. Vgl. Brink, Alfred: /Lager- und Bestellmengenplanung/ 36; Prichard, James W.; Eagle, Robert H.: /Inventory Manangement/ 9. Der Fall, dass keine Vormerkungen berücksichtigt werden, wird in der Literatur hingegen als lost-order case bezeichnet. Vgl. Brink, Alfred: /Lager- und Bestellmengenplanung/ 36.

[2]) Die Berücksichtigung von Vormerkungen steht in der Simulationsumgebung optional zur Verfügung.

[3]) Vgl. Abschnitt 4.3.2.

zunächst versucht, die unbefriedigte Nachfrage in der aktuellen Periode durch direkte Zustellungen zu befriedigen. Nur für die nicht zu deckende Restnachfrage werden schließlich entsprechende Vormerkungen eingeplant.

Nachdem bis hierher die Vorgehensweise der Distributionsprogrammplanung detailliert beschrieben worden ist, soll in dem folgenden zusammenfassenden Abschnitt noch einmal veranschaulicht werden, wie die Distributionsprogrammplanung rollierend zur Anwendung kommt und im zeitlichen Ablauf die einzelnen Dispositionsentscheidungen generiert.

4.4 Zusammenfassende Darstellung

Die Distributionsprogrammplanung ist rollierend einzusetzten und generiert stets neue Dispositionsentscheidungen auf Basis aktualisierter Datenkonstellationen. Dabei genießt die Produktverfügbarkeit in den Endbedarfslagern oberste Priorität und die gesamten entscheidungsrelevanten Kosten sind möglichst gering zu halten. Ein integriertes Informationssystem macht der Distributionsprogrammplanung alle relevanten Informationen verfügbar und dient ihr zugleich zur Ermittlung der Bedarfsverläufe innerhalb des gesamten Distributionssystems. Auf dieser Grundlage kann das Dispositionsverfahren einerseits in jeder Periode ein Basis-Distributionsprogramm aufstellen, das festgelegt, welche zukünftigen Input-Bedarfe jeden Lagers in der laufenden Periode durch aktuell zu veranlassende externe Lieferungen oder interne Transporte zu decken sind. Andererseits können auch weitere distributionslogistische Maßnahmen, wie Querlieferungen oder direkte Zustellungen auf ihre Durchführbarkeit hin untersucht und schließlich eingeplant werden.

Die Ermittlung des Basis-Distributionsprogramms beginnt auf der untersten Lagerstufe. In den Endbedarfslagern werden zunächst für alle Produkte die Periodenbedarfe entsprechend den Nachfrageprognosen aufgestellt, bevor anschließend für die restlichen Lager die systemweiten Periodenbedarfe ermittelt werden. Daraufhin bestimmt die Bestandsreichweitenprüfung zunächst für die Endbedarfslager diejenigen Periodenbedarfe, die nicht mehr durch vorhandene Bestände abgedeckt sind. Ausgehend von dem ersten nicht mehr gedeckten Periodenbedarf werden dann mehrere Periodenbedarfe zu ökonomisch sinnvollen Ordermengen kumuliert und jeweils als Input-Bedarf des betrachteten Lagers gesetzt. Zur Sekundärbedarfsermittlung macht sich die Dispositionsplanung zu Nutze, dass die Sekundärbedarfe in mehrstufigen Distributionssystemen von den Primärbedarfen der Endbedarfslager abhängen. Deshalb werden die Output-Bedarfe der übergeordneten Lager unter Berücksichtigung der erforderlichen Transportzeiten durch Aggregation der Input-Bedarfe der jeweils unmittelbar nachfolgenden Lager berechnet. Auf Basis dieser Output-Bedarfe erfolgt wiederum die Bestandsreichweitenprüfung der übergeordneten Lager bevor auch für diese Lager durch Kumulation der systemweit aufgestellten Periodenbedarfe neue Ordermengen bestimmt werden. Auf diese Weise werden nicht nur die aktuell anstehenden Dispositionsentscheidungen der untersten Lagerstufe abgeleitet, sondern auch die zukünftige Bedarfsentwicklung sowie die resultierenden Warentransferprozesse für die höher gelegenen

Lagerstufen kalkuliert. Die Dispositionsentscheidungen für die Wareneingangs- und Regionallager basieren somit auf den für die nächsten Perioden berechneten Warentransferprozesse der ihnen jeweils untergeordneten Lager. Insgesamt wird die Vorgehensweise solange wiederholt bis schließlich für alle Produkte die Input-Bedarfe im gesamten Distributionssystem ermittelt worden sind. Für das Basis-Distributionsprogramm sind jedoch nur diejenigen Input-Bedarfe von Interesse, welche die Aktivitäten der laufenden Periode betreffen. Alle übrigen ermittelten Input-Bedarfe haben nur hypothetischen Charakter und werden in der aktuellen Periode nicht zur Einplanung von Dispositionsmaßnahmen herangezogen.[1] In Ergänzung zu der einfachen Bestell- und Transportdisposition nach dem Basis-Distributionsprogramm ermöglicht die Distributionsprogrammplanung aber auch die Erschließung von Konsolidierungspotentialen bei den Warentransferprozessen sowie die Berücksichtigung von distributionslogistischen Maßnahmen gegen Fehlbestände. So lassen sich zum Beispiel Kostensenkungsreserven ausschöpfen, welche aus den Konsolidierungsmöglichkeiten bei Bestellung und Transport resultieren. Dazu werden in einer Bestellung mehrere Produkte gemeinsam bestellt oder die Ordermengen werden soweit herauf gesetzt, dass eventuell vereinbarte Mengenrabatte erzielt werden. Ebenso kann bei den Transporten eine Verbesserung der Kapazitätsauslastung angestrebt werden, indem die zwischen den einzelnen Lagern fließenden Warenströme möglichst effizient auf die zur Verfügung stehenden Transportvarianten aufgeteilt werden. Drohenden Fehlbeständen, die auf Grund der bestehenden Unsicherheiten nicht mehr durch einen rechtzeitigen Warennachschub zu vermeiden sind, kann die Distributionsprogrammplanung ebenfalls begegnen. Hierzu kann das Dispositionsverfahren außer Sicherheitsbestände vorzuhalten auch im gesamten Distributionssystem nach ausreichenden Überbeständen suchen und gegebenenfalls Querlieferungen durchführen oder direkte Anlieferungen durch den Lieferanten in das jeweilige Lager veranlassen. Treten trotz dieser Bemühungen Fehlbestände auf, existiert auch die Möglichkeit, die ansonsten verlorengegangene Nachfrage nachträglich zu befriedigen, indem direkte Zustellungen zum Endverbraucher aus eventuell noch vorhandenen Beständen anderer Lager vorgenommen werden oder den Kaufinteressenten eine

---

[1]) Die Ermittlung dieser Input-Bedarfe ist jedoch im Rahmen der Distributionsprogrammplanung für die Festlegung der eigentlich interessierenden Dispositionsmaßnahmen unerlässlich, denn die Bedarfe der höheren Lagerebenen hängen wesentlich von dem künftigen Orderaufkommen der niedrigeren Ebenen ab.

Vormerkung der betroffenen Produkte angeboten wird. Da in einem adäquaten Informationssystem neben Distributionstruktur, Warencharakteristika und Nachfrageaufkommen auch die Warentransferprozesse sowie deren monetäre Auswirkungen erfasst werden, greift das Dispositionsverfahren zur Evaluation der distributionslogistischen Maßnahmen ausschließlich auf die durch das Informationssystem berechneten oder bereitgestellten Daten zurück. Werden alle vorhersehbaren Maßnahmen berücksichtigt, vollziehen sich die einzelnen Schritte zur Distributionsprogrammplanung in einem rollierenden Kontext wie in Darstellung 26 veranschaulicht.

- Handhabung schon eingetretener Fehlbestände
  - ausreichende Bestände suchen
  - direkte Zustellungen veranlassen (optional)
  - Vormerkungen einplanen (optional)
- Neues Distributionsprogramm festlegen
  - Primär- und Sekundärbedarfe feststellen
    - Sicherheitsbestandsberechnung (optional)
    - Periodenbedarfe aufstellen
    - Bestandsreichweitenprüfung
    - Periodenbedarfskumulation
  - Konsolidierungsmöglichkeiten ausschöpfen
    - Verbunddispositionen (optional)
    - Rabattausnutzung (optional)
    - Transportkonsolidierung und -variantenwahl
- Anstehende Bestellungen und Transporte für laufende Periode entsprechend Distributionsprogramm veranlassen
- Identifikation drohender Fehlbestände in zukünftigen Perioden
  - Überbestände suchen
  - Querlieferungen veranlassen (optional)
  - direkte Anlieferungen veranlasssen (optional)

Darst. 26 Schritte zur Festlegung des Distributionsprogramms vor Übergang zur nächsten Periode

Im Rahmen der nachfolgenden Simulationsstudie[1] kommt die Distributionsprogrammplanung jeweils vor dem Übergang von einer zur nächsten Periode zur Anwendung. Nachdem die Warenzugänge aus eintreffenden Lieferungen und Transporten sowie die Verkäufe in den Endbedarfslagern in den Beständen verbucht worden sind,[2] beschäftigt

[1]) Vgl. Abschnitt 5.

[2]) Zu der zeitlichen Abfolge der bestandsbeeinflussenden Aktionen innerhalb einer Periode vgl. auch Abschnitt 5.2.3.1.

sich das Dispositionsverfahren vorab mit den bereits eingetretenen Fehlbeständen in den Endbedarfslagern. Je nachdem, ob direkte Zustellungen oder Vormerkungen vorgesehen sind, werden zur Deckung dieser Fehlbestände zunächst ausreichende Bestände zur Auslösung von direkten Zustellungen gesucht oder für den nicht zu befriedigenden Nachfrageanteil Vormerkungen vorgenommen. Auf Basis der resultierenden Bestandssituation wird dann, wie bereits beschrieben, ein neues Distributionsprogramm aufgestellt, wobei auch Konsolidierungspotentiale ausgeschöpft werden können. Die anstehenden Warentransferprozesse werden noch in der laufenden Periode gemäß den Vorgaben des Distributionsprogramms veranlasst. Sind auch Querlieferungen oder direkte Anlieferungen vorgesehen, identifiziert das Dispositionsverfahren schließlich die bis zum nächsten Nachschubzeitpunkt drohenden Fehlbestände. Dabei finden bereits die aus den momentan veranlassten Warentransferprozessen folgenden Bestandswirkungen Berücksichtigung. Querlieferungen werden jedoch nur für den Fall eingeplant, dass entsprechende Überbestände in anderen Lagern zur Verfügung stehen. Eilbestellungen in Form von direkten Anlieferungen werden hingegen lediglich dann veranlasst, wenn sie noch rechtzeitig zur Fehlbestandsvermeidung eintreffen werden.

Da in der laufenden Periode immer nur die Warentransferprozesse ausgeführt werden, deren Veranlassung momentan notwendig ist, um ein rechtzeitiges Eintreffen der Waren zu gewährleisten und das Basis-Distributionsprogramm im Rahmen einer rollierenden Planung unter Zugrundelegung von stets aktualisierten Bestands- und Prognosedaten immer wieder neu aufgestellt wird, trägt es den innerhalb des Distributionssystems unerwartet auftretenden Abweichungen bei jedem Periodenübergang Rechnung. So können die zugrunde gelegten Nachfrageprognosen wenn nötig aktualisiert werden und die zukünftigen Bedarfe der einzelnen Lager lassen sich unter Berücksichtigung der aktuellen Bestandssituation sowie der bereits eingeleiteten Warentransferprozesse ständig neu abschätzen. Das Informationssystem bildet dabei die Daten des realen Distributionssystems stets aktuell ab. Deshalb stehen dem Dispositionsverfahren nicht nur alle relevanten Informationen ständig auf zentraler Basis zur Verfügung, sondern die anstehenden Dispositionsentscheidungen können auch immer unter Berücksichtigung der neuesten Datenkonstellation festgelegt werden, ohne dass die verbleibenden Nachfrageunsicherheiten vernachlässigt würden.

5 Simulationsstudie

Als Simulation kann allgemein das Experimentieren mit Modellen[1] bezeichnet werden, wobei üblicherweise Modelle der Computersimulation gemeint sind. Die Computersimulation lässt sich dabei als Prozess des Entwurfs eines mathematisch-logischen Modells eines materiellen oder ideellen Systems zur Durchführung von Experimenten an diesem Modell mit Hilfe des Rechners charakterisieren. Die abgebildeten Elemente - dauerhafte Strukturen sowie temporäre Objekte - und die aus der Interaktion dieser Elemente resultierenden Prozesse werden unter beabsichtigter kontrollierter Variation der experimentellen Bedingungen über bestimmte Zeiträume beobachtet. Die Beobachtung der Zustandsänderungen im Modell mittels dafür definierter Beobachtungsvariabeln soll Schlussfolgerungen über die Abhängigkeit des Systemverhaltens von alternativen Einstellungen der experimentellen Bedingungen, wie zum Beispiel der gestaltbaren Regeln und exogenen Rahmenbedingungen ermöglichen.[2] Simulationsuntersuchungen stellen daher einen vielversprechenden Ansatz dar, um die vielfältigen Interdependenzen eines mehrstufigen Lagersystems zu erfassen.[3] Eine Simulationsuntersuchung dient somit der Offenlegung von Einflussgrößen und Wirkungszusammenhängen, welche die Entwicklungen in einem interessierenden Wirklichkeitsausschnitt determinieren und beschäftigt sich mit der Frage, wie diese Wirkungszusammenhänge gegebenenfalls mit den Mitteln des Unternehmens beinflusst werden können.[4] Die vorliegende Simulationsstudie befasst sich mit der Disposition im Distributionsbereich.[5] Sie bezweckt einerseits, die Wirksamkeit verschiedener

---

[1]) Zum Modellbegriff vgl. Berens, Wolfgang; Delfmann, Werner: /Quantitative Planung/ 23-50.

[2]) Vgl. Berens, Wolfgang; Delfmann, Werner: /Quantitative Planung/ 141.

[3]) Vgl. Clark, Andrew J.: /Multi-Echelon Inventory Theory/ 645.

[4]) Vgl. Berens, Wolfgang; Delfmann, Werner: /Quantitative Planung/ 141.

[5]) Weitere Simulationsstudien zur Lagerdisposition finden sich unter anderem bei Aggarwal, Sumer C.; Dhavale, Dileep G.: /Simulation Analysis/ ; Assfalg, Helmut: /Lagerhaltungsmodelle/ 93; Badinelli, Ralph D.; Schwarz, Leroy B.: /Backorders/ ; Biggs, Joseph R.: /Lot-Sizing and Sequencing Rules/ ; Blackburn, Joseph D.; Kropp, Dean H.; Millen, Robert A.: /nervousness in MRP/ ; Bookbinder, James H.; Heath, Donald B.: /Replenishment Analysis/ ; Brink, Alfred: /Lager- und Bestellmengenplanung/ 148; Chakravarty, Amiya K.; Shtub, Avraham: /integer multiple lot sizes/ ; Clark, Andrew J.: /Simulation/; Eisele, Peter: /Simulationsmodelle/ 100; Enrick, Norbert L.: /Lager-Management/ 37; Gupta, Yash P.; Keung, Ying K.; Gupta, Mahesch C.: /analysis of lot-sizing models/ ; Haber, Sheldon E.: /Simulation/; Jacobs, F. Robert; Whybark, D. Clay: /Material Requirements Planning/ ; Konen, Werner: /Kosten/; Meis, Harald: /Sortiments- und Bestandsmanagement/ 67 und 100; Ohse, Dietrich: /Näherungs-

distributionslogistischer Maßnahmen im Rahmen einer Distributionsprogrammplanung zu testen und andererseits, die Leistungsfähigkeit dieses Ansatzes im Vergleich zu einigen in der Praxis gebräuchlichen Dispositionsverfahren zu überprüfen.[1] Die eigens konzipierte Simulationsumgebung erlaubt eine diskrete zeitdynamische Simulation der Lager- und Transferprozesse mehrerer Produkte in beliebig strukturierten mehrstufigen Distributionssystemen.[2] Nach Durchführung eines Laufes der Simulationsstudie werden jeweils alle Lagerbestände und Warentransferprozesse aufgezeichnet und die insgesamt entstandenen Kosten, der Lieferbereitschaftsgrad sowie diverse andere Kennzahlen berechnet.[3] Da im Rahmen der Simulationsstudie neben einigen in der Praxis gebräuchlichen Dispositionsverfahren auch die Distributionsprogrammplanung untersucht werden soll, setzt dies voraus, dass innerhalb der Simulationsumgebung auch eine Informationsbasis für die periodische Aufstellung des Distributionsprogramms implementiert werden kann.

Bevor im Weiteren auf die einzelnen Resultate der Simulationsläufe näher eingegangen wird, erfolgt zunächst eine Darstellung der zugrunde gelegten Annahmen und Voraussetzungen. Anschließend wird die Konzeption der Simulationsumgebung näher erläutert und es werden einige Überlegungen über die Dimensionierung des Simulationshorizontes angestellt. Nachdem die betrachteten Distributionsszenarien beschrieben worden sind, werden dann die Ergebnisse, die sich mit der Distributionsprogrammplanung erzielen lassen, aufgearbeitet. Dabei wird insbesondere untersucht, welche Auswirkungen der Einsatz der verschiedenen distributionslogistischen Maßnahmen[4] mit sich bringt und wie sich der

verfahren/ ; Popovic, Jovan B.: /Decision/ ; Quint, August: /Simulation/ ; Rinks, Dan B.: /Rationing safety stock/ ; Robrade, Andreas D.: /Einprodukt-Lagerhaltungsmodelle/ 190; Schneider, Helmut: /Lagerhaltungspolitiken/ ; Williams, T.M.: /Stock control/ ; Zinn, Walter; Marmorstein, Howard: /Comparing/ .

[1]) Alternativ können mit der Simulationsumgebung auch andere Zielsetzungen verfolgt werden. So diente die Simulationsumgebung zum Beispiel auch dazu, im Rahmen der vorliegenden Arbeit die Vorgehensweise der Distributionsprogrammplanung zu entwickeln. Im Kontext einer praktischen Anwendung ist das Simulationssystem zudem zur Evaluation unterschiedlicher distributionslogistischer Maßnahmen oder zur Sicherheitsbestandsfestlegung geeignet. Darüber hinaus können mit dem Simulationssystem auch ganz andere Fragestellungen wie zum Beispiel die Gestaltung der Distributionsstruktur oder die Prozesse in mehrstufigen Logistikketten untersucht werden.

[2]) Zur Konzeption des Simulationssystems vgl. Abschnitte 5.2 - 5.2.3.2.
Eine Übersicht über die softwaretechnischen Objekte des der Simulationsstudie zugrunde gelegten Simulationsprogramms findet sich im Anhang auf den Seiten 333 - 344.

[3]) Vgl. Abschnitt 5.2.3.

[4]) Als zusätzliche distributionslogistische Maßnahmen können in der Distributionsprogrammplanung

Ansatz bei Variation von Distributionsstruktur oder Prognosefehler verhält. Die Untersuchungsergebnisse werden schließlich mit den Resultaten verglichen, die mit einigen in der Praxis gebräuchlichen Dispositionsverfahren erzielbar sind. Im Einzelnen werden zu diesem Zweck die Anwendung einer Lot-for-Lot Orderpolitik, einer Disposition gemäß (s,S) Politik sowie das Enhanced Distribution Requirements Planning unter jeweils gleichen Rahmenbedingungen simuliert. Am Ende der Simulationsstudie findet abschließend eine zusammenfassende Bewertung der Ergebnisse statt.

5.1 Annahmen und Voraussetzungen

In diesem Abschnitt werden die Annahmen und Voraussetzungen erläutert, die für die Zwecke der Simulationsuntersuchung unterstellt werden. Ein Teil der Prämissen wird jedoch erst in späteren Abschnitten zusammen mit der Konzeption der einzelnen Komponenten der Simulationsumgebung beschrieben. Deshalb erfolgt an dieser Stelle nur eine Erläuterung derjenigen Annahmen und Voraussetzungen, die global für das gesamte Simulationssystem gelten und im Weiteren nicht mehr diskutiert werden.[1]

In einem Simulationssystem für mehrstufige Distributionskanäle müssen neben Distributionstruktur, Warencharakteristika und Nachfrageaufkommen auch die Warentransferprozesse sowie deren monetäre Auswirkungen erfasst werden. Es ist zwischen exogenen, endogenen und resultierenden Größen zu unterscheiden. Die exogenen Parameter sind innerhalb eines Simulationslaufes fix vorgegeben und repräsentieren ein bestimmtes Distributionsszenario unter dessen Rahmenbedingungen ein Dispositionsverfahren die Warentransferprozesse koordinieren kann. Die einzelnen Warentransferprozesse stellen hingegen endogene Parameter der Simulationsumgebung dar. Sie können innerhalb eines Simulationslaufes beliebig variiert werden und induzieren die resultierenden Daten. Die

---

sowohl Sicherheitsbestände als auch Querlieferungen und direkte Anlieferungen eingeführt werden. Außerdem ist es möglich, Vormerkungen und direkte Zustellungen zum Abnehmer zu berücksichtigen.

[1]) Die nachfolgend erläuterten Annahmen und Voraussetzungen repräsentieren im Hinblick auf die Dispositionsproblematik nur unbedeutende Vereinfachungen der Realität und stellen die praktische Relevanz der erarbeiteten Ergebnisse nicht in Frage.

resultierenden Daten stellen schließlich die Ergebnisse eines Simulationslaufes nach Anwendung eines Dispositionsverfahrens dar.

Alle Größen werden in der Simulationsumgebung als deterministisch[1] betrachtet, wobei sich lediglich hinsichtlich der Nachfragedaten Abweichungen zwischen Prognose und tatsächlich eintretendem Abverkauf einstellen können. Bis auf die monetären Werte und einige Kennzahlen werden zudem alle Größen als diskret[2] unterstellt. Da die Zustandsänderungen periodisch erfasst werden, fließt auch der Zeitablauf in Form von diskreten Zeitpunkten in die Simulationsumgebung ein. Es handelt sich somit um eine diskrete dynamische Simulation, die lediglich Zeitpunkte betrachtet und Zustandsänderungen deshalb nur an den definierten Intervallgrenzen registriert.[3] So finden zu Beginn einer Periode zum Beispiel alle Wareneingänge aus Lieferungen und Transporten statt, während die Bestellauslösung sowie die Warenausgänge für die Transporte zum Periodenende erfolgen. Die Abverkäufe sind zwar als kontinuierlich über die ganze Periode verteilt unterstellt, doch auch sie werden erst zum Ende einer Periode als gesamte Periodennachfrage berücksichtigt. Folglich kann auch die Bestandsfortschreibung nur periodenweise erfolgen. Das bedeutet, dass die Bestände periodisch überwacht werden und die Disposition nur mit leichten Verzögerungen auf unerwartete Nachfrageentwicklungen reagiert. Bei kleinen Intervallbreiten ist das zeitversetzte Reagieren jedoch unkritisch. Außerdem ist zu bedenken, dass Nachfrageprognosen in der Praxis ohnehin nur für bestimmte Zeiträume aufgestellt werden können. Würde während eines solchen Intervalls festgestellt, dass das momentane Nachfrageaufkommen hochgerechnet auf das Ende dieses Intervalls von der Prognose abweicht, und sofort auf diese Abweichung reagiert, ohne abzuwarten, ob sich die Nachfrageschwankungen nicht eventuell wieder bis zum Intervallende kompensieren, so ergäben sich laufend voreilig getroffene Dispositionsentscheidungen, die häufig gar nicht notwendig

[1]) Deterministische Größen sind im Gegensatz zu stochastischen Größen einwertig und werden als mit Gewissheit bekannt angenommen. Vgl. auch Abschnitt 3 und Berens, Wolfgang; Delfmann, Werner: /Quantitative Planung/ 113.

[2]) Diskrete Größen sind im Gegensatz zu stetigen bzw. kontinuierlichen Größen dadurch gekennzeichnet, dass sie nur ganzzahlige Werte annehmen können. Vgl. Berens, Wolfgang; Delfmann, Werner: /Quantitative Planung/ 113.

[3]) Vgl. Berens, Wolfgang; Delfmann, Werner: /Quantitative Planung/ 150-151.

wären. Deshalb führt eine diskrete dynamische Simulation der Dispositionsproblematik zu durchaus realitätsnahen Resultaten.

5.2 Konzeption der Simulationsumgebung

Die Konzeption der Simulationsumgebung[1] soll so gestaltet sein, dass mit ihrer Hilfe einerseits die Distributionsprogrammplanung[2] durchgeführt und andererseits in einer Simulationsstudie[3] untersucht werden kann,[4] welche Auswirkungen sich für die Kosten- und Bestandssituation sowie für die Nachfragebefriedigung ergeben, wenn unterschiedliche Dispositionsverfahren in einem mehrstufigen Distributionssystem eingesetzt werden.[5] Deshalb müssen durch die Simulationsumgebung sowohl die für die Disposition relevanten Einflussgrößen als auch die potentiellen Aktionsparameter erfasst werden. Das Umfeld realer Distributionssysteme ist jedoch derart komplex, dass es selbst mit einem Simulationssystem nicht möglich ist, alle Einflussfaktoren in Betracht zu ziehen.[6] Man ist aber durchaus in der Lage, wenigstens die bedeutenden Faktoren des gesamten Beziehungsgefüges abzubilden. Darstellung 27 gibt einen Überblick über diese reproduzierbaren Einflussgrößen. Sie beziehen sich unter anderem auf relevante Produktspezifika, wesentliche Merkmale des mehrstufigen Distributionssystems und die Nachfragesituation.

---

[1]) Zur Konzeption von Simulationssystemen vgl. unter anderem Komarnicki, Johann (Hrsg.): /Simulationstechnik/ ; Liebl, Franz: /Simulation/ ; Watson, Hugh J.; Blackstone, John H. Jr.: /Computer Simulation/; Witte, Thomas: /Simulation/ .

[2]) Vgl. Abschnitt 4.3.

[3]) Vgl. Abschnitt 5.

[4]) Die Konzeption einer Simulationsumgebung und die anschließende Durchführung einer Simulationsstudie vollziehen sich für gewöhnlich in folgenden Phasen: Modellierung, Programmierung, Validierung / Verifikation und experimentelle Analyse. Vgl. Berens, Wolfgang; Delfmann, Werner: /Quantitative Planung/ 147-156. Die folgenden Darstellungen beziehen sich überwiegend auf die Modellierung der Simulationsumgebung sowie auf die experimentelle Analyse innerhalb der Simulationsumgebung, da die beiden anderen Simulationsphasen nur von geringem ökonomischen Interesse sind. Es darf jedoch nicht übersehen werden, dass insbesondere die Phase der Programmierung den größten Arbeitsaufwand bei der Erstellung einer Simulationsstudie verursacht.

[5]) Da die Distributionsprogrammplanung ebenfalls im Rahmen der Simulationsstudie untersucht werden soll, setzt dies voraus, dass es das Simulationssystem zulässt, dass innerhalb der Simulationsstudie auch Heuristiken zur Unterstützung der Dispositionsentscheidungen abgearbeitet werden können.

[6]) Vgl. Gupta, Yash P.; Keung, Ying K.; Gupta, Mahesch C.: /analysis of lot-sizing models/ 695-696.

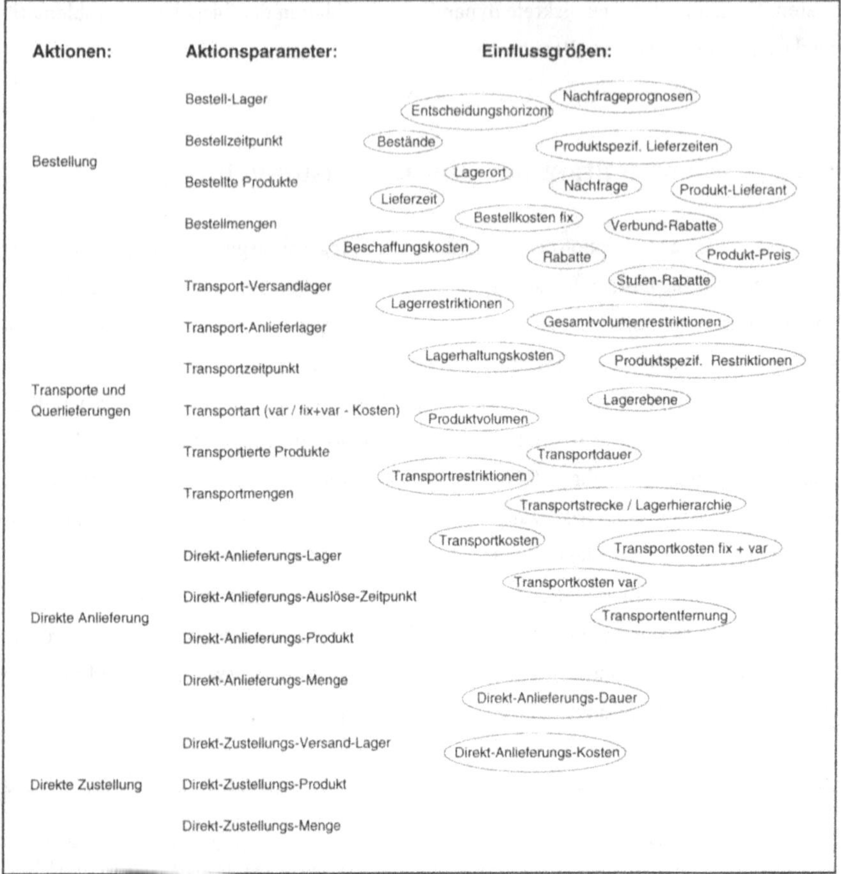

Darst. 27 Aktionsparameter und Einflussgrößen des Simulationssystems

Unter Berücksichtigung von kundenorientierten Distributionsmaßnahmen[1] sind in einem mehrstufigen Distributionskontext neben Bestellungen und Transporten auch direkte Anlieferungen und Zustellungen als potentielle Aktionen vorzusehen. Wie aus Darstellung 27 ersichtlich, werden die Aktionsparameter in der Regel durch eine qualitative, quantitative, lokale und temporale Dimension bestimmt. Sie determinieren sämtliche

---

[1]) Vgl. Abschnitt 3.4.1.

Warentransferprozesse, die zur Befriedigung der Nachfrage erbracht werden müssen. Da sie die Handlungsalternativen des benutzten Dispositionsverfahrens darstellen, können sie innerhalb eines Simulationslaufes beliebig variiert werden und bilden somit die endogenen Parameter der Simulationsumgebung. Die in Darstellung 27 abgebildeten Einflussgrößen sind dagegen innerhalb eines Simulationslaufes fix vorgegeben und repräsentieren damit die exogenen Parameter der Simulationsumgebung.

Will man die Simulationsumgebung in realistischen Größenordnungen anwenden, muss sie so gestaltet sein, dass sie die Darstellung der Warentransferprozesse von mehreren Tausend Produkten in einem größeren Distributionssystem gestattet. Da dies die Verarbeitung immenser Datenmengen erfordert, müssen die Datenstrukturen der benötigten Daten auf einen schnellen Zugriff durch die Simulationsumgebung ausgerichtet sein. Deshalb ist es erforderlich, sich bei der Konzeption der Simulationsumgebung auch mit der Frage auseinanderzusetzen, wie die relevanten Informationen in günstiger Weise als Datenelemente gefasst werden können.[1] Mit Hilfe relationaler Datenmodelle lassen sich zum Beispiel Beziehungen in Form von Relationen zwischen den einzelnen Daten herstellen, so dass Abfragen vereinfacht und beschleunigt werden. Dabei wird außerdem die Datenredundanz vermieden, was deswegen von Vorteil ist, weil eine Mehrfacherfassung der Daten während ihrer Verarbeitung und bei Abänderungen des Datenbestands einen sehr viel höheren Aufwand zur Aktualisierung der Daten bedeuten und überdies unnötigen Speicherplatz verbrauchen würde.

Die großen Datenmengen machen zudem eine hohe Verarbeitungsgeschwindigkeit des Simulationssystems unabdingbar. Fertige Simulatoren scheiden deshalb für die Implementierung des Simulationssystems aus. Ihre Rechenzeit lässt weder die Bewältigung der enormen Datenmengen zu, noch werden die standardmäßig angebotenen Modellierungselemente den Anforderungen des untersuchten Problems gerecht.[2] Aus diesen Gründen ist die Simulationsumgebung in einer höheren Programmiersprache implementiert worden.[3]

---

[1]) Die Datenstrukturen des Simulationssystems sind zusammen mit den Programm-Objekten im Anhang auf den Seiten 333 - 344 wiedergegeben.

[2]) Insbesondere die Implementierung umfangreicher Heuristiken wird in keinem Simulator effizient ermöglicht.

[3]) Zu den Vor- und Nachteilen der Verwendung von fertigen Simulatoren gegenüber der Programmierung

Durch die Zergliederung der Simulationsumgebung in einzelne Teilmodule, die über einfache vordefinierte Schnittstellen miteinader kommunizieren und weitgehend isoliert erweitert werden können, wurde ein objektorientierter Ansatz zur Simulation realisiert.[1] Die Starrheit problemspezifischer, blockorientierter Simulatoren, bei denen der Vorteil einer schnellen Modellerstellung häufig mit einer mangelnden Flexibilität und oft überlangen Rechenzeiten erkauft wird, konnte auf diese Weise überwunden werden.

Als Programmierumgebung wurde die objektorientierte Programmiersprache C++ benutzt.[2] Die objektorientierte Implementierung ist besonders bei der Realisation größerer Projekte von Nutzen,[3] denn gekapselte Objekte, Vererbungsmechanismen und Polymorphismen tragen dazu bei, den Kriterien der Korrektheit und Robustheit sowie der Erweiterbarkeit und Wiederverwertbarkeit des Softwarecodes zu entsprechen.[4] Da es sich bei C++ um eine verhältnismäßig neue Programmiersprache handelt, existiert auch erst seit Anfang 1990 ein ANSI[5]-Komitee,[6] das sich mit der Standardisierung dieser Sprache beschäftigt. Obwohl C++ keine alte Programmiersprache ist, gilt sie als nicht besonders einfach zu handhaben. Gegenüber anderen objektorientierten Programmiersprachen bietet sie aber den Vorteil, dass sie eine sehr hohe Verarbeitungsgeschwindigkeit aufweist und ist deshalb für die Implementierung der Simulationsumgebung prädestiniert.[7]

---

einer Simulationsumgebung in einer höheren Programmiersprache vgl. Berens, Wolfgang; Delfmann, Werner: /Quantitative Planung/ 151-153.

[1]) Zur objektorientierten Simulation vgl. auch Berens, Wolfgang; Delfmann, Werner: /Quantitative Planung/ 152-153.

[2]) Die Programmiersprache C++ wurde federführend von Bjarne Stoustrup in den AT&T-Bell Laboratorien entwickelt und 1985 erstmalig als kommerzieller Compiler auf den Markt gebracht.

[3]) Der Programmcode des gesamten Simulationssystems hat laut Compilermeldung eine Umfang von 21523 Programmzeilen.

[4]) Zur objektorientierten Softwareentwicklung vgl. unter anderem Meyer, Bertrand: /Software-Entwicklung/; Sengupta, Saumyendra; Korobkin, Carl Phillip: /C++/ .

[5]) American National Standards Institute

[6]) Technical Committee X3J16 Programming Language

[7]) Selbst ein Simulationslauf mit über 5000 Produkten in einem Distributionssystem realistischer Größenordnung und einem Simulationshorizont von 56 Wochen läuft binnen weniger Minuten ab. Vgl. hierzu auch Abschnitt 5.4.

Die erstellte Simulationsumgebung erlaubt eine diskrete zeitdynamische Simulation der Lager- und Transferprozesse mehrerer Produkte in mehrstufigen Distributionssystemen. Die Simulationsszenarien können beliebige Ausmaße annehmen und sind dank dynamischer Speicherverwaltung nur durch den zur Verfügung stehenden Arbeitsspeicher begrenzt. Das Simulationssystem ist betriebssystemunabhängig konzipiert und verzichtet völlig auf grafische Ausgaben, was die Portierbarkeit auf alle Betriebssystemoberflächen gewährleistet. Alle Input- und Output-Daten werden als Dateien gespeichert und können manuell nachbearbeitet oder zur Auswertung in Standardsoftware-Pakete importiert werden. Nachfolgende Aufstellung gibt einen Überblick über die Eigenschaften der Simulationsumgebung:

- Die Simulationsumgebung dient zur Simulation der Warenflüsse in *mehrstufigen Distributionssystemen* und der Erfassung der resultierenden Kostengrößen.

- Die betrachteten Warenflüsse können ihren Ursprung bei *verschiedenen Herstellern* bzw. *Lieferanten* haben, bevor Sie das Distributionssystem durchlaufen und schließlich bei den Nachfragern münden.

- Da Zuliefer- und Nachfragedaten ebenso wie die Distributionssystemstruktur exogen vorgegeben werden, können die Warenflüsse im Rahmen der Distribution nur durch Auslösung von *Bestellungen* oder *Transporten* gelenkt werden (wobei auch *Querlieferungen*, *direkte Anlieferungen* und *-Zustellungen* möglich sind). Lagerbestands- und Kostengrößen bilden zusammen mit Kennzahlen die resultierenden Daten.

- In der Simulation können beliebig viele Produkte (*Mehrprodukt-Fall*) von verschiedenen Herstellern gleichzeitig dargestellt werden. Neben Lieferzeit, Volumen und Preis sind auch unterschiedliche Rabattformen berücksichtigt.

- Das Distributionssystem kann beliebig strukturiert sein (auch *rasterstrukturierte Distributionssysteme*). Die Anzahl der Stufen ist ebenso frei zu wählen wie die hierarchische Untergliederung des Systems und die Anzahl der Lager auf jeder Stufe. Ein Entfernungsindex repräsentiert die räumliche und zeitliche Entfernung zwischen den einzelnen Lagern und die Lagerkosten können auf den verschiedenen Stufen unterschiedliche Werte annehmen.

- Die *Warenflüsse* können sich im Distributionssystem an der hierarchischen Untergliederung orientieren oder einen *beliebigen Verlauf* zwischen allen

Lagern annehmen. Darüber hinaus ist sowohl der Eintritt des Warenflusses als auch dessen Austritt grundsätzlich in oder aus jedem Lager möglich.

- Das Simulationssystem unterstützt *verschiedene Lagerarten*. In Bezug auf die hierarchische Untergliederung gibt es auf der obersten Stufe Lager, durch welche die Warenflüsse üblicherweise Eingang in das Distributionssystem finden (Wareneingangslager). Auf der untersten Stufe gibt es demgegenüber Lager, durch welche die Güter das Distributionssystem in der Regel verlassen (Endbedarfslager). Auf den Zwischenstufen befinden sich Lager, in denen für gewöhnlich eine Pufferung der Warenströme stattfindet (Regionallager). Im Hinblick auf die Art der Lagerhaltung können in dem Simulationssystem sowohl Lager mit chaotischer Einlagerung und einer gemeinsamen Lagerkapazitätsrestriktion bezüglich aller gelagerten Produkte (Wareneingangs- und Regionallager) als auch Lager mit einem fest vorgegebenen Stauraum für jedes Produkt und somit speziellen Restriktionen für jedes einzelne Produkt repräsentiert werden (Endbedarfslager).

- Bezüglich des Nachfrageaufkommens können dem Simulationssystem *prognostizierte* und davon abweichende *tatsächliche Nachfragewerte* vorgegeben werden. Dabei können für alle Produkte und jedes Lager der untersten Stufe in jeder Periode eigene Werte angegeben werden.

- Jede Periode können beliebig viele *Bestellungen* veranlasst werden. Eine Bestellung kann für mehrere Produkte eines Herstellers gemeinsam erzeugt und zu jedem Lager der obersten Stufe angeliefert werden. Neben normalen Bestellungen sind auch *Eilbestellungen* möglich, die für den Fall drohender Fehlbestände die direkte Anlieferung der Produkte in jedes beliebige Lager gestatten.

- Jede Periode können beliebig viele *Transporte* von einem Lager zu einem anderen Lager veranlasst werden. Es stehen *zwei Transportvarianten* zur Verfügung. Bei einem kapazitierten Transport (z.B. Eigentransport) können so viele verschiedene Produkte befördert werden, bis die Transportkapazität ausgeschöpft ist. Hierfür fallen fixe und variable Kostenbestandteile an. Die zweite Variante verkörpert einen Transport ohne Kapazitätsrestriktion (z.B. Fremdtransport) zu lediglich variablen Kosten, die anteilig zugerechnete Fixkosten enthalten. Transporte sind nicht nur entlang der hierarchischen Untergliederung des Distributionssystems möglich, sondern auch als Querlieferung zwischen allen Lagern.

- Jede *Periode* wird der Abverkauf für jedes Lager der untersten Stufe vorgenommen. Auftretende *Fehlbestände*, werden vom System registriert.

- Entstandenen Fehlbeständen kann durch *direkte Zustellung* der nachgefragten Produkte an den Nachfrager begegnet werden. Dabei können diese Produkte dem Nachfrager aus anderen Lagern direkt zugestellt werden. Ist dies nicht möglich, kann man für den jeweiligen Nachfrager eine Vormerkung der Produkte vornehmen.

- Die resultierenden *Bestände* jeden Lagers beim Übergang von einer zur nächsten Periode werden ebenso wie alle getätigten Transaktionen durch das Simulationssystem aufgezeichnet.

- Für jede Periode werden die einzelnen *Kostengrößen* kumuliert und aufgezeichnet. Nach Ablauf der letzten Periode werden schließlich die gesamten entstandenen Kosten sowie der *Lieferbereitschaftsgrad* und andere *Kennzahlen* berechnet.

Zum Simulationssystem gehört auch ein Datengenerator, der die Datenerstellung für ein Distributionsszenario unterstützt. Neben der Erzeugung einiger grundlegender Rahmendaten sowie der Produkt- und Distributionsstrukturdaten dient er vor allem der Generierung von prognostizierten und davon abweichend als tatsächlich eintretend unterstellten Nachfragedaten eines jeden Produkts in jedem Endbedarfslager. Außer den künstlich erzeugten Daten können aber ebenso fremde Daten aus der Praxis übernommen werden. Auf Basis dieser Daten werden schließlich Simulationsumgebung und Dispositionsverfahren eingesetzt. Für die Zwecke der Simulationsstudie können innerhalb der Simulationsumgebung zudem beliebige Dispositionsverfahren getestet werden. Dabei werden als Ergebnisgrößen die insgesamt anfallenden Kosten, der Lieferbereitschaftsgrad und andere Kennzahlen berechnet. Alle Ereignisse werden in Form von Dateien aufgezeichnet und können später beliebig nachbearbeitet werden. In Darstellung 28 sind die einzelnen Komponenten des Simulationssystems noch einmal grafisch dargestellt.

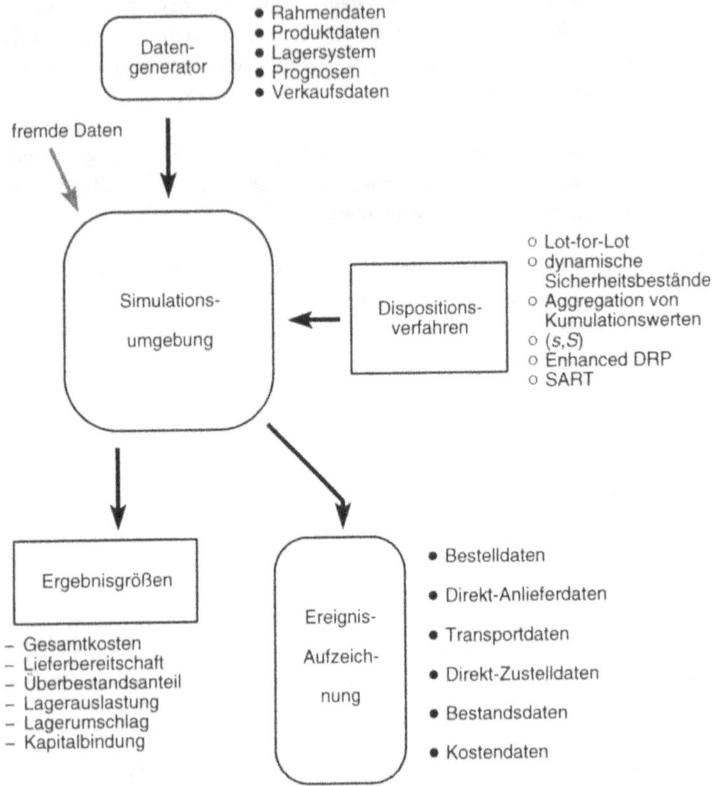

Darst. 28 Komponenten des Simulationssystems

Die Simulationsumgebung ist so konzipiert, dass alle wesentlichen Beziehungszusammenhänge und Trade-offs, die in realen Distributionssystemen auftreten können, vom Grundsatz her erfasst werden. Aber auch die umfangreichste Simulationsumgebung kann nicht jeder erdenklichen Situation aus der Praxis gerecht werden.[1] Im Hinblick auf

[1]) Die Anpassung oder Erweiterung der Simulationsumgebung in Bezug auf abweichende Rahmenbedingungen ist ohne weiteres möglich. Die Ergebnisse der nachfolgenden Untersuchungen werden dadurch jedoch nicht weiter tangiert.

die Zielsetzung der Arbeit ist die Simulationsumgebung deshalb vor allem so konzipiert worden, dass einerseits alle grundlegenden Zusammenhänge abgebildet werden und somit die erarbeiteten Ergebnisse weitgehend allgemein gültig sind und andererseits die Durchführung einer Simulationsstudie ermöglicht wird, die einen Vergleich zwischen alternativen Dispositionsverfahren erlaubt. Die folgenden Abschnitte beschreiben die einzelnen Daten und Parameter, welche in die Simulationsumgebung Eingang finden. Neben den für die Zwecke der Simulation getroffenen Annahmen bezüglich der einzelnen Parameter werden an dieser Stelle auch deren betriebswirtschaftliche Hintergründe beleuchtet. Zunächst erfolgt eine Darstellung der exogenen Parameter, welche ein bestimmtes Distributionsszenario repräsentieren und innerhalb eines Simulationslaufes fix vorgegeben sind. Danach werden die endogenen Parameter erläutert. Sie verkörpern die alternativ zur Verfügung stehenden Warentransferprozesse, die durch ein Dispositionsverfahren beliebig koordiniert werden können. Schließlich werden die resultierenden Daten veranschaulicht, die sich aus der Anwendung eines Dispositionsverfahrens innerhalb der Simulationsumgebung ergeben.

5.2.1 Exogene Parameter

Die exogenen Parameter repräsentieren ein bestimmtes Distributionsszenario und sind innerhalb eines Simulationslaufes fix vorgegeben. Sie stellen das von außen vorgegebene Umfeld dar, in dem ein Dispositionsverfahren sämtliche Warentransferprozesse koordinieren kann, beinhalten aber nicht die unmittelbaren Aktionsparameter des Dispositionsverfahrens. Aus der Sicht des Dispositionsverfahrens sind die exogenen Parameter unveränderbar. Neben den allgemeinen Rahmendaten beinhalten diese Parameter im Wesentlichen die einzelnen Kostengrößen für Beschaffung, Lagerung und Transport, die relevanten Produktdaten, Angaben über Distributionsstruktur und Ausgestaltung der Lager sowie die prognostizierten und tatsächlich eintretenden Nachfragedaten.

5.2.1.1 Allgemeine Rahmendaten

Die Rahmendaten beinhalten diverse Werte, die entweder einige Eckpunkte für den Datengenerator abstecken oder global für das gesamte Simulationssystem relevant sind und innerhalb eines Simulationslaufes unveränderlich bleiben. Die Rahmendaten können der Simulationsumgebung frei vorgegeben werden und sind vom Simulationssystem in einer separaten Datei gespeichert. Sie setzen sich aus folgenden Größen zusammen:

Maximale Lieferzeit: Die maximale Lieferzeit gibt vor, wie lange die Lieferzeit eines Produktes maximal bemessen sein darf (gemessen in Perioden), wenn der Datengenerator neue Produkt-Daten anlegt.

Maximales Produktvolumen: Das maximale Produktvolumen gibt vor, wie groß das maximale Volumen eines Produktes bemessen sein darf (gemessen in Volumeneinheiten), wenn der Datengenerator neue Produkt-Daten anlegt.

Maximale Produktvolumenrestriktion in den Endbedarfslagern: Die maximale Volumenrestriktion für die Lagerkapazität je Produktart in einem Endbedarfslager bestimmt, wie viele Volumeneinheiten in den Endbedarfslagern maximal für eine Produktart zur Verfügung gestellt werden dürfen, wenn der Datengenerator neue Lagerdaten anlegt.

Simulationshorizont: Der Simulationshorizont[1] gibt dem System vor, über wie viele Perioden die Simulation laufen soll. Dementsprechend werden prognostizierte und tatsächliche Verkaufsdaten vom Datengenerator erzeugt. Der Simulationshorizont muss mindestens so bemessen sein, dass es möglich ist, die längste hierarchisch gegebene Entfernung zwischen den Lagern zu überbrücken und zusätzlich noch die maximale Lieferzeit abzudecken. Nach oben ist der Simulationshorizont nur durch den verfügbaren Speicherplatz beschränkt.

Rabattsätze: Die Rabattsätze geben die Rabattstaffelung an, wenn ein Produkt in größeren Mengen oder im Verbund mit anderen Produkten desselben Herstellers bestellt wird.[2]

---

[1]) Zur Dimensionierung des Simulationshorizontes vgl. auch Abschnitt 5.3.

[2]) Eine ökonomische Interpretation der hier aufgeführten und für die Kosten relevanten Größen findet sich im folgenden Abschnitt zusammen mit den Betrachtungen über die entsprechende Kostenart.

Fixe Bestellkosten: Die fixen Bestellkosten geben den Anteil der Bestellkosten an, die für die Auslösung einer Bestellung unabhängig von der Zusammensetzung dieser Bestellung anfallen.

Kostensatz je Position: Der Kostensatz je Position gibt den Kostenteil an, der unabhängig von der Menge anfällt, wenn eine Produktart bei einer Bestellung oder einem Transport als Bestell- oder Transportposition berücksichtigt wird.

Fixe Transportkosten: Die fixen Transportkosten geben den Anteil der Transportkosten an, die für die Auslösung eines Transportes unabhängig von seiner Zusammensetzung anfallen.

Transportkostensatz je Volumen- und Entfernungseinheit: Die Transportkosten je Volumen- und Entfernungseinheit geben den variablen Kostenanteil eines Transportes in Abhängigkeit von seiner Zusammensetzung an (d.h. in Abhängigkeit von der Anzahl der ingesamt transportierten Volumeneinheiten).

Maximales Transportvolumen: Das Maximale Transportvolumen beschreibt die Kapazitätsrestriktion eines Transportes und bestimmt, wie viele Volumeneinheiten in einem Transport maximal befördert werden dürfen.

Kostensatz für direkte Zustellungen je Volumen- und Entfernungseinheit: Die Kosten direkter Zustellungen je Volumen- und Entfernungseinheit geben diejenigen Kosten an, die entstehen, wenn ein Produkt zu lediglich variablen Kosten transportiert bzw. einem Endabnehmer direkt zugestellt wird.

Prognoseabweichung: Die Prognoseabweichung zwischen tatsächlichem und prognostiziertem Nachfrageverlauf gibt vor, um wie viel Prozent die Prognosen maximal von den tatsächlichen Verkaufszahlen abweichen, wenn der Datengenerator neue Nachfragedaten anlegt.

5.2.1.2 Kostenkomponenten

Gemäß den Zielvorgaben[1] sind durch das Simulationssystem sämtliche mit der Distribution verbundenen Kosten zu erfassen. Den einzelnen Kostengrößen kommt dabei

---

[1]) Vgl. Abschnitt 4.1.

einerseits die Aufgabe zu, die monetären Auswirkungen verschiedener Handlungsalternativen zum Zwecke der Dispositionsplanung zu beziffern. Auf dieser Basis können die Dispositionsverfahren bei der Koordination der jeweiligen Warentransferaktivitäten die vermeintlich günstigste Alternative auswählen und entsprechend veranlassen. Andererseits dienen die Kostengrößen auch dazu, die nach Anwendung eines Dispositionsverfahrens tatsächlich resultierenden Kostenkomponenten aufzuzeichnen um daraus zum Ende eines Simulationslaufes die insgesamt entstandenen Kosten zu berechnen.[1]

Im Folgenden wird für die in der Simulationsumgebung berücksichtigten Kostenkategorien erläutert, welche Kostenkomponenten auf welche Weise erfasst sind und wie dies im Rahmen der vorliegenden Untersuchung betriebswirtschaftlich zu begründen ist. In Anlehnung an den physischen Warenfluss werden zunächst die Beschaffungskosten sowie die Kosten direkter Anlieferungen aufgearbeitet, bevor auf die Kosten der Lagerhaltung eingegangen wird und schließlich die Transportkosten sowie die Kosten direkter Zustellungen erläutert werden.

a) Bestellkosten

Um der Realität möglichst weitgehend Rechnung zu tragen, kann in der Simulationsumgebung eine Bestellung mehrere Positionen verschiedener Produkte enthalten. Neben einem variablen Kostenbestandteil werden hierfür sowohl fixe Kosten je Bestellposition als auch fixe Kosten je Bestellvorgang berücksichtigt. Da sowohl die Bestellmengen als auch die Zusammensetzung einer Bestellung von den Dispositionsentscheidungen abhängen, sind die mit diesen Entscheidungen erzielbaren rabattbedingten Einsparungen in Form von negativen Kostenbestandteilen in den Bestellkosten zu berücksichtigen. In der Simulationsumgebung wurden zwei verschiedene Rabattformen vorgesehen. Dies sind einerseits gestaffelte Mengenrabatte und andererseits Verbundrabatte, die in dem Fall zum Tragen kommen, wenn in einer Bestellung gleich mehrere verbundrabattfähige Produkte bestellt werden. Somit fallen für jede Bestellung zum einen fixe

---

[1]) Die insgesamt entstandenen Kosten stellen resultierende Daten dar. Ihre Berechnung wird deshalb erst in Abschnitt 5.2.3 näher erläutert.

Bestellkosten in Höhe des in den Rahmendaten[1] vorgegebenen Wertes an und für jede Bestellposition werden zudem Kosten je Position berücksichtigt, die ebenfalls in den Rahmendaten festgelegt sind. Hiervon werden schließlich die Einsparungen abgezogen, die sich aus den eventuell erzielten Mengen- oder Verbundrabatten ergeben.[2]

b) Kosten direkter Anlieferungen

Sollten in einem Lager Fehlbestände drohen, denen innerhalb des Distributionssystems nicht mehr rechtzeitig begegnet werden kann, besteht für das betroffene Lager eventuell die Möglichkeit, noch rechtzeitig eine Eilbestellung zu veranlassen. Der Zulieferer würde seine Waren dann unter Umgehung der hierarchischen Distributionsstruktur direkt an das jeweilige Lager liefern.[3] Da davon auszugehen ist, dass Eilbestellungen in der Regel durch Logistik-Dienstleister zugestellt werden und die dabei entstehenden Versandkosten durch das bestellende Unternehmen zu tragen sind, werden in der Simulationsumgebung die Kosten direkter Anlieferungen in Abhängigkeit von dem Volumen der Sendung und der zu überbrückenden Entfernung berechnet. Hierfür wird der in den Rahmendaten[4] vorgegebene Kostensatz für direkte Anlieferungen zugrunde gelegt. Aus Vereinfachungsgründen repräsentiert er neben den Kosten für den eigentlichen Warentransfer auch den Aufwand für die Auslösung einer Eilbestellung sowie der zurechenbaren Handlingkosten. Als Entfernung wird stets die maximale hierarchische Entfernung[5] innerhalb des Lagersystems angenommen. Damit unterstellt man, dass die Zulieferer in dem durch das Distributionssystem überspannten Raum ungefähr gleichmäßig verteilt angesiedelt

[1]) Vgl. Abschnitt 5.2.1.1.

[2]) Die durch Rabattausnutzung erzielten Einsparungen ergeben sich aus den in den Produktdaten gespeicherten Produktpreisen sowie aus den für ein Produkt eingeräumten Rabattarten (vgl. Abschnitt 5.2.1.3). Die zugehörigen Rabattsätze sind zusammen mit den Rahmendaten gespeichert.

[3]) Da hier nur die Kostenseite von Interesse ist, findet sich eine ausführlichere Darstellung der direkten Anlieferungen in Abschnitt 5.2.2.2.

[4]) Vgl. Abschnitt 5.2.1.1.

[5]) Die maximale hierarchische Entfernung ergibt sich innerhalb der Distributionsstruktur durch die Addition der Distanzen zu dem entlegensten Lager entlang des hierarchischen Warenflusses.

sind. Der grundsätzliche Zusammenhang, dass umso mehr Kosten für Eilbestellungen anfallen, je intensiver sie in Anspruch genommen werden, bleibt auf diese Weise erhalten.

c) Lagerhaltungskosten

In der vorliegenden Untersuchung wird bezüglich des Lagerkostensatzes lediglich auf den üblicherweise bestehenden Grundzusammenhang abgestellt, dass sich die Lagerhaltungskosten proportional zur Höhe und Lagerdauer der Bestände entwickeln. Unterstellt man eine durchschnittlich konstante Kapitalbindung, muss der ohnehin schwer quantifizierbare Kapitalzins nicht explizit in der Dispositionsentscheidung berücksichtigt werden.[1] Die Kapitalbindungskosten fließen dann in den Lagerkostensatz ein und werden auf diese Art bei den Dispositionsentscheidungen berücksichtigt. In der Simulationsumgebung kann dabei für jedes Lager ein gesonderter Lagerkostensatz[2] angegeben werden.[3] Die Lagerhaltungskosten fallen dann für jedes gelagerte Produkt pro Lagerperiode in Abhängigkeit von dem jeweiligen Lagerkostensatz an.[4] Insgesamt fallen die resultierenden Lagerhaltungkosten somit umso höher aus, je mehr Warenbestände bevorratet werden und je länger sie auf Lager liegen.

---

[1]) Lässt man den Kapitalbindungszins außer Acht, so unterstellt man implizit einen vollkommenen Kapitalmarkt. Vgl. hierzu Rieper, Bernd: /Bestellmengenrechnung/ 1230. Es wäre jedoch auch ohne weiteres möglich, die Simulationsumgebung so zu modifizieren, dass die Kapitalbindungskosten konkret in das Entscheidungskalkül einbezogen würden. Für die Zwecke der Untersuchung bringt dies allerdings keinen besonderen Erkenntniswert. Zudem ergäbe sich dann das Problem, dass das vorgestellte Dispositionsverfahren im Rahmen der Simulationsstudie nicht mehr ohne weiteres mit den in der Praxis gebräuchlichen Verfahren verglichen werden könnte.

[2]) Da für jedes Lager ein spezifischer Lagerkostensatz vorgesehen ist, sind die Lagerkostensätze zusammen mit den Daten über die Distributionsstruktur erfasst. Vgl. Abschnitt 5.2.1.4.

[3]) Für die Zwecke der Simulationsstudie wird unterstellt, dass auf jeder Lagerstufe ein anderer Lagerkostensatz gilt. Es wird davon ausgegangen, dass in den höheren Lagerstufen niedrigere Lagerhaltungskosten anfallen als auf den tiefer gelegenen Lagerebenen. Innerhalb einer Lagerstufe gilt dabei jeweils der gleiche Lagerkostensatz.

[4]) In der Simulationsstudie fallen die Lagerhaltungskosten je angefangene Periode und pro durchschnittlich gelagerter Volumeneinheit an. Dies unterstellt einen funktionalen Zusammenhang zwischen der beanspruchten Lagerkapazität und den verursachten Lagerhaltungskosten sowie ein positives Wert-Volumenverhältnis der gelagerten Produkte. Es wäre ebensogut möglich, einen funktionalen Zusammenhang zwischen dem Wert der gelagerten Waren und den Lagerhaltungskosten herzustellen oder eine Kombination beider Beziehungen zu unterstellen.

d) Transportkosten

Für die Zwecke der vorliegenden Untersuchung wird unterstellt, dass Querlieferungen zwischen beliebigen Lagern ebenso wie unausgelastete Transporte entlang der hierarchischen Distributionsstruktur durch Logistik-Dienstleister erbracht werden und dass hierfür nur variable Kostenelemente anfallen. Die übrigen Transportleistungen werden über eine Transportvariante abgewickelt, für die sowohl fixe Kosten je Transport als auch variable Kostenanteile in Abhängigkeit vom Umfang der Transportmenge und der zu überbrückenden Entfernung anfallen.[1] Konkret unterstützt die Simulationsumgebung also zwei verschiedene Transportmodi. Die eine Variante verursacht nur variable Kosten[2] und besitzt keine Kapazitätsgrenze. Die andere Transportvariante hat dagegen eine Kapazitätsgrenze. Sie rechnet jedem Transport einen Fixkostenanteil zu und berücksichtigt für jede transportierte Produktart einen mengenunabhängigen Kostensatz je Transportposition.[3] Dafür wird für die kapazitierte Transportvariante jedoch ein günstigerer variabler Kostenanteil[4] zugrunde gelegt. Für beide Varianten gilt, dass die jeweiligen variablen Kostenelemente pro transportierte Volumeneinheit und zurückgelegter Entfernungseinheit anfallen. Das Volumen ergibt sich dabei aus der Summe der Volumina einer jeden Transportposition, welche sich wiederum aus dem in den Produktdaten gespeicherten spezifischen Produktvolumen multipliziert mit der in der jeweiligen Transportposition transportierten Menge ergeben. Die zurückzulegende Entfernung resultiert schließlich aus den zusammen mit der Distributionsstruktur gespeicherten Distanzen zwischen den jeweiligen Lagern.[5] Für beide Transportvarianten gilt somit, dass sie umso höhere Kosten verursachen, je mehr oder je

---

[1]) Man könnte die Einbeziehung der Transportkosten unterlassen, wenn man argumentiert, dass alle Artikel irgendwann einmal durch alle Lagerstufen transportiert werden müssen. Dies impliziert jedoch, dass die fixen Kostenbestandteile im Verhältnis zum variablen Teil der Transportkosten als vernachlässigbar anzusehen sind.

[2]) Für den Transportmodus zu lediglich variablen Kosten wird der Kostensatz für direkte Zustellungen je Volumen- und Entfernungseinheit aus den Rahmendaten zugrunde gelegt, weil man davon ausgehen kann, dass beide Transportleistungen über den gleichen Dienstleister abgewickelt werden.

[3]) Eine Transportposition verkörpert die jeweils zu transportierende Anzahl einer bestimmten Produktart. Der Kostensatz je Position ist in den Rahmendaten vorgegeben und repräsentiert Kostenelemente, die für Transportauslösung der jeweiligen Produktart und Warenhandling anfallen.

[4]) Der variable Kostenbestandteil der kapazitierten Transporte wird je Volumen- und Entfernungseinheit in den Rahmendaten vorgegeben. Dort ist auch der zugehörige fixe Kostenanteil hinterlegt.

[5]) Vgl. Abschnitt 5.2.1.4a).

weiter man etwas transportiert. Die kapazitierte Transportvariante ist dabei ab einem gewissen Auslastungsgrad kostengünstiger als die Transportalternative zu lediglich variablen Kosten.

e) Kosten direkter Zustellungen

Direkte Zustellungen[1] stellen den Versand der Waren zum Endabnehmer dar. Sie bieten sich an, wenn in einem Endbedarfslager Fehlmengen aufgetreten, in einem anderen Lager aber noch ausreichende Bestände des betroffenen Produkts verfügbar sind. Für die Erbringung der nötigen Transportleistung bietet sich die Einschaltung eines Logistik-Dienstleisters an. Deshalb fallen in der Simulationsumgebung für direkte Zustellungen zum Endabnehmer nur variable Kosten in Abhängigkeit von der Entfernung zwischen Versandlager und Nachfrage-Entstehungsort sowie in Abhängigkeit von dem Volumen der Sendung an. Dabei wird der in den Rahmendaten[2] vorgegebene Kostenwert für direkte Zustellungen zugrunde gelegt. Somit fallen für die direkte Zustellungen eines Produkts umso höhere Kosten an, je mehr und je weiter etwas zu transportieren ist.

5.2.1.3 Produktdaten

Das Simulationssystem erfasst mit den Produktdaten die für die Disposition relevanten Produktcharakteristika. Die Produktdaten sind in einer eigenen Datei abgespeichert und können sowohl aus einem fremden Datenbestand importiert als auch mit Hilfe des Datengenerators interaktiv erzeugt werden.[3] Die Simulationsumgebung erlaubt die Berücksichtigung beliebig vieler Produkte verschiedener Lieferanten. Deshalb sind die

---

[1]) Da hier nur die Kostenseite von Interesse ist, findet sich eine ausführlichere Darstellung der direkten Zustellungen in Abschnitt 5.2.2.4.

[2]) Vgl. Abschnitt 5.2.1.1.

[3]) Der Datengenerator benötigt zur Erzeugung der Produktdaten lediglich Angaben über die gewünschte Anzahl der Hersteller bzw. Zulieferer sowie über die maximale Anzahl der Produkte, die einem Lieferanten zuzuordnen sind.

Produkte sowohl fortlaufend als auch lieferantenspezifisch durchnummeriert, was zugleich eine Nummerierung der Lieferanten erfordert.[1] Neben diesen identifizierenden Merkmalen sind in den Produktdaten auch die für die Disposition ausschlaggebenden produktspezifischen Eigenschaften wie Lieferzeit, Volumen oder Preis hinterlegt. Außerdem beinhalten die Produktdaten noch einen Rabattindex, der angibt, welche Rabattformen[2] für ein Produkt im Rahmen der Bestellentscheidung zu berücksichtigen sind. Im Einzelnen setzen sich die Produktdaten aus folgenden Größen zusammen:

Produktnummer: Die Produktnummern dienen der Identifikation jeden Produktes und werden aufsteigend (beginnend mit Eins) für alle Produkte vergeben. Die höchste Produktnummer gibt daher die Anzahl der in einem Simulationslauf berücksichtigten Produkte an.

Lieferantennummer: Die Lieferantennummern werden aufsteigend (beginnend mit Eins) für alle Zulieferer vergeben. Die höchste Lieferantennummer gibt daher die Anzahl der Zulieferer an. Diese Zahl wird vom Datengenerator bei Erstellung der Produktdaten vom Benutzer erfragt.

Lieferantenspezifische Produktnummer: Die lieferantenspezifische Produktnummer nummeriert die Produkte eines Zulieferers durch (beginnend mit Eins). Die höchste Produktnummer eines Lieferanten gibt daher die Anzahl der verschiedenen Produkte an, die von diesem Lieferanten bezogen werden können. Die maximale Anzahl der Produkte, die durch den Datengenerator einem Lieferanten zugeordnet werden soll, wird bei Erstellung der Produktdaten vom Benutzer erfragt. Mittels Gleichverteilung wird dann jedem Zulieferer eine zufällige Anzahl von Produkten bis zur Maximalgrenze zugeordnet.

Lieferzeit: Die Lieferzeit wird durch den Datengenerator mittels Gleichverteilung zufällig ermittelt. Sie liegt zwischen einschließlich einer Periode und der maximalen Lieferzeit, welche dem System in den Rahmendaten[3] vorgegeben wird. (Eine Lieferzeit von einer Periode bedeutet, dass eine zum Ende einer

---

[1]) Die lieferantenspezifische Zuordnung ist im Rahmen von Bestellungen sowohl für die Zurechnung bestellfixer Kosten als auch für die Ausnutzung von Verbundrabatten von Bedeutung. Vgl. auch Abschnitt 4.3.4.1.

[2]) In der Simulationsumgebung werden gestaffelte Mengenrabatte und Verbundrabatte berücksichtigt.

[3]) Vgl. Abschnitt 5.2.1.1.

Periode getätigte Bestellung bereits zu Beginn der nächsten Periode angeliefert wird.)[1]

Preis: Die Preise für die Produkte werden vom Datengenerator so festgesetzt, dass höhere Preise seltener vorkommen. Aus Vereinfachungsgründen liegt die Spannweite zwischen einschließlich einer und eintausend Geldeinheiten.

Volumen: Das Volumen wird vom Datengenerator mittels Gleichverteilung zufällig ermittelt. Es liegt zwischen einschließlich einer Volumeneinheit und dem maximalen Produktvolumen, welches dem Datengenerator in den Rahmendaten vorgegeben wird.[2]

Rabattindex: Der Rabattindex wird durch den Datengenerator gleichverteilt zwischen einschließlich Null und Drei vergeben. Der Rabattindex steht stellvertretend für unterschiedliche Rabattformen.[3] Die Indizes haben folgende Bedeutung:

0: Für das Produkt wird keinerlei Rabatt gewährt

1: Für das Produkt wird ausschließlich Mengenrabatt gewährt. Dieser Mengenrabatt ist gestaffelt und für alle Produkte in gleicher Weise in den Rahmendaten vorgegeben.[4]

2: Für das Produkt wird ausschließlich ein Verbundrabatt gewährt. Das bedeutet, dass ein Zulieferer diesen Rabatt nur dann gewährt, wenn bei ihm in einer Bestellung mindestens zwei verschiedene verbundrabattfähige Produkte gemeinsam bestellt werden. Der Rabatt bemisst sich dabei je bestellter verbundrabattfähiger Produktart an dem in den Rahmendaten unabhängig von der bestellten Menge vorgegebenen Prozentsatz und den Produktpreisen.

3: Für das Produkt wird sowohl Mengen- als auch Verbund-Rabatt gewährt.

---

[1]) Die Lieferzeiten werden in der Simulationsumgebung als deterministische Größe behandelt. In der Praxis setzt dies einen Informationsverbund mit den Lieferanten voraus, der dafür sorgt, dass dem disponierenden Unternehmen die aktuellen Lieferzeiten rechtzeitig bekannt sind.

[2]) Das Produktvolumen wird vor allem für die Berechnung der Kapazitätsinanspruchnahme herangezogen.

[3]) Da die Simulationsumgebung lediglich entscheidungsrelevante Kosten bzw. Einsparungen betrachtet, sind Rabatte in Form von Nachlässen auf den Listenpreis nicht gesondert erfasst. Somit wird unterstellt, dass diese Rabatte bereits in den Produktpreisen Berücksichtigung finden.

[4]) So kann zum Beispiel bei einer Bestellung von gleichzeitig 10 Produkten ein zusätzlicher Rabatt von 5%, ab 50 Stück 10% und ab 100 Stück 15% auf die insgesamt georderte Menge eingeräumt werden.

5.2.1.4 Darstellung der Distributionskanäle

Zur Darstellung der Distributionskanäle sind durch das Simulationssystem sowohl die jeweils zugrunde gelegte Distributionsstruktur als auch die Spezifika der einzelnen Lager zu erfassen. Die Distributionsstruktur bildet die hierarchische Untergliederung sowie die räumliche Verteilung der Lager ab. Die lagerspezifischen Angaben beziehen sich hingegen auf die Kapazitätsrestriktionen und Lagerkostensätze jedes einzelnen Lagers. Bezüglich der Kapazitätsrestriktionen sind grundsätzlich zwei Lagerarten zu unterscheiden. In den Endbedarfslagern werden die Lagerkapazitäten sinnvollerweise je Produktart separat vorgegeben, da dort meist ein fester und begrenzter Stauraum für die einzelnen Produkte des Sortiments vorgesehen ist.[1] Für die Wareneingangs- und Regionallager wird demgegenüber eine chaotische Lagerhaltung angenommen, so dass alle distribuierten Produkte um eine gemeinsame Kapazitätsrestriktion konkurrieren.[2] Der Datengenerator erzeugt die benötigten distributionskanalspezifischen Daten, nachdem er die Eigenschaften der Distributionskanäle interaktiv erfasst hat und speichert die generierten Daten schließlich in einer separaten Datei. Der Aufbau dieser Daten wird in den folgenden Abschnitten näher erläutert. Zunächst wird aufgezeigt, wie die Distributionsstruktur innerhalb der Simulationsumgebung repräsentiert ist. Im Weiteren wird dann darauf eingegangen, auf welche Weise die Wareneingangs- bzw. Regionallager sowie die Endbedarfslager dargestellt werden.

---

[1]) Auf den höheren Ebenen werden durch den Datengenerator ausschließlich Lager mit einer für alle Produkte gemeinsam geltenden Kapazitätsrestriktion eingerichtet.

[2]) Wünscht der Benutzer auf der letzten Stufe einige Endbedarfslager die über einen zusätzlichen chaotisch zu nutzenden Lagerraum verfügen, so ist dies in der Simulationsumgebung dadurch zu erreichen, dass man eine den Endbedarfslagern unmittelbar vorgelagerte zusätzliche Stufe einführt und die Entfernung zu den Endbedarfslagern auf Null setzt.

a) Distributionsstruktur

Die Struktur der Distributionskanäle spiegelt die geographische Anordnung der einzelnen Lager inklusive der verknüpfenden Warentransferrelationen wider.[1] In den Daten über die Distributionsstruktur sind alle Lager zum Zweck ihrer Identifikation durchnummeriert. Die Einordnung der Lager in die vertikale Struktur geschieht durch Zuweisung der jeweiligen Lagerstufe. Die horizontale Struktur wird mittels einer stufenspezifischen Lagernummerierung verkörpert. Dadurch, dass jedem Lager ein Vorgängerlager zugeordnet wird,[2] ist zudem die hierarchische Untergliederung des Distributionssystems repräsentiert. Sie beschreibt die Warentransferrelationen, auf denen die Waren üblicherweise zwischen den einzelnen Lagern fließen. Die dabei zu überbrückenden Entfernungen sind schließlich in einer Tabelle erfasst, die darüber hinaus auch Informationen über die Entfernungen zwischen allen übrigen Lagern des Distributionssystems beinhaltet. Insgesamt setzen sich die Angaben über die Distributionsstruktur aus folgenden Daten zusammen:

Lagernummer: Die Lagernummern werden aufsteigend (beginnend mit 1) für alle Lager vergeben. Die höchste Lagernummer gibt daher die Anzahl der Lager des betrachteten Distributionssystems an.

Lagerstufe: Die Lagerstufe eines Lagers wird vom Benutzer erfragt, wenn dieser ein neues Lagersystem mit Hilfe des Datengenerators anlegen möchte. Die Wareneingangslager, welche normalerweise von den Lieferanten beliefert werden, sind auf Stufe Eins anzusiedeln. Ein Lagersystem kann dann beliebig viele weitere Stufen aufweisen, die aufsteigend zu nummerieren sind.

Laufende Lagernummer je Stufe: Die Lager einer Stufe werden ab Eins aufsteigend durchnummeriert. Die höchste laufende Lagernummer je Stufe gibt daher die Anzahl der Lager auf dieser Stufe an.

Lagernummer des Vorgängerlagers: Die Lagernummer des Vorgängers wird vom Benutzer erfragt, wenn dieser ein neues Lagersystem mit Hilfe des Datengenerators

---

[1]) Vgl. auch Abschnitt 2.3.1.

[2]) Den auf der obersten Stufe angesiedelten Wareneingangslagern kann streng genommen kein Vorgängerlager zugeordnet werden. Zur Vereinfachung der algorithmischen Handhabung wird diesen Lagern im Simulationssystem jedoch ein virtuelles Nullager als Vorgänger zugeordnet.

anlegen möchte. Dabei ist jedem Lager die Lagernummer seines Vorgängers zuzuordnen. Den Wareneingangslagern ist die Vorgängernummer Null zuzuordnen (virtuelles Nulllager). Es darf stets nur einen Vorgänger geben. Dies gewährleistet den hierarchischen Aufbau des Lagersystems und erlaubt, dass ein Lager mehrere Nachfolger haben kann, solange es nicht auf der untersten Stufe (Endbedarfslagerebene) angesiedelt ist. Die Verbindung zwischen einem Lager und dessen Vorgänger darf durchaus mehrere Stufen überspringen.

Entfernungen: Die Entfernungen zwischen den Lagern werden vom Benutzer für alle möglichen Warentransferrelationen erfragt, wenn dieser ein neues Lagersystem mit Hilfe des Datengenerators anlegen möchte. Sie dienen der Simulationsumgebung als Indikator für die räumliche und zeitliche Entfernung.[1]

b) Wareneingangs- und Regionallager

Die Wareneingangs- und Regionallager zeichnen sich innerhalb des Simulationssystems dadurch aus, dass für beide Lagerarten eine chaotische Lagerhaltung unterstellt wird und somit nur eine gemeinsame Kapazitätsrestriktion für die gelagerten Produkte existiert. Bezüglich ihrer datentechnischen Repräsentation unterscheiden sie sich lediglich auf Grund ihrer Lage in der vertikalen Distributionsstruktur. So finden sich auf der obersten Stufe stets nur Wareneingangslager, durch welche die Warenflüsse üblicherweise in das Distributionssystem eintreten. Die Regionallager sind dagegen auf den Zwischenstufen des Distributionssystems angesiedelt, während die unterste Ebene den Endbedarfslagern vorbehalten bleibt. Deshalb sind im Simulationssystem für die Darstellung eines Wareneingangslagers wie auch eines Regionallagers lediglich deren Kapazitätsrestriktion und der jeweils geltende Lagerkostensatz anzugeben. Ein Wareneingangs- oder Regionallager wird im Simulationssystem daher durch folgende Größen definiert:

Gesamtvolumenrestriktion: Die Gesamtvolumenrestriktion eines Wareneingangs- bzw. Regionallagers gibt an, wie viele Volumeneinheiten in diesem Lager maximal

---

[1]) Konkret bedeutet dies, dass ein Zusammenhang zwischen den räumlichen Distanzen und der zur Überwindung dieser Distanzen erforderlichen Zeitdauer unterstellt wird. In der Simulationsumgebung ergeben sich deshalb sowohl die Kosten für den Transport zwischen den einzelnen Lagern als auch die Transportzeiten aus den deterministischen Entfernungswerten.

untergebracht werden können. Der Datengenerator unterstellt bei seiner Berechnung der Kapazitätsrestriktion eine funktionale Beziehung zu dem Lagervolumen der nachfolgenden Lager. Für die den Endbedarfslagern vorangehende Stufe wird das durchschnittliche Lagervolumen der Endbedarfslager berechnet und jedem Regionallager auf dieser Stufe eine Gesamtlagerrestriktion in Höhe des gesamten durchschnittlichen Lagerraumes seiner nachfolgenden Endbedarfslager zugeteilt. Die höher liegenden Lager erhalten eine Lagerkapazität, die der Summe der Lagerkapazitäten der ihnen nachfolgenden Lager entspricht.[1]

Lagerkostensatz: Die Lagerkosten je Volumeneinheit geben den Kostenfaktor in zehntel Geldeinheiten an, der jede Periode pro gelagerte Volumeneinheit anfällt. Der Datengenerator unterstellt mit höherem Stufenindex auch höhere Lagerkosten und setzt den Kostenfaktor für jedes Lager gleich seiner Stufennummer.[2]

c) Endbedarfslager

Die Endbedarfslager sind im Simulationssystem nur für die unterste Stufe der Distributionskanäle vorgesehen. Da sie die primäre Schnittstelle zu den Abnehmern bilden, resultiert das gesamte Bedarfsaufkommen innerhalb des Distributionssystems aus der Nachfrage, die in den Endbedarfslagern auftritt. Von den Wareneingangs- und Regionallagern unterscheiden sich die Endbedarfslager eigentlich nur durch die Form der berücksichtigten Kapazitätsrestriktionen. Da davon ausgegangen wird, dass in den Verkaufsfilialen in der Regel ein gegebener Stauraum für die einzelnen Produkte existiert, wird in den Endbedarfslagern nicht eine Kapazitätsschranke für alle Produkte gemeinsam bestimmt, sondern es wird für jede einzelne Produktart eine eigene Lagerkapazitätrestriktion vor-

---

[1]) Das Problem der Dimensionierung der Lager ist nicht Gegenstand der vorliegenden Untersuchung. Deshalb können die Kapazitätsrestriktionen auch manuell abgeändert werden. Für die Zwecke der Simulationsstudie ist lediglich von Bedeutung, dass eine fiktive Kapazitätsrestriktion existiert, mit deren Hilfe die Güte eines Dispositionsverfahrens im Vergleich zu anderen Dispositionsverfahren beurteilt werden kann. Ansonsten ist im Rahmen dieser Arbeit davon auszugehen, dass die Kapazitäten der Lager ausreichen, um die Warenströme aufzunehmen oder durch zusätzlich anzumietende Lagerräume beliebig erweitert werden können. Die Vor- und Nachteile des Fremdbezugs von Lagerleistungen sind unter anderem dargestellt bei Stock, James R.; Lambert, Douglas M.: /Strategic Logistics Management/ 270-275 und 305.

[2]) Auch der Lagerkostensatz kann manuell beliebig abgeändert werden.

gegeben. Für die datentechnische Handhabung bedeutet dies, dass der Datengenerator bei Erstellung der Endbedarfslager auf die Produktdaten zurückgreifen muss, damit in jedem dieser Lager für alle Produkte spezifische Stauraumkapazitäten generiert werden können. Konkret sind die Endbedarfslager in der Simulationsumgebung durch folgende Angaben repräsentiert:

Lagerkapazitätsrestriktion je Produkt: Jedes Endbedarfslager hat für jedes Produkt eine eigene Restriktion bezüglich des Lagervolumens. Diese Kapazitätsrestriktionen werden vom Datengenerator gleichverteilt per Zufall so bestimmt, dass sie auf jeden Fall kleiner ausfallen als die in den Rahmendaten[1] vorgegebene maximale Produktvolumenrestriktion, mindestens aber die Lagerung zweier Produkte erlauben.[2] Die so bestimmte Volumenrestriktion lautet stets auf ganzzahlige Vielfache des jeweiligen Produktvolumens.[3]

Lagerkostensatz: Die Lagerkosten je Volumeneinheit geben die Kosten in zehntel Geldeinheiten an, die jede Periode pro gelagerte Volumeneinheit anfallen. Der Datengenerator unterstellt mit höherem Stufenindex auch höhere Lagerkosten und setzt diesen Kostenfaktor für jedes Endbedarfslager entsprechend seiner Stufennummer.[4]

1) Vgl. Abschnitt 5.2.1.1.

2) Zur Zuweisung des Stauraumes zu den einzelnen Produktarten vgl. auch Ohlott, Herbert: /Spacemanagement/ .

3) Den produktspezifisch erstellten Kapazitätsrestriktionen der Endbedarfslager kommt die gleiche Funktion wie den Kapazitätsrestriktionen der anderen Lager zu. Sie können deshalb ebenso manuell abgeändert werden.

4) Der Lagerkostensatz kann ebenso wie bei den anderen Lagerarten manuell beliebig abgeändert werden.

5.2.1.5 Nachfragedaten

Die Nachfragedaten stellen unter den exogenen Parametern des Simulationssystems die einzige zeitdynamische Komponente dar. Während die vorweg beschriebenen Parameter innerhalb eines Simulationslaufes über alle Perioden konstant bleiben, liegen die Nachfragedaten für jede Periode vor. Auf diese Weise ist es möglich, in der Simulationsumgebung instationäre Nachfrageverläufe zu simulieren.[1] Dabei kann das Nachfrageaufkommen im zeitlichen Ablauf grundsätzlich gleichmäßig, trendförmig, saisonal oder unregelmäßig verlaufen.[2] Da sich ein unregelmäßiger Nachfrageverlauf ohne erkennbare Gesetzmäßigkeit verhält, stellt er von den genannten Verlaufsformen die höchsten Anforderungen an ein Dispositionsverfahren. Aus diesem Grund weisen die durch den Datengenerator erzeugten und in der vorliegenden Untersuchung unterstellten Nachfragedaten solche unregelmäßigen Verläufe auf.[3] Für die Zwecke der Simulationsstudie schließt dies aus, dass beim Vergleich unterschiedlicher Dispositionsverfahren die Ergebnisse verfälscht würden, weil ein Verfahren auf Grund zufällig günstiger Datenkonstellationen plötzlich besonders gute Ergebnisse liefert.

Da in der vorliegenden Untersuchung der dynamische Mehrprodukt-Fall betrachtet wird, sind die Nachfragedaten nicht nur für alle Produkte eines jeden Endbedarfslagers, sondern auch für jede Periode innerhalb des Simulationshorizontes aufzustellen.[4] Im Rahmen der Simulationsstudie wird dabei unterstellt, dass die Nachfragedaten über den Entscheidungshorizont fest vorgegeben sind und untereinander eine zeitliche und örtliche Unabhängigkeit aufweisen. Um in der Simulationsumgebung möglichst reale Bedingungen zu erreichen, sind in den Nachfragedaten des Simulationssystems sowohl Prognosen als

---

[1]) Vgl. hierzu auch Abschnitt 3.

[2]) Zu den verschiedenen Nachfrageverläufen vgl. unter anderem Baumgarten, Helmut u.a.: /Vorratshaltung/ 113-116; Brink, Alfred: /Lager- und Bestellmengenplanung/ 29; Schulte, Christof: /Logistik/ 217-219.

[3]) Die Nachfragedaten können natürlich auch extern in anderer Form vorgegeben werden.
Der unregelmäßige Nachfrageverlauf wird durch den Datengenerator mit Hilfe einer Gleichverteilung erzeugt. Gleichverteilte Nachfragedaten verwenden auch andere Autoren in ihren Simulationsuntersuchungen. Vgl. beispielsweise Schneeweiß, Christoph; Alscher, Jürgen: /Disposition/ 493.

[4]) Hierbei ist es erforderlich, dass die Nachfragedaten mit dem Simulationshorizont, den Produktdaten und den Lagersystemdaten harmonieren.

auch davon abweichende tatsächliche Nachfrageverläufe berücksichtigt. Wie die prognostizierten und tatsächlichen Nachfrageaufkommen in der Simulationsumgebung konkret repräsentiert werden, wird im Folgenden näher erläutert.

a) Prognostizierte Nachfrage

Die prognostizitierte Nachfrage beschreibt denjenigen Bedarf, der in einem Endbedarfslager in einer bestimmten Periode für ein Produkt zu erwarten ist und somit ausschlaggebend für die Bedarfsbestimmung[1] ist. Die Güte einer Prognose bemisst sich an der Abweichung zwischen prognostizierter und tatsächlich auftretender Nachfrage. Für die Zwecke der Simulationsuntersuchung kann diese Abweichung und damit das Ausmaß der in der Simulation berücksichtigten Nachfrageunsicherheit vorgegeben werden. In den Rahmendaten[2] wird dazu eigens die Prognoseabweichung zwischen tatsächlichem und prognostiziertem Nachfrageverlauf angegeben.[3] Sie beschreibt, um wie viel Prozent die Prognosen maximal von den tatsächlichen Verkaufzahlen abweichen dürfen, wenn der Datengenerator neue Nachfragedaten anlegt und in einer eigenen Datei speichert. Die eigentliche Abweichung wird dabei per Zufall gleichverteilt innerhalb der resultierenden Bandbreiten ermittelt und entsprechend berücksichtigt.[4] In der Simulationsumgebung ist die Nachfrageprognose in folgender Form implementiert:

Prognosewert: Der Prognosewert spiegelt die prognostizierte Nachfrage für ein Produkt in einem bestimmten Endbedarfslager wider. Er wird durch den Datengenerator für jede Periode erzeugt und liegt sinnvollerweise stets unter der im jeweiligen Lager maximal zu lagernden Stückzahl eines Produktes (abhängig von der Volumenrestriktion für jedes Produkt eines Endbedarfslagers).

---

[1]) Vgl. Abschnitt 4.3.1.

[2]) Vgl. Abschnitt 5.2.1.1.

[3]) In der Realität wäre anzunehmen, dass der Grad der Unsicherheit mit zunehmender zeitlicher Entfernung vom Planungszeitpunkt zunimmt und die Prognosen mit fortschreitender Zeit deshalb noch mehrfach korrigiert würden. Im Rahmen der Simulationsuntersuchung wird jedoch unterstellt, dass die jeweils relevanten Prognosen bereits ausreichend korrigiert wurden und somit über den für die Dispositionsplanung erforderlichen Entscheidungshorizont unveränderlich bleiben.

[4]) Legt man stattdessen eine Normalverteilung zugrunde, führt dies nicht zu wesentlich anderen Ergebnissen. Vgl. Schneeweiß, Christoph; Alscher, Jürgen: /Disposition/ 500.

b) Tatsächliche Nachfrage

Die tatsächliche Nachfrage beschreibt denjenigen Bedarf, der in einem Endbedarfslager in einer bestimmten Periode für ein Produkt effektiv auftritt und somit ausschlaggebend für die Bestandsrechnung ist. Die Daten der tatsächlichen Nachfrage müssen gleichermaßen wie die Nachfrageprognosen für jedes Endbedarfslager und alle Produkte separat über den gesamten Simulationshorizont generiert werden. Der Datengenerator ermittelt die Abverkaufswerte zusammen mit den Prognosewerten und speichert sie in einer eigenen Datei. Ebenso wie die Prognosewerte können auch die Abverkaufswerte extern vorgegeben oder manuell nachbearbeitet werden. Um für die verschiedenen Endbedarfslager unterschiedliche Sortimente simulieren zu können, ist es möglich, manuell die Werte für die prognostizierte Nachfrage und den tatsächlichen Abverkauf produkt- bzw. lagerspezifisch auf Null zu setzen.[1] Konkret stellt sich die tatsächliche Nachfrage in der Simulationsumgebung wie folgt dar:

Abverkaufswert: Der Abverkaufswert gibt die tatsächliche Nachfrage für ein Produkt in einem bestimmten Endbedarfslager und einer bestimmten Periode an. Er wird durch den Datengenerator festgelegt und weicht in seiner Größenordnung innerhalb der durch die Prognoseabweichung definierten Bandbreite zufällig und gleichverteilt von dem Prognosewert ab.

---

[1]) Es ist auch möglich, das Wiederauftauchen von Produkten im Distributionssystem zu berücksichtigen, wie dies zum Beispiel bei Umtausch oder irrtümlichen Schwundvermutungen der Fall sein kann. Denn solche und ähnliche Vorkommnisse stellen für die Disposition nichts anderes als Planungsunsicherheiten dar, wie sie auch aus der Nachfrageunsicherheit resultieren. Deshalb können derartige Situationen ebenfalls durch manuellen Eingriff in die Nachfragedaten berücksichtigt werden.

5.2.2 Endogene Parameter

Nachdem in den vorangegangenen Abschnitten die exogenen Parameter der Simulationsumgebung erläutert worden sind, werden im Folgenden die endogenen Parameter näher beschrieben. Während die exogenen Parameter jeweils ein bestimmtes Distributionsszenario definieren und innerhalb eines Simulationslaufes fix vorgegeben sind, repräsentieren die endogenen Parameter die zur Verfügung stehenden Aktionsparameter, welche durch ein Dispositionsverfahren beliebig koordiniert werden können und schließlich die resultierenden Daten[1] induzieren. Somit stellen die endogenen Parameter innerhalb der Simulationsläufe variable Handlungsparameter dar, mit deren Hilfe sich alle erforderlichen Warentransferprozesse inszenieren lassen. Neben den für die Distribution üblichen Aktionen, wie Bestellung und Transport, werden in der Simulationsumgebung auch direkte Anlieferungen und Zustellungen berücksichtigt. Obwohl die einzelnen Aktionen als endogene Parameter zu betrachten sind, stellen die ihnen zugrunde liegenden kostenmäßigen Determinanten exogene Parameter dar. Denn die Disposition kann sich zur Koordination der endogenen Parameter zwar an deren monetären Auswirkungen orientieren, auf die Höhe der einzelnen Kostenkomponenten[2] hat sie jedoch keinen direkten Einfluss. Deshalb wurden die einzelnen Kostengrößen der endogenen Parameter bereits zusammen mit den exogen vorgegebenen entscheidungsrelevanten Kostenkomponenten erläutert.[3] In den folgenden Abschnitten steht daher die datenmäßige Repräsentation der einzelnen endogenen Parameter im Vordergrund. In Anlehnung an die Reihenfolge des physischen Warenflusses werden im Folgenden zunächst die Bestellungen und direkten Anlieferungen beschrieben, bevor dann auf die Repräsentation von Transporten und direkten Zustellungen innerhalb der Simulationsumgebung eingegangen wird.

---

[1]) Vgl. Abschnitt 5.2.3.

[2]) Vgl. Abschnitt 5.2.1.2.

[3]) Vgl. Abschnitt 5.2.1.2.

5.2.2.1 Bestellungen

Bestellungen verkörpern in der Simulationsumgebung die externen Beschaffungsvorgänge und können deshalb nur von den Wareneingangslagern ausgelöst werden. Da in der vorliegenden Untersuchung Distributionssysteme des Handels als exemplarische Basis für die Betrachtungen zum Bestandsmanagement in mehrstufigen Distributionskanälen gewählt wurden, wird davon ausgegangen, dass die distribuierten Waren von unterschiedlichen Zulieferern bezogen werden und dass jeder Lieferant in der Regel mehrere Produkte anbietet. In einer Bestellung können daher zwar einige Produkte eines Lieferanten zusammen bestellt werden, die Bestellungen müssen aber für jeden Lieferanten getrennt erfolgen. Die Simulationsumgebung erlaubt es, in jeder Periode beliebig viele Bestellungen einzuplanen. Alle Bestellungen einer Periode werden aufsteigend durchnummeriert und in einer eigenen Datei nach Perioden geordnet gespeichert. Die durch die Bestellvorgänge verursachten entscheidungsrelevanten Kosten werden als resultierende Daten erfasst und separat gespeichert.[1] Das Simulationssystem zeichnet folgende Bestelldaten je Bestellung auf:

Anzahl der Bestellpositionen: Die Anzahl der Bestellpositionen gibt an, wie viele verschiedene Produkte in einer Bestellung geordert werden.

Produktnummer: Die Produktnummer identifiziert für jede Position einer Bestellung das zugehörige Produkt. Da eine Bestellung mehrere Bestellpositionen erlaubt, ist sicherzustellen, dass die bestellten Produkte auch alle von demselben Lieferanten stammen.

Bestellmenge: Die Bestellmenge gibt für jede Position einer Bestellung die georderte Menge des jeweiligen Produktes an. Sie ist ausschlaggebend für die Erzielung eines eventuell vereinbarten Stufenrabattes.

Anlieferlager: Das Anlieferlager bezeichnet die Lagernummer, in der die Produkte bei Lieferung einzulagern sind. Dabei muss es sich sinnvollerweise um ein Wareneingangslager handeln.

---

[1]) Vgl. Abschnitt 5.2.3.2.

Lieferzeit: Die Lieferzeit in Perioden ergibt sich aus den in den Produktdaten angegebenen Lieferzeiten.[1] Wenn mehrere Produkte zusammen bestellt werden, wird die Lieferzeit des Produktes mit der längsten Lieferzeit für alle zu liefernden Produkte zugrunde gelegt. Bestellungen, deren Lieferzeit den Simulationshorizont überschreiten würden, werden durch das Simulationssystem storniert.

5.2.2.2 Direkte Anlieferungen

Direkte Anlieferungen ermöglichen es in der Simulationsumgebung, Eilbestellungen abzubilden und stellen deshalb ebenso wie die vorweg beschriebenen Bestellungen externe Beschaffungsvorgänge dar. Eine direkte Anlieferung kann aber zu jedem beliebigen Lager des Distributionssystems angeliefert werden und verkürzt den Beschaffungsvorgang daher um die internen Transportzeiten zwischen den jeweiligen Lagern. Pro direkter Anlieferung wird jedoch nur eine Produktart berücksichtigt. Die Simulationsumgebung erlaubt es, in jeder Periode beliebig viele direkte Anlieferungen einzuplanen. Innerhalb einer Periode werden sie aufsteigend durchnummeriert und in einer eigenen Datei nach Perioden geordnet gespeichert. Die verursachten entscheidungsrelevanten Kosten werden als resultierende Daten erfasst und separat gespeichert.[2] Das Simulationssystem zeichnet die Daten der direkten Anlieferungen in folgender Form auf:

Produktnummer: Die Produktnummer identifiziert für jede direkte Anlieferung das zugehörige Produkt.

Menge: Die Menge gibt für jede direkte Anlieferung die bestellte Menge des jeweiligen Produktes an.

Anlieferlager: Das Anlieferlager bezeichnet die Nummer des Lagers, in welches das Produkt bei direkter Anlieferung einzulagern ist.

---

[1]) Vgl. Abschnitt 5.2.1.3.

[2]) Vgl. Abschnitt 5.2.3.2.

Lieferzeit: Die Lieferzeit in Perioden ergibt sich aus den in den Produktdaten angegebenen Lieferzeiten.[1] Direkte Anlieferungen, die den Simulationshorizont überschreiten, werden storniert.

5.2.2.3 Transporte

Transporte bewältigen die internen Warentransferprozesse zwischen den einzelnen Lagern und fließen für gewöhnlich entlang der hierarchischen Untergliederung oder als Querlieferung zwischen beliebigen Lagern des Distributionssystems. Die Simulationsumgebung berücksichtigt zwei verschiedene Transportvarianten. Sie unterscheiden sich hinsichtlich der anfallenden Kosten und der Kapazitätsbeschränkung. So weist die eine Transportvariante keine Kapazitätsbeschränkung auf und verursacht ausschließlich variable Kosten zu einem allerdings erhöhten Kostensatz.[2] Die andere Variante weist dagegen eine Kapazitätsbeschränkung in Form eines in den Rahmendaten[3] vorgegebenen maximalen Transportvolumens auf und bringt sowohl fixe als auch (niedrigere) variable Kostenanteile mit sich. Diese Transporte werden als Einzelbelieferung[4] abgewickelt. Beide Varianten gestatten den Transport verschiedener Produkte mit einem Transportvorgang und es können beliebig viele Transporte in jeder Periode eingeplant werden.[5] Alle Transporte einer Periode werden aufsteigend durchnummeriert und in einer eigenen Datei nach Perioden geordnet gespeichert. Die durch die Transportprozesse verursachten entscheidungsrelevanten Kosten

---

[1]) Vgl. Abschnitt 5.2.1.3.

[2]) Diese Transportvariante zu lediglich variablen Kosten entspricht dem Einsatz eines Logistik-Dienstleisters, den man zum Transport beliebig vieler Produkte einschalten kann.

[3]) Vgl. Abschnitt 5.2.1.1.

[4]) Unter Einzelbelieferungen oder auch Sterntransporten bzw. Pendeltouren versteht man, dass ein Transportmittel jeweils nur eine Belieferung ausführt und dann zu seinem Ausgangspunkt zurückkehrt. Diese Art der Belieferung ist nur bei voll bzw. annähernd voll ausgelasteten Transporten ökonomisch.

[5]) Hierbei wird unterstellt, dass die Transporte entweder nur mit Spediteuren abgewickelt werden oder dass bei ausgelastetem Fuhrpark noch zusätzliche Spediteure eingeschaltet werden können. Grundsätzlich bestünde auch die Möglichkeit, die Simulationsumgebung dahingehend zu erweitern, dass bei Einschaltung zusätzlicher Spediteure ein höherer Transportkostensatz berücksichtigt würde. Außerdem ließe sich auch eine Tourenplanung ergänzen, wodurch auch eine Tourenbelieferung simuliert werden könnte. Da dies im Hinblick auf die zugrunde liegende Problemstellung jedoch keinen zusätzlichen Erkenntniswert brächte wurde hierauf verzichtet.

werden als resultierende Daten erfasst und separat gespeichert.[1] Das Simulationssystem zeichnet je Transport folgende Daten auf:

Transportart: Die Transportart gibt an, ob es sich um einen Transport zu lediglich variablen Kosten handelt ('v') oder einen kapazitierten Transport mit fixem und variablen Kostenbestandteilen ('f').

Anzahl der Transportpositionen: Die Anzahl der Transportpositionen gibt an, wie viele verschiedene Produkte auf einem Transport befördert werden.

Produktnummer: Die Produktnummer identifiziert für jede Position eines Transportes das zugehörige Produkt.

Transportmenge: Die Transportmenge gibt für jede Position eines Transportes die transportierte Menge des jeweiligen Produktes an.

Versandlager: Das Versandlager bezeichnet die Lagernummer, aus der die Produkte vor dem Transport auszulagern sind. Transporte können nur dann ausgelagert werden, wenn der Bestand dafür ausreicht. Sonst wird lediglich der Restbestand transportiert.

Anlieferlager: Das Anlieferlager bezeichnet die Lagernummer, in der die Produkte nach dem Transport einzulagern sind.

Transportdauer: Die Transportdauer wird in Perioden erfasst und ergibt sich aus den zur Distributionsstruktur gegebenen Entfernungen zwischen den Lagern.[2] Transporte welche den Simulationshorizont überschreiten, werden storniert.

Transportvolumen: Das Transportvolumen ergibt sich aus der Menge der transportierten Produkte und deren Volumen. Für die kapazitierte Transportvariante existiert ein in den Rahmendaten bestimmtes einheitliches maximales Transportvolumen, das nicht überschritten werden darf.

---

[1]) Vgl. Abschnitt 5.2.3.2.

[2]) Vgl. Abschnitt 5.2.1.4a).

5.2.2.4 Direkte Zustellungen

Direkte Zustellungen stellen in der Simulationsumgebung den Versand der Waren zum Endabnehmer dar und bilden deshalb Warentransferprozesse zwischen beliebigen Distributionslagern und den Endabnehmern ab. Sie bieten sich für den Fall an, dass in einem Endbedarfslager Fehlmengen auftreten, in einem anderen Lager aber noch ausreichende Bestände des betroffenen Produkts verfügbar sind und es wirtschaftlich sinnvoll ist, dem Nachfrager die Ware aus dem entsprechenden Lager direkt an seinen Bedarfsort zuzustellen.[1] In jeder direkten Zustellung wird nur eine Produktart berücksichtigt. Die Simulationsumgebung erlaubt es, in jeder Periode beliebig viele direkte Zustellungen einzuplanen. Innerhalb einer Periode werden sie aufsteigend durchnummeriert und in einer eigenen Datei nach Perioden geordnet gespeichert. Die verursachten entscheidungsrelevanten Kosten werden als resultierende Daten erfasst und separat gespeichert.[2] Das Simulationssystem zeichnet die Daten der direkten Zustellungen in folgender Form auf:

Produktnummer: Die Produktnummer identifiziert für jede direkte Zustellung das zugehörige Produkt.

Menge: Die Menge gibt für jede direkte Zustellung die verkaufte Menge des jeweiligen Produktes an.

Versandlager: Das Versandlager bezeichnet die Nummer desjenigen Lagers, aus dem das Produkt bei direkter Zustellung zu versenden ist. Führt das Simulationssystem automatisch direkte Zustellungen durch, so werden in jeder Periode zunächst die nach erfolgtem Verkauf eventuell vorhandenen Fehlbestände ermittelt. Dieser bislang unbefriedigten Nachfrage versucht das System dadurch zu begegnen, dass es der Reihe nach alle nächstgelegenen Lager nach einem ausreichenden Lagerbestand absucht und dieses gegebenenfalls als Versandlager bestimmt.

Initiallager: Als Initiallager wird die Nummer des Lagers gesetzt, in dem die Fehlbestände auftreten, die zur Auslösung eines direkten Zustellvorgangs führen.

---

[1]) Vor jedem Simulationslauf kann festgelegt werden, ob das System automatisch direkte Zustellungen durchführen soll, sobald Fehlbestände auftreten.

[2]) Vgl. Abschnitt 5.2.3.2.

5.2.3 Resultierende Daten

Die resultierenden Daten stellen in der Simulationsumgebung die Ergebnisgrößen dar, die sich durch die Koordination der Warentransferprozesse innerhalb eines Distributionsszenarios einstellen. Während die exogenen Parameter jeweils ein innerhalb eines Simulationslaufes fix vorgegebenes Distributionsszenario definieren und die endogenen Parameter die alternativ zur Verfügung stehenden Aktionsparameter repräsentieren, bilden die resultierenden Daten die Konsequenzen aus dem Einsatz dieser Aktionsparameter innerhalb eines Distributionsszenarios ab. Die resultierenden Daten werden also durch die endogenen Parameter induziert und verkörpern deshalb die Ergebnisse eines Simulationslaufes, die sich nach Anwendung eines bestimmten Dispositionsverfahrens einstellen. Neben den Bestandsgrößen sind dies entsprechend der Zielvorgabe[1] auch die entscheidungsrelevanten monetären Auswirkungen sowie einige Kennzahlen. Nachfolgend werden zunächst die resultierenden Bestände erläutert, bevor dann auf die Kostengrößen und Kennzahlen näher eingegangen wird.

5.2.3.1 Bestände

Die Lagerbestände der einzelnen Produkte resultieren aus den Bedarfsverläufen und den diesbezüglich getroffenen Dispositionsentscheidungen. Dabei kann zwischen geplanten, ungeplanten oder spekulativen Bestandsarten ebenso unterschieden werden wie beispielsweise nach Sicherheitsbeständen oder Saisonbeständen.[2] Im Hinblick auf mehrstufige Distributionskanäle lassen sich zudem noch Entkopplungsbestände als weitere Bestandsart aufführen.[3] Für die Implementierung der Lagerbestandshaltung innerhalb der Simulationsumgebung sind diese Unterscheidungen jedoch nicht von Bedeutung. Lediglich im Zusammenhang mit der Bedarfsbestimmung im Rahmen eines

---

[1]) Vgl. Abschnitt 4.1.

[2]) Vgl. unter anderem Diruf, Günther: /Lagerbestandsplanung und -kontrolle/ 3-7; Stock, James R.; Lambert, Douglas M.: /Strategic Logistics Management/ 403-407.

[3]) Vgl. Silver, Edward A.; Peterson, Rein: /Decision Systems/ 60.

Dispositionsverfahrens ist eine Differenzierung zwischen der Entwicklung des disponiblen und realen Bestandes von Interesse.[1] Für die resultierenden Bestandsdaten ist aber auch diese Unterscheidung nicht relevant. Denn die Bestände dienen nur dazu, die Bestandsentwicklung aller Produkte in jedem Lager des Distributionssystems über den gesamten Simulationshorizont zu dokumentieren und die entscheidungsrelevanten Lagerhaltungskosten[2] sowie weitere Kennzahlen[3] zu berechnen. Das Simulationssystem zeichnet deshalb folgende Bestandsdaten auf:

Insgesamt gelagertes Volumen: Das gesamte gelagerte Volumen wird in jeder Periode für alle Wareneingangs- und Regionallager berechnet. Es dient zur Überwachung der Gesamtvolumenrestriktion, welche in den Daten zur Distributionsstruktur vorgegeben sind. Das gesamte gelagerte Volumen bezieht sich auf den Lagerbestand, der beim Übergang von einer zur nächsten Periode präsent ist.[4]

Lagermenge: Die Lagermenge beziffert für jede Periode und jedes Lager die Bestände aller Produkte beim Übergang von einer zur nächsten Periode.

Zur Durchführung von Simulationsuntersuchungen hinsichtlich der Güte verschiedener Dispositionsverfahren ist es nötig, der Simulationsumgebung in den Bestandsdaten gewisse Initialwerte vorzugeben, damit die Untersuchungsergebnisse nicht auf Grund der Lageranfangsbestände verfälscht werden. Deshalb setzt das Simulationssystem die Anfangsbestände als Initialwerte der Endbedarfslager für die ersten Perioden[5] eines Simulationslaufes so hoch fest, dass sie gerade zur Deckung der Nachfrage ausreichen.

---

[1]) Dabei werden die erwarteten Lagerzu- und -abgänge berücksichtigt. Vgl. hierzu auch Abschnitt 4.3.1.

[2]) Vgl. Abschnitt 5.2.1.2c) und Abschnitt 5.2.3.2.

[3]) Vgl. Abschnitt 5.2.3.2.

[4]) Für die Zwecke der Simulationsuntersuchung wird ohne Rücksicht auf Lagerrestriktionen eingelagert und Überbestände werden bewusst in Kauf genommen. Dies ist aus Gründen der Vergleichbarkeit unterschiedlicher Dispositionsverfahren sinnvoll. Vgl. hierzu auch Abschnitt 5.2.1.4b).
Da in den Endbedarfslagern keine Gesamtvolumenrestriktion existiert, sondern die Lagerkapazitäten für jedes Produkt separat festgelegt sind, muss für die Endbedarfslager folglich auch nicht das insgesamt gelagerte Volumen berechnet werden. Die Lagerauslastung der Endbedarfslager wird deshalb nur intern ermittelt und nicht zusammen mit den Bestandsdaten gespeichert.

[5]) Damit ist der Zeitraum gemeint, in dem auch die letzte Lieferung eines Produktes, die aus einer Bestellung in der ersten Periode resultiert, bis in die jeweiligen Endbedarfslager transportiert sein könnte. Für die Anfangsbestände fallen keine Lagerhaltungskosten an.

Auf diese Art wird vermieden, dass bereits in den Anfangsperioden Fehlbestände entstehen, die durch laufende Entscheidungen gar nicht beeinflussbar gewesen wären.

Die Lagerbestände werden Periode für Periode fortgeschrieben und jeweils beim Periodenübergang aufgezeichnet. Nachdem die Restbestände aus der Vorperiode in die laufende Periode übertragen worden sind, werden sie, wie aus Darstellung 29 ersichtlich, zunächst um die eintreffenden Lieferungen, direkten Anlieferungen und Transporte ergänzt. Die in den Endbedarfslagern gemäß den tatsächlichen Nachfragedaten stattfindenden Verkäufe[1] sind als kontinuierlich über die gesamte Periode verteilt unterstellt und werden entsprechend in den Beständen der Endbedarfslager berücksichtigt. Auf den höher liegenden Lagerstufen werden zum Ende einer Periode dagegen zunächst die Transporte gemäß den durch ein Dispositionsverfahren bestimmten Ordermengen ausgelagert bevor auf der Wareneingangsebene schließlich die Bestellungen veranlasst werden.

- Zu Periodenanfang
  - Wareneingänge aus externen Lieferungen
  - Wareneingänge aus direkten Anlieferungen
  - Wareneingänge aus internen Transporten und Querlieferungen
- Während der Periode
  - kontinuierlicher Abverkauf
- Zu Periodenende
  - Fehlbestandshandling
    - Warenausgänge für direkte Zustellungen
    - Vormerkungen
  - Distributionsprogrammbestimmung
  - Warenausgänge für interne Transporte
  - Bestellungen an externe Lieferanten übermitteln
  - Identifikation und Handling drohender Fehlbestände
    - Warenausgänge für interne Querlieferungen
    - Bestellungen zur direkten Anlieferung an externe Lieferanten übermitteln

Darst. 29 Reihenfolge der bestandsbeeinflussenden Aktionen innerhalb einer Periode

Je nach Konfiguration der Simulationsumgebung sind in den Endbedarfslagern Fehlbestände erlaubt, die gegebenenfalls als negative Bestände geführt werden.[2] Man kann sie als Vormerkungen interpretieren, die in den folgenden Perioden bevorzugt befriedigt werden, falls ihnen nicht durch die ebenfalls konfigurationsabhängig zur

[1]) Vgl. Abschnitt 5.2.1.5b).

[2]) In den Wareneingangs- und Regionallagern sind dagegen keine Fehlbestände erlaubt. Daher können die Bestandswerte dieser Lager keine negativen Werte annehmen.

Verfügung stehenden direkten Zustellungen sofort begegnet werden kann. Es ist grundsätzlich möglich, dass aus den in Darstellung 29 erwähnten bestandsbeeinflussenden Aktionen restriktionsverletzende Überbestände in den einzelnen Lagern resultieren. Derartige Überbestände sind in der Simulationsumgebung zwar durchaus gestattet, werden aber als solche registriert und in den betreffenden Kennzahlen[1] berücksichtigt.

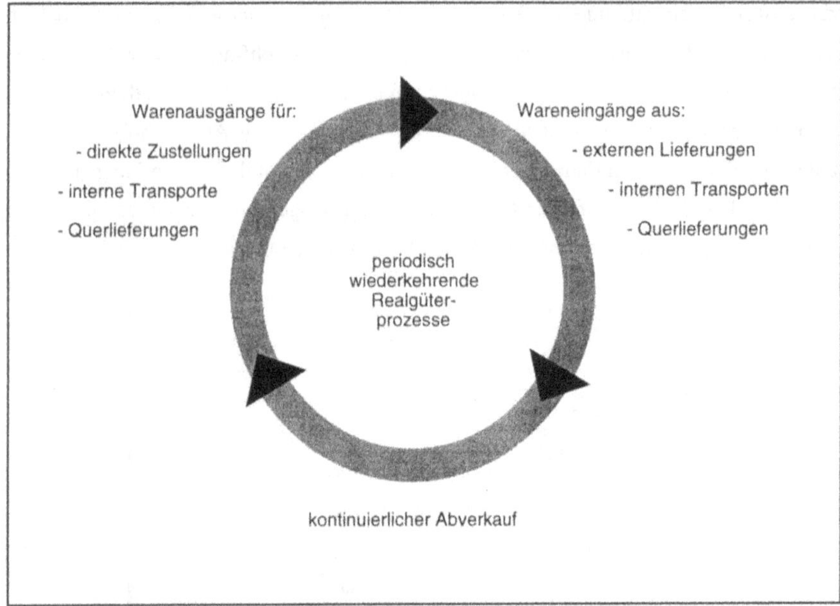

Darst. 30 Bestandsbewegungen in jeder Periode

Die einzelnen bestandsbeeinflussenden Maßnahmen ziehen entsprechende Realgüterprozesse nach sich, die sich über den Simulationshorizont prinzipiell in jeder Periode wiederholen (vgl. Darstellung 30). So finden in einem Distributionssystem zum Beispiel fortwährend Bestandsbewegungen in Form von Wareneingängen aus Lieferungen und Transporten statt, ebenso wie für neue Transporte Warenausgänge zu verbuchen sind, die in Folgeperioden wiederum Wareneingänge nach sich ziehen.

[1]) Vgl. Abschnitt 5.2.3.2.

Die entscheidungsrelevanten Kostenkomponenten, die diese Bestandsbewegungen verursachen, werden durch das Simulationssystem ebenfalls erfasst. Sie stehen zusammen mit einigen Kennzahlen im Mittelpunkt des folgenden Abschnitts.

5.2.3.2 Kostengrößen und Kennzahlen

Die entscheidungsrelevanten Kostenkomponenten wurden bereits unter den exogenen Parametern ausführlich erläutert.[1] Im Rahmen der resultierenden Daten ist lediglich von Interesse, wie das Simulationssystem die einzelnen Kostengrößen aufzeichnet und auswertet. Damit die durch die Disposition insgesamt verursachten entscheidungsrelevanten Kosten nach einem Simulationslauf berechnet werden können, speichert das Simulationssystem für jede Periode die entstandenen Kosten getrennt nach den einzelnen Kostenarten in einer eigenen Datei. Dabei werden die jeweiligen Kostengrößen wie folgt aufgezeichnet:

Transportkosten: Die Transportkosten beinhalten alle Kosten, die für die durchgeführten Querlieferungen und Transporte - gleich welcher Art - während einer Periode innerhalb des Distributionssystems insgesamt angefallen sind.

Lagerhaltungskosten: Die Lagerhaltungskosten setzen sich für jede Periode aus den in den einzelnen Lagern für die bevorrateten Produkte berücksichtigten Kosten der Lagerhaltung zusammen.

Bestellkosten: In den Bestellkosten werden die Kosten für die Auslösung der durch die Wareneingangslager getätigten Bestellungen je Periode summiert.

Direkt-Anlieferungskosten: Die Kosten der direkten Anlieferungen beinhalten alle Kosten, die für die ausgelösten direkten Anlieferungen in einer Periode insgesamt berücksichtigt werden.

Direkt-Zustellungskosten: In den Kosten der direkten Zustellungen werden die für die Durchführung der durch die Endbedarfslager initiierten direkten Zustellungen in einer Periode anfallenden Kosten summiert.

---

[1]) Vgl. Abschnitt 5.2.1.2.

Die Addition dieser Kostengrößen über alle Teilperioden des Simulationshorizonts ergibt schließlich die gesamten entscheidungsrelevanten Kosten. Sie verkörpern diejenigen Kosten, die von einem Dispositionsverfahren in Kauf genommen wurden, damit sämtliche Lagerhaltungs- und Warentransferprozesse in dem jeweils simulierten Distributionsszenario durchgeführt werden konnten. Die Leistungsfähigkeit eines Dispositionsverfahrens ist deshalb umso besser zu bewerten, je niedriger die verursachten entscheidungsrelevanten Kosten bei vergleichbarer Lieferbereitschaft ausfallen. Als Ergebnisgröße sind diese Kosten zusammen mit den Kennzahlen[1] in dem Simulationssystem wie folgt implementiert:

Gesamtkosten: Die Gesamtkosten stellen die Summe der entscheidungsrelevanten Kosten dar. Wie bereits erwähnt, ergeben sie sich aus den Transport-, Lagerhaltungs- und Bestellkosten sowie den Kosten für direkte Anlieferungen und Zustellungen. Sie werden einzeln über alle betrachteten Perioden aufgezeichnet und im Anschluss an die letzte Periode addiert.

Lieferbereitschaft: Die Lieferbereitschaft spiegelt den während eines Simulationslaufes durchschnittlich erzielten Lieferbereitschaftsgrad wider.[2] Diese Größe ist definiert als die in einer Periode sofort befriedigte Nachfrage im Verhältnis zur aufgetretenen Nachfrage und wird als Durchschnitt über alle Perioden, Endbedarfslager und Produkte ermittelt.[3] In Simulationsläufen ohne Berücksichtigung von Vormerkungen bemisst sich die Zahl der unbefriedigten Nachfragen nach den in jeder Periode auftretenden Fehlbeständen. Sind dagegen Vormerkungen zugelassen, werden die Fehlbestände einer Periode als Vormerkung in die nächste Periode übernommen. Wenn man unterstellt, dass diese Vormerkungen in der Folgeperiode bevorzugt bedient werden, bemisst sich der Anteil der unbefriedigten Nachfrage dann lediglich an der in jeder Periode neu hinzukommenden Nachfrage. Auf diese Weise wird vermieden, dass die unbefriedigte Nachfrage aus einer Vorperiode mehrfach gezählt wird.

[1]) Zu anderen möglichen Kennzahlen vgl. stellvertretend für viele: Baumgarten, Helmut u.a.: /Vorratshaltung/ 178-180; Schulte, Christof: /Logistik/ 366-396.

[2]) Vgl. auch Abschnitt 4.1.

[3]) Eine Lieferbereitschaft von 98% bedeutet, dass 98% der Nachfrage sofort (d.h. noch in der jeweils laufenden Periode) befriedigt werden konnte, während 2% unbefriedigt blieb.

Überbestandsanteil: Der Überbestandsanteil gibt die durchschnittliche Überschreitung der Lagerkapazitäten an. Er beschreibt das anteilige Volumen der Überbestände im Verhältnis zum insgesamt zur Verfügung stehenden Lagervolumen. Dazu werden die in den einzelnen Perioden kapazitätsverletzenden Überbestände volumenmäßig erfasst, wobei in den Endbedarfslagern jede einzelne für ein Produkt geltende Lagerkapazitätsrestriktion und in den übergeordneten Lagern die für alle Produkte gemeinsam geltende Kapazitätsrestriktion überwacht werden. Der Überbestandsanteil stellt somit ein Maß für die in den Spitzen auftretenden Verletzungen der Lagerkapazitätsrestriktion dar.[1] Er wird als Durchschnitt über alle Perioden, Lager und Produkte ermittelt.

Lagerauslastung: Die Lagerauslastung setzt das durchschnittliche Volumen der insgesamt gehaltenen Bestände ins Verhältnis zu dem entsprechend der Lagerkapazitäten verfügbaren Lagervolumen. Sie wird als Durchschnitt über alle Perioden, Lager und Produkte ermittelt. Bei dieser Kennzahl kompensieren sich Auslastungsspitzen mit geringen Auslastungen.

Lagerumschlag: Der Lagerumschlag gibt die durchschnittliche Umschlagshäufigkeit in den Endbedarfslagern an. Sie ergibt sich aus der Summe der befriedigten Nachfragen dividiert durch die Anzahl der insgesamt in den Endbedarfslagern gehaltenen Bestände. Der Lagerumschlag wird somit als Durchschnitt über alle Perioden, Endbedarfslager und Produkte ermittelt und liefert einen Anhaltswert über die durchschnittliche Bestandshöhe in den Endbedarfslagern.

Kapitalbindung: Die Kapitalbindung spiegelt das in einer Periode durchschnittlich gebundene Kapital wider. Sie ergibt sich aus der Summe der je Periode insgesamt bevorrateten oder transportierten und zu den jeweiligen Preisen bewerteten Produkte dividiert durch die Anzahl der Perioden des Simulationshorizonts.

Da diese Ergebnisgrößen aus dem Einsatz der endogenen Parameter resultieren, werden sie erst am Ende eines Simulationslaufes berechnet und ausgegeben. Im Rahmen der Simulationsstudie dienen sie gemeinsam der Beurteilung unterschiedlicher Dispositionsverfahren sowie der Vorteilhaftigkeit von den alternativ einsetzbaren distributionslogistischen Maßnahmen.

---

1) Zur Rolle der Lagerkapazitäten im Rahmen der vorliegenden Untersuchung siehe Abschnitt 5.2.1.4b).

5.3 Simulationshorizont

Die Simulationsstudie bezweckt, die Distributionsprogrammplanung im Vergleich zu einigen in der Praxis gebräuchlichen Ansätzen zu testen. Dazu ist ein Simulationszeitraum vorzugeben, der die einzelnen Simulationsläufe zeitlich begrenzt. Damit die einzelnen Dispositionsverfahren uneingeschränkt getestet werden können, muss der Zeithorizont der Simulationsstudie weit über den für einen Durchlauf der simulierten Dispositionsverfahren benötigten Entscheidungshorizont hinausragen. Auf diese Weise ist auch sichergestellt, dass eine rollierende Anwendung der Distributionsprogrammplanung simuliert werden kann.

Das Simulationssystem ist zwar so konzipiert, dass der Horizont der Simulationsstudie auf Grund der dynamischen Speicherverwaltung theoretisch unendlich ausgedehnt werden kann, im Rahmen der praktischen Durchführung wird der Simulationshorizont jedoch durch den verfügbaren Speicherplatz begrenzt. Für die Zwecke der Simulationsstudie ist der Simulationshorizont dabei in gleich lange Perioden unterteilt. Die Periodendauer kann dann zum Beispiel einem Monat, einer Woche oder einem Tag entsprechen.[1]

5.4 Darstellung der betrachteten Distributionsszenarien

Die Distributionsszenarien definieren die Rahmenbedingungen innerhalb derer ein Dispositionsverfahren sämtliche Warentransferprozesse koordinieren kann. In der Simulationsumgebung wird ein bestimmtes Distributionsszenario durch die exogenen Parameter repräsentiert.[2] Ein Distributionsszenario legt somit den Simulationshorizont[3] fest, konkretisiert die relevanten Kostengrößen und bestimmt die zu berücksichtigenden Kapazitätsrestriktionen. Auch die Anzahl und spezifischen Eigenschaften der distribuierten

---

[1]) Die Periodendauer könnte zum Beispiel auf einen Monat mit je 20 Arbeitstagen festgesetzt werden. Weitere sinnvolle Abstufungen sind 2 Wochen (mit 10 Tagen), 1 Woche (mit 5 Arbeitstagen), eine halbe Woche (mit 3 Tagen und insgesamt 6 Arbeitstagen je Woche) sowie eine Periodendauer von 2 Tagen oder einem Tag.

[2]) Vgl. Abschnitt 5.2.1.

[3]) Vgl. Abschnitt 5.3.

Produkte sowie Ausmaß und Gestalt des betrachteten Distributionssystems werden vorgegeben. Außerdem beinhaltet ein Distributionsszenario die für einen Simulationslauf notwendigen Nachfragedaten. Dies sind einerseits die Nachfrageprognosen eines jeden Produktes in jedem Endbedarfslager für alle Perioden des Simulationshorizonts und andererseits die davon abweichend als tatsächlich eintretend angenommenen Nachfragemengen. Da ein Distributionsszenario aus sehr vielen Einzeldaten besteht, können sie nicht mehr ohne weiteres manuell erfasst werden. Die exogenen Daten der vorliegenden Simulationsstudie wurden deshalb mit Hilfe des zum Simulationssystem gehörigen Datengenerators erstellt. Prinzipiell hätten aber auch ebenso gut reale Daten aus der Praxis übernommen werden können.

	Fall 1	Fall 2	Fall 3	Fall 4	Fall 5
Perioden	112	280	56	112	56
Lieferanten	2	10	500	10	20
Produkte	5	98	5051	120	233
Distributions-netz	3 Lager 2 Ebenen 1 Zentrale	8 Lager 2 Ebenen 1 Zentrale	14 Lager 3 Ebenen 1 Zentrale	11 Lager 3 Ebenen ohne Zentrale	16 Lager 4 Ebenen ohne Zentrale

Darst. 31 Die verschiedenen Parameterkonstellationen der betrachteten Distributionssysteme

Für die Zwecke der Simulationsstudie wurden fünf grundlegende Distributionsszenarien erstellt, die wiederum mit jeweils unterschiedlich hoher Prognoseabweichung durchsimuliert werden, so dass letztlich 12 unterschiedliche Distributionsszenarien für die Untersuchung der Dispositionsverfahren herangezogen werden. In Kombination mit den einzelnen für die Disposition benutzten Ansätzen ergeben sich insgesamt 83 verschiedenartige Konstellationen, welche alle in die Simulationsstudie einfließen. Darstellung 31 gibt einen Überblick über einige bedeutende Parameterkonstellationen der fünf grundlegenden Distributionsszenarien.[1] Der Simulationshorizont des

[1]) Die Ergebnisse der Simulationsläufe sind im Anhang auf den Seiten 347 - 357 tabellarisch dargestellt. Dort sind diese Distributionsszenarien mit 'eins' bis 'funf' bezeichnet, wie sie auch als Datei gespeichert werden.
Als maximale Abweichung zwischen Nachfrageprognose und tatsächlicher Nachfrage sind entweder keine Abweichung, 50% oder 100% maximale Abweichung berücksichtigt. Bei 50% Abweichung ist die Bezeichnung des Distributionsszenarios um '5' und bei 100% Abweichung um '1' erweitert. Die

einfachen Distributionsszenarios von Fall 1 ist in diesem Beispiel auf 112 Perioden festgesetzt. Dies entspricht einer Betrachtung über den Zeitraum etwa eines Jahres, wenn die Dispositionsmaßnahmen zweimal wöchentlich vorgenommen werden. Der Übersichtlichkeit halber werden nur fünf Produkte von zwei Lieferanten in einem kleinen Distributionssystem mit drei Lagern betrachtet.[1] Fall 1 wird sowohl ohne Prognoseabweichung als auch mit einer maximalen Abweichung von 50% simuliert.[2]

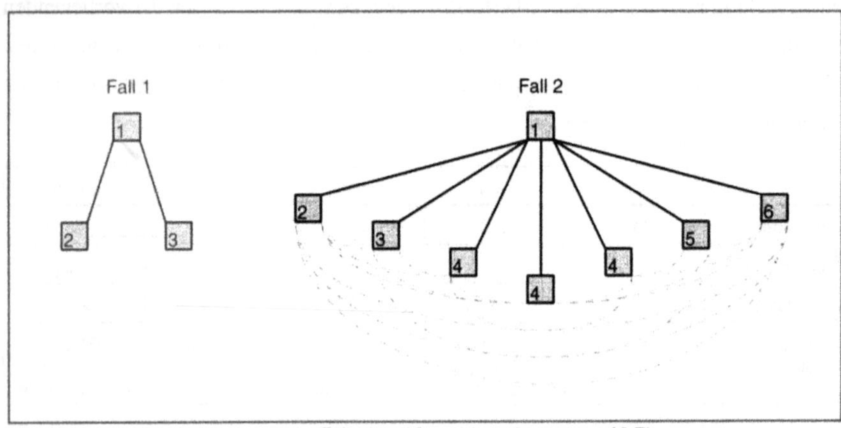

Darst. 32 Distributionsnetze der Fälle 1 und 2 mit 3 bzw. 8 Lagern auf 2 Ebenen

Fall 2 stellt ein zweistufiges Distributionsnetz mit einem Zentrallager dar. Sein Simulationshorizont beträgt 280 Perioden, was bei täglicher Disposition in einer Fünf-Tage-Woche ebenfalls etwa den Zeitraum eines Jahres widerspiegelt. In diesem Distributionsszenario werden 98 Produkte von 10 verschiedenen Lieferanten berücksichtigt. Bedenkt man, dass in der Simulationsstudie die Bestandsentwicklung dieser 98 Produkte in 8 Lagern

einfache Bezeichnung wird dann benutzt, wenn keine Abweichung zugrunde gelegt wurde. (Die Bezeichnungen lauten folglich zum Beispiel 'eins' oder 'eins5'.)

[1]) Zum exakten Aufbau der Distributionsstruktur vgl. Darstellung 32.

[2]) An dieser Stelle sei darauf hingewiesen, dass sich bei einer *maximalen* Abweichung von 50% zwischen Nachfrageprognose und tatsächlichem Abverkauf eine *durchschnittliche* Abweichung von 25% einstellt. Dies begründet sich darin, dass zur Ermittlung der zufälligen Abweichung zwischen Prognose und Abverkaufswert eine Gleichverteilung benutzt wurde. Vgl. auch Abschnitt 5.2.1.5a).

über 280 Perioden zu betrachten ist, ergeben sich bereits bei diesem relativ kleinen Modell 219.520 Lagerbestandswerte, die alle in die resultierenden Daten[1] einfließen.

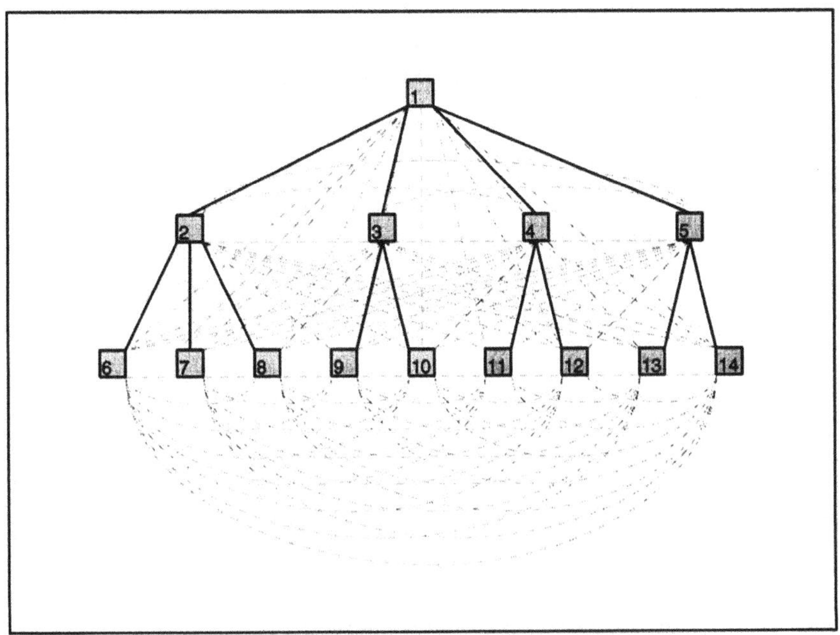

Darst. 33 Distributionsnetz von Fall 3 mit 14 Lagern auf 3 Ebenen

Ein Distributionsnetz realer Größenordnung stellt Fall 3 dar. In einer dreistufigen Distributionsstruktur mit insgesamt 14 Lagern wird die Distribution von über 5.000 Produkten betrachtet.[2] Darstellung 33 zeigt den Aufbau des Distributionsnetzes. Dabei repräsentieren die durchgehenden Kanten die hierarchische Untergliederung der Dis-

---

[1]) Vgl. Abschnitt 5.2.3.

[2]) Bei diesem schon recht großen Simulationsmodell sind wie auch bei den anderen Distributionsszenarien für jedes der 9 Endbedarfslager in jeder Periode eigene Nachfrageprognosen und Abverkaufswerte zu berücksichtigen. Bei 5.051 Produkten bedeutet dies, dass zur Disposition pro betrachteter Periode insgesamt 45.459 Prognosewerte zu berücksichtigen sind. Liegt der Distributionsprogrammplanung beispielsweise ein Entscheidungshorizont von 12 Perioden zugrunde, so müssen zur Bedarfsbestimmung in jeder Periode alleine 545.508 Nachfrageprognosen in die Berechnungen einbezogen werden - und dies nur, um die in einer Periode aktuell anstehenden Dispositionsentscheidungen zu treffen. Dank leistungsfähiger EDV-Systeme und effizient programmierter Simulationssoftware geschieht dies jedoch binnen eines Augenblicks.

tributionsstruktur, während die gestrichelten Linien die restlichen Verbindungen zwischen allen Lagern des Distributionssystems darstellen. Die Daten über die Distributionsstruktur beinhalten für jede dieser Verbindungen zusätzlich einen spezifischen Entfernungsindex, der ausschlaggebend für die Dauer und Kosten jeden Warentransfers ist.[1] Darstellung 34 vermittelt einen Eindruck, wie die räumliche Verteilung dieses Distributionsnetzes aussehen könnte.

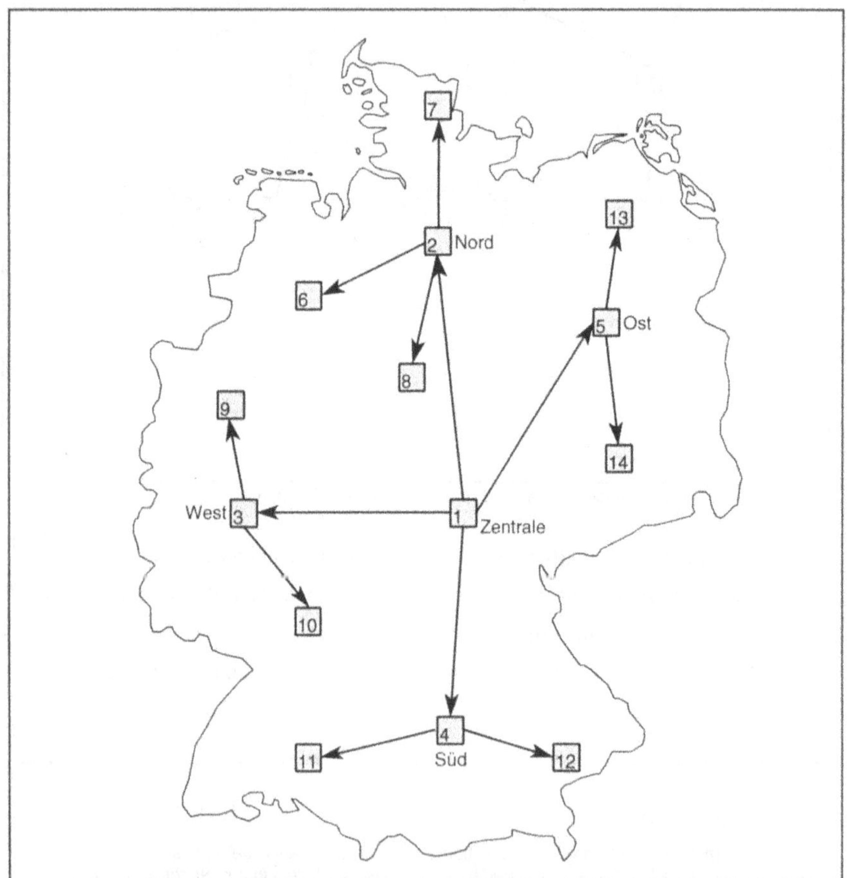

Darst. 34 Beispiel für eine mögliche räumliche Verteilung des Distributionsnetzes von Fall 3

---

[1]) Vgl. Abschnitt 5.2.1.4a).

Aus einem Zentrallager, das als Wareneingangslager fungiert, würden zunächst die Regionallager im Norden, Westen, Süden und Osten beliefert. Nachdem die Waren in die Regionallager gelangt sind, könnten sie dann weiter in die jeweils untergeordneten Endbedarfslager fließen, so dass eine flächendeckende Marktversorgung sichergestellt wäre. Auf Grund der Größe des Distributionsszenarios von Fall 3 werden die einzelnen Dispositionsverfahren ausschließlich bei einer maximalen Abweichung von 50% zwischen Nachfrageprognose und tatsächlichem Abverkauf simuliert.

Als Referenzszenario wird Fall 4 benutzt. Es ist im Vergleich zu den anderen Distributionsszenarien so konstruiert, dass das Simulationsmodell einen mittleren Umfang aufweist und deshalb einerseits nicht zu rechenintensiv ausfällt. Andererseits weist es eine ausreichende Größenordung auf, so dass seine Resultate auch für detailliertere Untersuchungen herangezogen werden können. Die meisten Simulationsläufe werden deshalb mit diesem Distributionsszenario durchgeführt. Es hat einen Simulationshorizont von 112 Perioden, berücksichtigt 120 Produkte von 10 Lieferanten und legt ein dreistufiges Distributionssystem mit 11 Lagern und zwei Wareneingangslagern zugrunde. (Vgl. Darstellung 35).

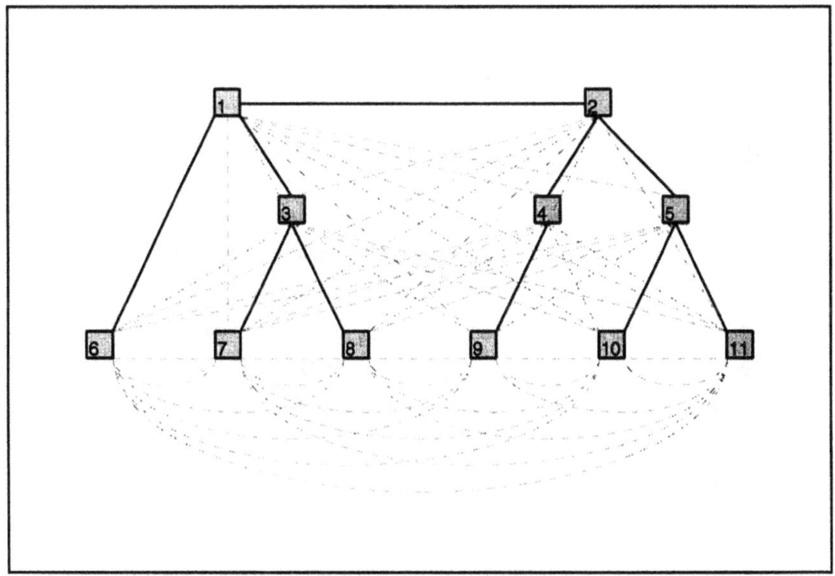

Darst. 35 Distributionsnetz von Fall 4 mit 11 Lagern auf 3 Ebenen

Eine besonders tiefe und breite Distributionsstruktur repräsentiert letztlich Fall 5. Wie aus Darstellung 36 ersichtlich, besteht sie in vertikaler Richtung aus vier Stufen und die horizontale Struktur wird auf der obersten Ebene durch zwei Wareneingangslager begründet und vergrößert sich bis zur untersten Ebene auf acht Endbedarfslager.

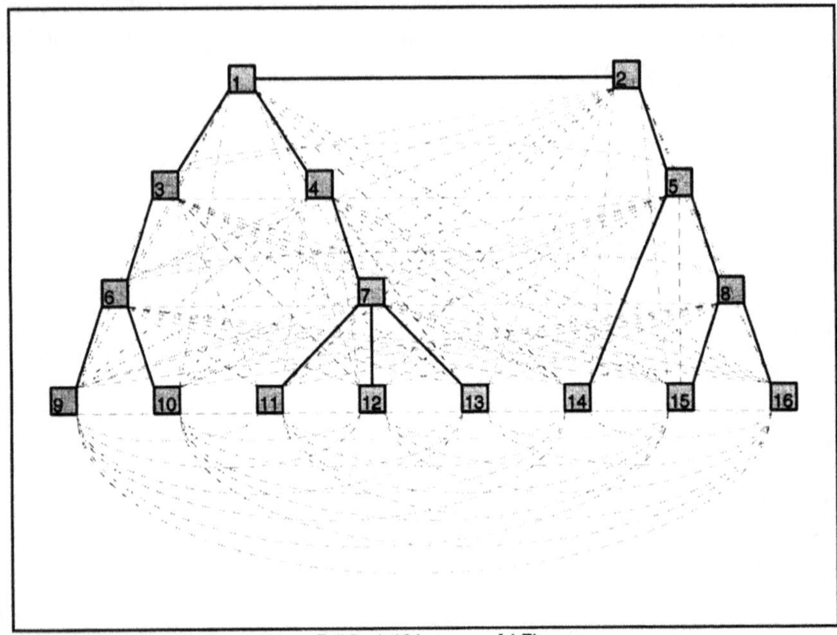

Darst. 36 Distributionsnetz von Fall 5 mit 16 Lagern auf 4 Ebenen

Im Distributionsszenario von Fall 5 sind insgesamt 233 Produkte von 20 Lieferanten zu distribuieren. Es weist einen Simulationshorizont von 56 Perioden auf, was bei wöchentlich gefällten Dispositionsentscheidungen wiederum etwa dem Zeitraum eines Jahres entspricht. Dabei ist noch gewährleistet, dass der Zeithorizont der Simulationsstudie ausreichend weit über den für einen Durchlauf der Dispositionsverfahren benötigten Entscheidungshorizont hinaus ragt. So ist sichergestellt, dass die rollierende Anwendung der Distributionsprogrammplanung simuliert und im Vergleich zu einigen in der Praxis gebräuchlichen Ansätzen getestet werden kann.

5.5 Ergebnisse unter Verwendung der Distributionsprogrammplanung

Die Distributionsprogrammplanung wurde in den verschiedenen Distributionsszenarien bei jeweils unterschiedlicher maximaler Prognoseabweichung getestet. Im Folgenden werden zunächst die Ergebnisse dargestellt, die sich mit der einfachsten Variante der Distributionsprogrammplanung erzielen lassen. Das bedeutet, dass die Leistungsfähigkeit dieses Ansatzes vorab ohne Berücksichtigung von möglichen Maßnahmen zur Vorbeugung oder Handhabung von Fehlbeständen untersucht wird. Weiter unten werden dann auch diese distributionslogistischen Instrumente in die Betrachtungen einbezogen.

Wie bereits ausführlich erläutert wurde, bestehen im Rahmen der Distributionsprogrammplanung zwei Möglichkeiten zur Sekundärbedarfsbestimmung.[1] Dies sind die retrograde Sekundärbedarfsermittlung mit Hilfe kumulierter Periodenbedarfe (Kum) und die periodenadäquate Sekundärbedarfsermittlung auf Basis systemweiter Periodenbedarfe (Sart).

	max. Prognoseabweichung	0%	50%	100%
Kum	Lieferbereitschaftsgrad	100,00%	63,84%	49,50%
	Kapitalbindung	5.685.000	7.220.220	6.764.900
Sart	Lieferbereitschaftsgrad	97,76%	97,36%	94,07%
	Kapitalbindung	6.629.810	7.141.200	7.045.700

Darst. 37 Simulationsergebnisse im Distributionsszenario 'vier' bei retrograder bzw. periodenadäquater Sekundärbedarfsermittlung

Wie aus Darstellung 37 ersichtlich, liefert die retrograde Sekundärbedarfsermittlung im unrealistischen Fall von mit Sicherheit bekannten Nachfragedaten (max. Prognoseabweichung = 0%) sehr gute Ergebnisse.[2] Im Gegensatz zur periodenadäquaten Sekundärbedarfsermittlung wird jede Nachfrage befriedigt (Lieferbereitschaftsgrad = 100%) und das bei einer um 14,25% niedrigeren Kapitalbindung. Die augenscheinliche Überlegen-

[1]) Vgl. Abschnitt 4.3.1.1 und 4.3.1.2.

[2]) Die kompletten Simulationsergebnisse sind im Anhang auf Seite 351 zu finden.

heit dieser Variante der Sekundärbedarfsermittlung schwindet jedoch unter den mit Unsicherheiten belasteten Rahmenbedingungen der Realität dahin. Bereits bei einer maximalen Prognoseabweichung von 50% fällt der Lieferbereitschaftsgrad auf unannehmbare 63,84% ab. Im Vergleich hierzu liefert die periodenadäquate Sekundärbedarfsermittlung in dieser Situation einen Lieferbereitschaftsgrad von 97,36%, wobei die Kapitalbindung sogar noch etwas geringer ist als bei der retrograden Sekundärbedarfsermittlung. Ähnlich verhält es sich, wenn man die Nachfrageunsicherheit noch weiter steigert (Prognoseabweichung max. 100%). Bei retrograder Sekundärbedarfsermittlung sinkt der Lieferbereitschaftsgrad dann auf 49,50%, wohingegen er bei periodenadäquater Sekundärbedarfsermittlung immer noch einen Wert von 94,07% erreicht.[1] Somit wird deutlich, dass die retrograde Sekundärbedarfsermittlung nur in einem Umfeld von sehr sicheren Datenkonstellationen zu bevorzugen ist. Da ein solches Umfeld in der Praxis jedoch nicht existiert, ist der periodenadäquaten Sekundärbedarfsermittlung für die Zwecke der Distributionsprogrammplanung der Vorrang einzuräumen.

Im Rahmen der Sekundärbedarfsermittlung können auch unterschiedliche Verfahren zur Periodenbedarfskumulation zur Anwendung kommen. Wie bereits dargestellt wurde, kommen hierfür neben dem Sart-Kriterium insbesondere die Silver-Meal-Heuristik und das Cost-Balance-Verfahren in Frage.[2] Die in Darstellung 38 veranschaulichten Simulationsergebnisse zeigen, dass die Silver-Meal-Heuristik zwar stets den größten Lieferbereitschaftsgrad erbringt, diesen Vorteil aber nur durch außerordentlich hohe Lagerbestände und zu Lasten der Kapitalbindung 'erkauft'. So liegt die Kapitalbindung bei Verwendung der Silver-Meal-Heuristik im Durchschnitt um 22,80% höher als bei den beiden anderen Verfahren zur Periodenbedarfskumulation. Vergleicht man deren Ergebnisse untereinander, zeigt sich eine gewisse Unterlegenheit des Cost-Balance-Verfahrens, weil sein im Durchschnitt etwas geringerer Lieferbereitschaftsgrad mit einer durchweg höheren Kapitalbindung einhergeht. Im Hinblick auf die mit der Silver-Meal-Heuristik erzielten Ergebnisse stellt sich zudem die Frage, ob es ökonomisch vertretbar ist, dass ein nicht einmal zwei Prozent höherer Lieferservice mit einer um über 20% höheren Kapitalbindung erkauft

[1]) Zu den Ursachen für das schlechte Verhalten der retrograden Sekundärbedarfsermittlung vgl. Abschnitt 4.3.1.1.

[2]) Vgl. Abschnitt 4.3.1.

wird und ob solch ein Lieferserviceniveau nicht auch durch Ausnutzung von Konsolidierungspotentialen oder anderen distributionslogistischen Maßnahmen eventuell günstiger zu erreichen wäre.

	max. Prognoseabweichung	0%	50%	100%
Sart	Lieferbereitschaftsgrad	97,76%	97,36%	94,07%
	Kapitalbindung	6.629.810	7.141.200	7.045.700
Silver-Meal	Lieferbereitschaftsgrad	99,44%	99,05%	96,75%
	Kapitalbindung	8.557.400	9.114.880	9.318.960
Cost-Balance	Lieferbereitschaftsgrad	97,05%	98,00%	93,10%
	Kapitalbindung	7.508.560	7.843.570	7.789.700

Darst. 38 Simulationsergebnisse im Distributionsszenario 'vier' unter alternativer Verwendung der Silver-Meal-Heuristik und des Cost-Balance-Verfahrens

Unter Vorgriff auf die in den kommenden Abschnitten dargestellten Ergebnisse sei diesbezüglich lediglich darauf hingewiesen, dass die Verwendung solcher Instrumente[1] selbst unter sehr unsicheren Rahmenbedingungen vorteilhaftere Ergebnisse liefert als von vornherein eine höhere Kapitalbindung zuzulassen, wie dies bei Anwendung der Silver-Meal-Heuristik der Fall wäre.

	max. Prognoseabweichung	100%
Silver-Meal	Gesamtkosten	9.899.640
	Lieferbereitschaftsgrad	96,75%
	Kapitalbindung	9.318.960
Sart +Z+Q+A +M+V	Gesamtkosten	9.961.350
	Lieferbereitschaftsgrad	99,74%
	Kapitalbindung	7.428.900

Darst. 39 Simulationsergebnisse des Distributionsszenarios 'vier' unter Verwendung der Silver-Meal-Heuristik im Vergleich zur Anwendung anderer distributionslogistischer Maßnahmen

[1]) Simulationsergebnisse von Sart unter Verwendung direkter Zustellungen (Z), Querlieferungen (Q) und direkter Anlieferungen (A) sowie Berücksichtigung von Mengen- (M) und Verbundrabatten (V).

Wie aus Darstellung 39[1] ersichtlich, lässt sich ein sehr hohes Lieferserviceniveau bei einer zugleich wesentlich geringeren Kapitalbindung erzielen und das bei ungefähr ebenso hohen entscheidungsrelevanten Gesamtkosten.

Distributionsszenario		'eins'	'zwei'	'drei'	'vier'	'fünf'
Sart	Lieferbereitschaftsgrad	98,80%	96,82%	98,79%	97,36%	98,29%

Darst. 40 Erzielbare Lieferbereitschaftsgrade von Sart unter Zugrundelegung der unterschiedlichen Distributionsszenarien mit jeweils 50% maximaler Prognoseabweichung

Aber auch ohne Durchführung besonderer distributionslogistischer Maßnahmen erbringt die Distributionsprogrammplanung bei realistischen Annahmen bezüglich der Nachfrageunsicherheit bereits ein zufriedenstellendes Lieferserviceniveau. Bei einer maximalen Prognoseabweichung von 50% liegen die in Darstellung 40 aufgelisteten Lieferbereitschaftsgrade je nach Distributionsszenario stets im Bereich von etwa 97 - 98%.

5.5.1 Ausnutzung von Konsolidierungspotentialen

Verbessern lassen sich die Ergebnisse der Distributionsprogrammplanung durch Ausnutzung von Konsolidierungspotentialen. Grundsätzlich bestehen sie sowohl im Beschaffungs- als auch im Transportbereich.[2] Da die Transportkonsolidierung aus Gründen der Vergleichbarkeit innerhalb der Simulationsstudie im Rahmen der Transportabwicklung für alle Dispositionsverfahren auf die gleiche Art durchgeführt wird,[3] lassen sich an dieser Stelle lediglich die Einsparungspotentiale von Bestellkonsolidierungen untersuchen. Dabei werden je nach Rabattform entweder mehrere verschiedene Produkte eines Lieferanten im Verbund geordert oder die Bestellmengen soweit heraufgesetzt, dass gestaffelte Mengenrabatte erzielt werden. Es sei jedoch darauf hingewiesen, dass das Ausmaß der auf Grund

[1]) Zu den einzelnen Ergebnissen vgl. auch Anhang Seite 353.

[2]) Vgl. Abschnitt 4.3.4.

[3]) Bei der Transportkonsolidierung werden die zwischen den einzelnen Lagern fließenden Warenströme möglichst effizient auf die zur Verfügung stehenden Transportarten aufgeteilt um eine Verbesserung der Kapazitätsauslastung zu erreichen.

von Mengen- oder Verbundrabatten realisierbaren Einsparungen ganz wesentlich von der Höhe der einzelnen Rabattsätze sowie von dem Anteil derjenigen Produkte abhängt, für den diese Rabattierungen vorgesehen wurden.[1] Deshalb steht weniger die quantitative Dimension der Einsparungspotentiale im Mittelpunkt des Interesses als vielmehr die grundsätzliche Praktikabilität der Konsolidierungsmechanismen im Rahmen der Distributionsprogrammplanung.

Prognose-abweichung	Sart	einfach	mit **M**engen-rabattberück-sichtigung	mit **V**erbund-rabattberück-sichtigung	mit **M**engen- und **V**erbund-rabatten
50%	Gesamtkosten	10.044.000	9.708.100	9.789.500	9.475.000
	Lieferbereitschaft	97,36%	97,37%	97,71%	97,74%
	Kapitalbindung	7.141.200	7.271.300	7.355.100	7.496.000
100%	Gesamtkosten	10.052.000	9.721.850	9.804.800	9.490.400
	Lieferbereitschaft	94,07%	94,25%	93,79%	93,88%
	Kapitalbindung	7.045.700	7.198.100	7.284.800	7.359.000

Darst. 41 Simulationsergebnisse des Distributionsszenarios 'vier' wenn in der Distributionsprogrammplanung Bestellkonsolidierungen vorgenommen werden

Die in Darstellung 41[2] aufgeführten Simulationsergebnisse bestätigen die Zweckdienlichkeit der Maßnahmen zur Bestellkonsolidierung. Allein die explizite Berücksichtigung von Mengenrabatten führt zu einer Senkung der gesamten Kosten um durchschnittlich 3,31% und die isolierte Einbeziehung von Verbundrabatten hat im Schnitt immerhin noch Einsparungen in Höhe von 2,49% zur Folge. Dabei schlagen sich die aus der Anhebung der Bestellmengen resultierenden Lagerbestände entsprechend im gebundenen Kapital nieder.

Werden sowohl Mengen- als auch Verbundrabatte ausgeschöpft, so lassen sich die gesamten entscheidungsrelevanten Kosten in dem betrachteten Beispiel im Mittel

---

[1]) Diesbezüglich sei noch einmal darauf hingewiesen, dass die spezifischen Rabattmerkmale eines Produktes innerhalb des Simulationssystems zusammen mit den Produkt-Daten erfasst sind. Vgl. hierzu auch Abschnitt 5.2.1.3.

[2]) Die detaillierten Simulationsergebnisse finden sich im Anhang auf Seite 352.

um 5,62% reduzieren. Der Lieferbereitschaftsgrad wird von diesen Maßnahmen trotz der tendenziell höheren Lagerbestände kaum verändert. Dies erklärt sich dadurch, dass die zur Rabatterzielung zusätzlich georderten Waren überwiegend in den Wareneingangslagern bevorratet und nicht spekulativ auf die Endbedarfslager verteilt werden.

5.5.2 Maßnahmen zur Vorbeugung gegen Fehlbestände

Soll der mit der Distributionsprogrammplanung erzielbare Lieferbereitschaftsgrad weiter gesteigert werden, können unterschiedliche Instrumente gegen Fehlbestände eingesetzt werden. Die nachfolgend geschilderten Maßnahmen dienen der Vorbeugung gegenüber absehbaren Fehlbeständen, während die Handhabung bereits eingetretener Fehlbestände später behandelt wird.[1] Die Einführung von Sicherheitsbeständen stellt eine Option dar, um das Fehlbestandsrisiko zu mindern. Hierbei handelt es sich jedoch um eine Maßnahme, die unabhängig vom einzelnen Fehlbestandsrisiko generell zum Tragen kommt und somit auch dann höhere Lagerbestände nach sich zieht, wenn aktuell kein konkreter Bestandsengpass für ein Produkt abzusehen ist. Ganz gezielt wirken dagegen Querlieferungen und Eilbestellungen in Form von direkten Anlieferungen durch den Zulieferer. Sie kommen nur individuell zum Einsatz, wenn drohende Fehlbestände aufgedeckt wurden und ihnen mit Durchführung dieser Maßnahmen noch rechtzeitig begegnet werden kann.

Nachfolgend wird aufgezeigt, wie sich die Resultate der Distributionsprogrammplanung verändern, wenn die einzelnen Maßnahmen zur Vorbeugung gegen Fehlbestände in die Distributionsprogrammplanung einbezogen werden. Dabei ist zu berücksichtigen, dass insbesondere die Durchführung von Querlieferungen und direkten Anlieferungen zu Störungen im ursprünglich geplanten Basis-Distributionsprogramm führen kann, die jedoch - wie die Simulationsergebnisse bestätigen - durch die rollierende Anwendung der Distributionsprogrammplanung weitgehend aufgefangen werden.

[1]) Vgl. Abschnitt 5.5.3 - 5.5.3.1.

5.5.2.1 Einführung von Sicherheitsbeständen

Die Distributionsprogrammplanung erzielt bei unsicheren Nachfragedaten auch ohne Sicherheitsbestände schon recht gute Ergebnisse.[1] Für den Fall, dass der unter den jeweils gegebenen Konstellationen erzielbare Lieferbereitschaftsgrad dennoch nicht ausreichen sollte, bieten sich zwei Varianten an, um Sicherheitsbestände zu berücksichtigen.

Die erste Variante sieht dynamische Sicherheitsbestände ausschließlich auf der untersten Lagerebene vor.[2] Dabei werden die Sicherheitsbestände lager- und produktspezifisch in prozentualer Abhängigkeit von der Prognoseungenauigkeit und den für die jeweilige Periode erwarteten Nachfragemengen dynamisch festgelegt. In Perioden mit niedriger Nachfrage wird somit ein geringerer Sicherheitsbestand vorgesehen als bei stärkerem Nachfrageaufkommen.

prozentualer Sicherheitsbestandsanteil	0%	25%	50%	75%	100%
Gesamtkosten	10.052.000	10.089.800	10.156.000	10.205.300	10.290.600
Lieferbereitschaftsgrad	94,07%	94,64%	95,70%	94,91%	95,48%
Kapitalbindung	7.045.700	7.205.060	7.390.000	7.324.830	7.571.320

Darst. 42 Simulationsergebnisse des Distributionsszenarios 'vier' unter Berücksichtigung von dynamischen Sicherheitsbeständen in den Endbedarfslagern bei einer maximalen Prognoseabweichung von 100%

Die Simulationsergebnisse aus Darstellung 42 zeigen, dass sich diese Art der Sicherheitsbestandsbevorratung jedoch nur geringfügig auf die Resultate der Distributionsprogrammplanung auswirken. Selbst wenn die Sicherheitsbestände mit einem Anteil von 100% so hoch angesetzt werden, dass damit eigentlich jede Nachfrageabweichung abzufangen wäre, steigt die Lieferbereitschaft lediglich um 1,41%. Der Lagerumschlag sinkt dabei in den Endbedarfslagern dagegen um 27,87%.[3] Die einfache Bevorratung von Sicherheitsbeständen auf der Endbedarfsebene trägt demnach kaum zur Steigerung des

---

[1]) Vgl. Abschnitt 5.5.

[2]) Vgl. auch Abschnitt 5.5.2.1.

[3]) Die detaillierten Simulationsergebnisse finden sich im Anhang auf Seite 354.

Lieferservices bei. Dies ist darauf zurückzuführen, dass im Fall einer Inanspruchnahme des Sicherheitsbestandes der Nachschub zur Wiederauffüllung desselben innerhalb des Distributionssystems nicht sichergestellt ist.

Die zweite Variante Sicherheitsbestände einzuplanen setzt deshalb im gesamten Distributionssystem an und legt nicht von vornherein bestimmte Sicherheitsbestände fest. Stattdessen hebt sie in der Bestandsreichweitenprüfung[1] die für jede Periode erwarteten Lagerabgänge um einen prozentual vorzugebenden Wert an. Dies führt zu einer Überschätzung der Bedarfsaufkommen und es werden letztlich in jedem Lager höhere Bestände gehalten, wodurch quasi systemweit verteilte Sicherheitsbestände entstehen.

prozentualer Anteil systemweit	0%	5%	10%	20%
Gesamtkosten	10.052.000	10.127.900	10.179.200	10.273.500
Lieferbereitschaftsgrad	94,07%	96,04%	97,40%	98,54%
Kapitalbindung	7.045.700	7.551.030	8.103.700	9.214.580

Darst. 43 Simulationsergebnisse des Distributionsszenarios 'vier' unter Berücksichtigung von systemweiten Sicherheitsbeständen bei einer maximalen Prognoseabweichung von 100%

Wie aus Darstellung 43 ersichtlich, trägt die systemweite Bevorratung von Sicherheitsbeständen im Vergleich zur dynamischen Variante auf Endbedarfsebene wesentlich mehr zur Verbesserung des Lieferbereitschaftsgrades bei. Doch bereits bei einem systemweiten Anteil von 20% steigt das insgesamt gebundene Kapital um 30,78% an. Die Lagerauslastung erhöht sich absolut um 24,6% und der Lagerumschlag in den Endbedarfslagern fällt um 15,78%.[2] Auf Grund dieser Werte kann auch die systemweite Variante zur Haltung von Sicherheitsbeständen nicht uneingeschränkt empfohlen werden.

Es ist auch eine Kombination von dynamischen Sicherheitsbeständen in den Endbedarfslagern und systemweiten Sicherheitsbeständen simuliert worden. Die Ergebnisse in Darstellung 44 zeigen, dass auf diese Weise eine recht annehmbare Konstellation von gesamten Kosten, Lieferbereitschaftsgrad und gebundenem Kapital erzielbar ist. Der Lagerumschlag in den Endbedarfslagern sinkt hierbei jedoch um 19,37%.

[1]) Vgl. Abschnitt 4.3.2.

[2]) Vgl. Anhang Seite 354.

Anteil im Endbedarfslager systemweiter Anteil	0% 0%	50% 5%
Gesamtkosten	10.052.000	10.238.000
Lieferbereitschaftsgrad	94,07%	97,69%
Kapitalbindung	7.045.700	7.821.400

Darst. 44 Simulationsergebnisse des Distributionsszenarios 'vier' unter Berücksichtigung einer Kombination von dynamischen Sicherheitsbeständen in den Endbedarfslagern und systemweiten Sicherheitsbeständen bei einer maximalen Prognoseabweichung von 100%

Das bedeutet, dass die systemweit gehaltenen Sicherheitsbestände in positiver Weise dazu beitragen, den Nachschub für die in Anspruch genommenen dynamischen Sicherheitsbestände in den Endbedarfslagern zu gewährleisten. Aus dem beträchtlichen Rückgang des Lagerumschlags in den Endbedarfslagern ist jedoch auf wesentlich höhere Bestände in diesen Lagern zu schließen. Eine nennenswerte Steigerung des Lieferservices mit Hilfe von Sicherheitsbeständen bedingt demnach zumindest in den Endbedarfslagern nicht unerhebliche Bestandserhöhungen, die in gewissem Umfang wiederum zusätzliche Sicherheitsbestände auf den höheren Lagerstufen voraussetzen. Ob und mit welchen Mitteln der Lieferbereitschaftsgrad auch ohne Anhebung der Lagerbestände verbessert werden kann, wird in den folgenden Abschnitten untersucht.

5.5.2.2 Einbeziehung von Querlieferungen

Die Einbeziehung von Querlieferungen im Rahmen der Distributionsprogrammplanung ist dann sinnvoll, wenn an einer Stelle des Distributionssystems Fehlbestände drohen und an anderer Stelle überschüssige Lagerbestände vorhanden sind, die noch rechtzeitig zur Vermeidung des Bestandsengpasses beigebracht werden können. Querlieferungen kommen also zum Einsatz, wenn abzusehen ist, dass noch vor Eintreffen der nächstmöglichen Lieferungen oder Transporte Fehlbestände zu erwarten sind, die aber noch rechtzeitig mit Hilfe von Überbeständen aus anderen Lagern zu vermeiden sind. Die entsprechenden Warentransferprozesse laufen in diesem Fall nicht entlang der hierarchischen Struktur des Distributionssystems, sondern sind grundsätzlich zwischen allen Lagern des Distributionssystems möglich.

Sart	einfach	mit Querlieferungen
Gesamtkosten	10.052.000	10.192.200
Lieferbereitschaftsgrad	94,07%	94,65%
Kapitalbindung	7.045.700	7.057.800

Darst. 45 Simulationsergebnisse des Distributionsmodells 'vier' unter Berücksichtigung von Querlieferungen bei einer maximalen Prognoseabweichung von 100%

Betrachtet man die Ergebnisse, die sich mit der Distributionsprogrammplanung unter Berücksichtigung von Querlieferungen erzielen lassen (vgl. Darstellung 45), so ist festzustellen, dass sich der Lieferbereitschaftsgrad durch diese Maßnahme nur geringfügig verbessert. Hieraus ist zu schließen, dass Querlieferungen in dem betrachteten Beispiel nur selten benutzt werden konnten, um Bestandsengpässe rechtzeitig abzuwenden. Dies ist entweder darauf zurückzuführen, dass in Engpasssituationen keine ausreichenden Überbestände in anderen Lagern zur Verfügung standen[1] oder dass sie nicht schnell genug herbeizuschaffen waren. Unabhängig von den verfügbaren Überbeständen können Querlieferungen aber ohnehin nur dann zur Steigerung des Lieferservices beitragen, wenn sie wesentlich schneller abgewickelt werden als der übliche Warennachschub entlang der hierarchischen Distributionsstruktur erfolgen würde. Da sich im vorliegenden Fall auch dann keine wesentliche Steigerung des Lieferbereitschaftsgrades einstellt, wenn zusätzlich noch eine bestandserhöhende Berücksichtung von Mengen- und Verbundrabatten stattfindet,[2] sind die Ursachen für die geringe Wirkung der Querlieferungen hauptsächlich in den erforderlichen Transferzeiten zu suchen. Da die Transferzeiten jedoch von den exogen vorgegebenen Daten zur Distributionsstruktur abhängen und nicht durch ein Dispositionsverfahren beeinflussbar sind, ist der nur geringe Nutzen von Querlieferungen dem Dispositionsansatz nicht negativ anzulasten.

---

[1]) Zur Identifikation von Überbeständen vgl. auch die Ausführungen in Abschnitt 4.3.5.2.

[2]) Vgl. hierzu die Simulationsergebnisse im Anhang auf Seite 353.

5.5.2.3 Berücksichtigung direkter Anlieferungen durch den Zulieferer

Neben Querlieferungen stellen auch Eilbestellungen in Form von direkten Anlieferungen durch den Zulieferer in beliebige Lager des Distributionssystems eine Möglichkeit dar, um drohenden Fehlbeständen zu begegnen. Sind absehbare Bestandsengpässe nicht mehr durch rechtzeitige Querlieferungen zu verhindern, können direkte Anlieferungen trotz der zu berücksichtigenden Lieferzeit eventuell noch rechtzeitig zur Fehlbestandsvermeidung eintreffen, da der Beschaffungsvorgang hierbei um die Transportzeiten innerhalb des Distributionssystems verkürzt wird.

Sart	einfach	mit Quer- und direkten Anlieferungen
Gesamtkosten	10.052.000	10.192.600
Lieferbereitschaftsgrad	94,07%	94,66%
Kapitalbindung	7.045.700	7.057.800

Darst. 46 Simulationsergebnisse des Distributionsmodells 'vier' unter Berücksichtigung von direkten Anlieferungen und Querlieferungen bei einer maximalen Prognoseabweichung von 100%

Wie die Resultate aus Darstellung 46 zeigen, führt die zusätzliche Einbeziehung von direkten Anlieferungen im Rahmen einer Distributionsprogrammplanung samt Querlieferungen jedoch zu keiner nennenswerten Ergebnisverbesserung gegenüber dem ausschließlichen Einsatz von Querlieferungen (Vgl. Darstellung 45). Offensichtlich kommen die direkten Anlieferungen nur in Ausnahmefällen zum Einsatz. Ähnlich wie bei den Querlieferungen liegt die Ursache hierfür im Wesentlichen darin, dass die zu berücksichtigende Lieferzeit der direkten Anlieferungen häufig ebenso viel oder sogar mehr Zeit in Anspruch nimmt als der Warennachschub durch das jeweils übergeordnete Lager. Inwieweit direkte Anlieferungen zur Anwendung kommen hängt demnach hauptsächlich davon ab, wie zügig die Eilbestellungen im betreffenden Lager eintreffen werden.[1]

[1]) Da die Lieferzeiten dem Dispositionsverfahren jedoch exogen vorgegeben sind, wird dieser Zusammenhang an dieser Stelle nicht weiter untersucht.

5.5.3 Maßnahmen zur Handhabung von Fehlbeständen

Wie die vorweg geschilderten Ergebnisse belegen, lassen sich mit vorbeugenden Maßnahmen nicht alle Bestandsengpässe vermeiden. Die in den Endbedarfslagern dennoch auftretenden Fehlbestände sind jedoch nicht unbedingt als verloren gegangene Nachfrage hinzunehmen. Vielmehr ist zu versuchen, diese Nachfrage nachträglich zu befriedigen.

Eine Möglichkeit bieten dabei direkte Zustellungen zum Abnehmer. Sollte ein Produkt in einem Lager nicht mehr vorrätig sein, kann überprüft werden, ob es vielleicht möglich wäre, dem Interessenten das betreffende Produkt aus einem anderen Lager zustellen zu lassen. Ist der Bedarf eines Kunden nicht durch eine direkte Zustellung zu befriedigen, könnte ihm stattdessen auch noch eine Vormerkung angeboten werden. Dabei würde das betroffene Produkt für den Kunden reserviert, sobald es wieder in dem Lager eintrifft und dort solange bevorratet, bis es vom Abnehmer abgeholt würde. Welche Resultate diese beiden Maßnahmen im Rahmen der Distributionsprogrammplanung liefern, wird im Folgenden näher untersucht.

5.5.3.1 Einführung direkter Zustellungen zum Abnehmer

Führt man im Rahmen der Distributionsprogrammplanung direkte Zustellungen zum Abnehmer ein, wird der unbefriedigte Nachfrageanteil nach Möglichkeit aus Vorräten anderer Lager bedient. Sollte das Bedarfsaufkommen in einer Periode nicht mehr mit den Lagerbeständen am Nachfrageort zu decken sein, so werden die umliegenden Lager zunächst nach verfügbaren Beständen durchforstet.[1] Falls in anderen Lagern noch genügend Vorräte der betroffenen Produkte zu finden sind, werden sie den Abnehmern von dort aus direkt an ihren Bedarfsort zugestellt. Da auf diese Weise ein Teil der ansonsten verloren gegangenen Nachfrage befriedigt werden kann, ist eine Steigerung des Lieferservices erreichbar, ohne Bestandserhöhungen vorzunehmen. Außerdem können direkte Zustellungen

---

1) Dabei wird nicht nur auf Überbestände, sondern generell auf alle verfügbaren Bestände zurückgegriffen.

gezielt eingeführt werden, um mit der vorhandenen Distributionsinfrastruktur einen zusätzlichen Distributionskanal zu erschließen. Aus den direkten Zustellungen resultieren aber eventuell Störungen im ursprünglich geplanten Distributionsprogramm, weil in dem versendenden Lager unter Umständen auf Vorräte zurückgegriffen wird, die eigentlich für die Bedarfe der kommenden Perioden aufgebaut wurden. Im Rahmen der Distributionsprogrammplanung werden die veränderten Lagerbestände jedoch noch im aktuellen Entscheidungskalkül berücksichtigt und fließen noch in der laufenden Periode in die Bedarfsermittlung des gesamten Distributionssystems ein, so dass sich der Rückgriff auf bereits verplante Bestände nicht nachteilig auf den Lieferbereitschaftsgrad auswirkt.

Sart	einfach	mit direkten Zustellungen
Gesamtkosten	10.052.000	10.580.800
Lieferbereitschaftsgrad	94,07%	99,76%
Kapitalbindung	7.045.700	7.048.300

Darst. 47 Simulationsergebnisse des Distributionsmodells 'vier' unter Berücksichtigung von direkten Zustellungen bei einer maximalen Prognoseabweichung von 100%

Wie an Hand der Simulationsergebnisse aus Darstellung 47 zu erkennen ist, sind direkte Zustellungen ein sehr effizientes Mittel, um den Lieferservice zu steigern. Während sich der Lieferbereitschaftsgrad ganz erheblich verbessert, bleibt die Kapitalbindung nahezu unverändert. Daraus kann geschlossen werden, dass der durchschnittliche Lagerbestand durch Einführung der direkten Zustellungen nur minimal ansteigt.[1] Im Vergleich zur Einplanung von Sicherheitsbeständen liegt das Niveau des Lieferservices trotz viel geringerer Kapitalbindung sogar noch bedeutend höher als bei einem verhältnismäßig hohen Sicherheitsbestandsanteil.[2] Lediglich die Kosten für die Durchführung der direkten Zustellungen schlagen etwas stärker zu Buche. Aber in der Simulationsstudie wird auch versucht, möglichst jede offene Nachfrage noch nachträglich durch direkte Zustellungen zu befriedigen. Sollten die Kosten hierfür unerwünscht hoch ausfallen, könnte ein Unterneh-

---

[1]) Dies bestätigen auch die anderen Simulationsergebnisse. Sowohl der Umschlag in den Endbedarfslagern als auch die durchschnittliche Lagerauslastung verändern sich nach Einführung der direkten Zustellungen kaum. Vgl. hierzu die Ergebnisse im Anhang auf Seite 353.

[2]) Vgl. Abschnitt 5.5.2.1.

men stattdessen versuchen, einen Teil dieser Kosten auf die Konsumenten abzuwälzen oder direkte Zustellungen zum Beispiel nur dann zu veranlassen, wenn der durch den Abverkauf der Waren erzielbare Deckungsbeitrag nicht von den Kosten einer direkten Zustellung aufgezehrt würde. Da es aber letztlich eine Grundsatzentscheidung der Unternehmensführung bleibt, unter welchen Umständen direkte Zustellungen zum Endverbraucher eingesetzt werden und ein Dispositionsverfahren nur für eine entsprechende Umsetzung zu sorgen hat, werden diesbezüglich keine weiteren Überlegungen angestellt. Es sei lediglich darauf hingewiesen, dass die Einbeziehung von direkten Zustellungen in Kombination mit der Berücksichtigung von Mengen- und Verbundrabatten letztlich immer noch wesentlich kostengünstiger ist als eine alternative Bevorratung von Sicherheitsbeständen.[1]

5.5.3.2 Berücksichtigung von Vormerkungen

In Ergänzung zu den vorweg geschilderten Maßnahmen eignen sich schließlich auch Vormerkungen, um bereits eingetretene Fehlbestände in den Endbedarfslagern zu handhaben.[2] Falls ein Produkt nicht mehr vorrätig sein sollte und gegebenenfalls auch nicht aus einem anderen Lager beschafft werden kann, wird es für den Abnehmer reserviert, sobald es wieder im Endbedarfslager eintrifft. Mit Hilfe von Vormerkungen ist es also möglich, den unbefriedigten Anteil der Nachfrage in zukünftige Perioden zu verlagern und dann nachträglich zu bedienen. Werden dagegen keine Vormerkungen vorgenommen, so muss der unbefriedigte Nachfragenanteil in jeder Periode als 'verloren' gegangene Nachfrage betrachtet werden.[3] Werden aber Vormerkungen berücksichtigt, so hat dies zur Folge, dass die in einer Periode anfallenden Fehlmengen als zusätzliche Nachfrage in die nächste Periode übernommen werden. Deshalb liegt der Bedarf in kommenden Perioden jeweils umso höher, je mehr Fehlmengen in der Vorperiode zurückgeblieben sind. Ohne Berücksich-

---

[1]) Vgl. hierzu die Simulationsergebnisse im Anhang auf Seite 353.

[2]) Das Simulationssystem bietet die Möglichkeit, entweder Vormerkungen generell vorzunehmen (back-order case) oder ganz wegzulassen (lost-order case).

[3]) In der Literatur als lost-order case bezeichnet. Vgl. Brink, Alfred: /Lager- und Bestellmengenplanung/ 36; Nahmias, Steven; Smith, Stephen A.: /Models of Retailer Inventory Systems/ 251; Prichard, James W.; Eagle, Robert H.: /Inventory Manangement/ 9; Silver, Edward A.; Peterson, Rein: /Decision Systems/ 209.

tigung dieses Bedarfsanstiegs in den künftigen Nachschubmengen, käme es zu einer Kumulation der Fehlmengen über mehrere Perioden hinweg.

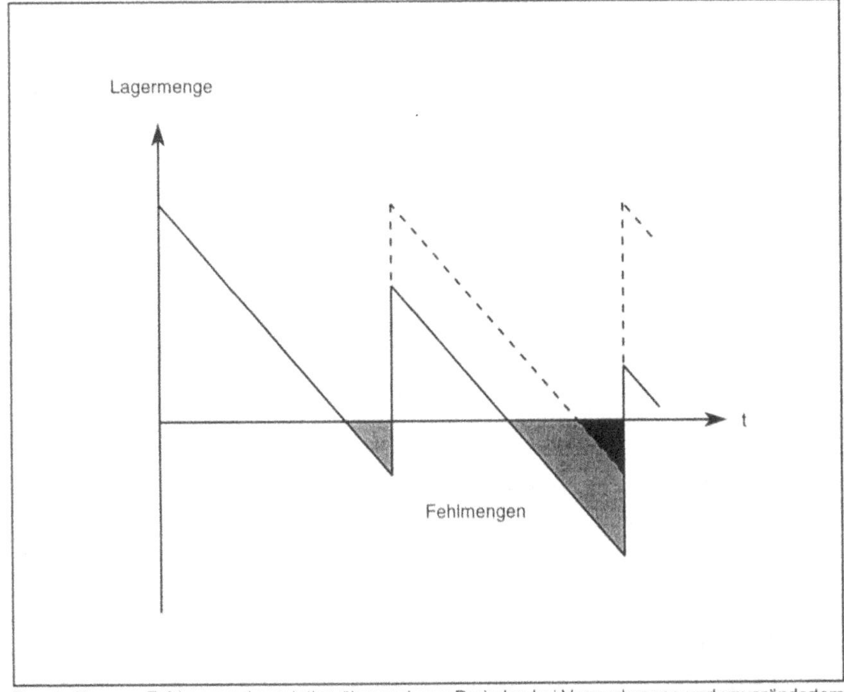

Darst. 48 Fehlmengenkumulation über mehrere Perioden bei Vormerkungen und unverändertem Nachschub

Darstellung 48 zeigt den Bestandsverlauf, wenn man die Vormerkungen nicht in die zukünftigen Bedarfsmengen einbezieht. Die gestrichelte Linie gibt dabei den Bestandsverlauf wieder, der ohne Berücksichtigung von Vormerkungen eintreten würde (lost-order case). Wie aus der Darstellung ersichtlich, kumulieren sich die Fehlbestände, falls sie in Form von Vormerkungen mit in die nächste Periode übernommen werden und keine Korrektur der künftigen Bedarfe stattfindet. In der Distributionsprogrammplanung werden die Vormerkungen darum automatisch durch die Bestandsreichweitenprüfung[1] berücksichtigt. Falls die Vormerkungen nicht mit dem ohnehin eintreffenden Nachschub zu decken sind, werden deshalb noch in der gleichen Periode neue Lieferungen veranlasst.[2]

Im Hinblick auf die Resultate der Simulationsläufe ist in diesem Zusammenhang zu bedenken, dass sich die Veränderungen im Bedarfsaufkommen der Endbedarfslager zum Teil auch in den einzelnen Ergebnisgrößen niederschlagen. Denn die Anzahl der nicht sofort befriedigten Nachfragen fällt ohne die Berücksichtigung von Vormerkungen tendenziell niedriger aus als wenn Vormerkungen vorgenommen würden.[3] Dafür wird im Fall von Vormerkungen aber fast jede zunächst unbefriedigte Nachfrage noch nachträglich in den Folgeperioden bedient. Aus diesem Grund können zum Beispiel die Lieferbereitschaftsgrade nicht miteinander verglichen werden.

Sart	mit Vormerkungen	ohne Vormerkungen
Gesamtkosten	10.052.000	9.784.840
Lagerauslastung	52,72%	57,16%
Endbedarfslagerumschlag	43,15	41,85
Kapitalbindung	7.045.700	7.346.510

Darst. 49 Simulationsergebnisse des Distributionsszenarios 'vier' bei maximal 100% Prognoseabweichung mit und ohne Vormerkungen

In Darstellung 49 ist deshalb der Lieferbereitschaftsgrad nicht mit aufgeführt. Die Zahlen zeigen, dass bei Berücksichtigung von Vormerkungen insgesamt weniger gelagert wird. Die durchschnittliche Lagerauslastung liegt in diesem Fall um 4,44 Prozentpunkte niedriger und der Lagerumschlag in den Endbedarfslagern ist 3,11% höher. Ähnlich verhält es sich mit der Kapitalbindung. Auf der anderen Seite liegen die Gesamtkosten trotz geringerer Lagerbestände letztlich höher als bei Verzicht auf Vormerkungen, da durch die

[1]) Vgl. Abschnitt 4.3.2.

[2]) Im Vergleich zu anderen Dispositionsverfahren kann die Distributionsprogrammplanung deshalb Vormerkungen besonders gut handhaben. Vgl. hierzu auch die Simulationsergebnisse im Anhang auf Seite 355.

[3]) Da die Bedarfsaufkommen ohne Vormerkungen nicht um die kumulierten Fehlmengen anwachsen, ist im Schnitt folglich auch nur ein geringerer Bedarf zu decken.

Vormerkungen insgesamt mehr verkauft wird. Hieraus kann bei vorgenommenen Vormerkungen auf einen stärkeren Lagerdurchsatz geschlossen werden. Obwohl dieser höhere Lagerdurchsatz aus eigentlich unerwartet hohen Bedarfsaufkommen in den Endbedarfslagern resultiert, wirken sich die Vormerkungen bei Anwendung der Distributionsprogrammplanung kaum negativ auf die Anzahl der unmittelbar befriedigten Nachfragen aus. Da andere Dispositionsverfahren unter solchen Umständen zu wesentlich schlechteren Resultaten führen, ist dies als Indiz für die Robustheit der Distributionsprogrammplanung gegenüber unerwarteten Nachfrageaufkommen zu werten.[1]

5.5.4 Auswirkungen unterschiedlicher Distributionsstrukturen

Es sind jedoch nicht nur die unerwarteten Nachfrageaufkommen, welche die Leistungsfähigkeit eines Dispositionsverfahrens auf die Probe stellen. Auch die Struktur des Distributionssystems kann sich auf dessen Ergebnisse auswirken.

Struktur / Verfahren	'zwei'	'drei'	'vier'	'fünf'
Sart	96,82%	98,79%	97,36%	98,29%
(s,S)	94,59%	93,50%	92,91%	91,15%
EDRP	94,97%	95,25%	87,64%	93,77%

Darst. 50 Erzielbare Lieferbereitschaftsgrade unter Verwendung alternativer Dispositionsverfahren in unterschiedlichen Distributionsstrukturen bei maximal 50% Prognoseabweichung

In Darstellung 50 sind die unter Verwendung alternativer Dispositionsverfahren in unterschiedlichen Distributionsstrukturen erzielbaren Lieferbereitschaftsgrade aufgelistet.[2] Während die Werte für die einfachste Variante der Distributionsprogrammplanung (Sart) je nach Distributionsstruktur nur um maximal 1,97 Prozentpunkte vonein-

[1]) Vgl. hierzu die Simulationsergebnisse im Anhang auf Seite 355.

[2]) Ein ausführlicher Vergleich der mit Hilfe alternativer Dispositionsverfahren erzielbaren Ergebnisse findet erst in Abschnitt 5.6 statt.

ander abweichen, schwanken die Lieferbereitschaftsgrade unter Verwendung einer (s,S) Politik bereits um 3,44 Prozentpunkte und bei Einsatz des Enhanced Distribution Requirements Plannings (EDRP) sogar um 7,61 Prozentpunkte. Die Leistungsfähigkeit der Distributionsprogrammplanung ist deshalb als relativ unabhängig gegenüber der jeweiligen Distributionsstruktur einzustufen. Im Vergleich zu den anderen Dispositionsverfahren verhält sich die Distributionsprogrammplanung dabei speziell in tiefen Distributionsstrukturen besonders vorteilhaft. So liegt der erzielbare Lieferbereitschaftsgrad zum Beispiel in dem zweistufigen Distributionsszenario von Fall 'zwei' absolut um etwa zwei Prozent höher als bei den anderen Dispositionsverfahren, wohingegen der Unterschied bei dem vierstufigen Distributionsszenario aus Fall 'fünf' bereits ungefähr fünf Prozentpunkte ausmacht. Die Resultate der Distributionsprogrammplanung fallen also gegenüber den mit anderen Dispositionsverfahren erzielbaren Ergebnissen desto besser aus, je mehr Stufen ein Distributionssystem aufweist.

5.5.5 Einflüsse verschieden hoher Prognoseabweichungen

Neben dem Einfluss alternativer Distributionsstrukturen auf die Robustheit der Distributionsprogrammplanung stellt sich auch die Frage, wie sich die Ergebnisse des Verfahrens verändern, wenn die Prognosen über die zu erwartenden Absatzmengen eine unterschiedliche Güte aufweisen. Wie bereits gezeigt wurde, liefert die retrograde Sekundärbedarfsermittlung mit Hilfe kumulierter Periodenbedarfe[1] bei hundertprozentig zutreffenden Prognosen die besten Ergebnisse.[2] Da die Nachfragemengen in der Realität jedoch nie mit Gewissheit vorhergesagt werden können, beschränken sich die Betrachtungen in diesem Abschnitt auf die Simulationsergebnisse, die sich bei einer maximalen Prognoseabweichung von 50% bzw. 100% ergeben. Für diese Prognoseabweichungen wurden Simulationsläufe mit den Distributionsszenarien 'zwei', 'vier' und 'fünf' durchgeführt.

[1]) Vgl. Abschnitt 4.3.1.1.

[2]) Vgl. hierzu auch Abschnitt 5.5.

Distributions-szenario	'zwei'		'vier'		'fünf'	
max. Prognose-abweichung	50%	100%	50%	100%	50%	100%
Sart	96,82%	91,53%	97,36%	94,07%	98,29%	95,36%
(s,S)	94,59%	92,07%	92,91%	89,44%	91,15%	86,87%
EDRP	94,97%	89,39%	87,64%	76,54%	93,77%	87,76%

Darst. 51 Simulationsergebnisse bei unterschiedlich hohen Prognoseabweichungen

Wie aus Darstellung 51 ersichtlich ist, verschlechtern sich die Resultate der Distributionsprogrammplanung bei allen drei Distributionsszenarien mit zunehmendem Prognosefehler nur unwesentlich. Vergleicht man die anderen Distributionsverfahren untereinander, fällt auf, dass der Lieferbereitschaftsgrad insbesondere unter Verwendung des Enhanced Distribution Requirements Plannings bei steigender Prognoseabweichung besonders stark abfällt.[1] In Relation zu den anderen Dispositionsverfahren reagiert die Distributionsprogrammplanung somit auch bei zunehmender Prognoseabweichung nicht mit einer übermäßigen Ergebnisverschlechterung und garantiert selbst unter widrigen Umständen immer noch einen zufriedenstellenden Lieferservice.

5.6 Ergebnisse unter Verwendung von in der Praxis gebräuchlichen Dispositionsverfahren

Um die Leistungsfähigkeit der Distributionsprogrammplanung im Vergleich zu anderen Ansätzen beurteilen zu können, wurden in der Simulationsstudie auch einige der in der Praxis gebräuchlichen Dispositionsverfahren getestet. Mit Blick auf die vorliegende Problemstellung einer deterministisch-dynamischen Disposition in mehrstufigen Distributionskanälen sind hierzu im Einzelnen eine Lot-for-Lot Orderpolitik, die Disposition gemäß (*s*,*S*) Politik sowie die Anwendung des Enhanced Distribution Requirements

[1]) Weitergehende Ergebnisvergleiche finden sich in Abschnitt 5.7.

Plannings untersucht worden.[1] Einige der mit diesen Dispositionsverfahren erzielbaren Ergebnisse wurden bereits in den vorangegangenen Abschnitten zur Bewertung der Distributionsprogrammplanung herangezogen. Im Folgenden werden daher nicht nur die mit den einzelnen Dispositionsverfahren erzielbaren Kosten- und Servicewirkungen dargestellt, sondern es wird auch aufgezeigt, wie die verschiedenen Ansätze im Rahmen der Simulationsumgebung implementiert wurden und auf welche Weise die jeweiligen Dispositionsentscheidungen getroffen werden.

5.6.1 Einsatz einer Lot-for-Lot Orderpolitik

Eine Lot-for-Lot Orderpolitik[2] zeichnet sich dadurch aus, dass jeweils nur die Menge geordert wird, die zur Deckung des Bedarfs einer einzigen Periode benötigt wird.[3] An dieser Stelle werden sowohl eine einfache als auch eine erweiterte Form der Lot-for-Lot Politik getestet. Die einfache Variante versucht stets, für jede Lagerebene die entsprechend den Nachfrageprognosen benötigten aggregierten Bedarfsmengen zu beschaffen. Da diese Vorgehensweise bei unsicheren Nachfragedaten zu unbefriedigenden Lieferbereitschaftsgraden führt, wurden in der zweiten Variante des Lot-for-Lot Ansatzes zusätzlich systemweit verteilte dynamische Sicherheitsbestände berücksichtigt.[4]

Die einfache Variante ermittelt in allen Endbedarfslagern für jedes Produkt die für eine Order maßgebliche Bedarfsperiode sowie die dazugehörigen Nachfrageprognosen. Das bedeutet, dass unter Berücksichtigung von Liefer- und Transportzeiten zunächst

[1]) Diese Dispositionsverfahren wurden deshalb ausgewählt, weil sie in der Praxis zumindest in ähnlicher Form auch tatsächlich Anwendung finden oder für die vorliegende Problemstellung recht gute Ergebnisse versprechen. Die Implementation weiterer in Frage kommender Dispositionsansätze brächte deshalb keinen zusätzlichen Erkenntniswert und würde außerdem den Rahmen der vorliegenden Arbeit sprengen.

[2]) Die Lot-for-Lot Politik ist unter anderem referiert bei Biggs, Joseph R.: /Lot-Sizing and Sequencing Rules/ ; Bookbinder, James H.; Heath, Donald B.: /Replenishment Analysis/ ; De Bodt, Marc A.; Gelders, Ludo F.; Van Wassenhove, Luk N.: /Lot-Sizing/ 177; Martin, André J.: /DRP/ 83; Tersine, Richard, J.: /Principles/ 163; Veral, Emre A.; Laforge, R. Lawrence: /performance/ .

[3]) Vgl. hierzu auch Abschnitt 3.1.2.

[4]) Zum Konzept der dynamischen Sicherheitsbestände vgl. auch Abschnitt 5.5.2.1.

diejenigen zukünftige Perioden identifiziert werden, deren Bedarfsaufkommen während der laufenden Periode einzukalkulieren sind, wenn Entscheidungen über die Auslösung von Bestellungen und Transporten zu treffen sind. Diese Input-Bedarfe werden dann entsprechend den Transferzeiten zeitlich vorversetzt und zu den Bedarfen der jeweils übergeordneten Lager aggregiert. Dieser Schritt wiederholt sich solange, bis die oberste Lagerebene erreicht ist und für alle Produkte die Periodenbedarfe jeden Lagers in Abhängigkeit von den Prognosewerten der ihm untergeordneten Endbedarfslager ermittelt wurden.[1] Auf dieser Basis werden in der laufenden Periode schließlich die anstehenden Bestellungen und Transporte veranlasst. Dabei legt das Verfahren jeweils die Bedarfe derjenigen Perioden zugrunde, in denen die in der laufenden Periode ausgelösten Bestellungen und Transporte voraussichtlich eintreffen werden. Somit wird also immer derjenige Bedarf geordert, der vermutlich in der Periode benötigt wird, in der die Waren angeliefert werden. Aus Gründen der Vergleichbarkeit werden Bestellungen und Transporte genauso abgewickelt wie in dem bereits vorgestellten Dispositionsverfahren. Dabei werden wie oben bereits ausführlicher erläutert,[2] alle Produkte eines Herstellers mit gleicher Lieferzeit in einer Bestellung zusammengefasst und die Transporte mit der jeweils günstigsten Transportvariante durchgeführt. Das bedeutet, dass sowohl Transporte mit lediglich variabel anfallenden Kosten als auch Transporte zu fixen plus variablen Kosten benutzt werden können.

	max. Prognoseabweichung	0%	50%	100%
LfL	Gesamtkosten	14.124.600	14.563.400	14.598.900
	Lieferbereitschaftsgrad	100,00%	84,58%	71,99%
	Lagerauslastung	0,00%	32,43%	35,87%
	Kapitalbindung	2.557.200	4.302.120	4.640.550

Darst. 52 Simulationsergebnisse des Distributionsszenarios 'vier' unter Verwendung einer einfachen Lot-for-Lot-Politik (LfL)

[1]) Die Vorgehensweise zur Bedarfsbestimmung ähnelt somit der Sekundärbedarfsermittlung auf Basis systemweiter Periodenbedarfe. Vgl. hierzu auch Abschnitt 4.3.1.2.

[2]) Vgl. Abschnitt 4.3.4.1 - 4.3.4.2.

Wie aus den Simulationsergebnissen in Darstellung 52[1] ersichtlich ist, würde die Nachfrage mit dieser Orderpolitik komplett befriedigt, ohne beim Periodenübergang Lagerbestände zu bevorraten, sofern es keine Nachfrageunsicherheit gäbe (max. Prognoseabweichung 0%). In diesem Fall würden lediglich 'rollende' Bestände gehalten. Da die Lot-for-Lot Politik jedoch keinen Kosten Trade-off berücksichtigt, verwundert es nicht, dass hierbei die gesamten entscheidungsrelevanten Kosten viel höher ausfallen, als bei den anderen Dispositionsverfahren.[2] Wird die Lot-for-Lot Politik in einem Umfeld mit Nachfrageunsicherheiten eingesetzt, so zeigt sich zudem eine Verschlechterung des Lieferbereitschaftsgrades mit zunehmender Prognoseabweichung und es entstehen Lagerbestände, die daraus resultieren, dass die prognostizierten Nachfragemengen nicht immer tatsächlich abverkauft werden.

Da bei dieser einfachen Lot-for-Lot Orderpolitik die Lieferbereitschaft mit zunehmendem Prognosefehler immer mehr abnimmt, soll hier auch untersucht werden, welche Ergebnisse sich einstellen, wenn dieser Ansatz um dynamische Sicherheitsbestände erweitert wird. Dazu müssen auf jeder Ebene sowohl Sicherheitsbestände berücksichtigt werden können als auch die auf Grund der Abweichungen zwischen Prognose und Abverkauf entstandenen Restbestände bei der Festlegung des zukünftigen Bedarfs einkalkuliert werden. Abgesehen von der Einbeziehung von Sicherheits- und Restbeständen bleibt die Vorgehensweise zur Bedarfsaggregation der höheren Lagerebenen aber prinzipiell unverändert. Es werden jedoch nicht mehr einfach die Output-Bedarfe zugrunde gelegt, sondern der Bedarf wird einerseits um den gewünschten Sicherheitsbestand aufgestockt und im Gegenzug um die verbliebenen Restbestände reduziert. Ziel ist es, möglichst in jeder Periode mindestens den jeweils erwarteten Bedarf zuzüglich eines Sicherheitsbestandssockels variabler Höhe in jedem Lager vorrätig zu haben. Die periodische Variabilität des Sicherheitsbestandsanteils begründet sich aus der Annahme, dass die absolute Prognoseabweichung in Perioden mit geringerer Nachfrage kleiner ausfallen wird als in Perioden mit hoher Nachfrage. Deshalb wäre es nicht sinnvoll, in Perioden mit geringer Nachfrage

---

[1]) Vgl. hierzu auch die Simulationsergebnisse im Anhang auf Seite 356.

[2]) Auch Robrade kommt in seinen Untersuchungen zu dem Ergebnis, dass die Anwendung der Lot-for-Lot Politik erhebliche Mehrkosten verursacht. Vgl. Robrade, Andreas D.: /Einprodukt-Lagerhaltungsmodelle/ 77.

einen ebenso großen Sicherheitsbestand vorzuhalten wie in Perioden mit hoher Nachfrage et vice versa. Folglich richtet sich die Höhe des dynamischen Sicherheitsbestandes zum einen nach dem prozentualen Anteil, in dessen Höhe die mögliche Prognoseabweichung aufgefangen werden soll und zum anderen nach der absolut einzukalkulierenden Prognoseabweichung. Da eine fortwährende Aufstockung der erwarteten Bedarfe um den dynamischen Sicherheitsbestand zu einer Kumulation nicht in Anspruch genommener Sicherheitsbestandsanteile führen würde, ist es sinnvoll, den in der laufenden Periode verbleibenden Restbestand mit in die aktuelle Dispositionsentscheidung einzubeziehen. Unter Berücksichtigung der Zeitdynamik bedeutet dies in einem mehrstufigen Distributionssystem nicht etwa einfach nur den nächsten Periodenbedarf um den verbliebenen Restbestand zu reduzieren, sondern es ist zu bedenken, dass bereits die weiter in der Zukunft liegenden Periodenbedarfe durch die zeitversetzte Bedarfsaggregation mit in die Dispositionsentscheidung der übergeordneten Lagerstufen eingeflossen sind. Deshalb kann die aus den Restbeständen eines Produktes in dem jeweiligen Endbedarfslager resultierende Bedarfskorrektur erst in der Periode wirksam werden, welche momentan als nächste mit in die Dispositionsentscheidung der unmittelbar übergeordneten Lagerebene einfließen wird. Auf diese Weise ist gewährleistet, dass selbst bei voller Inanspruchnahme des Sicherheitsbestandes über mehrere Perioden hinweg, in jeder Periode eine Aufstockung des Lagerbestandes um den Periodenbedarf plus Sicherheitsbestand möglich ist und im umgekehrten Fall entsprechend weniger aufgefüllt wird. Der Unterschied zwischen der einfachen Lot-for-Lot Politik und der erweiterten Variante liegt somit im Wesentlichen darin, dass sie sich nicht nur ausschließlich an den Nachfrageprognosen orientiert, sondern einerseits dynamische Sicherheitsbestände vorsieht und andererseits die bestandswirksamen Abweichungen zwischen Prognose und tatsächlichem Abverkauf explizit mit in die Dispositionsentscheidungen einbezieht.

	max. Prognoseabweichung	50%	100%
LfL mit einem dynamischen Sicherheitsbestandsanteil von 50%	Gesamtkosten	13.561.900	13.468.000
	Lieferbereitschaftsgrad	95,20%	89,17%
	Lagerauslastung	26,22%	46,49%
	Kapitalbindung	4.330.660	5.875.460

Darst. 53 Simulationsergebnisse des Distributionsszenarios 'vier' unter Verwendung der Lot-for-Lot-Politik (LfL) mit systemweit verteilten dynamischen Sicherheitsbeständen

Darstellung 53 zeigt, dass sich der erzielbare Lieferbereitschaftsgrad durch diese Maßnahme gegenüber der einfachen Variante der Lot-for-Lot Politik erheblich steigern lässt, so dass unter unsicheren Rahmenbedingungen auf jeden Fall eine Lot-for-Lot Politik mit systemweit verteilten dynamischen Sicherheitsbeständen zu bevorzugen wäre. Da die gesamten Kosten aber immer noch wesentlich höher liegen als bei den anderen Dispositionsverfahren, muss die erweiterte Variante der Lot-for-Lot Politik für die Disposition in mehrstufigen Distributionssystemen als ungeeignet eingestuft werden. Auch wenn insbesondere die unkomplizierte Vorgehensweise der einfachen Variante für einen Einsatz in der Praxis spricht, dürfen die schlechten Ergebnisse unter unsicheren Rahmenbedingungen nicht außer Acht bleiben. Aber selbst wenn der Unsicherheitsfaktor vernachlässigt würde, wäre die Lot-for-Lot Politik alleine auf Grund ihrer höheren Gesamtkosten für eine Anwendung in der Praxis abzulehnen.

5.6.2 Disposition gemäß (*s*,*S*) Politik

Eine (*s*,*S*) Politik legt für jedes Produkt in jedem Lager einen spezifischen Orderpunkt sowie die dazugehörige Wiederauffüllgrenze fest.[1] Die Simulationsumgebung bestimmt diese Werte noch vor Durchführung eines Simulationslaufes und hinterlegt die Daten über die gesamte Nachfrage in einer eigenen Datei. Dabei werden die einzelnen Werte wie folgt bestimmt bzw. abgespeichert:

Gesamtnachfrage: Die gesamte Nachfrage wird für alle Produkte separat für jedes Lager ermittelt. Dazu erfolgt zunächst eine Kumulation der Nachfragemengen in den Endbedarfslagern für jedes Produkt über alle Perioden des Simulationshorizonts. Durch Aggregation dieser Werte werden dann rekursiv die zu erwartenden Nachfragemengen der übergeordneten Regional- und Wareneingangslager bestimmt.

Orderpunkt s: Aus der Gesamtnachfrage lässt sich für alle Produkte in jedem Lager zunächst der durchschnittliche Bedarf je Periode bestimmen.[2] Der Orderpunkt

---

[1]) Vgl. Abschnitt 3.1.1.

[2]) Im Rahmen der Simulationsstudie wird die tatsächlich eintretende Gesamtnachfrage zugrunde gelegt und nicht eine fiktive Schätzung der erwarteten Gesamtnachfrage. Dies wirkt sich auf die Ergebnisse

wird dann so hoch festgelegt, dass nach Erreichen dieser Meldemenge der Bestand noch ausreicht, um den durchschnittlichen Bedarf über den Nachschubzeitraum abzudecken.[1]

Wiederauffüllgrenze S: Mittels der Bestellmengenformel (EOQ)[2] werden aus den Gesamtnachfragemengen die 'optimalen' Bestellmengen berechnet.[3] Die Wiederauffüllgrenzen ergeben sich dann aus der Addition von Orderpunkt und optimaler Bestellmenge.

Während der Simulationsläufe werden in jeder Periode die Lagerbestände für alle Produkte in jedem Lager überwacht. Bei Unterschreitung des Orderpunktes wird eine Bestellung bzw. ein Transport für das jeweilige Produkt ausgelöst. Die georderte Menge richtet sich dabei nach der Differenz zwischen Wiederauffüllgrenze und momentanem Lagerbestand. Das bedeutet, dass umso mehr geordert wird, je stärker der Orderpunkt zum Zeitpunkt der Bestell- oder Transportauslösung unterschritten wurde.

	Distributionsszenario	'eins'	'eins'	'drei'
	max. Prognoseabweichung	0%	50%	50%
(s,S)	Gesamtkosten	94.536	84.452	71.400.000
	Lieferbereitschaftsgrad	95,64%	94,12%	93,50%
	Lagerauslastung	78,16%	80,90%	66,31%
	Kapitalbindung	92.661	89.952	472.000.000

Darst. 54 Simulationsergebnisse der Distributionsszenarien 'eins' und 'drei' unter Verwendung einer (*s*,*S*) Politik

der Disposition gemäß der (*s*,*S*) Politik nur positiv aus. In der Praxis würde die erwartete Gesamtnachfrage lediglich geschätzt und wahrscheinlich nicht unwesentlich von der tatsächlich eintretenden Gesamtnachfrage abweichen. Man kann also davon ausgehen, dass die mit der (*s*,*S*) Politik in der Realität erzielten Ergebnisse wahrscheinlich noch schlechter ausfallen werden als in der Simulationsstudie.

[1]) Optional kann man den Bestellpunkt um bis zu 100% gegenüber dem Ausgangswert heraufsetzen.

[2]) Vgl. Abschnitt 3.1.1.

[3]) Unter dynamischen Rahmenbedingungen ergibt sich die optimale Bestellmenge aus der Wurzel von doppelter Lagerabgangsgeschwindigkeit multipliziert mit den bestellfixen Kosten und dividiert durch die Lagerkosten je Periode. Dabei entspricht die Lagerabgangsgeschwindigkeit der durchschnittlichen Nachfrage je Periode und die Lagerkosten je Periode ergeben sich aus dem produktspezifischen Volumen sowie den lagerspezifischen Lagerkosten je Volumeneinheit. Vgl. Berens, Wolfgang; Delfmann, Werner: /Quantitative Planung/ 399.

Die Abwicklung der Bestellungen und Transporte geschieht aus Gründen der Vergleichbarkeit auf die gleiche Weise wie bei den anderen untersuchten Dispostionsverfahren. Es werden also alle Produkte eines Herstellers mit gleicher Lieferzeit in einer Bestellung zusammengefasst und die Transporte werden mit der jeweils günstigsten Variante durchgeführt. Darstellung 54[1] zeigt die Simulationsergebnisse, die sich bei Anwendung der (*s*,*S*) Politik in den Distributionsszenarien 'eins' und 'drei' ergeben. Dabei fällt auf, dass die erzielbaren Lieferbereitschaftsgrade in beiden Szenarien nicht weit voneinander abweichen, obwohl das Distributionsszenario 'eins' ein extrem kleines Distributionsmodell darstellt, während Szenario 'drei' in realen Größenordnungen rangiert.

	max. Prognoseabweichung	0%	50%	100%
(s,*S*)	Gesamtkosten	8.688.700	8.039.970	8.092.000
	Lieferbereitschaftsgrad	95,07%	94,59%	92,07%
	Lagerauslastung	266,94%	287,88%	296,82%
	Kapitalbindung	8.877.650	9.011.000	9.310.940

Darst. 55 Simulationsergebnisse des Distributionsszenarios 'zwei' unter Verwendung einer (*s*,*S*) Politik

Ähnliches gilt für die in Darstellung 55[2] gezeigten Ergebnisse des Beispiels 'zwei'. Es ist bemerkenswert, dass der erzielbare Lieferbereitschaftsgrad ebenso wie bei den nachfolgenden Simulationsergebnissen ohne Prognoseabweichungen nur geringfügig höher liegt als im Fall von Prognoseabweichungen im Bereich von 50% oder 100%.

	max. Prognoseabweichung	0%	50%	100%
(s,*S*)	Gesamtkosten	10.740.000	10.028.000	10.037.000
	Lieferbereitschaftsgrad	93,93%	92,91%	89,44%
	Lagerauslastung	134,67%	145,12%	142,20%
	Kapitalbindung	12.642.000	12.848.000	12.840.000

Darst. 56 Simulationsergebnisse des Distributionsszenarios 'vier' unter Verwendung einer (*s*,*S*) Politik

---

[1]) Vgl. auch die Simulationsergebnisse im Anhang auf den Seiten 347 und 349.

[2]) Vgl. auch die Simulationsergebnisse im Anhang auf Seite 348.

Die im Vergleich zu den anderen Dispositionsverfahren enorm hohe durchschnittliche Lagerauslastung und Kapitalbindung erklärt sich für dieses zweistufige Zentrallagermodell dadurch, dass in der Zentrale die gesamte Nachfrage aller Endbedarfslager gebündelt wird und der Orderpunkt unter diesen Umständen entsprechend hoch angesetzt wird. Dieser Effekt macht sich in abgeschwächter Form ebenso bei den in Darstellung 56 und 57[1] wiedergegebenen Ergebnissen der Distributionsszenarien 'vier' und 'fünf' bemerkbar. Auch hier liegen Lagerauslastung und Kapitalbindung deutlich über den Werten, die sich unter Verwendung alternativer Dispositionsverfahren einstellen würden. Insgesamt lassen die Resultate den Schluss zu, dass die Kapitalbindung bei Anwendung der zugrunde gelegten (*s*,*S*) Politik in Relation zu anderen Dispositionsverfahren umso stärker ansteigt, je breiter die horizontale Distributionsstruktur aufgebaut ist.

	max. Prognoseabweichung	0%	50%	100%
(s,S)	Gesamtkosten	13.982.000	13.037.000	12.999.000
	Lieferbereitschaftsgrad	91,72%	91,15%	86,87%
	Lagerauslastung	50,36%	55,04%	55,00%
	Kapitalbindung	24.749.000	25.327.000	25.222.300

Darst. 57 Simulationsergebnisse des Distributionsszenarios 'fünf' unter Verwendung einer (*s*,*S*) Politik

Betrachtet man die gesamten Kosten vor dem Hintergrund des erreichbaren Lieferbereitschaftsgrades, muss man zudem feststellen, dass sich eine gleichwertige oder sogar bessere Lieferbereitschaft auch günstiger mit der Distributionsprogrammplanung (Sart) erzielen ließe. Die in der Praxis häufig eingesetzte (*s*,*S*) Politik verursacht also nicht nur eine unnötig hohe Kapitalbindung, sondern führt trotz der größeren Lagerbestände nicht einmal zu einer besseren Lieferbereitschaft.

[1]) Vgl. auch die Simulationsergebnisse im Anhang auf den Seiten 351 und 357.

5.6.3 Anwendung des Enhanced Distribution Requirements Planning

Das Enhanced Distribution Requirements Planning[1] zeichnet sich gegenüber dem einfachen Distribution Requirements Planning[2] hauptsächlich dadurch aus, dass die einzelnen distributionssysteminternen Warentransferprozesse möglichst effizient auf die zur Verfügung stehenden Transportvarianten aufgeteilt werden. Den Ausgangspunkt bilden dabei zunächst die Sekundärbedarfe, welche auf Basis systemweiter Periodenbedarfe ermittelt werden. Im Zuge der Transportplanung wechselt das Verfahren dann jedoch im Prinzip zu einer retrograden Sekundärbedarfsermittlung mit Hilfe kumulierter Periodenbedarfe über. Da diese Vorgehensweise unter unsicheren Rahmenbedingungen zu sehr unbefriedigenden Resultaten führt,[3] wurde die Implementierung der Sekundärbedarfsermittlung für die Zwecke der Simulationsstudie so modifiziert, dass sie den Empfehlungen *Martins*[4] für das originäre Distribution Requirements Planning entspricht. Die Aufteilung des Warentransferaufkommens auf die vorhandenen Transportvarianten erfolgt aber weitgehend in Analogie zur Vorgehensweise des Enhanced Distribution Requirements Planning. Lediglich die Bestellabwicklung wurde aus Gründen der Vergleichbarkeit derjenigen der anderen getesteten Dispositionsverfahren angepasst, so dass alle Produkte eines Lieferanten mit gleicher Lieferzeit in einer Bestellung zusammengefasst werden.

Zur Anwendung dieses Dispositionsansatzes ist es zum einen notwendig, die Ordermengen und Sicherheitsbestände für alle Produkte zu bestimmen und zum anderen müssen die voraussichtlich verfügbaren Lagerbestände (Planbestände) stets überwacht sowie die zukünftigen Ordervorgänge geplant werden. Die Simulationsumgebung bestimmt die Werte für die Sicherheitsbestände und Ordermengen noch vor Durchführung eines Simulationslaufes und hinterlegt die Daten über die gesamte Nachfrage in einer eigenen Datei. Dabei werden die einzelnen Werte wie folgt bestimmt bzw. abgespeichert:

---

[1]) Vgl. Abschnitt 3.2.3.2.

[2]) Vgl. Abschnitt 3.2.3.

[3]) Vgl. Abschnitt 4.3.1.1.

[4]) Vgl. Martin, André J.: /DRP/ .

Gesamtnachfrage: Die gesamte Nachfrage wird für alle Produkte separat für jedes Lager ermittelt. Dazu erfolgt zunächst eine Kumulation der Nachfragemengen in den Endbedarfslagern für jedes Produkt über alle Perioden des Simulationshorizonts. Durch Aggregation dieser Werte werden dann rekursiv die zu erwartenden Nachfragemengen der übergeordneten Regional- und Wareneingangslager bestimmt.

Sicherheitsbestand: Laut *Martin* sind beim Distribution Requirements Planning nur auf der untersten Lagerebenen Sicherheitsbestände nötig. Deshalb wird der Sicherheitsbestand in den vorgelagerten Stufen auf Null gesetzt. Für die Endbedarfslagerebene wird die Höhe des Sicherheitsbestandes, dem Vorschlag *Martins* folgend,[1] auf einen durchschnittlichen Periodenbedarf gesetzt, welcher sich aus der insgesamt zu erwartenden Nachfrage bestimmen lässt.[2]

Ordermenge: Die Ordermenge entspricht der optimalen Bestellmenge nach der Bestellmengenformel (EOQ),[3] wie sie bereits in Zusammenhang mit der Wiederauffüllgrenze bei der (s,S) Bestellpolitik dargestellt wurde.[4] Sie wird für alle Produkte in jedem Lager separat ermittelt.

Planbestand und geplante Ordervorgänge werden durch das Dispositionsverfahren während des gesamten Simulationslaufes entsprechend der aktuellen Datenkonstellationen in jeder Periode neu kalkuliert. Dabei wird wie folgt vorgegangen:

Planbestand: Die Planbestände der einzelnen Produkte werden für alle Lager über die mindestnotwendige Anzahl zukünftiger Perioden aufgestellt, deren Berücksichtigung notwendig ist, um die Bestandsentwicklung entsprechend den Prognosen soweit fortzuschreiben, dass die Versorgung der Endbedarfslager sichergestellt ist. Auf Basis der aktuellen Bestandssituation sowie der erwarteten Lagerzu- und -abgänge wird die Bestandsabschätzung jede Periode unter Berücksichtigung der geplanten Ordervorgänge für alle Produkte eines jeden Lagers neu berechnet.

---

[1]) Vgl. Martin, André J.: /DRP/ 75.

[2]) Optional bietet das Simulationssystem die Möglichkeit, den Sicherheitsbestand auch auf der untersten Lagerebene auf Null zu setzen. Da dies jedoch zu überaus schlechten Simulationsergebnissen führt, wird diese Strategie nicht weiter vertieft.

[3]) Vgl. Abschnitt 3.1.1 und Vollmann, Thomas E.; Berry, William L.; Whybark, David C.: /Manufacturing Planning/ 801.

[4]) Vgl. Abschnitt 5.6.2.

geplante Order: Die Ordervorgänge für die einzelnen Produkte werden ebenfalls für jedes Lager geplant. Sie werden ermittelt, indem in jeder Periode, in welcher der Planbestand unter den Sicherheitsbestand zu sinken droht, ein Bedarf in Höhe der vorweg bestimmten Ordermenge gesetzt wird. Da dieser Bedarf zu einem Lagerzugang führen wird, ist der Planbestand in dieser Periode wieder um die Ordermenge zu erhöhen. Außerdem wird der gesetzte Bedarf in dem Vorgängerlager zu einem um die Transportzeit zeitlich vorversetzten Lagerabgang führen, was ebenfalls bei der Kalkulation des Planbestands für die nächsthöhere Ebene zu beachten ist.[1]

Die geplanten Ordervorgänge dienen schließlich in der laufenden Periode dazu, diejenigen Bestellungen und Transporte zu veranlassen, die nicht mehr länger hinausgezögert werden dürfen, falls sie noch rechtzeitig eintreffen sollen. Alle darüber hinaus eingeplanten Ordervorgänge stehen jedoch weiterhin zur Disposition und werden erst in den kommenden Perioden nach den dann auftretenden Anforderungen fest eingeplant bzw. durchgeführt. Wie bereits erwähnt, werden Bestellungen, ebenso wie bei den anderen Dispositionsverfahren, gemeinsam für Produkte eines Herstellers mit gleicher Lieferzeit getätigt. Auch die Transporte werden analog zur bisherigen Vorgehensweise auf die jeweils günstigste Art durchgeführt. Das bedeutet, dass bei allen betrachteten Dispositionsverfahren sowohl Transporte mit lediglich variabel anfallenden Kosten als auch Transporte zu fixen plus variablen Kosten zur Verfügung stehen und jeweils die für einen Transport günstigere Alternative gewählt wird, was im Wesentlichen dem Ansatz des Enhanced Distribution Requirements Planning entspricht.[2]

---

[1]) Bei dieser Vorgehensweise kann es vorkommen, dass der geplante Lagerabgang eines Produktes in einer Periode höher ausfällt als die ursprünglich vorgesehene Bestellmenge. Dieser Umstand ist von Martin nicht explizit berücksichtigt worden. Deshalb wird an dieser Stelle eine Erweiterung des Distribution Requirements Planning vorgeschlagen, die es in solchen Fällen erlaubt, den Bedarf über die mittels Bestellmengenformel bestimmter Bestellmenge auf das zur Deckung des geplanten Lagerabgangs erforderliche Niveau anzuheben. Das Simulationssystem bietet eine Wahlmöglichkeit hinsichtlich der Nutzung dieser Erweiterung an, so dass sowohl Simulationsläufe mit oder ohne Bedarfsanhebung realisierbar sind.

[2]) Vgl. Abschnitt 3.2.3.2.; Vollmann, Thomas E.; Berry, William L.; Whybark, David C.: /Manufacturing Planning/ .

	Distributionsszenario	'eins'	'eins'	'drei'
	max. Prognoseabweichung	0%	50%	50%
EDRP	Gesamtkosten	106.669	96.632	97.900.000
	Lieferbereitschaftsgrad	100,00%	98,80%	95,25%
	Lagerauslastung	55,61%	62,28%	46,64%
	Kapitalbindung	60.749	61.872	369.260.000

Darst. 58 Simulationsergebnisse der Distributionsszenarien 'eins' und 'drei' unter Verwendung des Enhanced Distribution Requirements Plannings (EDRP)

Betrachtet man die Simulationsergebnisse, die sich mit dieser Form des Enhanced Distribution Requirements Plannings erzielen lassen, zeigt sich, dass sich trotz geringerer Lagerauslastung und Kapitalbindung zumindest bei nicht allzu hoher Prognoseabweichung im Vergleich zu den anderen in der Praxis gebräuchlichen Dispositionsverfahren meist ein besserer Lieferbereitschaftsgrad erzielen lässt. Dies bestätigen insbesondere die Resultate aus den Darstellungen 58 und 59.[1]

	max. Prognoseabweichung	0%	50%	100%
EDRP	Gesamtkosten	9.643.100	8.790.100	8.680.100
	Lieferbereitschaftsgrad	97,83%	94,97%	89,39%
	Lagerauslastung	61,98%	69,42%	63,55%
	Kapitalbindung	3.303.000	3.228.000	3.107.900

Darst. 59 Simulationsergebnisse des Distributionsszenarios 'zwei' unter Verwendung des Enhanced Distribution Requirements Plannings (EDRP)

Bei einer größeren maximalen Prognoseabweichung ergibt sich jedoch ein anderes Bild. Sowohl im Distributionsszenario 'zwei' als auch bei den in Darstellung 60[2] gezeigten Ergebnissen sinkt der Lieferbereitschaftsgrad mit zunehmender Prognoseabweichung erheblich ab. Die Leistungsfähigkeit eines Distribution Requirements Plannings hängt also wesentlich von der Güte der Nachfrageprognosen ab.[3]

---

[1]) Vgl. auch die Simulationsergebnisse im Anhang auf den Seiten 347 und 348 sowie auf Seite 349.

[2]) Vgl. auch die Simulationsergebnisse im Anhang auf Seite 351.

[3]) Vgl. hierzu auch die Ausführungen in Abschnitt 3.2.2.3.

	max. Prognoseabweichung	0%	50%	100%
EDRP	Gesamtkosten	11.040.000	10.134.800	9.908.900
	Lieferbereitschaftsgrad	96,14%	87,64%	76,54%
	Lagerauslastung	55,01%	52,75%	46,46%
	Kapitalbindung	7.683.950	7.016.230	6.414.000

Darst. 60 Simulationsergebnisse des Distributionsszenarios 'vier' unter Verwendung des Enhanced Distribution Requirements Plannings (EDRP)

Auch die in Darstellung 61[1] wiedergegebenen Simulationsergebnisse des Distributionsszenarios 'fünf' weisen eine Verschlechterung des Lieferbereitschaftsgrades mit zunehmender Prognoseabweichung auf. Der Lieferbereitschaftsgrad liegt aber trotz geringerer Kapitalbindung aber immer noch höher als bei Verwendung einer (s,S) Politik.

	max. Prognoseabweichung	0%	50%	100%
EDRP	Gesamtkosten	15.168.000	13.931.000	13.648.000
	Lieferbereitschaftsgrad	97,07%	93,77%	87,76%
	Lagerauslastung	42,90%	43,02%	39,27%
	Kapitalbindung	21.120.000	20.140.000	18.686.000

Darst. 61 Simulationsergebnisse des Distributionsszenarios 'fünf' unter Verwendung des Enhanced Distribution Requirements Plannings (EDRP)

Nachdem bis hierher sowohl die Implementierung einiger in der Praxis gebräuchlicher Dispositionsverfahren als auch deren Resultate weitgehend isoliert voneinander vorgestellt worden sind, soll im folgenden Abschnitt eine zusammenfassende Bewertung aller Simulationsergebnisse sowie eine kritische Würdigung der einzelnen Ansätze stattfinden.

[1]) Vgl. auch die Simulationsergebnisse im Anhang auf Seite 357.

5.7 Zusammenfassende Bewertung der Simulationsergebnisse

In den vorangegangenen Abschnitten wurden sowohl die Distributionsprogrammplanung als auch eine Lot-for-Lot Orderpolitik, eine (s,S) Politik und das Enhanced Distribution Requirements Planning für die Disposition in mehrstufigen Distributionssystemen unter unsicheren Rahmenbedingungen simulativ getestet. Da hierbei jeweils dieselben Distributionsszenarien sowie eine identische Abwicklung der Warentransferprozesse zugrunde gelegt wurden, resultieren die einzelnen Simulationsergebnisse lediglich aus den unterschiedlichen Dispositionsentscheidungen der verschiedenen Ansätze und sind deshalb uneingeschränkt miteinander vergleichbar.

Wären die Nachfrageaufkommen mit Gewissheit bekannt, würde die Distributionsprogrammplanung unter Verwendung einer retrograden Sekundärbedarfsermittlung mit Hilfe kumulierter Periodenbedarfe[1] mit Abstand die besten Ergebnisse liefern. Da diese Vorgehensweise bei unsicheren Nachfragedaten jedoch zu unannehmbaren Verschlechterungen führt, kommt in der Distributionsprogrammplanung stattdessen eine Sekundärbedarfsermittlung auf Basis systemweiter Periodenbedarfe[2] zur Anwendung. Auf diese Weise lassen sich nicht nur bei geringen Prognosefehlern relativ gute Ergebnisse erzielen, sondern es wird zugleich eine außerordentliche Robustheit gegenüber unsicheren Rahmenbedingungen erreicht.

Bei Betrachtung der im Durchschnitt erzielten Lieferbereitschaftsgrade aus Darstellung 62[3] zeigt sich eine klare Überlegenheit der Distributionsprogrammplanung (Sart) unter unsicheren Rahmenbedingungen (maximale Prognoseabweichung 50% bzw. 100%). Aber auch wenn alle Daten mit Gewissheit bekannt sind (maximale Prognoseabweichung 0%), wird bei Anwendung der Distributionsprogrammplanung fast noch jede Nachfrage befriedigt. Im Hinblick auf die Lieferbereitschaft schneidet unter diesen

[1]) Vgl. Abschnitt 4.3.1.1.

[2]) Vgl. Abschnitt 4.3.1.2.

[3]) Der durchschnittliche Lieferbereitschaftsgrad wurde getrennt nach maximaler Prognoseabweichung über die jeweils betrachteten Distributionsszenarien ermittelt.

eher unrealistischen Umständen lediglich die Lot-for-Lot Politik noch besser ab, weil sie die vorab bekannten Periodenbedarfe ganz gezielt durch das Distributionssystem schleust.

Verfahren / Abweichung	**Sart**	**LfL**	**(*s*,*S*)**	**EDRP**
0%	98,96%	100,00%	94,09%	97,76%
50%	97,81%	84,58%	93,19%	93,75%
100%	93,65%	71,99%	89,46%	84,56%

Darst. 62 Durchschnittlich erzielte Lieferbereitschaftsgrade der betrachteten Dispositionsverfahren bei unterschiedlicher maximaler Prognoseabweichung

Dies verursacht jedoch nicht nur viel zu hohe Gesamtkosten, da keinerlei Kosten Trade-off berücksichtigt wird,[1] sondern führt unter unsicheren Rahmenbedingungen auch zu unzureichenden Lieferbereitschaftsgraden. Obwohl mit der in dieser Arbeit vorgenommenen Erweiterung der Lot-for-Lot Politik um das Konzept dynamischer Sicherheitsbestände zwar der schlechten Lieferbereitschaft begegnet werden konnte, blieben die gesamten Kosten dabei aber nahezu unverändert hoch. Die Lot-for-Lot Politik ist somit als ungeeignet für die Disposition in mehrstufigen Distributionssystemen zu erachten und wird aus diesem Grunde in den folgenden Überlegungen nicht mehr weiter berücksichtigt. Neben der Lot-for-Lot Politik reagiert auch das Enhanced Distribution Requirements Planning (EDRP) relativ empfindlich auf Prognoseungenauigkeiten. Lediglich die Ergebnisse der (*s*,*S*) Politik verändern sich bei unterschiedlichen Prognoseabweichungen verhältnismäßig wenig. Unter sicheren Rahmenbedingungen erreicht sie jedoch nur einen durchschnittlichen Lieferbereitschaftsgrad von etwa 94% und liegt damit fast fünf Prozentpunkte schlechter als die Distributionsprogrammplanung.

[1]) Im Vergleich zur Distributionsprogrammplanung unter Verwendung einer retrograden Sekundärbedarfsermittlung mit Hilfe kumulierter Periodenbedarfe liegen die durch eine Lot-for-Lot Politik verursachten Gesamtkosten bei mit Gewissheit bekannten Nachfragedaten um über 38% höher.

Wird zusätzlich die in Darstellung 63[1] veranschaulichte Kapitalbindung mit in Betracht gezogen, dann ist für die (*s*,*S*) Politik zudem eine fast doppelt so hohe durchschnittliche Kapitalbindung festzustellen, was darauf zurückzuführen ist, dass bei Anwendung der (*s*,*S*) Politik keine systemweiten Lagerbestände erfasst werden und dynamische Bedarfsfrageschwankungen unbeachtet bleiben. Die Ergebnisse offenbaren daher, dass sich die (*s*,*S*) Politik kaum an den Nachfrageprognosen orientiert und dass sie die Lieferbereitschaft nur durch überhohe Lagerbestände aufrecht erhält. Die gehäufte Anwendung der (*s*,*S*) Politik in der Praxis ist daher als sehr problematisch einzustufen.

Verfahren / Abweichung	**Sart**	**(s,*S*)**	**EDRP**
0%	0,00%	104,38%	17,09%
50%	0,36%	81,00%	5,94%
100%	3,75%	111,59%	0,00%

Darst. 63 Durchschnittlicher Überhang der Kapitalbindung einzelner Dispositionsverfahren in Relation zur jeweils niedrigsten Kapitalbindung bei unterschiedlicher maximaler Prognoseabweichung

Die insgesamt niedrigste durchschnittliche Kapitalbindung weist dagegen die Distributionsprogrammplanung auf. Nur bei einer maximalen Prognoseabweichung von 100% liegt das Enhanced Distribution Requirements Planning augenscheinlich noch günstiger. Diese niedrige Kapitalbindung geht jedoch mit einem viel niedrigeren Lieferbereitschaftsgrad einher. So ist die durchschnittliche Kapitalbindung bei der Distributionsprogrammplanung unter diesen Umständen zwar um 3,75% größer als beim Enhanced Distribution Requirements Planning, dafür erreicht der Lieferbereitschaftsgrad aber einen um über neun Prozentpunkte höheren Wert. Berücksichtigt man neben der Kapitalbindung also auch noch die erzielte Lieferbereitschaft, dann dominiert wiederum die Distributionsprogrammplanung gegenüber einem Einsatz des Enhanced Distribution Requierements Plannings.

---

[1]) Der durchschnittliche Überhang der Kapitalbindung über den jeweils günstigsten Wert gibt im Mittel über alle Distributionsszenarien an, um wieviel Prozent die niedrigste Kapitalbindung jeden Szenarios bei unterschiedlichen Prognoseabweichungen nach Anwendung des jeweiligen Dispositionsverfahrens überschritten wurde.

Bei zusätzlicher Betrachtung der insgesamt verursachten Kosten, ist dem erzielten Lieferbereitschaftsgrad ebenfalls Rechnung zu tragen. Denn ein höherer Lieferbereitschaftsgrad bedingt für gewöhnlich auch höhere Distributionskosten. In Darstellung 64 ist die Vorteilhaftigkeit der einzelnen Dispositionsverfahren bei Zugrundelegung verschiedener Prognoseabweichungen unter Berücksichtigung der durchschnittlichen Lieferbereitschaftsgrade in Relation zu den insgesamt verursachten Kosten durch ein Effizienzmaß[1] erfasst.

Verfahren / Abweichung	**Sart**	**(s,S)**	**EDRP**
0%	0,957	0,939	0,897
50%	0,936	0,932	0,868
100%	0,904	0,891	0,812

Darst. 64 Durchschnittliche gesamte Kosten bezogen auf die jeweils günstigsten Gesamtkosten in Relation zum erzielten Lieferservice bei unterschiedlicher maximaler Prognoseabweichung

Dabei rangiert die Distributionsprogrammplanung unabhängig von der Prognoseabweichung generell vor den anderen Dispositionsverfahren. Folglich bringt sie nicht nur ein besonders hohes Niveau des Lieferservices bei relativ geringer Kapitalbindung hervor, sondern verursacht im Vergleich zu den anderen Dispositionsverfahren auch keine übermäßig hohen Gesamtkosten. Hinzu kommt, dass in dem Ansatz der Distributionsprogrammplanung noch weitere distributionslogistische Maßnahmen einbezogen werden können, die hier aus Gründen eines unverfälschten Vergleiches nicht berücksichtigt wurden.[2] So sind zum Beispiel durch die gezielte Ausnutzung von Konsolidierungspotentialen im

---

[1]) Dieses Effizienzmaß bemisst die Vorteilhaftigkeit der verglichenen Dispositionsverfahren, wenn man dem erzielten Lieferbereitschaftsgrad die damit insgesamt verbundenen Distributionskosten gegenüberstellt.
Der Messwert definiert sich als Lieferbereitschaftsgrad dividiert durch die insgesamt verursachten Kosten in Relation zu den günstigsten Gesamtkosten. Die jeweils günstigsten Gesamtkosten werden dabei mit 100% bewertetet und höhere Kosten mit einem entsprechend größeren Wert. Ein Messwert von 1 würde demnach bedeuten, dass mit dem zugehörigen Dispositionsverfahren ein Lieferbereitschaftsgrad von 100% erreicht wurde und das zu den von den betrachteten Dispositionsverfahren insgesamt niedrigsten Gesamtkosten.

[2]) Die Resultate, die sich im Rahmen der Distributionsprogrammplanung bei Verwendung der zusätzlicher distributionslogistischer Maßnahmen einstellen, wurden bereits in den Abschnitten 5.5.1 - 5.5.3.2 ausführlich erläutert.

Beschaffungsbereich zusätzlich kostensenkende Mengen- oder Verbundrabatte auszuschöpfen oder es können bei Bedarf direkte Zustellungen zum Endabnehmer eingesetzt werden, um auf diese Weise den Lieferbereitschaftsgrad mit kostengünstigen Maßnahmen ganz erheblich zu steigern.[1] So lassen sich die Resultate der Distributionsprogrammplanung noch weiter verbessern und der Leistungsabstand zu den anderen Dispositionsverfahren zusätzlich ausbauen.

[1]) Vgl. hierzu auch die Ausführungen in den Abschnitten 5.5.2 und 5.5.3.

6 Abschließende Betrachtungen

Gegenstand der vorliegenden Arbeit ist das Bestandsmanagement in mehrstufigen Distributionskanälen. Ausgangspunkt der Überlegungen bilden zwei Problemaspekte: Zum einen kommen in der Unternehmenspraxis gegenwärtig lediglich ineffiziente Verfahren zur Dispositionsplanung zur Anwendung; zum anderen werden die in der Literatur diskutierten Ansätze dem hohen Komplexitätsgrad realer Distributionsprobleme weder gerecht, noch bieten sie Möglichkeiten, innovative distributionslogistische Maßnahmen zur Erhöhung der Kundenorientierung im Rahmen der Dispositionsplanung zu berücksichtigen. Vor diesem Hintergrund verfolgt die vorliegende Arbeit die Zielsetzung, ein geeignetes Dispositionsverfahren zu entwickeln, mit dessen Hilfe sich ein effizientes Bestandsmanagement in mehrstufigen Distributionskanälen realisieren lässt.

Auf Grund der Unzulänglichkeiten bestehender Ansätze wurde hierzu ein neuer Dispositionsansatz, die Distributionsprogrammplanung, entwickelt. Dabei war es einerseits notwendig, eine Simulationsumgebung zu implementieren, welche die komplexen Beziehungszusammenhänge realer Distributionssysteme adäquat abbildet. Andererseits wurde ein geeignetes Dispositionsverfahren entworfen, das auf Basis einer heuristischen Vorgehensweise eine rollierende Distributionsprogrammplanung unter Berücksichtigung von Mehrproduktinterdependenzen und kundenorientierten distributionslogistischen Maßnahmen erlaubt. Durch die rollierende Vorgehensweise der Distributionsprogrammplanung sind nicht nur die aktuellen Bedarfsaufkommen innerhalb des gesamten Distributionssystems jederzeit vor dem Hintergrund der tatsächlichen Abverkaufszahlen abschätzbar, sondern es können auch laufend sämtliche Dispositionsentscheidungen mit Rücksicht auf die unvermeidbaren Nachfrageunsicherheiten festgelegt werden.

Mit der vorliegenden Arbeit wird der Nachweis erbracht, dass die Distributionsprogrammplanung auch unter realen Bedingungen im Rahmen einer operativen Dispositionsplanung eingesetzt werden kann. Voraussetzung für den Einsatz des hier vorgestellten Dispositionsansatzes ist lediglich, dass die benötigten Informationen stets durch ein integriertes Informationssystem auf zentraler Basis erfasst und der Distributionsprogrammplanung zugänglich gemacht werden.

Wie die Ergebnisse der mit dem eigens implementierten Simulationssystem durchgeführten Studie belegen, führt die Distributionsprogrammplanung im Vergleich zu anderen Dispositionsansätzen selbst unter Berücksichtigung größerer Nachfrageunsicherheiten zu beachtenswerten Resultaten. Außerdem konnte gezeigt werden, dass Bestrebungen, eine vermeintlich optimale Lösung des Dispositionsproblems zu erreichen, unter unsicheren Rahmenbedingungen zu außerordentlich schlechten Ergebnissen führt. Das Simulationssystem eignet sich darüber hinaus aber auch, um für beliebig strukturierte Distributionskanäle die Vorteilhaftigkeit verschiedener distributionslogistischer Maßnahmen realitätsnah abzuwägen oder um eine Feinanpassung der Distributionsprogrammplanung an unternehmensindividuelle Rahmenbedingungen vorzunehmen.

Für das Bestandsmanagement in mehrstufigen Distributionskanälen stellt die Distributionsprogrammplanung einen attraktiven Ansatz dar. Berücksichtigt man, dass in dieses Dispositionsverfahren auch noch zusätzliche distributionslogistische Maßnahmen einbezogen werden können, wird deutlich, dass sich durch seine Anwendung auch eine dienstleistungsorientierte Heterogenisierung der Distributionsleistungen erzielen lässt. Insbesondere in einem Umfeld homogener Produkte und Anbieter, geringer Kundenbindung sowie ausgeschöpfter Preissetzungsspielräume sticht die Bedeutung innovativer logistischer Leistungen hervor. Der Distributionsprogrammplanung wächst somit die Funktion eines strategischen Erfolgsfaktors zu, mit dessen Hilfe Wettbewerbsvorteile realisierbar sind, die sich nicht ohne weiteres von heute auf morgen von Wettbewerbern kopieren lassen. Die erarbeiteten Simulationsergebnisse belegen zudem, dass dadurch keine unverhältnismäßig hohen Kosten entstehen, die den erzielten Wettbewerbsvorteil wieder zunichte machen würden. So kann ein dauerhafter Wettbewerbsvorteil aufgebaut werden, der eine Marktbarriere für andere Anbieter darstellt und die eigene Wettbewerbsposition schützt.[1] Für den Distributionsbereich bietet die Distributionsprogrammplanung somit ein Instrumentarium, dass nicht nur einen Beitrag zur Erschließung bislang noch ungenutzter Rationalisierungspotentiale leistet, sondern mit dessen Hilfe auch neue distributionslogistische Konzepte effizient im Wettbewerb eingesetzt werden können.

---

[1]) Vgl. Delfmann, Werner: /Integration/ 171-172.

Literaturverzeichnis

Abad, Prakash L.: */Selling Price and Lot Size/* Determining Optimal Selling Price and Lot Size When the Supplier Offers All-Unit Quantity Discounts, in: DECISION SCIENCES, Heft 3 Vol. 19 1988, S. 622-634.

Ackerman, Kenneth B.: */Warehousing/* Practical Handbook of Warehousing. 2. Aufl., Washington u.a. 1986.

Afentakis, Panayotis; Gavish, Bezalel: */Lot-Sizing Algorithms/* Optimal Lot-Sizing Algorithms for Complex Product Structures, in: OPERATIONS RESEARCH, Heft 2 1986, S. 237-249.

Afentakis, Panayotis u.a.: */Computationally Efficient Optimal Solutions/* Computationally Efficient Optimal Solutions to the Lot-Sizing Problem in Multistage Assembly Systems, in: MANAGEMENT SCIENCE, Heft 2 Vol. 30 1984, S. 222-239.

Aggarwal, Sumer C.: */Current Inventory Theory/* A Review of Current Inventory Theory and its Applications, in: INTERNATIONAL JOURNAL OF PRODUCTION RESEARCH, Heft 4 Vol. 12 1974, S. 443-482.

Aggarwal, Sumer C.; Dhavale, Dileep G.: */Simulation Analysis/* A Simulation Analysis of a Multiproduct Multiechelon Inventory-Distribution System, in: ACADAMY OF MANAGEMENT JOURNAL, Heft 1 Vol. 18 1975, S. 41-54.

Aiginger, Karl: */Auftragsrückstau/* Die Rolle des Auftragsrückstaues in der Lageroptimierung bei Unsicherheit, in: ZEITSCHRIFT FÜR BETRIEBSWIRTSCHAFTLICHE FORSCHUNG, Heft 10 1986, S. 863-878.

Albright, S. Christian; Soni, A.: */inventory system/* Markovian multiechelon repairable inventory system, in: NAVAL RESEARCH LOGISTICS QUARTERLY, Heft 1 Vol. 35 1988, S. 49-61.

Alderson, Wroe: */Behavior/* Marketing Behavior and Executive Action. A functionalist approach to marketing theory, Homewood Ill. 1957.

Allen, Mary K.; Helferich, Omar K.: */Expert Systems/* Putting Expert Systems to Work in Logistics, Oak Brook 1990.

Alscher, Jürgen: */Mehrprodukt-Lagerhaltung/* Mehrprodukt-Lagerhaltung mit Standard-Lagerhaltungsmodellen, Band 1 und Band 2, (Diss. Mannheim) Rheinfelden 1986.

Alscher, Jürgen; Schneider, Jürgen: */Fehlmengenkosten/* Zur Diskussion von Fehlmengenkosten und Servicegrad. Berlin 1981.

Alt, D.; Heuser, S.: */Schlanke Lose/* Schlanke Lose: Losgrößen auf dem PC optimieren, in: ARBEITSVORBEREITUNG, Heft 2 1993, S. 57-59.

Althoff, T. (usw.) (Hrsg.): */R-K-W Handbuch/* R-K-W Handbuch Logistik, Berlin 1981.

Ammer, Dean S.: */Materials Management/* Materials Manangement and Purchasing, 4. Aufl., Homewood Ill. 1980.

Amrani, Mostepha; Rand, Graham K.: */An eclectic algorithm/* An eclectic algorithm for inventory replenishment for items with increasing linear trend in demand, in: ENGINEERING COSTS AND PRODUCTION ECONOMICS, Heft 1-3 Vol. 19 1990, S. 261-267.

Anderson, E.J.: */lot-size model/* A note on the dynamic lot-size model with uncertainty in demand and supply processes, in: MANAGEMENT SCIENCE, Heft 5 Vol. 35 1989, S. 635-640.

Andler, Kurt: */Rationalisierung/* Rationalisierung der Fabrikation und optimale Losgröße, (Diss. Stuttgart) München 1929.

Arkin, Esther; Joneja, Dev; Roundy, Robin: */Computational complexity/* Computational complexity of uncapacitated multi-echelon production planning problems, in: OPERATIONS RESEARCH LETTERS, Heft 2 Vol. 8 1989, S. 61 - 66.

Assfalg, Helmut: */Lagerhaltungsmodelle/* Lagerhaltungsmodelle für mehrere Produkte. (Diss. Heidelberg) Meisenheim am Glan 1976.

Atkins, Derek R.; Iyogun, Paul O.: */Periodic versus `can-order` policies/* Periodic versus `can-order` policies for coordinated multi-item inventory systems, in: MANAGEMENT SCIENCE, Heft 6 Vol. 34 1988, S. 791-796.

Augustin, Siegried: */Informationslogistik/* Informationslogistik - worum es wirklich geht! In: MANAGEMENT-ZEITSCHRIFT IO, Heft 9 1990, S. 31-34.

Avonda, Timothy: */Bestandsmanagement/* Bestandsmanagement - Eine unlösbare Aufgabe? in: ZEITSCHRIFT FÜR LOGISTIK, Heft 1, 2, 3 1991, S. 22-26, 47-53, 67-69.

Axsäter, Sven: */Performance Bounds/* Performance Bounds for Lot Sizing Heuristics, in: MANAGEMENT SCIENCE, Heft 5 Vol. 31 1985, S. 634-639.

Axsäter, Sven: */Solution Procedures/* Simple Solution Procedures for a Class of Two-Echelon Inventory Problems, in: OPERATIONS RESEARCH, Heft 1 Vol. 38 1990, S. 64-69.

Axsäter, Sven; Schneeweiß, Christoph; Silver, Edward (Hrsg.): */Multi-stage production planning and inventory control/* Multi-stage production planning and inventory control, Lecture Notes in Economics and Mathematical Systems, Band 266, Berlin u.a. 1986.

Badinelli, Ralph D.; Schwarz, Leroy B.: */Backorders/* Backorders optimization in a one-warehouse N-identical retailer distribution system, in: NAVAL RESEARCH LOGISTICS QUARTERLY, Heft 5 Vol. 35 1988, S. 427-440.

Bahl, Harish C.; Ritzman, Larry P.; Gupta, Jatinder N. D.: */lot sizes and resource requirements/* Determing lot sizes and resource requirements: A review, in: OPERATIONS RESEARCH, Heft 3 Vol. 35 1987, S. 329 - 345.

Ballou, Ronald H.: */Basic Business Logistics/* Basic Business Logistics. Transportation, Materials Management, Physical Distribution. 2. Aufl., Englewood Cliffs 1987.

Barany, Imre; Roy van, Toni J.; Wolsey, Laurence A.: */Strong formulations/* Strong formulations for multi-item capacitated lot sizing, in: MANAGEMENT SCIENCE, Heft 10 Vol. 30 1984, S. 1255-1261.

Barron, F. Hutton.: */Payoff Matrices/* Payoff Matrices Pay Off at Hallmark, in: INTERFACES, Heft 4 1985, S. 20-25.

Barth, Klaus: */Betriebswirtschaftslehre/* Betriebswirtschaftslehre des Handels, 2. Aufl., Wiesbaden 1993.

Bartmann, Dieter; Beckmann, Martin J.: */Lagerhaltung/* Lagerhaltung: Modelle und Methoden, Berlin u.a. 1989.

Bartmann, Dieter; Beckmann, Martin J.: */Inventory control Models/* Inventory control models and methods; Lecture notes in economics and mathematical systems, Vol. 388, Berlin u.a. 1992.

Baumgarten, Helmut u.a.: */Vorratshaltung/* Rationelle Vorratshaltung; Betriebswirtschaftliche Aspekte. Berlin u.a. 1975.

Baumgarten, Helmut; Schwarting, Carsten (Hrsg.): */Bestandssenkung/* Bestandssenkung in Produktions- und Zulieferunternehmen; Schriftenreihe des Bundesverbandes Logistik e.V., Band 11, Bremen 1984.

Becker, Jörg: */Architektur eines EDV-Systems/* Architektur eines EDV-Systems zur Materialflußsteuerung, Berlin u.a. 1987.

Becker, Jörg; Rosemann, Michael: */Logistik und CIM/* Logistik und CIM. Die effiziente Material- und Informationsflußgestaltung im Industrieunternehmen. Berlin u.a. 1993.

Becker, Reinhard; Weber, Ulrich: */Simulation/* Von der strukturierten Analyse zur Simulation logistischer Probleme, in: LOGISTIK IM UNTERNEHMEN, Heft 9 1992, S. 106-108.

Bensoussan, Alian; Proth, Jean-Marie; Queyranne, Maurice: */planning horizon algorithm/* A planning horizon algorithm for deterministic inventory management with piecewise linear concave costs, in: NAVAL RESEARCH LOGISTICS QUARTERLY, Heft 5 Vol. 38 1991, S. 729-742.

Berens, Wolfgang: */Beurteilung von Heuristiken/* Beurteilung von Heuristiken. Wiesbaden 1992.

Berens, Wolfgang; Delfmann, Werner: */Modellbildung und quantitative Methoden/* Modellbildung und quantitative Methoden zur Lösung logistischer Probleme, in: Jacob, H.; Adam, D.: Logistik; Schriften zur Unternehmensführung Band 32, Wiesbaden 1984, S. 31-55.

Berens, Wolfgang; Delfmann, Werner: */Quantitative Planung/* Quantitative Planung; Konzeption, Methoden und Anwendungen, 2. Aufl., Stuttgart 1995.

Bichler, Klaus: */Beschaffungs- und Lagerwirtschaft/* Beschaffungs- und Lagerwirtschaft, 3. Aufl., Wiesbaden 1986.

Bichler, Klaus; Beck, Martin: */Beschaffung und Lagerhaltung/* Beschaffung und Lagerhaltung im Handelsbetrieb. Teil 1: 2. Aufl., Wiesbaden 1987; Teil 2: Wiesbaden 1982.

Bichler, Klaus; Kalker, Peter; Wilken, Ernst: */ PPS-System/* Logistikorientiertes PPS-System. Konzeption, Entwicklung und Realisierung. Wiesbaden u.a. 1992.

Bichler, Klaus; Lörsch, Wolfgang: */Bestandsplanung/* Optimale Bestandsplanung im Handel. Stuttgart u.a. 1985.

Bienert, Kurt: */Planung logistischer Systeme/* Modell- und computergestützte Planung logistischer Systeme. Langfristige Optimierung von Standorten und Lagerkapazitäten. Berlin 1983.

Biethahn, Jörg: */Konzeption eines ganzheitlichen Informationssystems/* Konzeption eines ganzheitlichen Informationssystems für kleine und mittlere Einzelhandeslbetriebe (Teil 1 + Teil 2); Prof. Dr. R. Gümbel zum 60. Geburtstag, in: ZEITSCHRIFT FÜR PLANUNG, Heft 2 1990 S. 127-144 + Heft 3 1990, S. 195-215.

Biethahn, Jörg: */Optimierung und Simulation/* Optimierung und Simulation. Anwendung verschiedener Optimierungsverfahren auf ein stochastisches Lagerhaltungsproblem, Wiesbaden 1978.

Biggs, Joseph R.: */Lot-Sizing and Sequencing Rules/* Heuristic Lot-Sizing and Sequencing Rules in a Multistage Production-Inventory System, in: DECISION SCIENCES, Heft 1 Vol. 10 1979, S. 96 - 115.

Billington, Peter J.; McClain, John O.; Thomas, L. Joseph: */multilevel lot-sizing/* Heuristics for multilevel lot-sizing with a bottelneck, in: MANAGEMENT SCIENCE, Heft 8 1986, S. 989-1006.

Bitran, Gabriel R.; Matsuo, Hirofumi: */Multi-Item Capacitated Lot Size Problem/* The Multi-Item Capacitated Lot Size Problem: Error Bounds of Manne's Formulations, in: MANAGEMENT SCIENCE, Heft 3 1986, S. 350-359.

Blackburn, Joseph D.; Millen, Robert A.: */Multi-Level MRP/* The Impact of a Rolling Schedule in a Multi-Level MRP. system, in: JOURNAL OF OPERATIONS MANAGEMENT, Heft 2 Vol. 2 1982, S. 125-135.

Blackburn, Joseph D.; Kropp, Dean H.; Millen, Robert A.: */nervousness in MRP/* A comparison of strategies to dampen nervousness in MRP systems, in: MANAGEMENT SCIENCE, Heft 4 Vol. 32 1986, S. 413-429.

Blackburn, Joseph D.; Millen, Robert A.: */Multi-Echelon Requirements Planning Systems/* Improved Heuristics for Multi-Echelon Requirements Planning Systems, in: MANAGEMENT SCIENCE, Heft 1 Vol. 28 1982, S. 44-56.

Bogaschewsky, Ronald W.: */EOQ/* A requiem for the EOQ: Goodby to planning?, in: ZEITSCHRIFT FÜR PLANUNG, Heft 2 1993, S. 127-142.

Bogaschewsky, Ronald: */Materialdisposition/* Statische Materialdisposition im Beschaffungsbereich, in: WIRTSCHAFTSWISSENSCHAFTLICHES STUDIUM, Heft 11 1989, S. 542-548.

Bookbinder, James H.; Lynn, Wendy: */Impact/* Impact on a Trucking Company of a Customer's Use of Distribution Requirements Planning, in: JOURNAL OF BUSINESS LOGISTICS, Heft 2 Vol. 7 1986, S. 47-63.

Bookbinder, James H.; Heath, Donald B.: */Replenishment Analysis/* Replenishment Analysis in Distribution Requirements Planning, in: DECISION SCIENCES, Heft 3 Vol. 19 1988, S. 477-489.

Bookbinder, James H.; Tan, Jin-Yan: */Lot-sizing/* Two Lot-sizing Heuristics for the Case of Deterministic Time Varying Demands, in: INTERNATIONAL JOURNAL OF OPERATIONS AND PRODUCTION MANAGEMENT, Heft 4 Vol. 5 1985, S. 30-42.

Botta, Volkmar: */Fehlmengen und Fehlmengenkosten/* Der Einfluß von Fehlmengen und Fehlmengenkosten auf die Bestimmung der optimalen Bestellmenge, in: ZEITSCHRIFT FÜR BETRIEBSWIRTSCHAFT, HEFT 9 1978, S. 764-791.

Bowersox, Donald J.; u.a.: */Simulation/* Dynamic Simulation of physical distribution systems, East Lansing 1972.

Bowersox, Donald J.: */Planning Physical Distribution Operations/* Planning Physical Distribution Operations with Dynamic Simulation, in: JOURNAL OF MARKETING, Heft 1 1972, S. 17-25.

Bowersox, Donald, J.; Closs, David J.; Helfrich, Omar K.: */Logistical Management/* Logistical Management. A Systems Integration of Physical Distribution, Manufactoring Support and Materials Procurement, 3. Aufl., New York 1986.

Brandeau, Margaret L.; Chiu, Samuel S.: */location research/* An overview of representative problems in location research, in: MANAGEMENT SCIENCE, Heft 6 Vol. 35 1989, S. 645-674.

Bregman, Robert L.: */Enhanced Distribution requirements planning/* Enhanced Distribution requirements planning, in: JOURNAL OF BUSINESS LOGISTICS, Heft 1 Vol. 11 1990, S. 49-68.

Bregman, Robert L.; Ritzman, Larry P.; Krajewski, Lee J.: */Control of Inventory/* A Heuristic for the Control of Inventory in a Multiy-echelon Environment with Transportation Costs and Capacity Limitations, in: JOURNAL OF THE OPERATIONAL RESEARCH SOCIETY, Heft 9 Vol. 41 1990, S. 809-820.

Brink, Alfred: */Lager- und Bestellmengenplanung/* Operative Lager- und Bestellmengenplanung unter besonderer Berücksichtigung von Lagerkapazitätsrestriktionen. (Diss. Münster) Bergisch Gladbach 1988.

Brinkmann, Werner: */Wissen/* Wissen wird zum entscheidenden Faktor; Expertensysteme, in: LOGISTIK IM UNTERNEHMEN, Heft 7/8 1988, S. 8-10.

Britney, R.R.; Kuzdrall, P.J.; Fartuch, N.: */total setup lot sizing/* Note on total setup lot sizing with quantity discounts, in: DECISION SCIENCES, Heft 2 Vol. 14 1983, S. 282-291.

Brockmann, Karl-H.; Sudkamp, Jörg: */Bestände/* Bestände als Rationalisierungspotential erkennen, in: BESCHAFFUNG AKTUELL, Heft 11 1993, S. 21-23.

Brown, Robert G.: */Service Parts Inventory Control/* Advanced Service Parts Inventory Control, 2. Aufl. Norwich 1982.

Brown, Robert G.: */Materials Management Systems/* Materials Management Systems; A Modular Library, New York u.a. 1977.

Bühler, Günter: */Sicherheitsäquivalente/* Sicherheitsäquivalente und Informationsbedarf bei stochastischen dynamischen Produktions-Lagerhaltungs-Modellen, (Diss. Berlin) Frankfurt am Main 1978.

Bullinger, Hans J.; Georgiadis, Georg; Huber, Heinrich; Niemeier, Joachim: */Warenwirtschaftssysteme/* Marktspiegel: Warenwirtschaftssysteme für den Großhandel. Funktionsbeschreibung von 76 Warenwirtschaftssystemen für Großhändler, Baden-Baden 1990.

Bundesvereinigung Logistik (Hrsg.): */Informationsbedarfsanalyse/* Informationsbedarfsanalyse in schnittstellenübergreifenden logistischen Systemen, Bremen 1985.

Burwell, Timothy H.; Dave, Dinesh S.; Fitzpatrick, Kathy E.; Roy, Melvin R.: */Selling Price and Lot Size/* A Note on Determining Optimal Selling Price and Lot Size Under All-Unit Quantity Discounts, in: DECISION SCIENCES JOURNAL, Heft 2 Vol. 21 1990, S. 471-474.

Carlson, Robert C.; Yano, Candace A.: */Safety stocks in MRP-systems/* Safety stocks in MRP-systems with emergency setups for components, in: MANGEMENT SCIENCE, Heft 4 Vol. 32 1986, S. 403-412.

CCRRGE (Hrsg.): */Kooperation/* Kooperation zwischen Industrie und Handel im Supply Chain Management; Eine Studie im Auftrag der Coca-Cola Retailing Research Group-Europe durchgeführt von GEA Consulenti Associata di gestione aziendale, Mailand u.a. 1994.

Chakravarty, Amiya K.: */Coordinated Multi-Item Inventory Replenishments/* An Optimal Heuristic For Coordinated Multi-Item Inventory Replenishments, in: JOURNAL OF THE OPERATIONAL RESEARCH SOCIETY, Heft 11 1985, S. 1027-1039.

Chakravarty, Amiya K.; Martin, G. E.: */Discount pricing policies/* Discount pricing policies for inventories subject to declining demand, in: NAVAL RESEARCH LOGISTICS QUARTERLY, Heft 1 Vol. 36 1989, S. 89-102.

Chakravarty, Amiya K.; Shtub, Avraham: */integer multiple lot sizes/* An experimental study of the efficiency of integer multiple lot sizes in multi-echelon production inventory systems, in: INTERNATIONAL JOURNAL OF PRODUCTION RESEARCH, Heft 3 Vol. 23 1985, S. 469-478.

Chand, Suresh: */Rolling horizon/* Rolling horizon procedures for the facilities in series inventory model with nested schedules, in: MANAGEMENT SCIENCE, Heft 2 Vol. 29 1983, S. 237-249.

Chang, Wei-chung: */Simulationsmodelle/* Optimierung in stochastischen Simulationsmodellen -Anwendung der Suchmethoden zur Lösung stochastischer Lagerhaltungssysteme, (Diss. Hamburg) Hamburg 1989.

Chikan, Attila; Whybark, D. Clay: */production-inventory management practices/* Cross-national comaprison of production-inventory management practices, in: ENGINEERING COSTS AND PRODUCTION ECONOMICS, Heft 1-3 Vol. 19 1990, S.149-156.

Churchman, C. West; Ackoff, Russel L.; Arnoff, E. Leonard: */Operations Research/* Operations Research. Eine Einführung in die Unternehmensforschung. 5. Aufl., Wien u.a. 1971.

Chyr, Fuchiao; Lin, Tsong-Ming; Ho, Chin-Fu: */dynamic lot size model/* A new approach to the dynamic lot size model, in: ENGINEERING COSTS AND PRODUCTION ECONOMICS, Heft 3 Vol. 20 1990, S. 255-263.

Clark, Andrew J.: */Multi-Echelon Inventory Theory/* An Informal Survey of Multi-Echelon Inventory Theory, in: NAVAL RESEARCH LOGISTICS QUARTERLY, Heft 4 Vol. 19 1972, S. 621-650.

Clark, Andrew J.: */Simulation/* The Use of Simulation to Evaluate a Multi-Echelon, Dynamic Inventory Model, in: NAVAL RESEARCH LOGISTICS QUARTERLY, Heft 4 Vol. 7 1960, S. 429-445.

Clark, Andrew J.; Scarf, Herbert: */Policies/* Optimal Policies for a Multi-Echelon Inventory Problem, in: MANAGEMENT SCIENCE, Heft 4 Vol. 6 1960, S. 475-490.

Closs, David J.: */Inventory management/* Inventory management: A comparison of a traditional vs. systems view, in: JOURNAL OF BUSINESS LOGISTICS, Vol. 10/2 1989, S. 90-105.

Connors, Michael M.; Coray, Claude; Cuccaro, Carol J.; Green, William K.; Low, David W.; Markowitz, Harry M.: */Distribution System Simulator/* The Distribution System Simulator, in: MANAGEMENT SCIENCE, Heft 8 Vol. 18 1972, S. B425-B453.

Coyle, John J.; Bardi, Edward J.; Langley, C. John Jr.: */Business Logistics/* The Management of Business Logistics. 4. Aufl., St. Paul u.a. 1988.

Crabtree, David: */Distribution Logistics/* Distribution Logistics - An Appraisal of Alternative Methods, in: INTERNATIONAL JOURNAL OF OPERATIONS & PRODUCTION MANAGEMENT, Heft 3 Vol. 7 1987, S. 49-58.

Crowston, Wallace B.; Wagner, Michael H.; Williams, Jack F.: */Economic lot size determination/* Economic lot size determination in multi-stage assembly systems, in: MANAGEMENT SCIENCE, Vol 19 1973, S. 517-527.

Crowston, Wallace B.; Wagner, Michael H.: */lot size models/* Dynamic lot size models for multi-stage assembly systems, in: MANAGEMENT SCIENCE, Vol. 20 1973, S. 14-21.

Darr, Willi: */Marketing-Logistik/* Integrierte Marketing-Logistik. Auftragsentwicklung als Element der marketing-logistischen Strukturplanung. (Diss. Köln) Wiesbaden 1992.

Dave, Upendra: */Inventory Model/* A Probabilistic Scheduling Period Inventory Model for Deteriorating Items with Lead Time, in: ZEITSCHRIFT FÜR OPERATIONS RESEARCH SERIE A: THEORIE , Heft 5 1986, S. 229-237.

Dave, Upendra: */lot-size inventory model/* A deterministic lot-size inventory model with shortages and a linear trend in demand, in: NAVAL RESEARCH LOGISTICS QUARTERLY, Heft 4 Vol. 36 1989, S. 507-514.

De Bodt, Marc A.; Gelders, Ludo F.; Van Wassenhove, Luk N.: */Lot-Sizing/* Lot-Sizing under Dynamic Demand Conditions: A Review, in: ENGINEERING COSTS AND PRODUCTION ECONOMICS, Vol. 8 1984, S. 165-187.

Deb, Maitreyee; Chaudhuri, K.: */Replenishment of Trended Inventories/* A Note on the Heuristic for Replenishment of Trended Inventories Considering Shortages, in: JOURNAL OF THE OPERATIONAL RESEARCH SOCIETY, Heft 5 Vol. 38 1987, S. 459-463.

Delfmann, Werner: */Distributionsstrukturen/* Die Planung 'robuster' Distributionsstrukturen bei Ungewißheit über die Nachfrageentwicklung im Zeitablauf, in: Hax,Herbert; Kern, Werner; Schröder, Hans-Horst (Hrsg.): Zeitaspekte in betriebswirtschaftlicher Theorie und Praxis, Stuttgart 1989, S. 215-229.

Delfmann, Werner: */Integration/* Integration von Marketing und Logistik, in: Deutscher Logistik-Kongress '90, BVL München 1990, S. 154 - 187.

Delfmann, Werner: */Distributionsplanung/* Lieferzeitorientierte Distributionsplanung, München 1978.

Delfmann, Werner: */Logistik/* Logistik als zentraler Erfolgsfaktor von Wettbewerbsstrategien für den europäischen Binnenmarkt, in: BETRIEBSWIRTSCHAFTLICHE FORSCHUNG UND PRAXIS, Heft 3 1993, S. 185-200.

Delfmann, Werner: */MRP/* MRP (Materials Requirements Planning), in: Kern, Werner; Schröder, Hans-Horst; Weber Jürgen (Hrsg.): Handwörterbuch der Produktionswirtschaft, 2. Aufl. 1996, Sp. 1248-1262.

Delfmann, Werner: */Segmentierung/* Logistische Segmentierung - Ein modellanalytischer Ansatz zur Koppelung und Entkoppelung logistischer Auftragszyklen, in: Albach, Horst; Delfmann, Werner: Dynamik und Risikofreude in der Unternehmensführung, Wiesbaden 1995, S. 171-202.

Delfmann, Werner: */Planungs- und Kontrollprozesse/* Planungs- und Kontrollprozesse, in: Handwörterbuch der Betriebswirtschaft, Stuttgart 1993, Sp. 3232-3251.

Delfmann, Werner; Darr, Willi; Simon, Ralf-P.: */Marketing Logistik/* Grundlagen der Marketing Logistik, Köln 1990.

Delfmann, Werner; Waldemann, W.: */Distribution/* Distribution 2000, in: MTP (Hrsg.): Marketing 2000, Perspektiven zwischen Theorie und Praxis, 2. Aufl., Wiesbaden 1989, S. 71-96.

Deuermeyer, Bryan L.; Schwarz Leroy B.: */System Service Level/* A Model for the Analysis of System Service Level in Warehouse - Retailer Distribution Systems: The Identical Retailer Case, in: Schwarz, Leroy B. (Hrsg.): Multilevel Production / Inventory Control Systems: Theory and Practice, TIMS Studies in Management Science, Band 16, Amsterdam 1981, S. 163-194.

Dirickx, Yvo M.I.; Jennergren, Lars P.: */System Analysis/* System Analysis by Multilevel Methods, Chichester u.a. 1979.

Diruf, Günther: */Informatikanwendungen/* Informatikanwendungen in der Distributionslogistik, Bamberger Betriebswirtschaftliche Beiträge, Nr. 47, Bamberg 1985.

Diruf, Günther: */Lagerbestandsplanung und -kontrolle/* Lagerbestandsplanung und -kontrolle, Bamberg 1991.

Domschke, Wolfgang; Drexl, Andreas: */Logistik/* Logistik, München/Wien 1984. (Band 1 "Transport" und Band 2 "Rundreisen und Touren" und Band 3 "Standorte").

Domschke, Wolfgang: */Modelle und Verfahren/* Einige mathematische Modelle und Verfahren als Hilfsmittel zur Optimierung logistischer Systeme und Prozesse, in: BETRIEBSWIRTSCHAFTLICHE FORSCHUNG UND PRAXIS, Heft 1 1977, S. 1-16.

Domschke, Wolfgang; Drexel, Andreas: */Location and layout planning/* Location and layout planning. An international bibliography. Berlin u.a. 1985.

Domschke, Wolfgang; Drexl, Andreas: */Operations Research/* Einführung in Operations Research. 2. Aufl., Berlin u.a. 1991.

Donselaar van, Karel: */MRP and LRP/* The use of MRP and LRP in a stochastic environment, in: PRODUCTION PLANNING & CONTROL, Heft 3 Vol. 3 1992, S. 239-246.

Drechsler, Wolfgang: */Markteffekte/* Markteffekte logistischer Systeme - Auswirkungen von Logistik- u. unternehmensübergreifenden Informationssystemen im Logistikmarkt, Göttingen 1988.

Dube, Wiliam R.: */Closed Loop/* Closed Loop for Manufacturing and Distribution, in: INTERNATIONAL JOURNAL OF PHYSICAL DISTRIBUTION AND MATERIALS MANAGMENT, Heft 1 Vol. 16 1986, S. 5-13.

Eckstein, Werner E.: */Effizienz/* Erhöhung der Effizienz durch zwischenbetriebliche Information und Kommunikation, in: Transportlogistik - ein Beitrag zur Sicherung des wirtschaftlichen Fortschritts. GVB-Schriftenreihe, Heft 13, Frankfurt am Main 1983, S. 63-84.

Eicke, Wulff: */Lagerhaltung/* Die Anwendungsmöglichkeiten von Operations Research in der betrieblichen Lagerhaltung, (Diss. Berlin) Berlin 1968

Eisele, Peter: */Simulationsmodelle/* Simulationsmodelle zur Distributionskostenminimierung bei zentraler beziehungsweise dezentraler Warenauslieferung, Frankfurt u.a. 1976.

El-Najdawi, Mohammed K.; Kleindorfer, Paul R.: */Lot-size Scheduling/* Common Cycle Lot-size Scheduling for Multi-product, Multi-stage Production, in: MANAGEMENT SCIENCE, Heft 7 Vol. 39 1993, S. 872-885.

Elm, Winfried A.: */Informationssystem/* Das Informationssystem als Mittel der Unternehmensführung. (Diss. Berlin) Berlin 1971.

Engelsleben, Tobias: */Streckenlieferung/* Streckenlieferung, in: Bloech, Jürgen; Ihde, Gösta B. (Hrsg.): Vahlens Großes Logistiklexikon, München 1997, S. 1039.

Enrick, Norbert L.: */Lager-Management/* Optimales Lager-Management. Entwicklung, praktische Anwendung und Überwachung von Lagerhaltungssystemen, München u.a. 1971.

Eppen, Gary D.; Schrage, Linus E.: */Centralized Ordering Policies/* Centralized Ordering Policies in a Multi-Warehouse System with Lead Times and Random Demand, in: Schwarz, Leroy B. (Hrsg.): Multi-level Production / Inventory Control Systems: Theory and Practice, TIMS Studies in Management Science, Band 16, Amsterdam 1981, S. 51-68.

Erdmann, Mechthild: */Warenverteilsystem/* Warenverteilsystem, in: Bloech, Jürgen; Ihde, Gösta B. (Hrsg.): Vahlens Großes Logistiklexikon, München 1997, S. 1257.

Erenguc, S. Selcuk: */lot-sizing model/* Multiproduct dynamic lot-sizing model with coordinated replenishments, in: NAVAL RESEARCH LOGISTICS QUARTERLY, Heft 1 Vol. 35 1988, S. 1-22.

Erlenkotter, Donald: */Economic Order Quantity Model/* Ford Whitmann Harris and the Economic Order Quantity Model, in: OPERATIONS RESEARCH, Heft 6 Vol. 38 1990, S. 934-937.

Fandel, Günter: */Operations research/* Einsatzmöglichkeiten des Operations research auf dem Gebiet des Marketing-Logistik, Teil I und II, in: MARKETING, Heft 2 1983, S. 123 ff. und Heft 3 1983, S. 191 ff.

Federgrün, Awi: */Production and Distribution Management/* Recent Advances in Production and Distribution Management, in: Sarin, Rakesh (Hrsg.): Perspectives in Operations Management, Norwell MA 1993, S. 279-300.

Federgrün, Awi; Tzur, Michael: */Minimal forecast horizonts/* Minimal forecast horizonts and new planning procedure for the general dynamic lot sizing model: nervousness revisited, in: OPERATIONS RESEARCH, Heft 3 Vol. 42 1994, S. 456 - 468.

Federgrün, Awi; Zheng, Yu-Sheng: */Power-of-Two replenishment Strategies/* Optimal Power-of-Two replenishment Strategies in Capacitated General Production / Distribution Networks, in: MANAGEMENT SCIENCE, Heft 6 Vol. 39 1993, S. 710-727.

Feil, Peter: */Lagerhaltungssimulation/* Die wissensbasierte Lagerhaltungssimulation zur Unterstützung einer verbrauchsgesteuerten Disposition. (Diss. Osnabrück) Frankfurt am Main u.a. 1992.

Filz, Bernd: */Materialfluß/* Materialfluß und DV-gestützte Logistik-Informationssysteme, in: Reichmann, Thomas: 5. Deutscher Controlling Congress; 29.-30. März 1990, Düsseldorf 1990.

Forrester, Jay W.: */Industrial Dynamics/* Industrial Dynamics, M.I.T. Press, Cambridge Mass. 1961.

Fratzl, Hubert: */Lagerhaltung/* Ein- und mehrstufige Lagerhaltung, Heidelberg 1992.

Friedman, Moshe F.: */lot-size model/* A distribution multi-echelon lot-size model, in: EUROPEAN JOURNAL OF OPERATIONAL RESEARCH, Heft 1 Vol. 57 1992, S. 54-70.

Fuchs, Jerome H.: */Inventory Control Systems/* Computerized Inventory Control Systems, Englewood Cliffs 1978.

Fuchs, Ralf M.: */Planungsverfahren/* Ein Planungsverfahren zur Erkennung und Bewältigung von Material- und Kapazitätsengpässen bei mehrstufiger Linienfertigung. (Diss. Stuttgart) Berlin u.a. 1990.

Gal, Tomas (Hrsg.): */Operations Research/* Grundlagen des Operations Research. 3 Bände, 3. Aufl., Berlin u.a. 1991 und 1992.

Gast, Ottmar: */Analyse und Grobprojektierung/* Analyse und Grobprojektierung von Logistik-Informationssystemen. (Diss. Berlin) Berlin u.a. 1985.

Gillessen, Ernst: */Produktionsplanung/* Integrierte Produktionsplanung. Lagerhaltung und Fremdbezug als Bestandteil eines ganzheitlichen Planungskonzeptes, (Diss. Aachen) Berlin u.a. 1988.

Glaser, Horst: */Bestellmengen/* Zur Bestimmung kostenoptimaler Bestellmengen bei deterministisch gleichbleibendem und deterministisch schwankendem Bedarf, (Diss. Köln) Köln 1973.

Glover, Fred; Greenberg, Harvey J.: */heuristic search/* New approaches for heuristic search: A bilateral linkage with artificial intelligence, in: EUROPEAN JOURNAL OF OPERATIONAL RESEARCH, Heft 2 Vol. 39 1989, S. 119-130.

Goyal, Suresh K.; Gunasekaran, A.: */production-inventory systems/* Multi-stage production-inventory systems, in: EUROPEAN JOURNAL OF OPERATIONAL RESEARCH, Heft 1 Vol. 46 1990, S. 1-20.

Goyal, Suresh K.; Satir, Ahmet T.: */Joint replenishment inventory control/* Joint replenishment inventory control: deterministic and stochastic models, in: EUROPEAN JOURNAL OF OPERATIONAL RESEARCH, Heft 1 Vol. 38 1989, S. 2-13.

Grandjot, Hans H.: */Informationsfluß/* Reibungsloser Informationsfluß als Grundlage wirtschaftlicher Transportketten - Die Bedeutung des Informationsflusses im Gütertransport, in: Strukturveränderungen im Güterverkehr durch transportkettenübergreifende Informatik. Schriftenreihe der Deutschen Verkehrswissenschaftlichen Gesellschaft, Reihe B 74, Berg.-Gladbach 1984, S. 1-16.

Graves, Stephen C.; u.a.: */Logistics/* Logistics of production and inventory, Amsterdam u.a. 1993.

Graves, Stephen C.; Schwarz, Leroy B.: */Single Cycle Continuous Review Policies/* Single Cycle Continuous Review Policies for Arborescent Production/Inventory Systems, in: MANAGEMENT SCIENCE, Heft 5 Vol. 23 1977, S. 529 - 540.

Graves, Stephen C.: */Multi-Stage Lot-Sizing/* Multi-Stage Lot-Sizing: An Iterative Procedure, in: Schwarz, Leroy B. (Hrsg.): Multi-level Production / Inventory Control Systems: Theory and Practice, TIMS Studies in Management Science, Band 16, Amsterdam 1981, S. 95-110.

Grochla, Erwin: */Organisation/* Handwörterbuch der Organisation, Stuttgart 1980.

Gross, Donald; Soland, Richard M.; Pinkus, Charles E.: */Inventory System/* Designing a Multi-Product, Multi-Echelon Inventory System, in: Schwarz, Leroy B. (Hrsg.): Multi-level Production / Inventory Control Systems: Theory and Practice, TIMS Studies in Management Science, Band 16, Amsterdam 1981, S. 11-49.

Grupp, Bruno: */Materialwirtschaft/* Aufbau einer integrierten Materialwirtschaft. Bildschirmeinsatz in Lagerwirtschaft und Disposition, 2. Aufl., Wiesbaden 1991.

Gupta, Yash P.; Keung, Ying K.; Gupta, Mahesch C.: */analysis of lot-sizing models/* Comperative analysis of lot-sizing models for multi-stage systems: A simulation study, in: INTERNATIONAL JOURNAL OF PRODUCTION RESEARCH, Heft 4 Vol. 30 1992, S. 695-716.

Haber, Sheldon E.: */Simulation/* Simulation of Multi-Echelon Macro-Inventory Policies, in: NAVAL RESEARCH LOGISTICS QUARTERLY, Heft 1 Vol. 18 1971, S. 119-134 und 429-445.

Hackstein, Rolf; Gast, Ottmar: */Logistik Informationssysteme/* Logistik Informationssysteme; Systematische Vorgehensweise zur Grobplanung, in: ZEITSCHRIFT FÜR LOGISTIK, Heft 10, 6. Jg. 1985, S. 64-69.

Hall, Nicholas G.: */multi-item EOQ model/* A multi-item EOQ model with inventory cycle balancing, in: NAVAL RESEARCH LOGISTICS QUARTERLY, Heft 3 Vol. 35 1988, S. 319-326.

Hanssmann, Fred: */Inventory Location and Control/* Optimal Inventory Location and Control in Production and Distribution Networks, in: OPERATIONS RESEARCH, Vol 7 1959, S. 483 - 498.

Haselbauer, Hubert: */Informationssystem als Erfolgsfaktor/* Das Informationssystem als Erfolgsfaktor der Unternehmung. Entwicklung eines Bewertungskonzepts. Spardorf 1986.

Hausman, Warren H.; Erkip, Nesim K.: */Inventory Control Policies/* Multi-echelon vs. Single-echelon Inventory Control Policies for Low-demand Items, MANAGEMENT SCIENCE, Heft 5 Vol. 40 1994, S. 597-602.

Hechtfischer, Ronald: */Losgrößenplanung/* Kapazitätsorientierte Verfahren der Losgrößenplanung, (Diss. Bayreuth) Wiesbaden 1991.

Heinrich, Claus E.: */Losgrößenplanung/* Mehrstufige Losgrößenplanung in hierarchisch strukturierten Produktionsplanungssystemen, Berlin u.a. 1988.

Helfrich, Christian: */PPS-Praxis/* PPS-Praxis. Fertigungssteuerung und Logistik im CIM-Verbund. Gräfelfing / München 1989.

Hensche, Hans H.: */Zeitwettbewerb/* Zeitwettbewerb in der Textilwirtschaft: Das Quick Response Konzept, in: Zentes, Joachim (Hrsg.): Moderne Distributionskonzepte in der Konsumgüterwirtschaft, Stuttgart 1991, S. 275-309.

Hertel, Joachim: */Warenwirtschaftssysteme/* Design mehrstufiger Warenwirtschaftssysteme; Wirtschaftswissenschaftliche Beiträge, Band 68, (Diss. Saarbrücken) Heidelberg 1992.

Himmelblau, David M.: */non linear Programming/* Applied non linear Programming, New York u.a. 1972.

Ho, Chrywan-jyh; Carter, Phillip L.: */Rescheduling Capability in DRP/* Adopting Rescheduling Capability in DRP to Deal with Operational Uncertainty in

Logistics Systems, in: INTERNATIONAL JOURNAL OF LOGISTICS MANAGEMENT, Heft 1 Vol 5 1994, S. 33 - 42.

Ho, Chrwan-jyh: */Distribution requirements planning/* Distribution requirements planning: A generalised system for delivery scheduling in a multi-sourcing logistics system, in: INT. JOURNAL OF PHYSICAL DISTRIBUTION & LOGISTICS MANAGEMENT, Heft 2 Vol. 20 1990, S. 3-8.

Hochstädter, Dieter: */Lagerhaltungsmodelle/* Stochastische Lagerhaltungsmodelle, Lecture Notes in Operations Research and Mathematical Economics, Band 10. Berlin 1969.

Hoitsch, Hans-Jörg: */Produktionswirtschaft/* Produktionswirtschaft; Grundlagen einer industriellen Betriebswirtschaftslehre, 2. Aufl., München 1993.

Hollander, Rolf: */Losgrößenplanung/* Zur Losgrößenplanung bei mehrstufigen Produktionsprozessen; Schriftenreihe des Seminar für allgemeine Betriebswirtschaftslehre der Universität Hamburg, (Diss. Hamburg) Göttingen 1981.

Hömke, Peter; Klingenhöfer, Lutz: */Fehlmengen/* Der Einfluß von Fehlmengen auf die optimale Bestellmenge (I), (II), (III), in: KOSTENRECHNUNGS-PRAXIS, Heft 3,4,5 1976, S. 111-117, S. 175-184, S. 223-231.

Hoon Hum, Sin; Sarin, Rakesh K.: */product-mix planning, lot sizing and scheduling/* Simultaneous product-mix planning, lot sizing and scheduling at bottleneck facilities, in: OPERATIONS RESEARCH, Heft 2 Vol. 39 1991, S. 296-307.

Hummeltenberg, Wilhelm: */Standortwahl/* Optimierungsmethoden zur betrieblichen Standortwahl: Modelle und Ihre Berechnung, (Diss. Aachen) Würzburg 1981.

IBM Deutschland GmbH: */Lagerhaltung und Bestandsführung/* Lagerhaltung und Bestandsführung im Einzelhandel. - Ein Konzept -. ohne Ort 1976.

Ihde, Gösta B.: */Bestandsmanagement/* Bestandsmanagement, in: Baumgarten, Helmut; Schwarting, Carsten (Hrsg.):Bestandssenkung in Produktions- und Zulieferunternehmen; Schriftenreihe des Bundesverbandes Logistik e.V., Band 11, Bremen 1984.

Ihde, Gösta B.: */Transport - Verkehr - Logistik/* Transport - Verkehr - Logistik. Gesamtwirtschaftliche Aspekte und einzelwirtschaftliche Handhabung. 2. Aufl., München 1992.

Inderfurth, Karl: */DP-Algorithmen/* DP-Algorithmen zur Sicherheitsbestandsoptimierung in mehrstufigen Produktions-Lagerhaltungssystemen, Diskussionsarbeiten der Fakultät für Wirtschaftswissenschaften der Universität Bielefeld, Nr. 204, Bielefeld 1989.

Inderfurth, Karl: */Nervousness/* Nervousness in Inventory Control: Analytical Results, Diskussionsarbeiten der Fakultät für Wirtschaftswissenschaften der Universität Bielefeld, Nr. 280, Bielefeld 1993.

Inderfurth, Karl: */Savety Stocks/* Safety Stocks in Multi-Stage Divergent Inventory Systems: A Survey, Diskussionsarbeiten der Fakultät für Wirtschaftswissenschaften der Universität Bielefeld, Nr. 253, Bielefeld 1992.

Inderfurth, Karl: */Sicherheitsbestandsplanung/* Mehrstufige Sicherheitsbestandsplanung mit dynamischer Programmierung, in: OPERATIONS RESEARCH SPEKTRUM, Band 14 1992, S. 19-32.

Inderfurth, Karl: */Sicherheitsbestände/* Zur Festlegung von Sicherheitsbeständen in mehrstufigen Lagerhaltungssystemen mit divergierender Struktur, Diskussionsarbeiten der Fakultät für Wirtschaftswissenschaften der Universität Bielefeld, Nr. 203, Bielefeld 1989.

Iyogun, Paul: */Dynamic Lot Size Problem/* Heuristic Methods for the Multi-product Dynamic Lot Size Problem, in: JOURNAL OF THE OPERATIONAL RESEARCH SOCIETY, Heft 10 Vol. 42 1991, S. 889-894.

Iyogun, Paul; Atkins, Derek: */Distribution Systems/* A Lower Bound and an Efficient Heuristic for Multistage Multiproduct Distribution Systems, in: MANAGEMENT SCIENCE, Heft 2 Vol. 39 1993, S. 204-217.

Jackson, Peter L.; Muckstadt, John A.: */Risk pooling/* Risk pooling in a two-period, two-echelon inventory stocking and allocation problem, in: NAVAL RESEARCH LOGISTICS QUARTERLY, Heft 1 Vol. 36 1989, S. 1-26.

Jacobs, F. Robert; Whybark, D. Clay: */Material Requirements Planning/* A Comparison of Reorder Point and Material Requirements Planning Inventory Control Logic, in: DECISION SCIENCES JOURNAL, Heft 2 Vol. 23 1992, S. 332-342.

Jacobs, Raymond; Wagner, Harvey M.: */Inventory Systems Costs/* Lowering Inventory Systems Costs by Using Regression-Derived Estimators of Demand Variability, in: DECISION SCIENCES JOURNAL, Heft 3 Vol. 20 1989, S. 558-574.

Jäger, Kurt: */Sicherheitsäquivalente/* Dynamische Sicherheitsäquivalente in Produktionsglättungs- und Lagerhaltungsmodellen, (Diss Berlin) Berlin 1975.

Jahnke, Hermann: */Produktions-/Lagerhaltungspolitik/* Eine Produktions-/Lagerhaltungspolitik bei stochastischer Nachfrage im Mehrproduktfall, in: OPERATIONS RESEARCH SPEKTRUM, Band 15 1993, S. 21-30.

Johnson, Lynwood A.; Montgomery, Douglas C.: */Production Planning/* Operations Research in Production Planning, Scheduling and Inventory Control. New York u.a. 1974.

Jönsson, Henrik; Silver, Edward A.: */Stock allocation/* Stock allocation from a Central Warehouse in a Two-Location Push Type Inventory Control System, in: Chikan, Attila (Hrsg.): Inventory in Theory and Practice, Studies in Production and Engineering Economics 6, Amsterdam 1986, S. 609-627.

Kaindl, Hermann: */Problemlösen/* Problemlösen durch heuristische Suche in der Artificial Intelligence. Wien u.a. 1989.

Kalymon, Basil A.: */Decomposition Algorithm/* A Decomposition Algorithm for Aborescence Inventory Systems, in: OPERATIONS RESEARCH, Heft 4 Vol. 20 1972, S. 860-874.

Kapoun, Josef: */Logistiksystem/* Betriebliches Logistiksystem und sein Management-Informationssystem. Lausanne 1985.

Karimi, Iftekhar A.: */cycle times/* Optimal cycle times in multistage serial systems with set-up and inventory costs, in: MANAGEMENT SCIENCE, Heft 10 Vol. 38 1992, S. 1467-1481.

Karmarkar, Uday S.: */multilocation multiperiod inventory problem/* The multilocation multiperiod inventory problem: Bounds and approximations, in: MANAGEMENT SCIENCE, Heft 1 Vol 32 1987, S. 86-94.

Kirchner, Dietrich J.; Zentes, Joachim: */Informationsmanagement/* Führen mit Warenwirtschaftssystemen. Neue Wege zum Informationsmanagement in Handel und Industrie, Düsseldorf / Frankfurt 1984.

Klemm, Hermann; Mikut, Manfred: */Lagerhaltungsmodelle/* Lagerhaltungsmodelle (Theorie und Anwendung). Berlin 1972.

Klingst Anna: */Lagerhaltung/* Optimale Lagerhaltung; Wann und wieviel bestellen? 2. Aufl., Würzburg u.a. 1979.

Knudsen, Jorgen Y.: */Inventory simulation systems/* Inventory simulation systems - Search for minimum objective function value, in: Chikan, Attila (Hrsg.): Inventory in Theory and Practice, Studies in Production and Engineering Economics 6, Amsterdam 1986, S. 669-684.

Köchel, Peter: */Minimax-Lagerhaltungsmodell/* Ein Minimax-Lagerhaltungsmodell für ein System von mehreren miteinander verbundenen Lagern, in: MATHEMATISCHE OPERATIONSFORSCHUNG UND STATISTIK, Heft 6 Band 7 1976, S. 905-925.

Komarnicki, Johann (Hrsg.): */Simulationstechnik/* Simulationstechnik. Eine Einführung im Medienverbund. Düsseldorf 1980.

Konen, Werner: */Kosten/* Kosten physischer Distribution lassen sich optimieren mit Hilfe von Simulation, in: MASCHINENMARKT, Heft 97 1982, S. 2069-2072.

Kortschak, Bernd H.: */Vorsprung durch Logistik/* Vorsprung durch Logistik. Der Produktions- und Wettbewerbsfaktor Zeit und die Entwicklung der Logistik, Wien 1992.

Kosiol, Erich: */Bestellmenge/* Die Ermittlung der optimalen Bestellmenge, in: ZEITSCHRIFT FÜR BETRIEBSWIRTSCHAFT, 1958, S. 287-299.

Krähenmann, Noah: */Elektronische Integration/* Elektronische Integration in Logistikketten, in: IO MANAGEMENT ZEITSCHRIFT, Heft 3 1992, S. 44-47.

Kuik, R.; Salomon, Marc: */simulated-annealing heuristic/* Multi-level lot-sizing problem: Evaluation of a simulated-annealing heuristic, in: EUROPEAN JOURNAL OF OPERATIONAL RESEARCH, Heft 1 Vol. 45 1990, S. 25-37.

Lee, Sang-Bum; Zipkin, Paul H.: */dynamic lot-size model/* A dynamic lot-size model with make-or-buy decisions, in: MANAGEMENT SCIENCE, Heft 4 Vol. 35 1989, S. 447-458.

LeMay, S. A.; Wood, W. R.: */Logistics Decision Support Systems/* Developing Logistics Decision Support Systems, in: JOURNAL OF BUSINESS LOGISTICS, Vol. 10/2, 1989, S. 1-23.

Lewis, Holly S.; Sweigart, James R.; Markland, Robert E.: */Master Scheduling/* Master Scheduling in Assemble-To-Order Environments: A Capacitated Multiobjective Lot-Sizing Model, in: DECISION SCIENCES JOURNAL, Heft 1 Vol. 23 1992, S. 21-43.

Liebl, Franz: */Simulation/* Simulation. Problemorientierte Einführung, München 1992.

Magee, J. F.; Copacino, W. C.; Rosenfield, D. B.: */Logistics Management/* Modern Logistics Management, New York u.a. 1985.

Magee, J. F.: */Logistics/* Industrial Logistics, New York 1968.

Mahnkopf, Dirk: */Expertensysteme/* Die Einsatzmöglichkeiten von Expertensystemen zur Unterstützung von Beschaffungsentscheidungen in Handelsbetrieben, (Diss. Göttingen) Göttingen 1992.

Martin, André J.: */DRP/* DRP. Distribution Resource Planning. Distribution Management's Most Powerful Tool, Englewood Cliffs 1983.

Masters, James M.; Allenby, Greg M.; La Londe, Bernard J.; Maltz, Arnold: */DRP/* On the adaption of DRP, in: JOURNAL OF BUSINESS LOGISTICS, Heft 1 Vol. 13 1991, S. 47-67.

Maxwell, Wiliam L.; Muckstadt, John A.: */Reorder Intervals/* Establishing Consistent and Realistic Reorder Intervals in Production-Distribution-Systems, in: OPERATIONS RESEARCH, Heft 6 Vol. 33 1985, S. 1316-1341.

McKinnon, Alan C.: */Physical Distribution Systems/* Physical Distribution Systems, London u.a. 1989.

Meffert, Heribert: */Informationssysteme/* Informationssysteme, Grundbegriffe der EDV und Systemanalyse. Tübingen /Düsseldorf 1975.

Meffert, Heribert: */Systemtheorie/* Systemtheorie aus betreibswirtschaftlicher Sicht, in: Schenk, Karl-E. (Hrsg.): Systemanalyse in Wirtschafts- und Sozialwissenschaften, Berlin 1971, S. 174-206.

Meis, Harald: */Sortiments- und Bestandsmanagement/* Logistisches Sortiments- und Bestandsmanagement für Großhandelsbetriebe mit mehrstufiger Lagerung. (Diss. Bamberg) Bamberg 1989.

Merkel, Helmut: */Simulationsmodelle/* Simulationsmodelle für die Optimierung interdependenter logistischer Prozesse. (Diss. Mannheim) Düsseldorf 1980.

Mesarovic, M. D.; Macko, D.; Takahara, Y.: */Hierarchical, Multilevel Systems/* Theory of Hierarchical, Multilevel Systems, New York u.a. 1970.

Mevissen, Karlheinz: */Mehrwegsysteme/* Mehrwegsysteme für Verpackungen: Probleme und Gestaltungsansätze in der Konsumgüterwirtschaft. (Diss. Köln) Wiesbaden 1996.

Meyer, Bertrand: */Software-Entwicklung/* Objektorientierte Software-Entwicklung, München u.a. 1990.

Meyer, Manfred; Hansen, Klaus: */Planungsverfahren/* Planungsverfahren des Operations Research. Für Mathematiker, Ingenieure und Wirtschaftswissenschaftler. 3. Aufl., München 1985.

Moily, Jaya P.: */Component Lot-Splitting/* Optimal and Heuristic Procedures for Component Lot-Splitting in Multi-Stage Manufacturing Systems, in: MANAGEMENT SCIENCE, Heft 1 1986, S. 113-125.

Moily, Jaya P.; Matthews, John P.: */Relative Frequencies/* Procedures For Determining Relative Frequencies Of Production/Order In Multistage Assembly Systems, in: DECISION SCIENCES, Heft 2 1987, S. 279-291.

Moschel, H. Werner: */Entscheidunsmodelle der Lagerhaltung/* Deterministische Entscheidunsmodelle der Lagerhaltung bei mehrfacher Zielsetzung. (Diss. Saarbrücken) Saarbrücken 1982.

Muckstadt, John A.: */Inventory System/* A Model for a Multi-item, Multi-echelon, Multi-indenture Inventory System, in: MANAGEMENT SCIENCE, Heft 4 Vol. 20 1973, S. 472-481.

Muckstadt, John A.; Roundy, Robin O.: */Distribution Systems/* Multi-Item, One-Warehouse, Multi-Retailer Distribution Systems, in: MANAGEMET SCIENCE, Heft 12 Vol. 33 1987, S. 1613-1621.

Muckstadt, John A.; Thomas, Joseph L.: */multi-echelon inventory methods/* Are multi-echelon inventory methods worth implementing in systems with low-demand-rate items? in: MANAGEMENT SCIENCE, Heft 5 Vol. 26 1980, S. 483-494.

Müller-Manzke, Ulrich: */Relevante Kapital-Bindung/* Die Bedeutung der Relevanten Kapital-Bindung in PPS-Systemen, in: ZEITSCHRIFT FÜR BETRIEBSWIRTSCHAFTLICHE FORSCHUNG, Heft 9 1992, S. 902-913.

Müller-Hagedorn, Lothar: */Handelsmarketing/* Handelsmarketing, Stuttgart u.a. 1984.

Naddor, Eliezer: */Lagerhaltungssysteme/* Lagerhaltungssysteme, Frankfurt u.a. 1971.

Nahmias, Steven: */Inventory Modells/* Inventory Modells, in: Belzer, Jack; Holzman, Albert; Kent, Allen (Hrsg.): Encyclopedia of Computer Science and Technology, Vol. 9, New York 1978, S. 447-483.

Nahmias, Steven; Smith, Stephen, A.: */Inventory Levels/* Optimizing Inventory Levels in a Two-echelon Retailer system with Partial Lost Sales, in: MANAGEMENT SCIENCE, Heft 5 Vol. 40 1994, S. 582-596.

Nahmias, Steven; Smith, Stephen A.: */Models of Retailer Inventory Systems/* Mathematical Models of Retailer Inventory Systems: A Review, in: Sarin, Rakesh (Hrsg.): Perspectives in Operations Management, Norwell MA 1993, S. 249-278.

Nilsson, Ragnar: */Wissensverarbeitung/* Strategischer Erfolgsfaktor Wissensverarbeitung. Von der Datenverarbeitung über die Informationsverarbeitung zur Wissensverarbeitung, in: CONTROLLER MAGAZIN, Heft 3 1990, S. 134-138.

Noche, Bernd; Wenzel, Sigrid: */Simulationstechnik/* Marktspiegel Simulationstechnik in Produktion und Logistik. Köln 1991.

O'Neil, Brian F.: */Information/* Information - A Viable Substitute for Inventory, LOGISTICS AND TRANSPORTATION REVIEW, Vol. 22/1, S. 83-89.

Ohlott, Herbert: */Spacemanagement/* Spacemanagement: Warenwirtschaft am Point of Sale, in: MARKENARTIKEL, Heft 4 1993, S. 146-149.

Ohse, Dietrich: */Näherungsverfahren/* Näherungsverfahren zur Bestimmung der wirtschaftlichen Bestellmenge, in: ELEKTRONISCHE DATENVERARBEITUNG, Heft 2 1970, S. 83-88.

Ormsby, Joseph G.; Tinsley, Dillard B.: */marketing/* The role of marketing in material requirements planning systems, in: INDUSTRIAL MARKETING MANAGEMENT, Heft 1 Vol. 20 1991, S. 67-72.

Pack, Ludwig: */Bestellmenge/* Optimale Bestellmenge und optimale Losgröße. Zu einigen Problemen ihrer Ermittlung, Wiesbaden 1964.

Paraschis, Ioannis, N.: */Mehrprodukt-Distributionssysteme/* Optimale Gestaltung von Mehrprodukt-Distributionssystemen: Modelle - Methoden - Anwendungen, (Diss. Hamburg) Heidelberg 1989.

Pardey, Roland: */Konzepte/* Konzepte für die interne Information; Das Beispiel filialisierter Einzelhandelsunternehmen. (Diss. Saarbrücken) Saarbrücken 1985.

Pfeifer, Andreas: */Mehrproduktlagermodelle/* Optimalitätseigenschaften von Mehrproduktlagermodellen bei stochastischem Bedarf. (Diss. Darmstadt) Darmstadt 1981.

Pfohl, Hans-Chr. (Hrsg.): */Logistiktrends/* Logistiktrends '91, Berlin u.a. 1991.

Pfohl, Hans-Chr.: */Logistiksysteme/* Logistiksysteme, Betriebswirtschaftliche Grundlagen, 4. Aufl., Berlin u.a. 1990.

Pfohl, Hans-Chr.: */Information/* Produktionsfaktor "Information" in der Logistik, in: Institut für Logistik der Deutschen Gesellschaft für Logistik (Hrsg.): Informationssysteme in der Logistik. Fachtagung am 25.4.1985 in Darmstadt. Tagungshandbuch "Fachtagung" Band 1, Darmstadt 1985, S. 1-28.

Pfohl, Hans-Christian; Stölzle, Wolfgang; Schneider, Henning: */Bestandsmanagement/* Entwicklungstrends im Bestandsmanagement, in: BETRIEBSWIRTSCHAFTLICHE FORSCHUNG UND PRAXIS, Heft 5 1993, S. 529-551.

Pfohl, Hans-Christian; Zöllner, Werner: */Effizienzmessung/* Effizienzmessung der Logistik, in: DIE BETRIEBSWIRTSCHAFT, Heft 3 1991, S. 323-340.

Philipoom, Patrick R.; Rees, Loren Paul; Taylor, Bernard W. (III): */Economic Lot-Scheduling Problem/* Solving the Economic Lot-Scheduling Problem Using the Method of Prime Subperiods, in: DECISION SCIENCES JOURNAL, Heft 4 Vol. 20 1989, S. 794-809.

Pladerer, Hans; Kuster, H.: */Logistik-Informations-Systeme/* Logistik braucht Information. Logistik-Informations-Systeme (LIS) zur Integration der Logistik in Unternehmen, in: ZEITSCHRIFT FÜR LOGISTIK, Heft 1, 1985, S. 6-10.

Pokrandt, Bernd: */Losgrößenplanung/* Ein hierarchisches Konzept zur Losgrößenplanung unter Just-in-Time-Bedingungen, Frankfurt am Main u.a. 1994.

Popovic, Jovan B.: */Decision/* Decision making on stock levels in cases of uncertain demand rate, in: EUROPEAN JOURNAL OF OPERATIONAL RESEARCH, Heft 2 Vol. 32 1987, S. 276-290.

Popp, Thomas: */Losgrößen- und Ablaufplanung/* Kapazitätsorientierte dynamische Losgrößen- und Ablaufplanung bei Sortenproduktion, (Diss. Hamburg) Hamburg 1993.

Prichard, James W.; Eagle, Robert H.: */Inventory Manangement/* Modern Inventory Manangement, New York 1965.

Quint, August: */Simulation/* Simulation und Optimierung eines stochastischen Lagerhaltungsmodells. (Diss. Frankfurt am Main) Frankfurt am Main 1982.

Rees, Loren P.; Clayton, Edward R.; Taylor, Bernhard W. III: */Programming Model/* A Linear Programming Model of a Multi-Period, Multi-Commodity Network Flow Problem, in: JOURNAL OF BUSINESS LOGISTICS, Heft 1 Vol. 8 1987, S. 117-138.

Rieper, Bernd: */Bestellmengenrechnung/* Die Bestellmengenrechnung als Investitions- und Finanzierungsproblem, in: ZEITSCHRIFT FÜR BETRIEBSWIRTSCHAFT, Heft 12 1986, S. 1230-1255.

Rinks, Dan B.: */Rationing safety stock/* Rationing safety stock in the USAF's multi-echelon inventory system, in: ENGINEERING COSTS AND PRODUCTION ECONOMICS, Heft 1-4 Vol. 17 1989, S. 99-109.

Ritchie, Eric: */E.O.Q./* The E.O.Q. for linear increasing demand: A simple optimal solution, in: JOURNAL OF THE OPERATIONAL RESEARCH SOCIETY, Heft 10 Vol. 35 1984, S. 949-952.

Ritchie, Eric; Tsado, Aaron: */Stock replenishment quantities/* Stock replenishment quantities for unbounded linear increasing demand: an interesting consequence of the optimal policy, in: JOURNAL OF THE OPERATIONAL RESEARCH SOCIETY, Heft 8 1985, S. 737-740.

Robrade, Andreas D.: */Einprodukt-Lagerhaltungsmodelle/* Dynamische Einprodukt-Lagerhaltungsmodelle bei periodischer Bestandsüberwachung, Heidelberg 1991.

Rosenblatt, Meir J.; Kaspi, Moshe: */Joint Replenishment/* A Dynamic Programming Algorithm for Joint Replenishment under General Order Cost Functions, in: MANAGEMENT SCIENCE, Heft 3 Vol. 31 1985, S. 369-373.

Rosenkranz, Friedrich; Lecoq, Lionel: */Experimente/* Experimente mit einem mehrstufigen System zur Lager- und Produktionsplanung: Eine Fallstudie, in: DIE BETRIEBSWIRTSCHAFT, Heft 1 1983, S. 65-78.

Rossig, W. E.: */Logistik im Handel/* Logistik im Handel; Stärkung der Position im Wettbewerb erreichbar, in: Jahrbuch für Logistik 1989, Düsseldorf u.a. 1989, S. 39-43.

Roundy, Robin O.: */Lot-Sizing Rule/* A 98%-Effective Lot-Sizing Rule for a Multi-Product, Multi-Stage Production / Distribution Systems, in: MATHEMATICS OF OPERATIONS RESEARCH, Heft 4 Vol. 11 1986, S. 699-727.

Roundy, Robin O.: */Computing/* Computing Nested Reorder Intervals for Multi-Item Distribution Systems, in: OPERATIONS RESEARCH, Heft 1 Vol. 38 1990, S. 37-52.

Roundy, Robin O.: */Rounding/* Rounding off to powers of two in continous relaxations of capacitated lot sizing problems, in: MANAGEMENT SCIENCE, Heft 12 Vol. 35 1989, S. 1433-1442.

Salomon, Marc: */Lotsizing Models/* Deterministic Lotsizing Models for Production Planning, Berlin u.a. 1991.

Sand, Gene: */Predicting Demand/* Predicting Demand on the Secondary Echelon: A Case Study, in: Schwarz, Leroy B. (Hrsg.): Multi-level Production / Inventory Control Systems: Theory and Practice, TIMS Studies in Management Science, Band 16, Amsterdam 1981, S. 209-224.

Schary, Philip B.: */Logistics Decisions/* Logistics Decisions, Chicago u.a. 1986.

Scheer, August-Wilhelm: */EDV-orientierte Betriebswirtschaftslehre/* EDV-orientierte Betriebswirtschaftslehre; Grundlagen für ein effizientes Informationsmanagement. 4. Aufl., Berlin u.a. 1990.

Schenk, Heike Yasmin: */Entscheidungshorizonte/* Entscheidungshorizonte im deterministischen dynamischen Lagerhaltungsmodell, Physica-Schriften zur Betriebswirtschaft, Band 36, (Diss. Frankfurt) Heidelberg 1991.

Schmidt, Andreas: */Beschaffungsplanung und -steuerung/* Operative Beschaffungsplanung und -steuerung; Konzepte und Entscheidungskalküle, Köln 1985.

Schmidt, Klaus J. (Hrsg.): */Logistik und Produktionsmanagement/* Handbuch Logistik und Produktionsmanagement. Strategien, Konzepte und Lösungen für die JIT-Beschaffung, Produktion und Distribution, Landsberg /Lech 1991.

Schmidt, Klaus-Jürgen (Hrsg.): */Logistik/* Logistik: Grundlagen, Konzepte, Realisierung, Braunschweig u.a. 1993.

Schneeweiß, Christoph: */Lagerhaltungssysteme/* Modellierung industrieller Lagerhaltungssysteme; Einführung und Fallstudien, Berlin u.a. 1981.

Schneeweiß, Christoph: */Kosten in Lagerhaltungsmodellen/* Zur Problematik der Kosten in Lagerhaltungsmodellen, in: ZEITSCHRIFT FÜR BETRIEBSWIRTSCHAFT, Heft 1 1979, S. 2-17.

Schneeweiß, Christoph; Alscher, Jürgen: */Disposition/* Zur Disposition von Mehrprodukt-Lägern unter Verwendung der klassischen Losgrößenformel, in: ZEITSCHRIFT FÜR BETRIEBSWIRTSCHAFT, Heft 5 1987, S. 483-502.

Schneider, Helmut: */Lagerhaltungspolitiken/* Die Einhaltung des Servicegrades bei (s,S) - Lagerhaltungspolitiken - Eine Simulationsstudie, in: ZEITSCHRIFT FÜR OPERATIONS RESEARCH, Heft 4 1978, S. B119-B144.

Schneider, Helmut: */Servicegrade in Lagerhaltungsmodellen/* Servicegrade in Lagerhaltungsmodellen, (Diss. Berlin) Berlin 1979.

Schulte, Christof: */Logistik/* Logistik. Wege zur Optimierung des Material- und Informationsflusses, 2. Aufl., München 1995.

Schulte, Egon; Simmet, Heike: */Warenwirtschaftssysteme/* Warenwirtschaftssysteme, Just-in-time-Konzepte und Data-Base-Marketing, in: DYNAMIK IM HANDEL, Heft 7 1990, S.21-24.

Schulte, Karl; Steckenborn, Ilona; Blasberg, Lutz: */Warenwirtschaft/* Systeme der Warenwirtschaft im Handel (Eine Einführung für Mittelbetriebe), Köln 1981.

Schwarz, Leroy B. (Hrsg.): */Production / Inventory Control Systems/* Multi-level Production / Inventory Control Systems: Theory and Practice, TIMS Studies in Management Science, Band 16, Amsterdam 1981.

Schweiger, Alfred: */Lagerausgleichsdistribution/* Lagerausgleichsdistribution. Konzeption eines Verfahrens zur Verbesserung des Servicegrads in Distributionssystemen, (Diss. München) Berlin 1991.

Schweizerische Gesellschaft für Logistik (Hrsg.): */Logistik in der Organisationsstruktur/* Logistik in der Organisationsstruktur der Unternehmung, Bern 1987.

Sengupta, Saumyendra; Korobkin, Carl Phillip: */C++/* C++, Object-Oriented Data Structures, Berlin u.a. 1994.

Silver, Edward A.: */Inventory Management/* Operations Research in Inventory Management: A Review and Critique, in: OPERATIONS RESEARCH, Heft 4 Vol. 29 1981, S. 628-645.

Silver, Edward A.; Meal, Harlan C.: */lot size quantities/* A heuristic for selecting lot size quantities for the case of deterministic time varying demand rate and discrete opportunities for replenishment, in: PRODUCTION AND INVENTORY MANAGEMENT, Heft 2 Vol. 14 1973, S. 64-74.

Silver, Edward A.; Peterson, Rein: */Decision Systems/* Decision Systems for Inventory Management and Production Planning, New York u.a. 1979.

Simpson, Keneth F. Jr.: */Allocations of Stocks/* A Theory of Allocations of Stocks to Warehouses, in: OPERATIONS RESEARCH, Vol. 7 1959, S. 797 - 805.

Skjoett-Larson, Tage: */Integrated Information Systems/* Integrated Information Systems for Materials Management, in: INTERNATIONAL JOURNAL OF PHYSI-

CAL DISTRIBUTION AND MATERIALS MANAGEMENT, Vol. 12/3, 1982, S. 45-55.

Soom, Erich: */Lagerbewirtschaftung/* Optimale Lagerbewirtschaftung in Industrie, Handel und Gewerbe. Bern u.a. 1976.

Sova, Oldrich; Piper, Jürgen: */Computergestützte Warenwirtschaft/* Computergestützte Warenwirtschaft im Handel, Köln 1985.

Specht, Günter: */Distributionsmanagement/* Distributionsmanagement, Stuttgart u.a. 1988.

Spitzlay, Heinz: */Informationssystem/* Logistisches Informationssystem, in: COORGANISATION, Heft 3 1988, S. 52-55.

Spring, Rolf: */Modellvergleiche/* Modellvergleiche in der Lagerbewirtschaftung. (Diss. St.Gallen) Winterthur 1975.

Stabenau, Hanspeter: */Informationssysteme/* Mit Hilfe integrierter Informationssysteme die durchgehende logistische Kette spannen, in: HANDELSBLATT, Nr. 201, 18./19.10.1985, S. B 1

Steinberg, Earle; Napier, H. Albert: */Multi-Level Lot Sizing/* Optimal Multi-Level Lot Sizing for Requirements Planning Systems, in: MANAGEMENT SCIENCE, Heft 12 Vol. 26 1980, S. 1258-1271.

Steiner, Jürgen: */Bestellmengen/* Optimale Bestellmengen bei variablem Bedarfsverlauf, Wiesbaden 1975.

Stenger, Alan J.; Cavinato, Joseph L.: */Adapting MRP/* Adapting MRP to the Outbound Side-Distribution Requirements Planning, in: PRODUCTION AND INVENTORY MANAGEMENT, Heft 4 Vol. 20 1979, S. 1-14.

Stern, Louis W.; El-Ansari, Adel I.: */Marketing Channels/* Marketing Channels, 3. Aufl., Englewood Cliffs 1988.

Stier, Werner: */dynamisches systemtheoretisch-kybernetisches Simulationsmodell/* Eine Erweiterung des statischen Modelles der Losgrößenoptimierung durch ein dynamisches systemtheoretisch-kybernetisches Simulationsmodell des Produktions- und Lagersystems. (Diss. Köln) Köln 1976.

Stock, James R.; Lambert, Douglas M.: */Strategic Logistics Management/* Strategic Logistics Management, 3. Aufl., Homewood Illinois 1993.

Streim, Hannes: */Heuristische Lösungsverfahren/* Heuristische Lösungsverfahren. Versuch einer Begriffsklärung, in: ZEITSCHRIFT FÜR OPERATIONS RESEARCH, Heft 1 Vol. 19 1975, S. 143-162.

Svoronos, Antony; Zipkin, Paul: */One-for-One Replenishment Policies/* Evaluation of One-for-One Replenishment Policies for Multi-Echelon Inventory Systems, in: MANAGEMENT SCIENCE, Heft 1 Vol. 37 1991, S. 68-83.

Svoronos, Antony; Zipkin, Paul: */Multi-Level Inventory Systems/* Estimating the Performance of Multi-Level Inventory Systems, in: OPERATION RESEARCH, Heft 1 Vol. 36 1988, S. 57-72.

Szibor, Lutz; Thienel, Albert: */Information/* Information vor Ware - Die Vernetzung eines logistischen Dienstleisters mit seinen Kunden und seinen Niederlassungen, in: INFORMATION MANAGEMENT, Heft 2 1991, S. 38-41.

Tempelmeier, Horst; Derstroff, Matthias: */Mehrprodukt-Losgrößenplanung/* Mehrstufige Mehrprodukt-Losgrößenplanung bei beschränkten Ressourcen und genereller Erzeugnisstruktur, in: OPERATIONS RESEARCH-SPEKTRUM, Heft 2 1993, S. 63-73.

Tempelmeier, Horst: */Sicherheitsbestand/* Die Minimierung des Sicherheitsbestandes in einem zweistufigen Lagersystem mit stochastischer Nachfrage unter Berücksichtigung von Service-Restriktionen, in: ZEITSCHRIFT FÜR BETRIEBSWIRTSCHAFTLICHE FORSCHUNG, Heft 11-12 1983, S. 986-1003.

Tempelmeier, Horst: */Material-Logistik/* Material-Logistik. Grundlagen der Bedarfs- und Losgrößenplanung in PPS-Systemen, 2.Aufl., Berlin u.a. 1992.

Tempelmeier, Horst: */Quantitative Marketing-Logistik/* Quantitative Marketing-Logistik: Entscheidungsprobleme, Lösungsverfahren, EDV-Programme, Berlin u.a. 1983.

Tersine, Richard, J.: */Principles/* Principles of Inventory and Materials Management, 3. Aufl., New York u.a. 1988.

Tietz, Bruno: */ECR/* Efficient Consumer Response (ECR), in: WIST, WIRTSCHAFTS-WISSENSCHAFTLICHES STUDIUM, Heft 10 1995, S. 529-530.

Tinsley, Dillard B.; Ormsby, Joseph G.: */Improving Marketing/* Improving Marketing with DRP, in: INDUSTRIAL MARKETING MANAGEMENT, Heft 4 Vol. 17 1988, S. 347-354.

Toporowski, Waldemar: */Logistik/* Logistik im Handel, Optimale Lagerstruktur und Bestellpolitik einer Filialunternehmung, in: Seyffert, Rudolf; Müller-Hagedorn, Lothar (Hrsg.): Schriften zur Handelsforschung, Band 89, (Diss. Köln) Heidelberg 1996.

Van Roy, Tony J.; Gelders, Ludo F.: */Distribution Problem/* Solving a Distribution Problem with Side Constraints, in: EUROPEAN JOURNAL OF OPERATIONAL RESEARCH, Heft 1 Vol. 6 1981, S. 61 - 66.

Vasquez, Jess: */Distribution Requirements Planning/* Distribution Requirements Planning, in: National Council of Physical Distribution Managment: Annual Conference 1979, S. 279-285.

Veinott, Arthur F.: */Concave-Cost Solution/* Minimum Concave-Cost Solution of Leontief Substitution Models of Multi-Facility Inventory Systems, in: OPERATIONS RESEARCH, Heft 2 Vol. 17 1969, S. 262-291.

Veinott, Arthur F.: */Mathematical Inventory Theory/* The Status of Mathematical Inventory Theory, in: MANAGEMENT SCIENCE, Heft 11 Vol. 12 1966, S. 745-777.

Veral, Emre A.; Laforge, R. Lawrence: */performance/* The performance of a simple incremental lot-sizing rule in a multilevel inventory environment, in: DECISION SCIENCES, Heft 1 Vol. 16 1985, S. 57-72.

Vollmann, Thomas E.; Berry, William L.; Whybark, David C.: */Manufacturing Planning/* Manufacturing Planning and Control Systems, 2. Aufl., Homewood Ill. 1987

Von Lanzenauer, Christoph H.: */Production Scheduling Model/* A Production Scheduling Model by Bivalent Linear Programming, in: MANAGEMENT SCIENCE, Heft 1 Vol. 17 1970, S. 105-111.

Wagner, Harvey M.; Whitin, Thomson M.: */Economic Lot Size Model/* Dynamic Version of the Economic Lot Size Model, in: MANAGEMENT SCIENCE, Heft 1 Vol. 5 1959, S. 89-96.

Waller, Alan G.: */Computer systems/* Computer systems for distribution planning, in: INTERNATIONAL JOURNAL OF PHYSICAL DISTRIBUTION AND MATERIALS MANAGEMENT, Heft 2 Vol. 17 1987, S. 28-39.

Watson, Hugh J.; Blackstone, John H. Jr.: */Computer Simulation/* Computer Simulation, 2. Aufl., New York u.a. 1989.

Watson, Richard; Pitt, Leyland: */Remarrying/* Remarrying marketing and logistics with information systems technology (with Australian case studies), in: INDUSTRIAL MANAGEMENT & DATA SYSTEMS, Heft 1, 1989, S. 4-12.

Weber, Rainer: */Materialwirtschaft mit Lagerhaltung/* Zeitgemäße Materialwirtschaft mit Lagerhaltung. Flexibilität, Lieferbereitschaft, Bestandsreduzierung, Kostensenkung - Das deutsche Kanban, 3. Aufl., Renningen-Malmsheim 1994.

Wegner, Ullrich: */Organisation der Logistik/* Organisation der Logistik. Prozess- und Strukturgestaltung mit neuer Informations- und Kommunikationstechnik. (Diss. München) München 1993.

Whybark, D. Clay: */Distribution/* MPR: A Profitable Concept For Distribution, in: Prodeedings of the Fifth Annual Transportation and Logistics Educators Conference, 1975, S. 82-93.

Williams, T.M.: */Stock control/* Stock control with sporadic and slow-moving demand, in: JOURNAL OF THE OPERATIONAL RESEARCH SOCIETY, Heft 10 Vol. 35 1984, S. 939-948.

Witte, Thomas: */Heuristisches Planen/* Heuristisches Planen. Vorgehensweisen zur Strukturierung betrieblicher Planungsprobleme. Wiesbaden 1979.

Witte, Thomas: */Simulation/* Simulation und Simulationsverfahren, Osnabrück 1991.

Wortmann, Johan C.: */standard software packages/* Flexibility of standard software packages for production/inventory control, in: PRODUCTION PLANNING & CONTROL, Heft 3 Vol. 3 1992, S. 290-299.

Yoo, Sangjin: */information system/* An information system for Just-In-Time, in: LONG RANGE PLANNING, Heft 6 Vol. 22 1989, S. 117-126.

Zacharias, Claus-Otto: */EDV-Einsatz/* EDV-Einsatz in hierarchischen Lagerverbund-systemen. München 1982.

Zangwill, Willard I.: */Production and Inventory Modell/* A Deterministic Multiproduct, Multi-Facility Production and Inventory Modell, in: OPERATIONS RE-SEARCH, Heft 3 Vol. 14 1966, S. 486-507.

Zangwill, Willard I.: */Backlogging Model/* A Backlogging Model and a Multi-Echelon Model of a Dynamic Economic Lot Size Production System - A Network Approach, in: MANAGEMENT SCIENCE, Heft 9 Vol. 15 1969, S. 506-527.

Zäpfel, Günther; Attmann, Josef: */Losgrößenplanung/* Losgrößenplanung: Problem-stellung und Problemklassen, in: DAS WIRTSCHAFTSSTUDIUM, Heft 11 1978, S. 529-532.

Zentes, Joachim (Hrsg.): */Distributionskonzepte/* Moderne Distributionskonzepte in der Konsumgüterwirtschaft, Stuttgart 1991.

Zentes, Joachim: */Computer Integrated Merchandising/* Computer Integrated Merchandising - Neuorientierung der Distributionskonzepte im Handel und in der Konsumgüterindustrie, in: Zentes, Joachim (Hrsg.): Moderne Distributionskonzepte in der Konsumgüterwirtschaft, Stuttgart 1991, S. 3-15.

Zimmermann, Werner: */Operations Research/* Operations Research. Quantitative Methoden zur Entscheidungsvorbereitung, 6. Aufl., München 1992.

Zinn, Walter; Levy, Michael: */Speculative Inventory Management/* Speculative Inventory Management: A Total Channel Perspektive, in: INTERNATIONAL JOURNAL OF PHYSICAL DISTRIBUTION AND MATERIALS MANAGEMENT, Heft 5 Vol. 18 1988, S. 34-38.

Zinn, Walter; Marmorstein, Howard: */Comparing/* Comparing two alternative methods of determining safety stock levels: The demand and the forecast systems, in: JOURNAL OF BUSINESS LOGISTICS, Vol. 11/1 1990, S. 95-110.

Zoller, Klaus: */Lagerprozesse/* Lagerprozesse mit Restriktionen. Investitions- und Raumbeschränkungen im Mehrproduktfall, Opladen 1977.

Zoller, Klaus; Robrade, A.: */Bestellmengen- und Losgrößenplanung/* Dynamische Bestellmengen- und Losgrößenplanung. Verfahrensübersicht und Vergleich, in: OPERATIONS RESEARCH-SPEKTRUM, Heft 4 1987, S. 219-233.

Zwehl, Wolfgang von: */Analyse/* Kostentheoretische Analyse des Modells der optimalen Bestellmenge. Wiesbaden 1973.

Anhang

A LaSim-Objekte

Auf den nachfolgenden Seiten sind alle Objekte und Datenstrukturen der Simulationssoftware samt der zugehörigen Funktionen und Variabeln aufgelistet. Auf die Wiedergabe des zugehörigen Programmcodes wurde hier aus Platzgründen verzichtet.[1]

---

[1]) Ein Ausdruck des gesamten Programmcodes hätte alleine einen Umfang von über 300 Seiten.

Rahmendaten

(Datei)

- ::maximalePeriodenAnzahl
- ::maximaleElagerProdVolRest
- ::maximalesProduktVolumen
- ::maximaleLieferzeit
- ::abzehn[float]
- ::abfunfzig[float]
- ::abhundert[float]
- ::verbundrabattjeprodukt[float]
- ::fixebestellkosten[float]
- ::maximalesTrspVolumen[long]
- ::fixetransportkosten[float]
- ::transportkostenjevolumenuentf[float]
- ::dirzustkostenjevoluentf[float]
- ::vkabweichung

○ **struct zweilongwerte**
- ers + lez

○ **struct zweiintwerte**
- ers + lez

○ **fn initialisieren()**

○ **class Rahmendaten**
- maximaleLieferzeit
- maximalesProduktVolumen
- maximaleElagerProdVolRest
- maximalePeriodenAnzahl
- abzehn + abfunfzig + abhundert [float]
- verbundrabattjeproduktb [float]
- fixebestellkosten [float]
- fixetransportkosten [float]
- transportkostenjevolumenuentf [float]
- setupkosten
- vkabweichung
- dirzustkostenjevoluentf[float]
- maximalesTrspVolumen[long]

○ **fn setzen + anlegen + aendern**

○ **fn speichern + laden**

Simulationsablauf

- ::p [Produkte]
- ::a [Lagersys]
- ::n [Prognose]
- ::v [Verkauf]
- ::k [Kosten]

○ **main()**
○ fn vorlauf(r)
○ fn anfang(r,p,l,n,v)
○ fn altdaten(r,p,l,n,v)
○ fn bestandsauswahl + -menu(p,l,n,v,b)
○ fn lagerauswahl + -menu(l)
○ fn herstellerauswahl + -menu(p)
○ fn bestellauswahl + -menu(bs,t)
○ fn anlieferauswahl + -menu(da,t)
○ fn zustellauswahl + -menu(dz,t)
○ fn transportauswahl + -menu(tp,t)
○ fn hauptauwahl + -menu(b,bs,tp,t)
○ fn periodenauswahl + -menu(t,tmax)
○ fn wahlauswahl + -menu
○ fn periodenlauf (p,l,n,v,b,bs,tp,dzs,das,sts)
○ fn ende(b,bs,ts,k)
○ fn nachlauf(r,p,l,n,v,b,bs,ts,dzs,das,k)

○ fn prherstzeigen(p)
○ fn prlgrzeigen(l)
○ fn prlistennb(l)
○ fn prlgrmgzg(p,l,n,v,b)
○ fn prauslgrn(p,l,n,b)
○ fn preinlgrn(p,l,n,b)
○ fn prersulezprodvherst(p)
○ fn prprodvherst(p)
○ fn przustellen(dz,t)
○ fn przustzeigen(dz)
○ fn pranliefern(da,t)
○ fn pranliefzeigen(da)
○ fn prbestellen(bs,t)
○ fn prbestzeigen(bs)
○ fn prtransport(tp,t)
○ fn prtrspzeigen(tp)
○ fn prperiodsprung(t)

Produkt-Daten

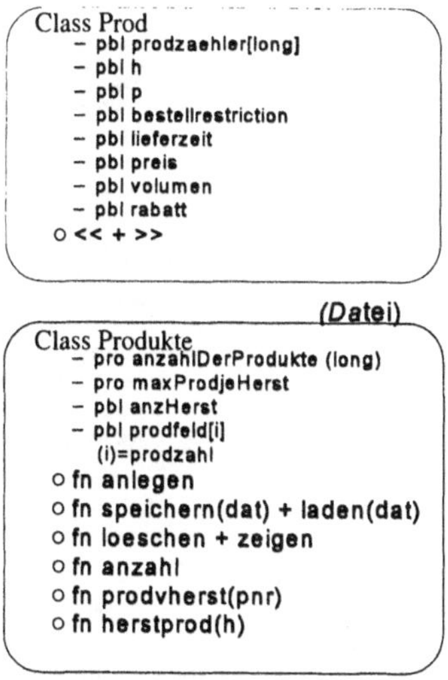

Class Prod
- pbl prodzaehler[long]
- pbl h
- pbl p
- pbl bestellrestriction
- pbl lieferzeit
- pbl preis
- pbl volumen
- pbl rabatt

o << + >>

(Datei)

Class Produkte
- pro anzahlDerProdukte (long)
- pro maxProdjeHerst
- pbl anzHerst
- pbl prodfeld[i]
  (i)=prodzahl

o fn anlegen
o fn speichern(dat) + laden(dat)
o fn loeschen + zeigen
o fn anzahl
o fn prodvherst(pnr)
o fn herstprod(h)

Lagersystem-Daten

Class Lagerplan
- pro lageranz
- pro lagerfeld[i].lfdlagernr
- pro lagerfeld[i].stufe
- pro lagerfeld[i].lfdstufennr
- pro lagerfeld[i].vorgnr
- pro entfeld[i][j]
  (i=lageranz)

o fn erzeuge + stufe(i)
o fn lagerzahl + vorgnr(i)
o fn elageranz
o fn rlageranz + anzstufen
o fn anznachfolger(i)
o fn entfernung(i,j)
o fn hierentf(i)
o fn maxhierentf
o fn maxhierintentf
o fn maxentf
o fn letztetoplnr
o fn nextNbNach(i)
o >> + << *l.plan*

Class Lager
- priv gesvolrest (long)
- pbl vollagerko

o Lager(volumen,stufe)
o fn virt lagerrestrict (prodnr [long])
o fn virt ausg. + eing.

SubClass Elager
- pbl prodanz (long)
- pbl prodvolrest[i]
  (i=prodanz)

o Elager(Produkte,stufe)
o fn virt lagerrestrict (prodnr [long])
o fn virt ausg.+ eing.
o <<+>>

(Datei)

Class Lagersys
- pbl plan
- pbl lfeld(i); (i=lageranz)

o fn lagereinrichten(Produkte)
o fn anlegen (Produkte)
o fn anlegenMitPlanVon(dat,Produkte)
o fn laden(dat)
o fn zeigen + speichern (dat)
o fn istElagerNr(i)+istRlagerNr(i)
o fn elnr(i) + rlnr(i)
o fn lnr(i) (i=lageranz)
o fn lagerrestrict(lnr(i),prodnr[long])
o fn lagerrestrict(lnr(i))

Nachfrage-Daten

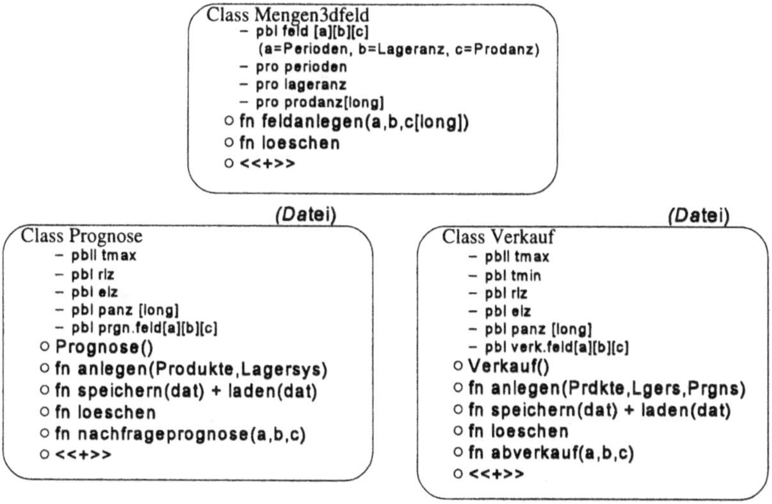

Class Mengen3dfeld
- pbl feld [a][b][c]
  (a=Perioden, b=Lageranz, c=Prodanz)
- pro perioden
- pro lageranz
- pro prodanz[long]

o fn feldanlegen(a,b,c[long])
o fn loeschen
o <<+>>

(Datei)

Class Prognose
- pbll tmax
- pbl rlz
- pbl elz
- pbl panz [long]
- pbl prgn.feld[a][b][c]

o Prognose()
o fn anlegen(Produkte,Lagersys)
o fn speichern(dat) + laden(dat)
o fn loeschen
o fn nachfrageprognose(a,b,c)
o <<+>>

(Datei)

Class Verkauf
- pbll tmax
- pbl tmin
- pbl rlz
- pbl elz
- pbl panz [long]
- pbl verk.feld[a][b][c]

o Verkauf()
o fn anlegen(Prdkte,Lgers,Prgns)
o fn speichern(dat) + laden(dat)
o fn loeschen
o fn abverkauf(a,b,c)
o <<+>>

Transport-Daten

- Class Typelm <>
  - pbl lfdnr [long]
  - pbl element [<>]
  - pbl pnachf* [Typelm<>]
- Class Typlist <>
  - pbl anz [long]
  - pbl pende* [Typelm<>]
  - pbl pstart* [Typelm<>]
- Class Periodlist <>
  - pro perioden
  - pbl feld[a] [Typlist<>]
    - fn back
    - fn feldanlegen(a)
    - fn hinzuok(<>,a)
    - fn zeigen + gebem (lfdnr, a)
    - << + >> + operator =

Class Trsprahmendaten
- pbl maximalesTrspVolumen [long]
- pbl fixetransportkosten [float]
- pbl transportkostenjevolumenuentf[float]
- pbl trspfixanteiljevol[float]
- Trsprahmendaten(p)

Class Trsp
- pbl positionen
- pbl trspfeld[i].prodnr [long]
- pbl trsplfeld[i].menge (i=Positionen)
- pbl versandlnr + pbl anlieferlnr
- pbl trspdauer
- pbl trspvolumen[long]
- Trsp() + ~Trsp()
- fn mnltransport (p,l) (h=Herst)
- fn init + storno + feldstorno
- << + >> + operator =

(Ereignis-Datei)

Class Trspsys
- pbl p + pbl l + pbl b + pbl k
- pbl tmax + pbl tmin + pbl lz
- pbl panz [long]
- trsp.feld[a].<Trsp>
- pbl r [Trsprahmendaten]
- Trspsys(p,l,bs,k)
- Trspsys(p,l,bs,k,x)
- fn kleinanlegen(t)
- fn trspauslagernegalnotok(tp,a)
- fn trspauslagernnotok(tp,a)
- fn trspauslagernstorno(tp,a, is)
- fn trspeinlagernnotok(tp,a)
- fn trspkapeinlagernnotok(tp,a)
- fn trspeinlagernegalnotok(tp,a)
- fn trspeinlagernstorno(tp,a, is)
- fn autotransport(tp,t)
- fn autoegaltransport(tp,t)
- fn autoneutransport(tp,t)
- fn manuelltransport(t) + zeigen
- fn transportkosten(tp,a) (tp=Trsp)
- fn transportkostenvorschau(tp,art)
- fn transportegalkosten(tp,a)
- fn speichern+laden
- <<+>> + operator =
- neu

Bestell-Daten

Class Bestellung
- pbl positionen
- pbl bestellfeld[i].prodnr [long]
- pbl bestellfeld[i].menge (i=Positionen)
- pbl anlieferinr
- pbl lieferdauer

○ Bestellung() + ~Bestellung()
○ fn mnlbestellen (p,l,h) (h=Herst)
○ fn init + storno
○ << + >> + operator=

(Ereignis-Datei)

Class Bestellsys
- pbl p + pbl l
- pbl n [Prognose&]
- pbl v [Verkauf&]
- pbl k [Kosten&]
- pbl b [Bestand&]
- pbl tmax + pbl tmin + pbl lz
- pbl panz [long]
- best.feld[a]<Bestellung>

○ Bestellsys(p,l,n,v,bs,k)
○ Bestellsys(p,l,n,v,bs,k,x)
○ fn kleinanlegen(t)
○ fn besteinlagernnotok(bst,a)
○ fn besteinlagernegalnotok(bst,a)
○ fn besteinlagernstorno(bst,a,is)
○ fn autobestellen(bst,t)
○ fn autoegalbestellen(bst,t)
○ fn manuellbestellen(t) + zeigen
○ fn bestellkosten(bst,a) (bst=Bestellung)
○ fn speichern+laden
○ <<+>> + operator =
○ fn neu

Direktanliefer-Daten

Class Direktanlief
- pbl prodnr [long]
- pbl menge
- pbl anlieferlnr
- pbl lieferdauer

o fn mnldiranlief (p,l)
o << + >> + operator =

(Ereignis-Datei)

Class Direktanliefsys
- pbl p + pbl l + pbl n + pbl v + pbl b + pbl k
- pbl tmax + pbl tmin + pbl lz
- pbl panz [long]
- diran.feld[t].<Direktanlief>

o Direktanliefsys(p,l,n,v,bs,k)
o Direktanliefsys(p,l,n,v,bs,k,x)
o fn kleinanlegen(t)
o fn diraneinlagernok(da,t)
o fn diraneinlagernegalok(da,t)
o fn manuellanliefern(t) + zeigen
o fn autodiranlief(da,t)
o fn autoegaldiranlief(da,t)
o fn anlieferkosten(da,t)
o fn speichern+laden
o <<+>> + operator =
o fn neu

Direktzustell-Daten

Class Direktzust
- pbl prodnr [long]
- pbl menge
- pbl versandlnr
- pbl initlnr

o fn mnldirzust (p,l)
o << + >> + operator =

(Ereignis-Datei)

Class Direktzustsys
- pbl p + pbl l + pbl n + pbl v + pbl b + pbl k
- pbl tmax + pbl tmin + pbl lz
- pbl panz [long]
- dirzu.feld[t].<Direktzust>

o Direktzustsys(p,l,n,v,bs,k)
o Direktzustsys(p,l,n,v,bs,k,x)
o fn kleinanlegen(t)
o fn dirzuauslagernok(dz,t)
o fn manuellzustellen(t) + zeigen
o fn dirzuversuchok(lmg,t,elnr,pnr)
o fn zustellkosten(dz,t)
o fn verkaufudirzust(t)
o fn speichern+laden
o <<+>> + operator =
o fn neu

Sart

- Class Sart
  - pbl p + pbl l + pbl n + pbl v + pbl b
  - pbl bs + pbl ts + pbl dzs + pbl das
  - pbl lz + pbl rlz + pbl tmin + pbl tmax
  - pbl traum + pbl sbwert
  - pbl frwert [float]
  - pbl kwert + pbl pwert + pbl spwert
  - pbl rwert + pbl vwert + pbl swert
  - pbl shwert + pbl qwert + pbl awert
  - pbl panz[long]
  - pbl maxentf
  - pbl ad.feld[t][l][p] [Arbeitsfeld]
  - pbl adn , kvbad, adbest, periodad
    - Sart (p,l,n,v,b,bs,ts,dzs,das,w)
    - fn anfang
    - fn sartlauf(t)
    - fn sicherb(t, l,p)
    - fn prognoseb(t, l,p)
    - fn verkaufb(t, l,p)
    - fn bestutrsp(af,bs,ts,dzs,das,t) (af=Arbeitsfeld)

Kum

- Class Final
  - pbl p + pbl l + pbl n + pbl v + pbl b
  - pbl bs + pbl ts + pbl dzs + pbl das
  - pbl lz + pbl rlz + pbl tmin + pbl tmax
  - pbl traum + pbl sbwert
  - pbl pwert + spwert + owert + swert
  - pbl maxentf
  - pbl panz[long]
  - pbl ad.feld[t][l][p] [Arbeitsfeld]
  - pbl adn + adbest
    - Final (p,l,n,v,b,bs,ts,dzs,das,w)
    - fn anfang
    - fn finallauf(t)
    - fn sicherb(t, l,p)
    - fn prognoseb(t, l,p)
    - fn verkaufb(t, l,p)
    - fn bestutrsp(af,bs,ts,dzs,das,t) (af=Arbeitsfeld)

(s,S)

- o Class typ2dfeld <>
  - – pro perioden + pro anz [long]]
  - – pbl feld[a][z]
    - ■ fn typfeldanlegen(a,h)
    - ■ fn loeschen
    - ■ <<+>>

- o Class Andlersatz
  - – pbl nachfragemenge[long]
  - – pbl bestellpunkt
  - – pbl bestellmenge[long]
  - – << + >>

(Arbeits-Datei)

- o Class Gesamtnachfrage
  - – pbl p + pbl l + pbl n
  - – pbl tmax + pbl lanz + pbl rlz
  - – pbl panz [long]
  - – gesamt[lnr][pnr] [Typ2dfeld<Andlersatz>]
    - ■ Gesamtnachfrage(p,l,n)
    - ■ fn anlegen (tps)
    - ■ fn zeigen + speichern
    - ■ << + >>

- o Class Andler
  - – pbl p + pbl l + pbl n + pbl b
  - – pbl gn [Gesamtnachfrage]
  - – Andler(p,l,n,b)
    - ■ fn andleranfang (tps)
    - ■ fn andlerlauf(bsts, tps,t)

Lot-for-Lot

- o Class Expert
  - – pbl p + pbl l + pbl n + pbl v + pbl b
  - – pbl bs + pbl ts + pbl dzs + pbl das
  - – pbl lz + pbl rlz + pbl tmin + pbl tmax
  - – pbl traum + pbl sbwert
  - – pbl kwert + pbl dwert + pbl pwert
  - – pbl rwert + pbl vwert + pbl swert
  - – pbl qwert + pbl awert
  - – pbl panz[long]
  - – pbl ad.feld[t][l][p] [Arbeitsfeld]
  - – pbl adn , adr, adpuf, adnpuf, adbest, adplan, adeingagn, adplanpuf, adeingangpuf, einfachad
  - – pbl tifeld (int*)
  - – pbl dk [Kosten]
  - – pbl dkpuf [Kosten]
  - – pbl db [Bestand]
  - – pbl dbs[Bestellsys]
  - – pbl dts[Trspsys]
  - – pbl ddzs[Direktzustsys]
  - – pbl ddas[Direktanliefsys]
    - ■ Expert (p,l,n,v,b,bs,ts,dzs,das,w)
    - ■ fn anfang
    - ■ fn expertlauf(t)
    - ■ fn bestutrsp(af,bs,ts,dzs,das,t) (af=Arbeitsfeld)

EDRP

- Class Drpsatz
  - pbl nachfragemenge[long]
  - pbl sicherbestand
  - pbl bestellmenge[long]
  - << + >>

(Arbeits-Datei)

- Class Drpnachfrage
  - pbl p + pbl l + pbl n
  - pbl tmax + pbl lanz + pbl rlz
  - pbl panz [long]
  - gesamt[lnr][pnr] [Typ2dfeld<Drpsatz>]
    - ■ Drpnachfrage(p,l,n)
    - ■ fn anlegen (tps)
    - ■ fn zeigen + speichern
    - ■ << + >>

- Class Dispo
  - pbl p + pbl l + pbl n + pbl v + pbl b
  - pbl bs + pbl ts + pbl dzs + pbl das
  - pbl lz + pbl rlz + pbl tmin + pbl tmax
  - pbl panz[long]
  - pbl gn [Drpnachfrage]
  - pbl ad.feld[t][l][p] [Arbeitsfeld]
  - pbl adplan.feld[t][l][p] [Arbeitsfeld]
  - pbl bwert
    - ■ Dispo(p,l,n,v,b,bs,ts,dzs,das,w)
    - ■ fn dispoanfang(ts)
    - ■ fn dispolauf(t)

Kosten-Daten

Class Kostensatz
- pbl trsp [float] + pbl lager [float]
- pbl bestell [float] + pbl diranlief[float]
- pbl dirzust [float]

o Kostensatz()
o <<+>>

(Ergebnis-Datei)

Class Kosten
- pbl ktmax
- pbl gesamt [float]
- pbl .feld[a].

o Kosten() + Kosten (a)
o fn init()
o fn kostenfeldanlegen (a)
o fn gesamtberechnen()
o fn gesamtzeigen()
o fn kopie()
o fn speichern + laden
o <<+>>

Bestands-Daten

(Ergebnis-Datei)

Class Bestand
- pbl tmax + pbl tmin + pbl p [Produkte&] + pbl v
- pbl l [Lagersys&] + pbl k + pbl lz + pbl panz [long]
- pbl bestandGesVolFeld[a][b]
- pbl lgmng.feld[a][b][c]
- pbl kumnegativbestand [double]
- pbl kumverkauf [double]
- pbl ubervolumen [double]
- pbl bestandsvolumen [double]
- pbl kumbestand double]
- pbl kumkapital [double]

o Bestand(p,l,v,k)
o Bestand(p,l,v,k,x)
o fn kleinanlegen(T)
o fn init + kopie (Bestand,t)
o fn anlegen
o fn speichern(dat) + laden(dat)
o fn loeschen
o fn lagermenge(a,b,c)
o fn lrverstoss(a,b,c,m) [m=Menge]
o fn lrverstnotrestkap(a,b,c,m)
o fn einlagernok(a,b,c,m)
o fn auslagernok(a,b,c,m)
o fn einlagernegalwieok (a,b,c,m)
o fn auslagernnotrest(a,b,c,m)
o fn einlagernnotrest(a,b,c,m)
o fn ankunftsPer(von,nach,ab)
o fn spVersPer(von,nach,an)
o fn ankunftsPerVorg(nach,ab)
o fn spVersPerVorg(nach,an)
o fn neubestand(t)
o fn verkaufen(t)
o fn lieferbereitschaft
o <<+>>

Class Arbeitsfeld
- pbl tmax pbl tp + pbl p + pbl l
- pbl lz + pbl panz [long]
- pbl bestandGesVolFeld[a][b]
- pbl lgmng.feld[a][b][c]

o Arbeitsfeld(p,l)
o fn init + kopie (Bestand)
o fn anlegen
o fn lrverstoss(a,b,c,m)
o fn lrverstnotrestkap(a,b,c,m)

Die einzelnen LaSim-Objekte im Überblick:

- Rahmendaten
- Produktdaten
- Lagersystemdaten
- Nachfragedaten
- Transportdaten
- Bestelldaten
- Direktanlieferdaten
- Direktzustelldaten
- Sart
- Kum
- (s,S)
- Lot-for-Lot
- EDRP
- Kostendaten
- Bestandsdaten

B Ergebnis-Tabellen

Vergleich von **(s,S)**-Politik, **EDRP** und **Sart** an Hand des Distributionsmodells 'eins'.[1]

Ohne Abweichung zwischen Nachfrageprognose und tatsächlicher Nachfrage

eins	(s,S)
Kst	94.536
Lb	95,64%
Üv	12,12%
Asl	78,16%
Um	48,20
Kpb	92.661

eins	EDRP
Kst	106.669
Lb	100,00%
Üv	0,65%
Asl	55,61%
Um	37,74
Kpb	60.749

eins	Sart
Kst	98.904
Lb	100,00%
Üv	0,28%
Asl	44,46%
Um	70,44
Kpb	50.676

Mit maximal 50% Abweichung zwischen Nachfrageprognose und tatsächlicher Nachfrage

eins5	(s,S)
Kst	84.452
Lb	94,12%
Üv	11,60%
Asl	80,90%
Um	44,80
Kpb	89.952

eins5	EDRP
Kst	96.632
Lb	98,80%
Üv	0,76%
Asl	62,28%
Um	34,40
Kpb	61.872

eins5	Sart
Kst	91.402
Lb	98,80%
Üv	0,47%
Asl	56,48%
Um	49,73
Kpb	53.655

Distributionsmodell 'eins' mit maximal 50% Abweichung zwischen Nachfrageprognose und tatsächlicher Nachfrage und Einsatz von Sart unter Verwendung direkter Zustellungen (**Z**), Querlieferungen (**Q**) und direkter Anlieferungen (**A**) sowie Berücksichtigung von Mengen- (**M**) und Verbundrabatten (**V**).

einsdmo	Sart+Z+Q+A+M+V
Kst	82.821
Lb	100,00%
Üv	2,18%
Asl	67,60%
Um	44,91
Kpb	59.463

[1]) Dabei werden folgende Größen verglichen: Gesamtkosten (**Kst**), Lieferbereitschaftsgrad (**Lb**), anteiliges Volumen der Überbestände (**Üv**), Lagerauslastung (**Asl**), Lagerumschlag (**Um**) und die Kapitalbindung (**Kpb**). Vgl. hierzu auch Abschnitt 5.2.3.2.

Vergleich von **(s,S)**-Politik, **EDRP** und Sart an Hand des Distributionsmodells 'zwei'. Dabei wird in Sart jeweils die Periodenbedarfskumulation nach dem Sart-eigenen Kriterium **Sart** und nach Silver-Meal **Sart (SM)** verwendet.

Ohne Abweichung zwischen Nachfrageprognose und tatsächlicher Nachfrage

zwei	(s,S)	zwei	EDRP	zwei	Sart	zwei	Sart (SM)
Kst	8.688.700	Kst	9.643.100	Kst	9.334.100	Kst	8.473.260
Lb	95,07%	Lb	97,83%	Lb	99,92%	Lb	100,00%
Üv	182,47%	Üv	0,94%	Üv	0,36%	Üv	0,83%
Asl	266,94%	Asl	61,98%	Asl	52,02%	Asl	73,90%
Um	83,51	Um	75,44	Um	119,46	Um	89,64
Kpb	8.877.650	Kpb	3.303.000	Kpb	2.920.000	Kpb	3.610.090

Mit maximal 50% Abweichung zwischen Nachfrageprognose und tatsächlicher Nachfrage

zwei5	(s,S)	zwei5	EDRP	zwei5	Sart	zwei5	Sart (SM)
Kst	8.039.970	Kst	8.790.100	Kst	8.558.800	Kst	7.752.510
Lb	94,59%	Lb	94,97%	Lb	96,82%	Lb	99,09%
Üv	200,83%	Üv	0,85%	Üv	0,51%	Üv	1,27%
Asl	287,88%	Asl	69,42%	Asl	65,87%	Asl	89,50%
Um	75,23	Um	70,82	Um	90,05	Um	71,41
Kpb	9.011.000	Kpb	3.228.000	Kpb	3.160.000	Kpb	3.941.250

Mit maximal 100% Abweichung zwischen Nachfrageprognose und tatsächlicher Nachfrage

zwei1	(s,S)	zwei1	EDRP	zwei1	Sart	zwei1	Sart (SM)
Kst	8.092.000	Kst	8.680.100	Kst	8.559.000	Kst	7.773.570
Lb	92,07%	Lb	89,39%	Lb	91,53%	Lb	95,43%
Üv	208,61%	Üv	0,87%	Üv	0,59%	Üv	1,35%
Asl	296,82%	Asl	63,55%	Asl	65,21%	Asl	90,20%
Um	70,05	Um	69,69	Um	84,24	Um	68,12
Kpb	9.310.940	Kpb	3.107.900	Kpb	3.142.200	Kpb	3.920.270

Vergleich von **(s,S)**-Politik, **EDRP** und Sart an Hand des Distributionsmodells 'drei' bei maximal 50% Abweichung zwischen Nachfrageprognose und tatsächlicher Nachfrage. Dabei wird in Sart jeweils die Periodenbedarfskumulation nach Silver-Meal **Sart (SM)**, nach dem Cost-Balance-Verfahren **Sart (CB)** und dem Sart-eigenen Kriterium **Sart** verwendet. Außerdem werden innerhalb von Sart auch Mengen- (**M**) und Verbundrabatte (**V**) explizit berücksichtigt.

drei	(s,S)
Kst	71.400.000
Lb	93,50%
Üv	6,20%
Asl	66,31%
Um	20,58
Kpb	472.000.000

drei	EDRP
Kst	97.900.000
Lb	95,25%
Üv	0,27%
Asl	46,64%
Um	17,04
Kpb	369.260.000

drei	Sart
Kst	89.910.000
Lb	98,79%
Üv	0,14%
Asl	44,01%
Um	22,87
Kpb	348.362.000

drei	Sart+M+V
Kst	76.063.400
Lb	98,84%
Üv	0,14%
Asl	46,48%
Um	22,82
Kpb	356.345.000

drei	Sart (SM)
Kst	81.588.700
Lb	99,32%
Üv	0,41%
Asl	66,84%
Um	16,78
Kpb	474.081.000

drei	Sart (SM)+M+V
Kst	70.409.000
Lb	99,35%
Üv	0,41%
Asl	67,99%
Um	16,76
Kpb	478.456.000

drei	Sart (CB)
Kst	87.551.200
Lb	98,85%
Üv	0,22%
Asl	50,44%
Um	19,94
Kpb	382.980.000

Vergleich von Sart mit **Kum** (retrograde Aggregation von Kumulationswerten zur Sekundärbedarfsbestimmung) an Hand des Distributionsmodells 'vier' unter Verwendung verschiedener Verfahren zur Periodenbedarfskumulation innerhalb von Sart. Dabei wird in Sart jeweils die Periodenbedarfskumulation nach Silver-Meal **Sart (SM)**, nach dem Cost-Balance-Verfahren **Sart (CB)** und dem Sart-eigenen Kriterium **Sart** verwendet.

Ohne Abweichung zwischen Nachfrageprognose und tatsächlicher Nachfrage

vier	Sart (SM)	vier	Sart (CB)	vier	Sart	vier	Kum T=50
Kst	10.469.400	Kst	10.563.500	Kst	10.638.600	Kst	10.215.000
Lb	99,44%	Lb	97,05%	Lb	97,76%	Lb	100,00%
Üv	0,33%	Üv	0,18%	Üv	0,09%	Üv	0,09%
Asl	65,81%	Asl	51,48%	Asl	43,16%	Asl	34,88%
Um	41,05	Um	48,76	Um	59,52	Um	61,65
Kpb	8.557.400	Kpb	7.508.560	Kpb	6.629.810	Kpb	5.685.000

Mit maximal 50% Abweichung zwischen Nachfrageprognose und tatsächlicher Nachfrage

vier5	Sart (SM)	vier5	Sart (CB)	vier5	Sart	vier5	Kum T=50
Kst	9.891.070	Kst	9.963.690	Kst	10.044.000	Kst	7.932.400
Lb	99,05%	Lb	98,00%	Lb	97,36%	Lb	63,84%
Üv	0,54%	Üv	0,25%	Üv	0,15%	Üv	6,82%
Asl	76,07%	Asl	60,81%	Asl	54,25%	Asl	60,07%
Um	33,47	Um	39,52	Um	45,05	Um	43,45
Kpb	9.114.880	Kpb	7.843.570	Kpb	7.141.200	Kpb	7.220.220

Mit maximal 100% Abweichung zwischen Nachfrageprognose und tatsächlicher Nachfrage

vier1	Sart (SM)	vier1	Sart (CB)	vier1	Sart	vier1	Kum T=50
Kst	9.899.640	Kst	9.982.900	Kst	10.052.000	Kst	7.086.680
Lb	96,75%	Lb	93,10%	Lb	94,07%	Lb	49,50%
Üv	0,71%	Üv	0,28%	Üv	0,19%	Üv	8,95%
Asl	77,19%	Asl	60,66%	Asl	52,72%	Asl	59,35%
Um	32,11	Um	37,79	Um	43,15	Um	40,14
Kpb	9.318.960	Kpb	7.789.700	Kpb	7.045.700	Kpb	6.764.900

Vergleich von **(s,S)**-Politik, Enhanced Distribution Requirements Planning (**EDRP**), **Sart** und **Kum** an Hand des Distributionsmodells 'vier'.

Ohne Abweichung zwischen Nachfrageprognose und tatsächlicher Nachfrage

vier	(s,S)	vier	EDRP	vier	Sart	vier	Kum T=50
Kst	10.740.000	Kst	11.040.000	Kst	10.638.600	Kst	10.215.000
Lb	93,93%	Lb	96,14%	Lb	97,76%	Lb	100,00%
Üv	69,43%	Üv	0,30%	Üv	0,09%	Üv	0,09%
Asl	134,67%	Asl	55,01%	Asl	43,16%	Asl	34,88%
Um	43,76	Um	35,62	Um	59,52	Um	61,65
Kpb	12.642.000	Kpb	7.683.950	Kpb	6.629.810	Kpb	5.685.000

Mit maximal 50% Abweichung zwischen Nachfrageprognose und tatsächlicher Nachfrage

vier5	(s,S)	vier5	EDRP	vier5	Sart	vier5	Kum T=50
Kst	10.028.000	Kst	10.134.800	Kst	10.044.000	Kst	7.932.400
Lb	92,91%	Lb	87,64%	Lb	97,36%	Lb	63,84%
Üv	77,78%	Üv	0,25%	Üv	0,15%	Üv	6,82%
Asl	145,12%	Asl	52,75%	Asl	54,25%	Asl	60,07%
Um	39,89	Um	34,99	Um	45,05	Um	43,45
Kpb	12.848.000	Kpb	7.016.230	Kpb	7.141.200	Kpb	7.220.220

Mit maximal 100% Abweichung zwischen Nachfrageprognose und tatsächlicher Nachfrage

vier1	(s,S)	vier1	EDRP	vier1	Sart	vier1	Kum T=50
Kst	10.037.000	Kst	9.908.900	Kst	10.052.000	Kst	7.086.680
Lb	89,44%	Lb	76,54%	Lb	94,07%	Lb	49,50%
Üv	74,40%	Üv	0,25%	Üv	0,19%	Üv	8,95%
Asl	142,20%	Asl	46,46%	Asl	52,72%	Asl	59,35%
Um	37,74	Um	34,74	Um	43,15	Um	40,14
Kpb	12.840.000	Kpb	6.414.000	Kpb	7.045.700	Kpb	6.764.900

Auswirkungen der expliziten Berücksichtigung von Mengen- (**M**) und Verbundrabatten (**V**) innerhalb von Sart unter Zugrundelegung des Distributionsmodells 'vier'.

Mit maximal 50% Abweichung zwischen Nachfrageprognose und tatsächlicher Nachfrage

vier5	Sart
Kst	10.044.000
Lb	97,36%
Üv	0,15%
Asl	54,25%
Um	45,05
Kpb	7.141.200

vier5	Sart+M
Kst	9.708.100
Lb	97,37%
Üv	0,15%
Asl	58,03%
Um	44,99
Kpb	7.271.300

vier5	Sart+V
Kst	9.789.500
Lb	97,71%
Üv	0,16%
Asl	56,42%
Um	44,68
Kpb	7.355.100

vier5	Sart+M+V
Kst	9.475.000
Lb	97,74%
Üv	0,16%
Asl	60,01%
Um	44,56
Kpb	7.496.000

Mit maximal 100% Abweichung zwischen Nachfrageprognose und tatsächlicher Nachfrage

vier1	Sart
Kst	10.052.000
Lb	94,07%
Üv	0,19%
Asl	52,72%
Um	43,15
Kpb	7.045.700

vier1	Sart+M
Kst	9.721.850
Lb	94,25%
Üv	0,19%
Asl	56,86%
Um	43,04
Kpb	7.198.100

vier1	Sart+V
Kst	9.804.800
Lb	93,79%
Üv	0,21%
Asl	54,92%
Um	42,87
Kpb	7.284.800

vier1	Sart+M+V
Kst	9.490.400
Lb	93,88%
Üv	0,20%
Asl	58,63%
Um	42,92
Kpb	7.359.000

Auswirkungen der Einführung von direkten Zustellungen (**Z**), Querlieferungen (**Q**) sowie direkten Anlieferungen (**A**) und die Kombination mit der Berücksichtigung von Mengen- (**M**) und Verbundrabatten (**V**) innerhalb von Sart unter Zugrundelegung des Distributionsmodells 'vier'.

Mit maximal 100% Abweichung zwischen Nachfrageprognose und tatsächlicher Nachfrage

vier1	Sart
Kst	10.052.000
Lb	94,07%
Üv	0,19%
Asl	52,72%
Um	43,15
Kpb	7.045.700

vier1	Sart+Q	vier1	Sart+Q+M+V	vier1	Sart+Q+A	vier1	Sart+Q+A+M+V
Kst	10.192.200	Kst	9.598.500	Kst	10.192.600	Kst	9.599.450
Lb	94,65%	Lb	94,41%	Lb	94,66%	Lb	94,41%
Üv	0,20%	Üv	0,21%	Üv	0,20%	Üv	0,21%
Asl	52,93%	Asl	59,16%	Asl	52,93%	Asl	59,16%
Um	43,09	Um	42,89	Um	43,09	Um	42,89
Kpb	7.057.800	Kpb	7.390.600	Kpb	7.057.800	Kpb	7.390.620

vier1	Sart+Z	vier1	Sart+Z+M+V	vier1	Sart+Z+Q+A	~	Sart+Z+Q+A+M+V
Kst	10.580.800	Kst	9.918.200	Kst	10.661.600	Kst	9.961.350
Lb	99,76%	Lb	99,86%	Lb	99,63%	Lb	99,74%
Üv	0,19%	Üv	0,20%	Üv	0,19%	Üv	0,20%
Asl	52,53%	Asl	59,51%	Asl	52,52%	Asl	59,32%
Um	43,23	Um	42,51	Um	43,27	Um	42,42
Kpb	7.048.300	Kpb	7.420.800	Kpb	7.055.000	Kpb	7.428.900

Auswirkungen der Berücksichtigung unterschiedlich hoher Sicherheitsbestände innerhalb von Sart unter Zugrundelegung des Distributionsmodells 'vier'.
Die erste Variante benutzt in den Endbedarfslagern nur dynamische Sicherheitsbestandsanteile (**S**x; x=prozentualer Anteil) an der maximal zu erwartenden Prognoseabweichung. Die zweite Variante (**F**x; x=prozentualer Anteil) erhöht prozentual den erwarteten Lagerabgang und führt so zu vorgezogenen Nachorderungen und damit zu quasi systemweit gestreuten Sicherheitsbeständen. Beide Varianten können auch miteinander kombiniert werden.

Mit maximal 100% Abweichung zwischen Nachfrageprognose und tatsächlicher Nachfrage

vier1	Sart
Kst	10.052.000
Lb	94,07%
Üv	0,19%
Asl	52,72%
Um	43,15
Kpb	7.045.700

vier1	Sart+S25
Kst	10.089.800
Lb	94,64%
Üv	0,23%
Asl	53,72%
Um	40,06
Kpb	7.205.060

vier1	Sart+S50
Kst	10.156.000
Lb	95,70%
Üv	0,31%
Asl	55,80%
Um	36,54
Kpb	7.390.000

vier1	Sart+S75
Kst	10.205.300
Lb	94,91%
Üv	0,33%
Asl	56,52%
Um	34,30
Kpb	7.324.830

vier1	Sart+S100
Kst	10.290.600
Lb	95,48%
Üv	0,42%
Asl	58,24%
Um	31,12
Kpb	7.571.320

vier1	Sart+F5
Kst	10.127.900
Lb	96,04%
Üv	0,23%
Asl	58,38%
Um	40,62
Kpb	7.551.030

vier1	Sart+F10
Kst	10.179.200
Lb	97,40%
Üv	0,25%
Asl	64,33%
Um	39,13
Kpb	8.103.700

vier1	Sart+F20
Kst	10.273.500
Lb	98,54%
Üv	1,84%
Asl	77,32%
Um	36,34
Kpb	9.214.580

vier1	Sart+S50+F5
Kst	10.238.000
Lb	97,69%
Üv	0,34%
Asl	60,89%
Um	34,79
Kpb	7.821.400

Auswirkungen der Berücksichtigung von Vormerkungen (**Vm**) unter Zugrundelegung des Distributionsmodells 'vier'.
Vormerkungen werden in der gesamten Simulationsstudie standardmäßig benutzt. Aus Gründen der Vergleichbarkeit sind neben **Sart** auch bei den anderen simulierten Dispositionsverfahren (Lot-for-Lot, **(s,S)**, **EDRP**) Vormerkungen erlaubt. An dieser Stelle wird also aufgezeigt, welche Ergebnisse sich einstellen, wenn die Möglichkeit von Vormerkungen nicht berücksichtigt wird.

Mit maximal 100% Abweichung zwischen Nachfrageprognose und tatsächlicher Nachfrage und Berücksichtigung von Vormerkungen

vier1	(s,S)
Kst	10.037.000
Lb	89,44%
Üv	74,40%
Asl	142,20%
Um	37,74
Kpb	12.840.000

vier1	EDRP
Kst	9.908.900
Lb	76,54%
Üv	0,25%
Asl	46,46%
Um	34,74
Kpb	6.414.000

vier1	Sart
Kst	10.052.000
Lb	94,07%
Üv	0,19%
Asl	52,72%
Um	43,15
Kpb	7.045.700

Mit maximal 100% Abweichung zwischen Nachfrageprognose und tatsächlicher Nachfrage aber ohne Vormerkungen

vier1	(s,S)-Vm
Kst	9.249.970
Lb	91,59%
Üv	82,88%
Asl	153,91%
Um	35,40
Kpb	13.554.400

vier1	EDRP-Vm
Kst	9.554.130
Lb	91,53%
Üv	0,34%
Asl	56,91%
Um	33,70
Kpb	7.259.030

vier1	Sart-Vm
Kst	9.784.840
Lb	96,33%
Üv	0,21%
Asl	57,16%
Um	41,85
Kpb	7.346.510

Da die Nachfrage ohne die Berücksichtigung von Vormerkungen nach jeder Periode als 'verloren' zu betrachten ist, wird sie nicht als zusätzliche Nachfrage mit in die nächste Periode getragen. Dies hat zur Folge, dass die Anzahl unbefriedigter Nachfragen ohne die Berücksichtigtigung von Vormerkungen insgesamt tendenziell niedriger ausfällt als bei Berücksichtigung von Vormerkungen. Deshalb sind obige Werte nur eingeschränkt miteinander vergleichbar.

Vergleich von **Sart**, **Kum** und Lot-for-Lot-Politik (**LfL**) sowie Lot-fot-Lot-Politik mit systemweit verteilten dynamischen Sicherheitsbestandsanteilen (**S**x; x=prozentualer Anteil) an der maximal zu erwartenden Prognoseabweichung an Hand des Distributionsmodells 'vier'.

Ohne Abweichung zwischen Nachfrageprognose und tatsächlicher Nachfrage

vier	Sart	vier	Kum T=50	vier	LfL
Kst	10.638.600	Kst	10.215.000	Kst	14.124.600
Lb	97,76%	Lb	100,00%	Lb	100,00%
Üv	0,09%	Üv	0,09%	Üv	0,00%
Asl	43,16%	Asl	34,88%	Asl	0,00%
Um	59,52	Um	61,65	Um	600026,00
Kpb	6.629.810	Kpb	5.685.000	Kpb	2.557.200

Mit maximal 50% Abweichung zwischen Nachfrageprognose und tatsächlicher Nachfrage

vier5	Sart	vier5	Kum T=50	vier5	LfL	vier5	LfL + S50
Kst	10.044.000	Kst	7.932.400	Kst	14.563.400	Kst	13.561.900
Lb	97,36%	Lb	63,84%	Lb	84,58%	Lb	95,20%
Üv	0,15%	Üv	6,82%	Üv	0,50%	Üv	0,00%
Asl	54,25%	Asl	60,07%	Asl	32,43%	Asl	26,22%
Um	45,05	Um	43,45	Um	33,82	Um	79,22
Kpb	7.141.200	Kpb	7.220.220	Kpb	4.302.120	Kpb	4.330.660

Mit maximal 100% Abweichung zwischen Nachfrageprognose und tatsächlicher Nachfrage

vier1	Sart	vier1	Kum T=50	vier1	LfL	vier1	LfL + S50
Kst	10.052.000	Kst	7.086.680	Kst	14.598.900	Kst	13.468.000
Lb	94,07%	Lb	49,50%	Lb	71,99%	Lb	89,17%
Üv	0,19%	Üv	8,95%	Üv	1,30%	Üv	0,06%
Asl	52,72%	Asl	59,35%	Asl	35,87%	Asl	46,49%
Um	43,15	Um	40,14	Um	23,81	Um	48,35
Kpb	7.045.700	Kpb	6.764.900	Kpb	4.640.550	Kpb	5.875.460

Vergleich von **(s,S)**-Politik, **EDRP** und **Sart** an Hand des Distributionsmodells 'fünf'.

Ohne Abweichung zwischen Nachfrageprognose und tatsächlicher Nachfrage

funf	(s,S)
Kst	13.982.000
Lb	91,72%
Üv	4,93%
Asl	50,36%
Um	26,66
Kpb	24.749.000

funf	EDRP
Kst	15.168.000
Lb	97,07%
Üv	0,08%
Asl	42,90%
Um	20,33
Kpb	21.120.000

funf	Sart
Kst	14.190.000
Lb	98,14%
Üv	0,02%
Asl	34,49%
Um	35,19
Kpb	17.681.000

Mit maximal 50% Abweichung zwischen Nachfrageprognose und tatsächlicher Nachfrage

funf5	(s,S)
Kst	13.037.000
Lb	91,15%
Üv	5,82%
Asl	55,04%
Um	24,09
Kpb	25.327.000

funf5	EDRP
Kst	13.931.000
Lb	93,77%
Üv	0,08%
Asl	43,02%
Um	19,46
Kpb	20.140.000

funf5	Sart
Kst	13.420.000
Lb	98,29%
Üv	0,04%
Asl	40,84%
Um	26,28
Kpb	18.958.000

Mit maximal 100% Abweichung zwischen Nachfrageprognose und tatsächlicher Nachfrage

funf1	(s,S)
Kst	12.999.000
Lb	86,87%
Üv	5,56%
Asl	55,00%
Um	22,49
Kpb	25.222.300

funf1	EDRP
Kst	13.648.000
Lb	87,76%
Üv	0,09%
Asl	39,27%
Um	19,70
Kpb	18.686.000

funf1	Sart
Kst	13.447.000
Lb	95,36%
Üv	0,05%
Asl	40,38%
Um	24,93
Kpb	18.741.000

GPSR Compliance
The European Union's (EU) General Product Safety Regulation (GPSR) is a set of rules that requires consumer products to be safe and our obligations to ensure this.

If you have any concerns about our products, you can contact us on

ProductSafety@springernature.com

In case Publisher is established outside the EU, the EU authorized representative is:

Springer Nature Customer Service Center GmbH
Europaplatz 3
69115 Heidelberg, Germany

www.ingramcontent.com/pod-product-compliance
Lightning Source LLC
Chambersburg PA
CBHW071400050326
40689CB00010B/1707

* 9 7 8 3 8 2 4 4 6 7 5 8 7 *